한국사

26

조선 초기의 문화 1

국사편찬위원회

자문위원

이 재 룡　　차 문 섭

편찬위원

김 태 영　　이 수 건　　최 승 희

집필(조선 초기의 문화 Ⅰ)

김 영 태　　김 용 곤　　김 태 영

서 영 대　　이 기 문　　이 범 직

이 상 태　　이　 찬　　정 구 복

기획 · 편집

신 재 홍　　변 승 웅　　이 근 택

고 혜 령　　고 성 훈　　나 애 자

박 한 남　　윤 병 희

복간 간행 : 김 용 곤 · 장 득 진

한국사 간행취지

우리 겨레가 앞으로 어떻게 살아갈 것인가 하는 문제는 우리들은 물론 우리와 더불어 살아가는 세계인들의 관심사일 것이다. 이에 대한 해답은 과거에 어떻게 살아왔는가 하는 우리 역사에 대한 인식을 통해 찾을 수 있을 것이라고 생각된다.

본 위원회에서는 이미 1970년대에 『한국사』 25권을 간행하여 해방 이후 한국사의 연구성과를 집대성함으로써 한국사에 대한 인식을 새롭게 한 바 있다. 그 이후 한국사회는 놀라운 성장과 발전을 이루었고 역사학계도 상당한 연구성과를 축적하였다. 이러한 변화에 발맞추어 한국사학계는 새로운 『한국사』 편찬의 필요를 느끼게 되었다.

이에 본 위원회는 일차적으로 한국사 연구지원비를 마련하여 역사학계로 하여금 1980년대 중반까지 연구성과가 미진하다고 생각되는 분야를 연구할 수 있도록 하였다. 이어서 1989년부터 1990년까지의 준비를 거쳐 1991년에는 '신편 한국사 편찬위원회'를 따로 구성하고 총 60권에 달하는 새로운 『한국사』를 편찬하기로 하였다. 그리고 다음과 같은 『한국사』 편찬의 목표를 세웠다.

① 한국의 역사와 문화에 대한 객관적 인식의 토대를 제공할 수 있는 한국사를 편찬한다.

② 민족의 창조적 문화활동과 민족사의 내재적 발전을 드러내는 한국사를 편찬한다.

③ 최근까지의 연구성과를 체계화하고 새로운 영역을 개척함으로써 한국사 연구의 지평을 넓힌다.

④ 한국사 연구와 관련하여 고고학·인류학·사회학·경제학 등 인접학문의 연구성과를 수용하여 한국사 인식의 폭을 넓히는 데 기여한다.

새로운 『한국사』를 펴내면서 우리 모두가 바라는 바는, 민족의 통일에 대비해야 하고 급격히 변화하는 시대상황 속에서, 한국사 연구자의 깊이 있는 연구를 도와주고 독자들의 역사인식을 드높일 수 있는 길잡이 구실을 할 수 있었으면 하는 것이다.

국사편찬위원회 위원장

목 차

Ⅱ. 국가제사와 종교

개 요

I

고려 후기에는 국내외의 시련과 사회적 혼란이 거듭되었다. 거의 100년에 걸치는 蒙古의 침략과 지배, 두 차례에 걸친 紅巾賊의 침략과 파괴, 그리고 수십년에 걸친 倭寇의 침략과 약탈이 자행되었다. 이 과정에서 王國의 체제를 갖추고 있는 국가라는 명목을 아예 없애버리고 元의 직할구역으로 편입시키자는 책동이 일어나는가 하면, 일개 宦官의 손에 국왕이 시해되기도 하고, 남왜북로의 와중에서 王都와 궁궐이 불타거나 참혹한 약탈과 유린을 면할 수 없는 참변이 되풀이되었다. 그리고 권문세족으로 대표되는 지배층은 국가권력을 천단하고 대규모 토지를 不輸租의 私田으로 탈점하여 국가체제의 유지·운용을 어렵게 하였다. 이에 고려의 국가체제는 거의 붕괴되어 갔다.

조선왕조를 개창한 지배층은 이와 같은 시련과 혼란을 극복하고 새로운 국가로서의 자체 정립을 서두르지 않을 수 없었다. 국토와 그 주민에 대한 새로운 파악을 통하여 국가체제와 통치방식을 새로운 형태로 정립하지 않으면 안되었다. 그래서 일찍부터 새로운 敎學으로서의 性理學을 유일의 지배이념으로 정립하고, 새로운 통치준거로서의 여러 법전을 정비하며, 일상의 언어에 맞는 한글을 창제하였다. 이 새로운 국가체제에 구현된 제반 문화의 성격은 어떠한 역사적 의미를 지닌다 할 수 있을 것인가.

전근대사회의 문화는 일반적으로 그 지배질서를 위주로 하는 국가체제의 문화를 가리키는 것이다. 이에 조선 초기에 정립된 문화형태의 성격을 규정하는 요인은 대개 두 가지 측면으로 설명할 수 있을 것이다.

II

우선 농업생산력의 발전에 따라 국가체제를 뒷받침하는 사회경제적 기본

계층이 새로이 정립되기에 이르렀다는 사실을 들 수 있다. 즉 생산력의 발전에 따라 「所耕田」이라는 자기 이름으로 된 소유 겸 경작지를 자기 혈연가족으로 경영하면서 국가를 직접 상대하는 양인 자영농을 중심으로 하는 자영농층이 보편적으로 정립되었다. 국가는 이 계층에게 기본 국역인 군역을 부과하는 한편, 이 계층을 중심으로 하는 부세제를 운용하였다. 그 구체적 형태가 計田法的 수취제도라는 것으로 구현되었다.

휴한농업이 일반적이었던 고려시대에는 인간의 노동력을 기준으로 賦役을 수취하는 計丁法을 운용하였는데, 휴한농업이 歲耕의 연작농업으로 변천하여 토지생산성이 좀더 확실하게 되고 그것을 경작하는 농민층의 자기 경리가 자립도를 한층 높이게 되자 토지소유의 다과를 기준으로 공납과 요역을 수취하는 계전법을 실시하게 되었다. 계전법적 수취제는 그 시험단계에서부터 소농민들이 매우 편하게 여기는 것으로 판명된 제도였다. 그것은 토지와 가호를 소유한 자영적 소농민층의 광범한 성장과 그 보편적 존립을 전제로 하고, 그들을 상대로 보다 더 효율적으로 賦·役을 수취하기 위하여 고안된 새로운 제도로 정착하기에 이르렀던 것이다. 이 시기 지배층은 그같은 부역을 모피할 뿐아니라 그들의 다수 노비층까지 호적에서 누락시켜 사사로이 비호하는 것을 관례화하고 있었으며, 恒産을 갖지 못한 빈농층은 대개가 유망상태에서 부침하고 있었기 때문이다.

근착하고 있는 현실의 자영농민층은 일상의 생산활동에서부터 외적을 물리치는 일에까지 결코 무시하지 못할 實在로서 사회적으로 성장하고 있었다. 그들은 오랜 기간동안 자기 성장을 수행함으로써 이 시기 지배층에게 통치의 대상으로서의 객관적 실체를 더 크게 인식시키기에 이르렀다. 조선왕조의 지배층은 이전의 일방적 지배방식보다는 상대적으로 그들을 교화해가면서 통치하는 방식으로 지배체제를 전환하지 않을 수 없었는데, 이른바 爲民政治나 훈민정책이 강조된 사실이 그 같은 현상을 적실히 말해 준다. 그리고 이 시기의 성리학은 그러한 새로운 인식 전환에 자못 유효한 이론구조를 지니고 있는 것이었다.

조선 초기 문화형태의 성격을 규정한 또 다른 요인으로서는 성리학이라는 새로운 교학의 확산을 들 수 있다. 성리학은 우주자연으로부터 시작하여 인간은 물론 미물에 이르기까지 모든 개별 실재가 지닌 理의 고유성을 긍정하는 이론구조를 본질로 하였다. 그것은 이전의 불교라든가 전통유교에 비하여 보다 理智的인 새로운 계층적 존재론과 인식론을 내용으로 하는 것이었으며, 정통론적·명분론적 가치관과 세계관을 옹유하고 있었다.

성리학적 인식론은 객관적 사물의 실재를 긍정하면서 좀더 그 이치를 탐구하는 속성을 지니고 있었다. 고려 후기의 혼란기에 성리학을 자기 성장의 이론으로 수용하면서 계기적으로 성장한 신진사류층이 조선왕조를 개창함에 따라, 성리학은 이제 배타적인 국가교학으로 튼튼하게 자리잡게 되었다. 그래서 그들 지배층은 인민을 보다 효율적으로 통치하기 위한 국가제도와 지배체제를 성리학적 세계관과 인식론에 따라 개편하고 개혁하게 되었는데, 그것은 한층 객관적 준거를 가진 통치제도의 수립으로 구현되기에 이르렀다.

조선 초기 문화의 성격은 양인 자영농층의 보편적 성장과 그것을 효과적으로 통치하기 위한 성리학적 가치지향의 국가체제의 확립, 즉 농민층의 객관적 실체가 사회적으로 성장함에 따라 그것의 실재를 새로이 인식하고 그것을 성리학적 이데올로기의 지배질서 속에 다시 편성함으로써 국가체제를 확립한다는 두 가지 측면이 통일적 작용에 의하여 규정되었던 것으로 이해할 수 있다.

Ⅲ

조선 초기의 통치문화는 우선 지배체제를 객관적 준거에 따라 개선하여 정립한다는 형태로 구현되었다. 그 중에서도 전국의 토지와 호구를 중심으로 하는 國勢의 파악은 가장 급선무였다. 이에 일찍부터 호적과 군적을 작성하고 양전을 거듭하는 한편, 그 전체를 종합한 각 지역의 地理志를 여러 차례 편찬케 하였다. 그래서 작성된 《八道地理志》라든지 그것의 종합형태인 《世宗實錄地理志》 등 각종 지리지에는 각 군현단위로 名號와 연혁 및 역대의 領屬관계, 소금·철·양마 등 특수 산물의 유무, 토지의 肥瘠과 기후 및 민속, 호구·인구 및 토산물의 종류, 조세·歲貢과 그 轉輸의 방법, 영·진의 위치와 군사·전함의 수, 부속도서의 정세, 煙臺 및 烽燧, 왕릉 및 선현의 묘, 토성과 지역출신 명현 등의 10여 항목에 걸쳐 실로 주밀한 파악이 이루어졌다.

국가 수취제도의 정비도 괄목할 만한 진전을 보였다. 즉 세종대에는 田制詳定所라는 특별기구를 설치하여 국왕이 친히 독려하면서 새로운 양전·수세법을 강구하도록 함으로써 결국에는 전분 6등, 연분 9등의 貢法田稅制를 정립하기에 이르렀는데, 그 과정에서 전국 관민들에게 새 법의 편의 여부를 물어보도록 해서 여론을 청취한 일도 있었다. 우리 나라에서는 아마도 유사 이래 농민까지를 대상으로 하여 시행한 최초의 여론조사였음에 틀림없을 것이다. 또한 성종대에 職田稅制를 실시하면서 경기관찰사로 하여금 직전을 직접 경작하는 경기 농민들에게 새 법의 편의 여부를 물어서, 여론의 거취를 청취해 본 다음에 실시하였다는 사실도 마찬가지 사례였다. 이제 국가에서 전세제도와 같은 큰 제도의 변천을 논의할 때에는 어느덧 농민층까지 그 논의의 대상으로 참여시킬 정도로 역사는 변천하고 있었다.

그리고 그러한 제도의 정비과정에서 여러 가지 척도를 考正하고 통일하게 된 것도 이 시기 문화의 중요한 성과였다. 그래서 이제 도량형제도의 기본을 이룩할 수 있었으며, 토지의 양전이라든가 의례음악의 音律을 조정하는 데에도 일정한 객관적 기준을 확립할 수 있게 되었다.

통치제도의 정비는 국가재정의 지출면에서도 이루어졌다. 가령 이전까지는 중앙의 각 기관에서 供用하는 물품에 일정한 지출규정이 없었던 까닭에 많고 적은 것이 일정하지 않았으나, 이 시기에 와서 戶曹의 계청에 따라 비로소 「式例」를 정해두고 그 규정에 의해 집행하기에 이르렀다. 또 요컨대 임금의 所用도 유한하여 임의로 할 수 없는 것이 원칙인 것이다. 그러나 이제까지 徵斂에 법도가 없고 용도 또한 무절제하였다. 이에 이러한 현실을 비판하고 오랜 세월을 두고 가다듬은 결과, 성종대에는 이른바 「式例橫看」이라고 하는 기본적인 재정지출규정을 정비하기에 이르렀다. 따라서 공납을 비롯한 수취제도의 개선이 상당 부분 이루어졌을 것이다. 즉 이전에는 지배층의 자의에 의존해 오던 재정수납이 이 시기에 와서는 객관적 준거를 가진 제도적인 것으로 전환하기에 이르렀던 것이다.

Ⅳ

한편 조선 초기의 통치문화는 이전에 비하여 교화적인 측면을 매우 강조하는 편이었다. 인간은 天賦의 理를 타고났으므로 비록 온전하지는 못할망정 자율성과 주체성을 지녔다. 이러한 인간을 상명하복의 통치질서 속에 안착시키자면 무엇보다도 그들을 가르쳐 깨우치고 길들여야 하는 것이 필연의 과제로 부각되었다. 그런데 이 시기 교화의 기본 지향은 곧 명분과 정통성을 중시하는 성리학적 도덕규범을 중심으로 하고 있었다는 사실이다. 이를테면 세종대 忠·孝·烈에 관한 덕목을 널리 가르치기 위하여《三綱行實圖》를 펴낸 것은 교화의 구체적 실례이다.

여기에서 충·효·열의 덕목을 최고의 윤리규범으로 거듭 주장하는 한편, 그것을 범하는 경우는 綱常罪라는 가장 무거운 죄목으로 다스렸다. 그리고 이른바 嫡·庶의 차대가 이 시기에 와서 처음으로 제도화 된 사실도 명분론의 하나인 정통론과 관련된 것이었다. 각 군현마다 국립 중등학교로서의 향교를 세우고「守令七事」에 학교교육의 흥기를 규정함으로써, 성리학적 도덕규범을 중심으로 하는 王化를 전국적으로 확산시키고 장려하였다. 이 시기에는 개인으로부터 왕권을 정점으로 하는 모든 국가체제에 이르기까지 자신의 명분과 직역에 따른 계층적 사회규범과 성리학적 도덕관념이 일원적 체계로 점차 자리잡아 갔다. 가령 主·奴의 관계를 君·臣의 관계와 동일하게 명분론적 규범으로 설명하게 된 것도 이 시기에 와서의 일이었다.

이 시기에는 국가의 기본의례를 새로이 정비하기 위하여 儀禮詳定所를 설치하고 5禮를 강구·편찬케 하였는데, 그 순차에 있어서 송나라의 예제를 따른 것은 역시 성리학의 영향으로 볼 수 있다. 가령 5례 가운데 가장 중히 여기던 吉禮를 두고 말할지라도, 모든 祭儀에는 공경과 정성을 다하되, 명분에 맞지 않는 과람한 경의를 표하거나 혹은 아첨함으로써 복을 빌어오던 행태는 國家祀典에서 완전히 혁파되었다. 그것은 곧 인간의 화복이 결코 神明의 자의에 맡겨진 것이 아니라 바로 인간 자신의 행위로 말미암아 스스로 구하는 일이라고 인식하는 성리학적 祀神觀의 구현이었다.

성리학적 명분론은 華·夷관계의 명분 또한 강조하였다. 이에 중국에 대한 事大의 예를 다하는 한편, 오랜 국가의례로 지켜오던 제천행사를 천자국만이 행할 수 있는 것이라 하여 혁파하였다. 그 논의과정에서 우리 나라는 중국 천자가 分封한 나라가 아니라 天과 직접 연결된 檀君을 거쳐 전승해 온 독자적 국가라는 신료들의 주장이 일어나기도 하였다. 이에 세종은 제후로서 祀天하여 천자의 예를 참람되이 할 수 없다는 자국의 기본 입장을 밝혔다.

조선 초기에는 국가의례의 정리에서도 명분론을 스스로 지켜서 자국을 제후국으로 자처하였다. 성리학적 세계관의 발현이었던 것이다. 그것은 가령 전대의 사료들을 수습하여《高麗史》를 편찬하는 과정에서도 그대로 드러났다. 즉 원나라의 간섭 이전에 고려의 자주적 왕권을 상징하던「朕」이니「詔」니 하는 용어의 사용이 참람한 것이라는 인식을 가지면서도 당시의 용례를 따라 그대로 기록해 남기는 이른바 直書主義 원칙을 지키는 한편, 그 역대 왕들의 연대기는 本紀라고 하지 않고 世家로 표현함으로써 조선왕조 지배층 자신의 명분론적 세계관을 또한 그대로 직서하였다.

V

그런데 성리학은 또 한편으로 개별 실재가 지닌 理法의 고유성을 강조하는 이론구조를 본질로 하고 있었다. 자기 실재의 고유한 이법을 탐구하고자 하는 시도가 조선시대 지배층의 성리학적 인식론에서 비롯된 것은 아니지만, 국가와 그 지배이념이 새롭게 변화된 이 시기에 와서 그것은 이제 일단의 새로운 자기 주체의 정립으로 되기에 이르렀다. 예컨대 고려시대에는 아직도 개인적 차원에서 자국의 시조로 막연하게 인식해 오던 단군을 조선왕조에 와서는 정식의 역사 시조로 인식하여 국가사전에 올려 받들고 正史에도 기록하기에 이르렀다는 사실이 그 하나의 사례이다. 또한 종래 더러 활용해 오던 중국 農書의 설명이 결코 현실에 맞지 않음이 드러나자, 조선의 풍토와 수준에 맞는 농서로서《農事直說》을 편간하여 당시로서 선진적인 자국의 농법을 전국적으로 권장하게 되었다는 사실도 마찬가지이다. 전국 각처의 고유한 강우량을 측정하기 위한 測雨器를 만들었다는 사실도 각 지역의 실재에 관한 고유한 이치를 탐구한다는 인식의 바탕 위에서 성취할 수 있는 것이었다.

자기 고유의 약재로 처방하는 《鄕藥集成方》을 편찬하게 된 사정도 마찬가지이다. 각 나라마다 풍속과 풍교가 다르듯이 같은 이름의 초목도 그 토질에 따라 특성이 다르기 때문에 우리 나라 산천에서 나는 초목 약재들이야말로 우리의 민생을 부양하고 질병을 치료하는 데 가장 적합하다는 인식에서 자체 의서를 편찬케 되었다. 하지만 중국의 것을 무조건 배척하지는 않았다. 요컨대 醫官을 중국에 보내어 方書를 구하는 한편 약명의 잘못을 考正하도록 하고, 또한 전통의서인 《鄕藥方編》을 중심으로 모든 의서들을 모아 빠짐없이 搜檢하고 분류·증첨하여 편찬한 것이다. 더구나 온 정성을 기울여 책을 간행함으로써 후세로 하여금 전에 없던 일을 오늘의 조선이 이루어 놓았음을 알도록 하겠다는 각오 아래 제작해 낸 鄕曆도 마찬가지이다. 그것은 中國曆과 回回曆을 비교·참작하여 유사 이래 최초로 자국의 왕도를 기준점으로 하여 제작한, 자국의 자연현상의 고유한 이 법을 객관적으로 그리고 긍정적으로 탐구한 결과로 이루어낸 역서였다.

그러나 무엇보다도 큰 업적으로는 역시 訓民正音의 창제를 들 수 있다. 그것은 자국의 백성들이 날마다 쓰는 국어를 기준으로 바로 거기에 맞는 글자를 만든 것이었다. 국어에 맞는 글자가 창제됨으로써 이후 자국의 말과 글자체의 발전은 물론, 이른바 기층문화가 자체적으로 발전할 수 있는 가장 확실한 길이 트이게 되었다. 그래서 보편적 농민층을 기본으로 하는 절대다수의 국가 구성원이 비로소 자신의 의사를 문자로도 표현할 수 있는 문화생활권 안으로 들어설 수 있게 되었으며, 이로써 이른바 동족문화라는 것의 성립이라든지 그 변증법적 발전이 일어날 수 있는 독자적 바탕이 마련되기에 이르렀다.

Ⅵ

한편 성리학은 전통유교보다도 훨씬 더 배타적인 교의를 지닌 지배이념이었다. 그래서 이 시기의 지배층은 고려시대까지 국가적으로 숭상해오던 불교라든가 도교를 이제 이단으로 인식하게 되었으며, 따라서 이에 대한 국가적 숭상은 결정적으로 쇠퇴하지 않을 수 없었다.

먼저 불교에 대해서는 태종과 세조대에 대대적인 정리를 단행하였다. 종래 전국적으로 불교를 보호·관리해 온 僧錄司는 이 때 아예 혁파되었다. 불교 종단도 禪·敎 양종으로 통합되었으며 그 소속사원도 크게 축소되었다. 또한 불교사원에 절급해오고 있던 收租地를 극히 일부만 남긴 채 축소하고 그 노비는 아예 혁파하였다. 그리고 度牒제도는 승려가 되는 길을 극히 제한하였고 僧科도 점차 축소되어 16세기 후기에는 사실상 폐지되었다. 승려의 도성 출입도 금지되어 갔다. 오히려 국가에 어려운 역사가 있을 때마다 다수의 승도를 동원하여 복역시키는 일이 자주 벌어지게 되었다.

고려시대까지 귀족적 대우를 받아오던 불교는 이 시기에 와서 국가의 공식적 보호권에서 벗어났다. 물론 이 시기에도 세조의 경우라든지 역대 왕의 后妃를 비롯한 왕실의 개별적 신봉은 한동안 지속되었다. 그러나 그것은 어디까지나 간헐적이며 개별적인 신봉일 따름이었다. 그래서 불교는 이제 민간신앙으로서의 명맥만을 유지하였다. 이에 현실의 고난에서 탈출하고자 하는 백성들의 도피처로서 불교가 선호되었던 것이다.

그리고 도교에 대한 국가적 신봉 또한 크게 쇠퇴하였다. 실상 고려시대에는 도교관계의 祭儀가 매우 많고 잡다하였는데, 그것은 주로 왕실을 비롯한 지배층의 복을 기원하는 의식이었다. 그러나 성리학은 어디까지나 인간의 誠敬을 위주로 하는 祀神觀에 서있는 터이므로, 그같은 잡다한 기복의식은 철저하게 금지되지 않을 수 없었다. 그래서 도교 관련 여러 국가기관이 점차 혁파되고 오직 昭格署만이 남아 의례적인 齋醮를 행하게 되었는데, 그나마 사림정치가 성숙함에 따라 소격서마저 점차 없어지게 되었다.

그러나 한편으로는 도교적 수련을 통하여 신선이 되고자 하는 민간신앙으로서의 丹學의 신봉은 극히 일부에서나마 전승되었다. 이는 주로 불우한 처지의 지식인들을 중심으로 전승되어 간 것이니, 역시 현실도피적인 삶의 한 형태였던 것으로 이해할 수 있을 것이다.

〈金泰永〉

Ⅰ. 학문의 발전

1. 성리학의 보급
2. 훈민정음의 창제
3. 역사학
4. 지리지의 편찬과 지도의 제작

Ⅰ. 학문의 발전

1. 성리학의 보급

1) 성리학의 역할

(1) 사회개혁 사상

고려말의 시대적 모순의 격화를 극복해야 하는 과정에서 국제사회와 국내적 여건에 기초하여 성장해온 신세력은 宋·元代에 사회개혁 사상으로 일정한 역할을 하여온 性理學을 접하였으며, 이것을 우리 역사에서 적절한 신개혁의 지표로 선정할 만한 이념으로 생각하였다. 이것은 사상적으로 우리에게 접목될 수 있는 단계였다는 점과 사회적으로 자생한 소위 學人層(中小地主)이라는 새로운 사회세력의 성장과도 일치하는 것이었다.

삼국시대 이래 우리 나라에서는 漢·唐儒學이 소개되어 지식인들은 유교경전을 읽고 연구하면서 우리의 역사와 중국의 역사를 유교이념에 따라 정리하기도 하였다. 그들은 물론 정서적인 면에서 자신의 감정을 읊조리기도 하면서 유교문화적 특성을 지닌 우리 자신의 문학을 갖기도 하였다. 그것은 삼국시대부터 가져온 우리의 유학으로, 전부 한·당 수준의 經學만은 아니었다. 그러나 그 철학의 기초가 한·당류의 경학에 기초하였음을 부인할 수는 없다.

고려사회에서도 꾸준하게 유학을 연구하고 이것을 정치에 연결시키면서 자신들의 역사 창조에 적극적으로 수용하고 있었다. 그러나 이것은 왕실중심의 문화이며 정치이념이라고 해야 할 것이다. 고려사회의 말기적 현상이 심화되었을 때 왕실중심의 유학이념은 비판받아야 했다. 그러한 비판의 구조와 합리적 내용을 갖춘 것으로 송·원대에 이룩한 유학이 성리학이었다. 따라서 성리학은 고려사회를 비판적으로 보려는 일련의 지식인들에게 폭발적인 관심과 수요의 대상이 되었다.

여기서 성리학의 내적 논리와 내용을 잠시 검토하면서 고려 말기 지성들에게 그렇게 수용될 수밖에 없었던 요소가 무엇인지, 그리고 고려사회의 모순을 어느 정도 해결할 여지가 그 자체 속에 있었는지를 검토하겠다.

성리학은 한·당대의 경학에서 충분히 연구된 유교경전을 토대로 하여 자연관·우주관·세계관을 새롭게 형성하였다. 그것은 新人生觀·新政治秩序의 논리를 창출한 것으로 새로운 학인층을 토대로 하여 사회로부터 요구되는 정치론이며, 윤리이자 도덕률의 체계였다. 성리학은 고전적인 孔孟의 王道論에 의한 유교정치가 아니라 국가를 구성하는 모든 사람에게 명분을 주는 보편적 사고력의 신질서를 구체화한 것으로, 신질서 이론을 정립하기 위하여 보다 보편적인 세계관·국가관·인생관을 수립하려고 궁구하였다.

성리학은 程朱學이라고 불리었던 것처럼 程子 이래 朱子에 와서 그 학문적 체계가 완성되었다. 우주만물은 모두 理와 氣의 결합에 의해 이루어진다는 성리학의 우주론은 자연에서부터 인간에 이르는, 즉 物性에서 人性의 범주까지 적용되는 보편적 논리로서의 이와 기는 각기 소이와 차별성을 갖는다는 것이다. 여기에서 도덕성과 규범성으로 설명되는 부분이 있으며, 특히 인간사회 내에서 차별성과 규범성을 갖도록 한 논리를 세우고 있다. 즉 聖·愚·賢·不肖, 지배와 피지배 등의 사회적 차별성을 보편적 논리로 설명하면서 그것은 누구에게나 다 적용되어 수용되어야 하는 학적 진리라고 주장하는 것이었다. 그것은 엄청난 자연의 힘에는 물론이고 최고의 지배자인 왕에게도 적용되는 규범인 것이다.

왕은 물론 사대부·평민 모두가 지켜야 할 규범으로 세워지는 성리철학 안에서의 규범적 내용은 얼핏 피지배층에게만 일방적으로 강요되는 내용으로 보이지만, 사실은 중간지배층인 지식인들이 자신의 사회적·정치적 지위를 확보하려는, 즉 왕권에 제약을 가하기 위한 매우 신중한 학적 체계에서 나온 고도화된 논리라고 하겠다.

주자는 명분론으로 쉽게 이어지는 君臣·父子·夫婦·主奴·君子와 小人·華夷 등의 상하관계와 수평적 질서론을 전개하면서, 이보다 앞서 君君·臣臣 등 자신의 역할과 도덕적 책임론을 강조·주장하였다. 그것은 지식인이자 중소지주층의 대변자라 할 사대부들이 지금까지 절대 왕권에 대해 학문적 체계를 이용해 정치적으로 견제한 것이었으므로, 知的으로 역사의 발전적 내용을 담고 있는 것이었다. 그것은 王道論에 입각한 왕권의 권위에 대항하였을 뿐 아니라 소위 학적 道統論에 의한 지식인 중심의 治道論으로 정치적 정통론에 대응하였다고 하겠다.

학문적으로 주자학의 기본적인 성격의 전환은 5經 중심의 유학에서 4書 중심의 유학으로 변화하였고, 孔子·孟子의 義理論을 기초로 하여 합리적인 정치학 논리를 구성하였으며, 나아가서 사대부들이 스스로 추구할 학문의 대상과 방법론의 체계를 세웠다는 점에서 찾을 수 있다. 즉 성리학이 갖는 정치와 역사 속에서의 기능을 제외하고도 학문자체의 추구와 자기 생산의 과정을 소위 「格物致知」라는 논리를 세워가면서 학인들이 스스로 자기 중심의 학문 논리를 세웠고, 사회·정치적으로 왕으로부터 독립하는 틀을 세웠다는 것에 유의해야 한다.

성리학의 정치론은 왕, 즉 황제만이 아니라 사대부나 서민도 참여하는 범사회적 질서론 속에서 '爲王制的' 요소와 사대부와 서민의 존재를 강조할 수 있는 새로운 사상체계의 치도론의 세계였다. 그것은 공간적으로 중국의 천하에서 보다 확대된 세계적 공간을 요구하였으며, 이에 따라 조선사회와 연계될 수 있는 범사회적 天下觀이 성립되고 있었다.

새로운 국제관행을 수립할 수밖에 없는 천하질서 속에서 사대부 관료들은 나름대로 국왕을 중심으로 하는, 나아가서 중국의 황제를 중심으로 하는 세계적 질서론 속에서 자신들의 문화적 위상과 정치적 위상을 설정할 수 있는 논리로 성리학을 주목하게 되었다. 확대된 세계관과 왕실을 정점으로 하는 수직적 사회관 위에서 성립된 사대부 관료들의 정치적 구상은 그들의 중추적 역할을 극대화하는 정치제도와 운영을 모색하는 것이었다. 이것이 바로 성리학이 갖는 정치적 논리였다.

성리학에서 확대된 세계관은 자연과 인간의 조화를 취하는 것으로, 그 세계관은 사대부 학인들에게 學的 연구의 대상이 되는 것이었다. 즉 자연과 인간의 현상은 보편적 논리로 구명되어야 할 대상이었다. 그것은 理·氣로써 설명되고, 보편과 특수, 일반과 개별, 관념(정신)과 물질, 관념과 현상이라는 이원적 논리를 가지고 설명되었다. 물론 그것은 대상으로서의 차이성을 설명할 뿐만 아니라, 「理」로써 강조되고 지켜져야 할 도리의 내용도 있었다. 그것이 갖는 궁극적 내용은 자연과 인간세계에서의 질서와 조화를 목표로 하는 것이었다.

여기에서 항상 이러한 점을 확인시켜주는 학인으로서의 성실한 노력과 임무를 통하여 사대부의 역할을 강조한 점은 매우 유의해야 할 대목인 것이다. 관념적 지적과 발견은 말할 것도 없거니와 실천의 대목에서 그들은 자신들의 역할을 의무로 구체화하였다. 사회적 실천의 몫을 그들 자신도 사대부의 역할로 자임하였다. 여기에서 성리학이 갖는 사회개혁사상의 적극적 내용을 확인할 수 있는 것이다. 왕도론 중심의 정치적 개혁과 혁명론이 아니라, 기층사회를 운영·감독하고 서민과 함께 생활하는 사대부들의 생활 속에서 사회개혁과 도덕적 기준을 찾았다는 점에 유의할 필요가 있다. 또한 이것은 소위 지주제 경영으로 구성된 宋代의 사회경제적 여건에서도 찾을 수 있는 것이다.

《性理大全》의 치도론에서 宗法의 의미를 강조한 내용을 보면 家廟制를 중심으로 하는 가족관리와 협동생활에서의 질서와 안정을 강조하고 있다. 《朱子家禮》의 勵行을 기본으로 하여 종법에서의 宗子에 대한 권위를 세우고 조상숭배와 가족간의 친목과 협력을 통하여 사회기층의 안정을 유도한 것이다. 지금까지는 황실이나 귀족·제후 계층의 정치적 위상을 지키려는 정치적 이론인 종법을, 성리학의 단계에서는 가례를 통하여 사대부 학인층까지 그 적용대상을 확대하면서 그들의 사회적 위상정립에 새로운 명분논리로 수용하였던 것이다. 그들은 종법의 논리와 孝의 일반 논리를 조화시키면서 가묘제를 통하여 종법을 발현하게 된 것이다.

가묘를 갖기 위해서는 적지 않은 재정적 기초가 있어야 한다. 그것은 가묘운영과 함께 가족의 생활 운영에서 최소한의 경제력이 필수적이었는데, 가묘를 중심으로 전개되는 의례를 운영하는 데 이에 상응하는 경제력이 필요하기 때문이다. 가족 구성원들의 모임에는 의식에 필요한 경비와 음식 마련에 드는 최소한의 경제력이 요구되는 것이다. 가묘제에서 연상되는 소극적 개념에서 성리학이 사회경제적 문제를 해결하기 위해 주장한 것은 확대된 社倉制에 의한 민생론이었다.[1)]

---

1) 《性理大全》 권 66, 治道 賑恤.

사창은 鄕約과 더불어 주자 향촌정책의 2대 기틀이었다. 사창은 주자가 《周官》의 旅師遺人의 제도에서 시사를 받아 고안·시험한 바 있는 일종의 자치적 향촌 賑貸制로서, 국가(또는 개인)로부터 元本을 빌어서 一石마다 三釐의 이식을 붙여 향촌 빈민에게 대여하며, 息穀의 액수가 원본의 10배에 달했을 때 국가의 원본을 상환하고, 그 다음부터는 耗米로서 1石당 3升의 낮은 이자로 대여하는 제도이다. 사창은 중국 주자학의 논리 안에서 전개되었으며, 주자학의 수용 단계에서 조선의 주자학자들은 이에 관심을 가졌다.

사창은 국가중심의 常平·義倉과는 달리 지방자치의 성격이 강한 것이 특징이다. 집권적 정치성향과 지방분권적 자치를 지향하는 소위 사대부들의 사회개혁 이념과 그 실천성은 조선 초기에 많은 갈등을 제기하고 있었다. 조선 초기에 사창제가 성공했는지 여부를 떠나서 성리학자들이 이를 염두에 두어 논의하고 정치적 갈등을 겪었다는 사실은 성리학의 사회안정을 위한 모델을 이의없이 거론하고 있었다는 점을 의미한다.

사창제 운영은 지주제 운영을 전제로 하고 있다. 주자는 지주제 운영을 주장했는데, 그의 경제사상은 고전적 井田制에서 출발한 均田制를 바탕으로 公田制에 기초하여 국가와 자작농을 중심으로 국부를 달성하려는 경제사상(鄭道傳類)과는 상충되는 것이었다.

여기에 왕실 중심의 국가체제를 유지하고 학인 사대부층의 정치참여와 사회질서 유지를 통해 자신들의 위상을 확립하려고 한 여말선초의 유자·관료들의 성리학 논리의 수용을 고려 말기 사회상을 토대로 하여 검토할 필요가 있다.

잘 알다시피 고려말의 전제는 개혁과 개정이 요구되었다. 국가재정 부문에서는 말할 것도 없고 농민층의 생활고 심화로 인한 기층사회의 불안은 이 시기 국가 재정을 비롯한 경제문제의 해결은 물론 농민층의 안정과 연결되는 매우 민감한 정치문제였다. 이에 고려왕실을 보강하면서 기층민의 안정을 구상하자는 정치세력과, 고려왕실과 연계된 구세력층의 존재가 모든 경제문제의 원인이라고 파악하고 이를 혁파하여 보다 혁신적인 개혁방법으로 이를 교정하려는 정치세력과의 갈등이 생기게 되었다. 결론적으로 후자의 개혁론이 우세하여 고려왕실은 무너지고, 고려의 전제에 대해 전면적인 개혁조치가 단행되었다.

그러나 고려시대 이래 구세력이 근거하고 있던 전제와 토지운영 방식을 대신하여 신세력을 대표하는 신흥사대부의 구상에 맞는 전제와 토지 운영방식을 바로 시행할 수는 없었다. 즉 지주제 형식과 그들의 축이 되는 사회운영의 경제원칙이 신정부에 의해 채택되기에는 시기상으로 아직 일렀다. 구세력, 즉 고려 왕실과 연계가 있는 권세가들의 이익이 보장되는 경제구조에는 경제이론면과 정치이론면에서 성리학의 논리보다는 漢·唐 洙泗學類의 정치론·경제론의 원칙이 적용되고 있었다. 즉 공전-균전론에 의한 자작농 육성이 국가재정과 기층농민을 보호한다는 정도전 등의 경제론이 그것이다.[2)]

이와 같은 사회경제적 주장은 禮論에서도 소위 五禮的 논리를 중심으로 하는 국가질서론을 구성하였다. 여말선초에 가묘제에 대한 논의가 자주 있었으나 그 논리가 실행되기에는 아직 여건이 미숙한 단계였다. 唐代에 완성된 고전적 유학의 정치질서론이 아직은 여말선초의 유학에서 유지된 학문적 성향이었다. 그것은 왕실을 구심점으로 하는 국가질서론이고 왕실을 돕는 귀족세가적 성격의 훈구적 관료로 표현되는 것이었다.

고려말 전제개혁을 주장한 趙浚·李行·黃順常·趙仁沃·許應 등은 전국 각지에서 성장하던 학인층이었다. 여기에서 우리는 이들 사대부층의 성장이 점차 성리학의 학문적 연구와 성리학이 토대로 하는 경제적 구조의 변화를 수용하는 가운데 이루어지고 있었음을 주목하고자 한다. 그와 같은 현상은 고려말 사대부층이 소위 중소지주층으로 사회기층을 통할하고, 농업경영에서 「並作半收」의 관행이 등장한 것 등으로도 반증되는 것이다.

그러나 고려사회가 안고 있었던 「병작반수」의 관행은 결국 수조권을 기저로 하는 科田法을 점차적으로 소멸시키면서 지주전호제를 일반화시키는 현상을 초래하였다. 그리고 그것은 성리학의 수용을 촉진시키는 경제원칙이 되기도 하였다. 이에 지방의 중소지주들도 학문적으로 성리학을 선호하게 된 것이다.

그러나 여말선초에 유학자들이 주장한 사회개혁 방안은 집권적 왕실의 정치구성과 경제구성으로 그 외피가 표출되는 것이었다. 그러나 이 시기의 내면에서 진행된 경제현실과 사회지도층이라 할 지주 사대부층의 학문적 활동과 정치적 지향은 성리학이 갖는 관념적 이상론의 질서를 내용으로 하는 논

---

2) 韓永愚,《鄭道傳思想研究》(서울大 出版部, 1973).

리로서, 사회경제적으로는 지주제와 사대부의 위상을 높이려는 논리였다. 이 같은 학문적 성향은 점차 사회·경제적 토대와 정치력을 확대하였으며, 그것은 한국 유학의 내적 변화와 궤를 같이하였다.

사회·경제적 여건의 성숙과 함께 중국으로부터 수용된 신유학의 내용은 사회·경제적 상황을 더욱 상승작용케 하는 촉매였다. 이것은 三綱五倫, 《小學》을 공부하고 이를 실천하려는 사회적 관행으로 강화되고 있었다는 사실로도 입증된다. 소위 주자의 《소학》은 주자학의 입문서, 또는 기본서로서 유학교육의 필수과정이었고, 조선사회의 교화서로서 가장 널리 보급되면서 주자학의 역사와 그 운명을 같이하였다. 그것은 도덕적으로 군자가 갖추어야 할 교양내용으로 지주와 사대부의 위상을 복합적으로 무장하는 내용이 담겨져 있었다.[3)]

주자 《소학》의 사회교화면을 살펴보면, 《소학》의 敎人 내용은 일상생활의 규범이다. 《소학》은 수신의 대법이 갖추어져 있어서, 지배·피지배층을 막론하고 《大學》을 배우기 전에 반드시 《소학》을 배워야 했다. 그것은 善俗의 사회가 되기 위한 인륜이 담겨져 있기 때문이다. 우리 나라에서 《소학》은 고려말에 소개되기 시작했지만, 서울과 지방의 학교에서 필수과목이 된 것은 權近의 《勸學事目》에서이다. 주자가 주석한 4서가 성리학의 주경전이라면, 《소학》은 그보다 먼저 배워야 할 과정인 셈이다. 따라서 《소학》은 지배자에서 서민의 자제까지 모두가 배워야 함은 물론이고, 成均館 입학시험인 生員進士科에서는 필수과목으로, 武科에서는 선택과목으로 법제화되기도 하였다.

이와 같이 《소학》이 보다 실천적인 교과서가 된 것은 조선왕조의 성리학 수용이 심화되면서부터였다. 《소학》에 대한 이해의 심도가 커진 것도 바로 성리학이 지향하는 사회질서로의 변화를 입증하는 것이다. 물론 《소학》이 조선 후기에도 정부가 기대하는 만큼 그 효과가 사회·정치적으로 있었는가는 매우 의심스럽다. 하지만 성리학이 성숙되는 16세기 경에는 이른바 《소학》의 대가이며 道學者라 할 수 있는 金宏弼 등 山林學者들이 대두되었고, 《소학》의 문제가 趙光祖와 같은 도학정치가들의 사회개혁·정치개혁 등의 매우 실

3) 金駿錫, 〈朝鮮前期의 社會思想-小學의 社會的 機能分析을 中心으로-〉(《東方學志》 29, 1981).

천적인 요소와 연계되면서 조선사회에서 사회규범과 질서로 나타나기도 하였다. 여기에서의 구체적인 사회규범 내용은 소위 3강5륜으로, 인륜의 실천 덕목을 구체적으로 표시하였다.

인륜의 교화를 통해서 현실의 문제에 접근하고, 이를 해결하려는 것이 성리학의 역사적 성격이었다. 여기서 그 실천의 주역은 역시 학인층이자 관료 신분층이 될 수 있는 사대부층임을 주목해야 한다. 즉 학인사대부는 조선사회 내에서 양반사대부층이기 때문이다. 양반사대부들은 경제적으로는 지주층으로, 정치적으로는 관료지배신분을 장악하면서 도덕적으로도 자신들의 입지를 정립하고 있었다.

양반사대부들은 3강5륜의 내용을 통하여 자신들의 역사적 여건을 강화하였다. 3강은 父子·君臣·夫婦 관계를, 5륜은 부자·군신·부부·長幼·朋友의 관계를 규제하는 신분윤리로, 상하·존비·귀천의 차별과 명분의 신분계층제도를 유도하였다. 그것은 혈연의식과 가족의식으로 사회신분계층의 기틀이 되었다. 즉 가족으로 출발해서 사회와 국가로 연장되는 전체 사회질서론의 논리구조에서 상대적으로 나타나는 인간관계를 설정한 것이다.

그러나 구체적인 도덕의 실천성 때문에 조선왕조의 성리학자들에게는 많은 논란과 비판이 있었음도 유의할 사항이다. 그것은 전통적 생활 습속과의 차이와 거리감에서 오는 괴리를 어떻게 극복할 것인가 하는 사대부 학인들의 연구과제였고, 또 역사적 모순에 대하여 성리학의 도덕적 사회규범에서 해답을 추구하여 얻으려는 노력이 이들의 학문적 과제였다고 하겠다. 예컨대 주자학의 사회논리는 부계중심의 가부장적 논리이나, 고려 이래 우리 전통사회의 논리는 오히려 부·모·자·녀 관계에서 모계·처계의 비중이 컸다. 이에 이러한 문제 등에 대응하고, 이를 조절하려는 사대부 학인들의 학문적 노력이 요구되었다.

(2) 왕권과 양반사대부와의 균형

역사발전에 따라 정치권력의 중심이 왕실 내에만 머무르지 않고 그 참여의 폭이 점차 확대되어 갔다. 이에 새로운 변화에 따른 왕실정치력과 신진사대부 사이의 갈등을 조절하고 해소하기 위한 이론적 체계로서 신유학인 성리학의 정치적 이념이 지니는 위상을 살펴보도록 하겠다.

《성리대전》에서는 君道·聖學·臣道·治道장을 통하여 사대부의 위상을 밝히고 있다. 군도장에서 정자는

> 君道는 至誠仁愛를 근본으로 한다. 또한 大要로 말할 것 같으면, 正心으로써 사욕을 막고, 賢人을 구하고 재목을 양육하는 것으로 우선해야 한다. 또 말하기를 人主는 마땅히 싹 트기 이전의 잠재된 욕망을 막아야 한다(《性理大全》 권 65, 君道).

라고 하였다. 주자는

> 천하의 기강은 스스로 설 수 없다. 반드시 인주의 心術이 공평하고 정대하여, 偏黨과 反側의 사사로움이 없는 다음에야 기강이 매이는 바에 따라 선다. 君心은 스스로 반듯할 수 없다. 반드시 賢人을 친히하고 소인을 멀리해서 의리의 돌아감을 講明하고, 사사로움의 길을 폐색한 다음에야 반듯할 수 있다(《性理大全》 권 65, 君道).

고 하여, 바로 왕실의 일차적인 正心에 정치의 기본이 있으나 이를 달성하기 위해서는 반드시 현신을 친히하고 소인을 멀리하는 것이 필요함을 주장하였다. 그것은 다음에 언급하는 臣道와 연계되면서 정치와 사회에서 사대부의 위상을 확고히 하려는 내용으로 이해되고 있다.

성학장에서도 華陽范은

> 인주의 學과 不學은 천하의 治亂과 연계된다. 만약 好學하면 천하의 군자가 흠모해서 그 조정에 서기를 바라고, 마땅한 도리로써 임금을 섬기고 德業을 도와 천하의 태평을 이루게 한다(《性理大全》 권 65, 聖學).

라고 하여, 군주에게 정치적 책임이 있음을 강조하였다.

君王의 후계와도 연결되는 儲嗣[4] 항목 등 왕통에 대한 정치적 배려는 성리학에서 매우 중요한 정치논리의 내용이 되고 있다는 것을 주목할 필요가 있다. 그리고 더욱 유의해야 할 것은 그 다음 君道·臣道 나아가서 치도에 관한 논리전개 과정에서, 우리는 사대부의 위상을 정립하기 위해 노력하는 성리학자들의 현실적 감각을 높이 평가해야 하겠다.

---

4) 《性理大全》 권 65, 儲嗣.

특히 「諫諍」 등은 소위 군왕에 대한 정치적 견제와 비판기능을 갖게 하였고, 나아가서 사대부의 정치력을 강화시키는 계기로 작용하였다. 그리고 점차 시대적 변화에 따라 조선왕조가 소위 양반관료 국가화되었던 것은 바로 성리학의 정치론에 기초한 결과였다고 하겠다.[5)]

성리학은 원시유교의 왕실정치사상을 중심으로 전개된 논리 구조라기보다는 인도주의적·윤리적 이념체계라는 사실을 부인할 수 없다. 다만 원시유교에서 정치적·이데올로기적 기능을 강조할 때 왕실 중심의 정치권력구조였다고 한다면, 성리학은 보다 확대된 지식인층인 사대부들과 협력하는 정치이념이라 할 수 있다. 여기에서는 성리학이 그러한 시대적 변화와 유교이념적 논리와의 결합을 시도하려는, 그리고 그 다음 단계의 역사무대에서 변화된 상황과 새롭게 대응하려는 유교학문체계의 발전임을 주목하려고 한다. 즉 성리학의 이론체계가 역사의 발전에 따라 대응·변화하였다는 점에 유의하고자 하는 것이다.

주자는 그의 治道論에서 인주의 역할을 강조하고 있다. 즉 주자는

> 천하의 모든 일은 근본이 있다. 이른바 큰 근본이라고 하는 것은 본디 인주의 心術로부터 나온 것은 아니다(《性理大全》 권 66, 治道 1, 總論).

라고 하여, 인주의 절대적 위상을 강조하면서도 인주의 자의적인 심술이 아니라고 하였다. 또 주자는 중요한 요점을 정리하는 개념에서

> 任賢을 논하고 私門을 막는 것이 곧 立政之要이다. 良吏를 택하고 賦役을 가볍게 하는 것이 곧 善良之要이다. 將帥를 공정하게 선발하고 近習으로 말미암지 않는 것은 곧 治軍之要이다. 경계하는 말을 듣기를 좋아하고 아첨하는 말을 즐겨하지 않는 것은 곧 聽言用人之要이다(《性理大全》 권 66, 治道 1, 總論).

라고 하였는데, 왕을 중심으로 하는 정치질서의 체계를 강조하면서도 역할분담과 균형이라는 시각을 정립하고 있었다.

사대부의 사회적 역할이 점증했지만 인주의 구심적 역할을 부인하는 것은 아니다. 다만 人君만이 爲德者가 되어야 한다는 것이 아니라, 宰相·賢人·

---

5) 崔承熙, 《朝鮮初期 言官 言論 硏究》(韓國文化硏究所, 1976).
金 燉, 〈中宗代 言官의 性格變化와 士林〉(《韓國史論》 10, 서울大 國史學科, 1984).
南智大, 〈朝鮮 成宗代의 臺諫 言論〉(《韓國史論》 12, 서울大 國史學科, 1985).

士大夫·敎化論 등에서 관인들의 기능을 주목하였다. 이것은 정치적 구조 속에서 상호 견제하는 이론으로, 《성리대전》의 치도론에서 이를 밝히고 있는 것이다. 즉 왕과 사대부, 민의 협력 위에 국가가 건강하고 안정된 역사를 이루어 간다는 것을 주장하는 것이다. 왕을 구심점으로 하여 국가체제를 안정시키고, 이를 도와 정치하는 관료, 생산에 임하는 민중들의 존재와 그 가치에 대한 철학적 접근과 그 내용은 성리학자들의 사회적 위상을 돋보이게 하는 것으로, 그 이론적 근거를 《성리대전》에서 찾을 수 있다.

《성리대전》 속에서 표현되는 군신론의 정치적 역학관계가 조선 초기 사회적 변동기에 그 역사적 대응력을 얼마만큼 발휘하고 있었는가는 또 다른 검토의 대상이다. 그러나 일차적으로 《성리대전》을 통한 이론적 내용과 그 지적 체계가 갖는 사상체계는 이 시기의 주요 정치관료에게 깊은 영향을 주었을 것이다. 그리고 이들 조선 초기의 지성들은 자신들의 역사적 위상에 따른 또 다른 처방을 마련했던 것으로, 그것은 아직 성숙하지 못한 사대부의 사회세력을 인식하고, 왕권과 그 측근에서 보다 집권적인 정치체계를 모색했음을 조선 초기의 역사사실은 보여주고 있다. 즉 유자이자 정치세력의 중추적 담당자들은 성리학의 사회구상에서 제시된 몇 가지 요건과 대응하면서 조선의 정치와 제도를 조정하고 있었던 것이다.

민중의 교화를 위한 제도적 장치와 이를 위한 재정적·정치적 노력은 조선왕조가 갖는 유교이념의 역사적 실상이었다. 성균관·4부학당·향교 등은 조선왕조의 교화정책이 구호에만 그치는 것이 아니라, 실제 인민의 교화내용임을 보여주는 실상인 것이다. 그리고 이를 통한 과거제 운영은 역시 교화를 바탕으로 현인을 선발하고 국가관료를 통한 유교정치를 구현하고 있었음을 주목하게 한다. 조선왕조는 민중의 교화를 위한 제도적 장치로서 왕도만이 아니라 지방의 군현 단위까지 孔子神位를 비롯한 유자들을 숭배하는 문묘와 함께 유교경전과 문학 전반에 걸친 유학교육을 위한 明倫堂의 설립, 이들을 교육하고 교육받기 위한 구체적인 교관과 학생의 구성, 그리고 이들의 학문을 위해 향교를 중심으로 숙식시설을 세워야 했다. 이와 같은 학교의 운영을 위하여서는 재정 지원은 물론이고 유학을 배우고 가르치려는 정신적 지원 또한 필수적임을 이해할 수 있는 것이다.

고려시대만 하더라도 외관으로 현령을 파견하는 것이 난제였던 것은 다 아는 바이다. 고려시대에도 감무의 파견으로 점차 屬縣의 수를 감소시키기는 하였다. 그러나 결국 속현을 정리하고 군현제의 운영으로 일신하면서 동시에 교관을 파견하고 향교를 건립한 것은 조선시대였다. 이러한 운영은 바로 조선 초기유신들로 짜여진 조선왕조의 관료와 유교이념을 기초로 한 정치이념의 실천에 대한 강한 집념에서 비롯된 것이다.

2) 5례·4례의 정비

(1) 5례의 정비

五禮는《周禮》속에서 찾아지는 예의 구조이다.《주례》는《周官》이라고도 하는 중국 고대 周 왕조의 정치제도를 총괄한 유교경전 중의 하나이다. 바로 그《주관》속에서 5례는 정치질서의 상징으로 인식되는 것이다. 禮制는 漢代와 魏晉南北朝 시대를 거치면서 經學의 기초 위에서 정치적 목적으로 조정되었다. 그리고 그 체제의 하나가 5례로 편성되어, 5례는 역사서에 기록되었다. 唐代에 이르러 이른바《貞觀禮》와《開元禮》등의 禮典이 편찬되었다. 바로 5례는 구체적인 예제로서 중국역사에서 황제권의 권위를 변호하는 정치적 기능을 하였다. 특히 5례는 국가질서 편성에서 왕권의 위엄과 명분을 강조하고 있는 내용으로 유교 예제를 전개하고 있었다. 당의《개원례》는 중국사에서 5례의 규범이 되었다. 그래서 당 이후의 역대 중국왕조는《개원례》를 기초로 하여 각 시대 왕조의 변화에 대응하면서 당대 왕조의 안정을 기하였다.

이와 같은 역사발전에 따른 예제의 변화 현상은 우리 나라에서도 일어나고 있었다. 우리 나라 역사에서의 5례도 역시 왕권을 구심점으로 하는 국가질서체계의 논리로서, 이미 고려왕조의 건립에서부터 5례를 적극적으로 수용하고 있었다. 12세기 고려 인종 때 崔允儀의《古今詳定禮》편찬은 바로 고려왕실의 5례의 질서론으로 정권의 안정과 국가사회의 정돈을 기원했음을 보여주는 것이다. 즉《고금상정례》의 5례 체제와 이론은 고려왕실에서 지속적으로 연구하고 실천해 온 왕실권위의 이론적 근거였다.

고려왕조가 멸망하고 조선왕조가 새로 성립하였을 때에도 왕권에 대한 권위구축과 정치현실에서 국가권력을 유지할 수 있는 유일한 이론과 명분은 유교이념 속의 5례의 체계였다. 그것은 세종대 〈五禮〉의 편찬과 이어 성종대 《國朝五禮儀》의 편찬과정 그 자체만으로도 5례 수용의 역사적 사실에 대한 위상을 확증할 수도 있다. 그러나 그것은 여말선초의 연대기에서 찾아지는 5례 운영에서 보다 광범한 실증적 사실을 확인하게 된다. 새 왕조의 정권담당자들이 구축한 국가질서의 이론과 명분의 학문적 기초와 이론적 체계는 바로 5례적 질서체계임을 확인할 수 있는 것이다.[6]

5례는 4례와 마찬가지로 禮樂思想에 기초한 사회질서론임을 유의할 필요가 있다. 예는 역시 시기에 따른 변용논리에 기초한다.

> 禮의 근본은 백성들의 정서에 기초하여 聖人에 의해 만들어지고 예의 도구는 백성들의 습속에 기초하여 성인에 의해 다듬어진다. 성인이 다시 나타난다 하더라도 반드시 時用의 衣服과 器用을 써서 儀禮를 만들 것이다. 그 근본을 귀히 여기며 쓰임을 친히 한다는 뜻 또한 그때그때 왕이 짐작하여 가감할 따름이다(《性理大全》 권 66, 治道 1, 禮樂).

위에서 본 정자의 말과 같이, 현실 정치의 실정과 밀접한 관계 위에서 예제가 정립된다는 예론에 기초하고 있는 것이다.

조선왕조의 지식인이자 관료들은 民情과 民俗에 기초해서 예, 즉 질서의 논리를 구축해야 한다는 점을 절감하고 있었다. 따라서 조선왕조 5례의 내용과 구조에서 왕실은 왕권의 권위를 세우고 안정시킴은 물론이고, 특히 역사적 현실에 기초해야 한다는 예론에 입각하여 학문적으로 예제에 대한 깊이 있는 연구를 요구하게 되었다.

왕실은 자신들의 권위를 지키기 위하여 유학연구를 심화시키고 있었다. 고려의 경우는 寶文閣과 淸讌閣을 통해서 이와 같은 목적이 수행되었으며, 조선왕조에서는 集賢殿 등에서 유교경전에 대한 수준 높은 연구를 통하여 5례 운영의 철학적 근거를 찾았다. 그리고 그것은 정치현실과 밀접한 관계를 갖게 되었다. 이러한 노력은 이론과 실제를 밀착시키는 유교 문화권에서의 정치론의 정립이라고 하겠다.

조선왕조는 이미 고려시대에 정리된 《古今詳定禮》를 기초로 하여 송·명

---

6) 李範稷, 《韓國中世禮思想硏究》(一潮閣, 1991).

에서 제정된《太常因革禮》라든가《洪武禮制》등을 참조하면서 자신들이 적절하다고 보이는 정치체제를 5례의 예론에 기초하여 구성하였다. 즉 세계적 질서속에서의 조선왕조임을 천명하고 있다는 사실이 반영된 것이다. 조선왕조만의 천하가 아니라 중국을 포함한 보다 넓은 세계 속에서의 조선왕실을 5례의 구성내용에서 누누이 강조하고 있었던 것이다.

5례 중에서 祀天禮가 제외된 것은 국제질서 속에서 조선왕실의 위상을 정립시킨 대표적인 의례 중의 하나이다. 즉 조선왕조만이 독립된 왕조의 세계가 아니라 중국 및 주변국가가 함께 존재하는 국제정치라는 명분을 인식하였던 것이다. 중국의 황제가 중심이 되는 세계질서라는 명분, 그리고 현실적으로 중국의 외교적 압력 등을 직시하면서 5례 구조에서 보이는 사천례를 포기하였던 것이다. 이것은 바로 역사적 상황을 제대로 인식하여 허상의 명분에 집착하지 않고 국제질서 속에서 올바르게 왕실의 위상을 정립해야 한다는 것을 인식하여 실천하려 했음을 알 수 있는 것이다. 따라서 소위 사대교린으로 알려져 있는 중국과 주변국가와의 관계설정 또한 변화되고 확대된 세계관과 대응하는 정치질서 의식의 표현임을 알게 하는 것이다.

조선왕조가 보다 넓혀진 세계관에 기초하여 5례를 구성하였다는 사실은 정치적 독립과 역사성의 존재를 더욱 강조하였다는 것에서도 그 정치철학의 의의를 더해준다. 이것은 단지 확대된 세계관 속에서 왕조의 정치적 독립성을 상실한 것이 아니라, 고유한 문화적 특성과 역사의 정통성을 확인하려 한 것임을 발견할 수 있다. 즉 시조 단군에 대한 보다 강렬한 인식과 중국사가 아닌 東國史의 정리·편찬에 대한 새로운 인식 등은 새로운 세계관 속에서 자아를 발견한 것이다.

조선왕조는 이러한 민족적 정치의식의 깨우침 속에서 전개된 정치적 각성의 실상을 5례의 구성에서 밝히고 있을 뿐만 아니라, 문화적으로는 한글의 창제라는 역사적으로 가장 빛나는 업적을 이 시기에 이루었다. 그것은 기초가 튼튼한 성리학의 수용이 학문적으로 민족의 특성을 참조하여 새로운 시대에 적용할 수 있는 문자를 창조케 하였고, 우리 역사와 조화되는 5례를 제정하게 했다는 것을 보여준다. 또 이러한 것이 중앙집권체제의 정비·강화와 함께 성립되었다는 점에서도 유의할 만한 것이다. 즉 祀典의 정비는 名山大

川의 諸神에 대한 정리를 내용으로 하여 각지에 분산·난립된 지역적인 잡신앙을 단순하게 정비한 것이 아니라, 일원적인 地神 체계로 정비하는 정치·문화적 의미가 있었으며, 이는 문화 전반의 정리와 왕권의 명분이 함께 정리되고 있음을 의미하는 것이다.

5례의 정비과정에서 보여준 조선왕조의 적극적인 유교이념 수용정책은 현실적 필요, 즉 왕실의 정치적 권위 확립에서 우선 요구된 것으로 나타났다. 그리고 이를 지속적으로 유지·발전시키기 위해서 조선왕조는 학문적 연구를 심화시키고, 끊임없이 예제를 정비하였다.

태조대에는 왕실의 안정과 권위의 수립에 필요한 각종 의식을 5례의 기준에 맞추어 행하였다. 태종대에는 왕권 강화의 일면을 5례 의식을 통해 적극적으로 모색하였다. 즉 儀禮詳定所를 만들어 보다 전문적인 예제의 운영을 담당케 하였다. 의례상정소는 조선왕조 정치전반의 문제 정리에 있어서 그것이 예론에 맞는가를 심도있게 검토·적용하였다. 세종대에는 朴堧 등 음악 전문가의 출현으로 "예와 음악 부문을 조화시키는 예악을 동시에 수용해야 한다"는 《성리대전》에서의 기초적 예악론을 실천하였다.[7] 이와 같이 왕실에서 적극적으로 예론과 예제를 실천하는 현상은 관념적 측면에서의 고명뿐만 아니라, 당시 이를 수용할 만한 문화의 전반적 변화를 인식하였는가는 물론 사회구성요건 등이 구비되어 사회적 정황과 습속이 이 예제를 수용해야 한다는 종합적인 여건이 성숙했음을 반영하고 있다.

주지하다시피 세종대의 〈5례〉는 미완성된 것으로 지적되고 있다. 그것은 禮典으로 미완성되었음을 의미하는데, 그러한 표현은 예론과 역사현실의 갈등이 아직 정리되지 못했다는 것을 의미하는 것이기도 하다. 그러한 갈등의 원인은 고려말 이래 성장해 온 사대부라는 정치적 잠재세력이 왕실을 구심점으로 한 정치질서의 구축에 많은 저항을 하였던 역사적 사실에서 찾을 수 있으며, 그것으로 인해 세종대 〈5례〉의 예제 정리·정돈이 지연되었던 것이다.

왕조 초기에 요구되는 왕실 중심의 정치권력의 구조는 일차적이고 시급한 과제로, 신흥사대부들의 요구가 짜임새 있게 정치적 구조에 자리잡기에는 시기상조였다고 보여진다. 그러나 이들의 현실적 성장과 요구는 시기가 지남에

7) 《性理大全》 권 66, 治道 1, 禮樂.

따라 점차 강화되고 성장하였으며, 이러한 역사적 추세는 결국 5례구조에도 일정한 타협과 정비를 하게 하였다.

일차적으로 禮典의 정비 기회가 마련된 것은《世宗實錄》편찬 때의 5례의 정리였다.《세종실록》편찬은《朝鮮王朝實錄》편찬이라는 일련의 왕조실록 편찬과정의 하나였지만,《세종실록》의 경우는 좀 특이하다.《세종실록》은 연대기의 정리와 함께〈地理志〉·〈樂譜〉·〈七政算〉·〈禮志〉가 부록으로 실려있다. 그것은 조선왕조가 유교이념에 기초한 정치운영 내용을 역사에 구현하려는 당대의 역사의식 또는 정치의식의 발현이라 할 수 있다. 다시 말하면《세종실록》의〈5례〉기록은 許稠·卞孝文·鄭陟 등의 유자들이 중심이 되어 정리한 내용임을 밝히고 있으나, 조선 초기 이래 조선왕실이 추구해온 유교정치이념의 구현을 위한 꾸준한 정치적 노력을 역사에 기록한 것으로 이해해야 한다.

세종대〈5례〉는 왕실 중심의 의례만을 정례화한 것이다. 전체 국가질서의 편성보다는 왕실의 권위와 존엄성만을 생각하는 의례, 더욱이 왕위계승을 유가적 논리 안에서 정치적 관행으로 정착시키려는 의지가 뚜렷하게 보이는 것이 특징이다. 이와 같은 정치적 노력과 실천은 이후에도 지속되었다. 따라서 5례는 당시의 정치와 사회·경제적 상황을 반영하고 있었다. 그 결과 정리된 예전이 성종대의《國朝五禮儀》이다.

성종대《국조오례의》에서는 왕실 중심의 구조는 변함이 없으나, 세종대〈5례〉에서는 미처 정리되지 않았던 사대부들의 위상과 서민의 위상이 5례의 안에 함께 정리되었다. 이와 같이 변형된 5례구조는 중국 宋代의 5례구조와도 유사한 점을 보이고 있고, 그것은 또한 송대 성리학의 토대 위에서 정비된 5례구조로 인식되는 것이다. 성종대가 갖는 문화적 성격을 우리는 이 5례구성에서 시사받을 수 있다.

《국조오례의》는 왕권과 사대부 관료들의 정치력을 예론으로 소화한 단계에서 편찬된 것이다. 즉 왕권과 사대부 관료들의 정치력의 균형 위에서 만들어진 예전으로, 유교문화론이 왕실의 차원뿐 아니라 양반사대부의 사회저변까지 깊숙하게 침윤한 것을 반영하고 있다. 이것은 곧 유교문화 이념이 우리의 전통문화와 사회기층에까지 파급되었음을 의미하는 것이다.[8)]

---

8) 李範稷, 앞의 책.

(2) 4례의 장려

四禮는 다 아는 바와 같이《朱子家禮》가 기본이다. 4례는 冠·婚·喪·祭의 항목으로 전개되는 통과의례적인 내용으로, 천자로부터 서민에 이르기까지 보편적으로 적용되는 예제인 것이다. 이에 가례가 갖는 예제의 질서 논리와 역사적 수요에 대한 검토가 우선 요구된다.

왕실과 사대부·서민이 보편적으로 공유할 수 있는 의식의 원론이었음을 강조하는 것은 지금까지의 지배와 피지배 또는 문화적으로 미개와 문명으로 차등시해 온 역사의식에서 보편성을 강조하는 변화가 나타났음을 상징하고 있다. 가례가 주자에 의하여 제정되었는가의 여부는 아직 논란의 여지가 있지만, 통념적으로 가례는《주자가례》임을 인지하고 있었다.[9] 더욱이《성리대전》안에 가례가 편집되어 있어,[10] 성리학에서 가례가 지닌 위상에 주목하고자 한다.

성리학이 역사의 발전과 함께 변화된 유가철학의 우주관·세계관·국가관·인생관을 투영하는 고도의 철학적 체계라 했을 때, 그 속에서 현실의 세계를 통제하는 예론의 하나로 가례를 구체적으로 정리한 것은 성리학을 자신들의 학문적 원천이라 인식하였던 사대부의 사회적 위상과 연계됨을 시사하는 것이다. 여기에서 여말선초의 가례에 주목하려는 유자들의 인식 수준은 역사적으로 동일한 습속에 의거하여 존재한다는 문화의식을 토대로 한 정치의식으로, 유교이념의 수용으로 작용하였다. 그러나 그것은 현실적으로는 이미 왕실과 사대부·서민층까지 포함시켜 보편의 토대를 강조하고, 이를 받아들여야 할 논리적 명제를 갖는 시기가 도래하였음을 말해주고 있다.

고려말의 사대부층은 자신들의 정치적 위상을 높이기 위하여 이와 같은 정치·문화적 논리를 지닌 가례의 수용을 적극적으로 주장하였다. 鄭夢周가《주

---

9) 黃元九,〈李朝 禮學의 形成過程〉(《東方學志》6, 1963).
　———,〈朱子家禮의 形成過程〉(《人文科學》45, 延世大, 1982).
　池斗煥,〈朝鮮初期 朱子家禮의 理解過程〉(《韓國史論》8, 서울大 國史學科, 1982).
　高英津,〈15·16世紀 朱子家禮의 施行과 그 意義〉(《韓國史論》21, 서울大 國史學科, 1989).
　裵相賢,〈朱子家禮와 그 朝鮮에서의 行用過程〉(《東方學志》70, 1991).
　李範稷,〈圃隱과 朱子家禮〉(《圃隱思想硏究論叢》2, 1993).

10)《性理大全》권 18~21, 家禮.

자가례》를 모방하여 가묘를 세우고 제사를 모셨으며,[11] 趙浚은 상소문에서 《주자가례》에 의거하여 제사를 지내자고[12] 하였고, 유학자 鄭習仁은 親喪 때 《주자가례》를 준행하였으며,[13] 尹龜生이 가묘를 세우고 제사를 《文公家禮》에 의거하여 지냈다[14]고 하는 《高麗史》의 기록 등은 《주자가례》에 대한 정보가 이 시기에도 있었음을 시사한다. 그러나 여말선초에 이를 실천하기에는 아직 어려웠던 것이다.

그 이유는 고려의 역사전통이 갖는 현실적 여건이 사대부층의 논리적 요청을 수용할 수 없었기 때문이다. 왕실을 비롯한 귀족층을 중심으로 하는 상층의 신분이 갖는 문화의식·관행이 하층 서민들이 지배해 온 문화생활 관행과 동일할 수 없었기 때문에 《주자가례》가 그들의 주장만큼 생활에 정착하여 수용될 수는 없었다.

고려말의 자료들은 가묘를 세운다든지, 관례가 시행되지 않으며, 제례가 《주자가례》의 격식에 맞지 않고, 服喪의 문제가 정치적인 난제라고 기록하고 있다. 이것은 가례수용의 문제가 왕실에서부터 갈등이 일어났으며, 사대부와 서민에 이르는 사회 전계층이 이 새로운 보편적 통과의례를 수용할 준비가 되어 있지 못함을 보여주고 있다. 몇몇 특수한 인물들이 상례나 제례에서 《주자가례》를 실천하면, 그것이 정치적으로 주목되면서 크게 강조되어 기록된 사실은 바로 그러한 사정을 확인해 주는 것이다.

점차 시간이 지나감에 따라 사대부들의 유학연구가 심화되고, 그들의 사회경제적 기반과 정치적 위상이 독립적으로 인정되는 과정에서 《주자가례》는 점차 그 수용의 폭이 넓어졌다. 일단 조선왕조의 개창으로 유학을 공부한 사대부층 및 그들과 협력한 왕실은 피할 수 없는 정치적 상황으로 인해 초기부터 적극적으로 성리학의 논리를 깊게 이해하려 했으며, 이에 따라 가례의 수용은 학문적 토대를 갖추면서 심화되었고, 이것은 국가의 제도적 정비로 이어졌다.

郡縣制의 정비와 함께 모든 군현에 유학을 교육하는 향교를 세우고 교수

11) 《高麗史》 권 117, 列傳 30, 鄭夢周.
12) 《高麗史》 권 118, 列傳 31, 趙浚.
13) 《高麗史》 권 112, 列傳 25, 鄭習仁.
14) 《高麗史》 권 121, 列傳 34, 尹龜生.

와 훈도를 파견하여 모든 민을 유교문화로 교화시켜야 한다는 정치의지는 《주자가례》 수용을 장려하는 정책내용으로 나타났다. 나아가 교육의 결과를 수렴하는 과거제도 속에서 《주자가례》의 이해 정도를 검증하는 제도를 제정하였다. 小科·大科를 시행하여 유학을 공부하는 인재들을 등용하는 과거제도의 정비가 그것이다. 전국에 걸쳐 인적 자원의 선발을 배려하는 初試에서 《주자가례》의 이해를 검증하는 제도는 단계적으로 유학학습을 통하여 인재를 육성하려는 것으로, 유학이 갖는 治道의 합리적인 제도적 장치였다.

조선왕조는 이를 통하여 지역적 편재성을 극복하고 전국적으로 균등한 유교교화를 시행해 갔다. 게다가 소위 지방에 거주하는 사대부 지주들의 활동과 함께 조선왕조의 유학은 점차 발달하고, 그것은 한국의 역사전통으로 재창조되는 문화요소로 자리잡게 되었다.

《주자가례》는 조선시대 사회구성원들의 삶과 밀접한 연관을 지니고 있었으며 조선사회의 변화 과정에서 중요한 역할을 하였다. 《주자가례》의 수용은 단순한 관혼상제의 변화에 그치지 않았으며, 사상과 관습의 변화는 물론이고 더 나아가 사회제도의 변화 및 사회구조의 변동까지 초래하였으므로, 그것이 갖는 역사적 의의는 매우 크다고 할 수 있다. 조선을 건국한 새국주노세력들의 성리학 연구에서 나타나는 특징은 窮理보다는 居敬을 강조하였으며 실천적·윤리적이었다는 점이다. 이것은 당시의 시대적 요구와도 부합되었는데, 이들은 사회질서를 확립하고 불교와 민간신앙에 젖어 있었던 사회의 관습을 바꾸기 위해 《주자가례》를 시행하였다. 비록 《주자가례》를 제대로 이해하고 시행한 것은 아니었으나 사회규범으로서 충분한 효과를 얻을 수 있었다.

《주자가례》는 일차적으로 사대부에게는 법적 강제력을 갖고 시행되었으나, 일반인에게는 교화라는 간접적인 방식만이 사용되었다. 그 이유는 국가권력이 일반 개개인에게까지 미치지 못하였고, 이보다 사대부 자체내의 동질성 회복을 위한 일이 시급했기 때문이었다. 그리하여 시대적 상황과 중요성에 따라 먼저 제례(家廟制)가 강력하게 시행되었으며 상례·혼례·관례의 순서대로 시행되었다. 《주자가례》 내용의 이해와 시행 규정에 관한 것은 禮曹에서 시행하고, 규찰은 주로 司憲府에서 담당하였다. 그 결과 제례와 상례는 어느 정도 시행되었으나 혼례와 관례는 거의 행해지지 않았으며 그나마 사대부에 국한되고 일반민은 거의 행하지 않았다. 제례도 奉祀의 경우 4代봉사를 내용으로 하는 《주자가례》와는 달리 신분과 직품에 따라 다르게 시행되었으며, 상례도 3년상은 사대부에게만 허락되고 일반민에게는 허용되지 않는 불완전한 것이었다. 《주자가례》의 내용과 의미를 완전히 이해하고 시행하지 않았기 때문에 내용과 밀접한 연관을 가진 사회제도의 변화는 가져올 수 없었다. 또 불완전한 이해의 성과도 시행과정에 전부 반영되지 못하고 《國朝五禮儀》 등 국가·왕실의 典章文物의 확립에만 반영되었다. 그러나 이 시기에 있어서 《주자가례》의 독자적 역할의 중요성이 감소되는 것은 아니었다.

《주자가례》에 의한 4례가 시행되기 이전에는 주로 통과의례적인 의례는 불교와 민간신앙적인 형식으로 행해졌다. 이와 같은 전통적인 생활습관들은 《주자가례》가 시행되자 나름대로 여기에 대응하면서도 그 영향을 받아 변화하였으며, 변화의 양상은 지역에 따라 차이가 나기도 하였다. 국가는 《주자가례》를 시행하는 동시에 전통적인 생활관습에 대해 규제를 가하였는데, 주로 민간신앙보다는 불교적인 관습을 더욱 금지하였다. 거기에는 군사·경제적 요인도 밀접하게 연결되어 있었다. 그리하여 불교적인 관습은 줄어든 반면 민간신앙적인 淫祀는 계속 성행하였다. 《주자가례》의 시행을 추진하는 세력들에게 전통적인 喪葬祭는 비용이 많이 들어 집이 파산할 정도라고 하는 등 부정적으로 인식되었으나, 나름대로 운영하는 방법이 있었으니 공동노동과 상호부조를 위한 契와 香徒 등이 그 하나의 방법이었다. 조선 초기 《주자가례》가 제대로 행해지지 못했던 이유 중 하나도 민인들이 과거의 인습에 사로잡혀 있었기 때문만은 아니었으며, 그들 자체내에 가정과 사회를 운영할 수 있는 원리와 생활관습을 가지고 대응했기 때문이다.

사대부 계층이 어느 정도 《주자가례》를 생활화하고, 성종대 중반 이후 성리학적 소양을 보다 풍부하게 지닌 신진사류들이 등장하여 활동함에 따라 《주자가례》를 통한 교화는 이전보다 더욱 중요성을 가지게 되었으며 적극적으로 《주자가례》가 행하여졌다. 동시에 지배세력의 윤리적인 도덕성이 강조되었으며 樂에 대한 인식도 심화되어 당시의 문제들을 예악의 방법으로 해결하려고 하였다.

이러한 노력은 연산군대에 일시 저지당하였으나 역사적 대세는 막을 수 없었다. 이제는 강요가 아니라 자발적으로 행하게 되었으며 사대부뿐만 아니라 일반민까지도 행하였다. 이것은 사대부들이 재지적 기반을 확보하여 일반민을 직접적으로 지배할 수 있게 된 데서 기인하였으며 일반민의 경제력 상승도 무시할 수 없었다. 신진사류들은 鄕約·鄕飮酒禮·小學 등을 시행하였으나 국가권력의 도움을 완전히 배제한 것은 아니었다.

「中宗反正」 이후 연산군대 예제의 혼란상을 회복하는 가운데 사대부들은 두가지 입장으로 나뉘었으니, 하나는 鄭光弼 등 대신과 예조 등의 전문관료들을 중심으로《주자가례》의 부분적 시행을 주장한 「國朝五禮儀派」였으며, 다른 하나는 趙光祖를 위시한 신진사류들을 중심으로《주자가례》의 완전한 시행을 주장한 「古禮派」였다. 양자가 모든 면에서 대립하지는 않았으나 三年喪·親迎·廟見 등의 문제에서는 첨예하게 대립하였다. 국조오례의파의 주장은 국가운영의 현실적인 문제와 사대부·서인은 제도가 다르다는 인식에서 나왔으며, 고례파의 주장은 천자로부터 서민까지 상하가 다 공유해야 한다는 인식에서 나왔다. 국조오례의파가 융통성이 있고 상대적이며 시의에 맞는 교화를 주장한 반면, 고례파는 융통성이 없고 절대적이며 무조건적인 교화를 주장하였다 그러나 양자 모두《주자가례》에 대한 이해가 완전한 것은 아니었다.

《주자가례》는 교화의 강조와 경제력의 상승에 의해 사대부뿐만 아니라 일반민에게도 행해졌으나, 4례 가운데 관례는 거의 행해지지 않았다. 혼례는 사대부계층에서 친영이 비로소 행해지기 시작하였고, 제례는 비교적 행해지고 있었으나 가문에 따라 각양 각식이었다. 그래도 가장 많이 행해진 것은 상례였다. 그러나 전통적 생활관습도 강하게 지속되었다.

성리학적 소양을 상대적으로 더 많이 지니면서 예의염치를 기본적인 요건으로 하여 중종 후반에 본격적으로 형성되었던 士林은 성리학에 대한 이해의 심화와 더불어《주자가례》에 대해서도 이해의 깊이를 더해 갔다. 동시에 이들은 향촌에 대한 지배력을 강화해 갔으며, 신분적으로는 士族으로 고착화되고 경제적으로 지주화되어 갔다. 어느 정도 안정된 기반을 갖게 된 사림은 상업의 발달과 농민의 계층분화로 인해 향촌이 불안정하게 되자, 향촌의 안정과 자신들의 위치를 확립하기 위하여《주자가례》의 4례의 내용에 관심을 갖게 되었으며 나름대로의 家禮書를 만들기 시작하였다. 16세기 후반에 본격적으로 제작되기 시작한 가례서는 金麟厚의 《家禮考誤》, 李彦迪의 《奉先雜儀》, 李滉의 《退溪喪祭禮答問》, 李珥의 《祭儀鈔》·《擊蒙要訣》 중의 喪祭와 祭禮, 李賢輔의 《祭禮》 등이 있다.

중종 후반에서 명종대에 걸쳐 저술된 가례서들의 특징으로 크게 두 가지를 들 수 있다. 첫째, 거의 모두가 상례·제례에 관한 내용을 담았으며 특히 제례에 관한 것이 많았다. 둘째, 대부분의 가례서는 형식이나 내용에서 《주자가례》를 거의 그대로 따랐다. 그 책들은 비록 관혼상제례의 내용을 전부 담지 못하고 체계적으로 서술되지도 못하였으나, 가례서는 향촌사회에서 기반을 잡아가는 사림들이 자신들 가문의 동질성을 확보하는 데 필요한 것이었다. 그러므로 이 시기의 가례서는 각 가문의 생활규범서의 성격을 지니고 있었다.

가례서의 출현이라는 새로운 경향에 의한 《주자가례》의 시행은 당시 文定王后에 의한 불교의 숭상으로 불교나 민간신앙적인 분위기가 만연하였던 사회적 분위기에 대한 반작용에서도 나왔다. 불교·민간신앙적인 생활관습으로 회귀하거나, 이를 계속 지니고 있었던 일부 관료·외척 세력에 대해 사림은 가례서를 만들어 자신들의 내부적 결속을 다지며 대응하였던 것이다. 이러한 과정을 통하여 《주자가례》 시행의 주체는 국가나 관보다는 문중이나 개인으로 넘어갔다.

그러나 《주자가례》가 제대로 행해지지 않은 경우는 그 당시에도 많았다. 일반적으로 친영은 극히 일부분을 제외하고는 거의 행해지지 않았으며, 관례도 상층에서만 행해지고 하층에서는 행해지지 않았다. 상례는 《주자가례》에 의해 행해졌으나 간혹 틀린 부분이 있었으며, 제례는 《주자가례》의 제례에 비해 주로 祭物·時祭·忌祭 등에서 많이 달랐다. 香徒와 淫祀는 이 시기에도 강인하게 존속되었으며 특히 향도는 향약의 포섭대상이 되었다.

《주자가례》에 대한 이해의 심화와 철저한 실천은 강한 저항에도 불구하고 《주자가례》의 내용과 관련된 사회제도의 변화를 가져오기 시작하였으며, 더 나아가 전체적인 사회구조의 변동을 초래하였다. 宗法制·奉祀制·相續制·養子制·冢婦制 등 당시 사회구조와 밀접한 연관을 지녔던 제도들이 《주자가례》의 철저한 이해와 실천에 의해 자연스럽게 변해갔다. 16세기 후반기는 바로 이와 같은 사회제도가 변화하는 태동기라 할 수 있다. 이것은 《주자가

례》의 역할이 교화에서 사회제도의 변화로 바뀌어 갔다는 것을 의미한다.15)

16세기를 지나 17세기에 이르면 조선사회 심층까지 유교의 문화논리가 침투되고, 지방문화가 갖는 특색이 중앙정계에까지 영향력을 미치게 된다. 특히 한국사상계에서 나타난 예학의 등장이 그것이다. 17세기 예학은 沙溪 金長生(1548~1631)의 학문이 이를 대변하고 있다. 김장생의 예학은 바로《주자가례》에 대한 조선사회에 대응된 해석과 새로운 사회관행의 창출을 의미하는 것으로, 양반사대부들의 가례연구와 실천의 문제는 이후 심화되어 갔다. 書院의 발흥과 서원을 기초로 한 지방유생들이 갖는 강한 독립성과 특색은 중앙정계까지 좌우하는 소위「黨爭」의 여파로 나타나는데, 이것이 바로《주자가례》가 갖는 보편적 논리를 통하여 왕실과 사대부간의 갈등을 생성하였다고 하겠다. 그것은 유교문화의 수용에 따른 문화의식의 성장을 의미하는 것이다. 또 지방의 사족들이 갖는 학문에 대한 긍지와 경제적 독립, 그리고 기층민과 함께 하는 공동체적 의식에서 비롯되는 것이었다.

가례서를 통한 사회기층의 사회질서 확립의도는 성리학의 구조 내용에서 추구되는 정치내용인 것이다. 사회질서 확립은 5례의 경우에서 이미 지적하였듯이, 5례가 왕을 구심점으로 편제되는 국가질서체제라 한다면, 가례는 사대부 가족들의 宗子를 중심으로 하여 갖는 종족중심의 가족질서를 내용으로 하는 것이다. 종자를 중심으로 전개되는 질서논리는 고대사회에서 사용된 종법의 내용이다. 조선시대의 지주이며 학인인 양반신분층은 고대의 종법 논리를 사대부의 종법 논리로 원용한 가례를 통하여 점차 자신들의 종족들을 통솔하였다. 국가 또한 양반사대부 신분층에게 이들을 구심점으로 하여 사회계층의 질서를 구상하도록 유도하였다. 이것이 소위《주자가례》를 힘써 시행한 정치적 목표였다고 하겠다.

양반사대부층은 지방에서 자신들의 사회적 역할과 현실적 상황을 기초로 하여 심화된 유학연구와《주자가례》의 실천을 자신들의 문제로 삼고 있었다. 이 시기의 성향을 상징적으로 보여주는 것은 예학이 활성화되는 데 크게 공헌해온 김장생 학문이 갖는 내용이라 하겠다.

광범위한 의미에서의 예학은 5례와의 논리적 갈등을 정리하는 것으로 인

15) 高英津, 앞의 글, 155~160쪽.

식되나, 좁은 의미의 예학은 《주자가례》에 대한 심층적 이해와 이를 현실에 정착시키는 데 있어서의 갈등을 학문적으로 정리하는 업적으로 인식된다.

〈李範稷〉

3) 문묘제도의 정비

조선왕조가 개국된 지 얼마 후에 국왕 태조는 閔霽를 文廟에 파견하여 釋奠祭를 올리도록 하였다.[1] 이 때의 문묘는 물론 개경의 국자감내의 문묘였다. 문제는 이것 말고는 문묘의 구체적인 내용에 대해서 알 수 없다는 점이다. 이에 고려말 문묘의 모습을 검토할 필요가 있다. 그러나 고려말 문묘의 모습을 이해하기도 용이하지 않다. 이 시기가 역사적인 격동기로서 역사기록 자체가 매우 소략하게 처리되고 있을 뿐더러 元·明의 교체에 따른 역사기록의 누락도 적지 않기 때문이다. 이런 이유 등으로 문묘에 대한 검토를 고려 후기로부터 시작하지 않을 수 없다.

(1) 학교와 존현의 중시

고려 후기에 등장하는 관인층은 당시 사회를 개혁하는 방법으로 性理學에 의한 학문체계에 주목하고 이를 수용하고 있었다. 朱子 성리학의 사상체계는 기본적으로 각 개인이 가지고 있는 마음을 바르게 해서 위로는 국왕으로부터 아래로는 민에 이르기까지 이것을 깨닫고 실천하도록 하는데 목표를 두고 있다. 그리고 이를 위해서는 학교 교육을 통한 방법 이상이 없고, 구체적으로는 《小學》과 《大學》을 통한 유교적 禮의 실천과 治國을 이루려고 한 것이었다. 이 때문에 학교교육이 중요시되는데 특히 성덕 군자를 흠모하는 일이 그 출발이 되지 않으면 안되었다. 여기서 尊賢이 강조되고 있는 이유를 알 수 있게 되는데 존현은 學制 중에 문묘로서 반영되었다. 즉 孔子를 중심으로 해서 역대 성덕 군자를 향사한 곳이 바로 문묘이기 때문이다.

그러므로 주자사상 체계의 핵심은 곧 존현이라 할 수 있으며, 이와 같은 인식은 그대로 충렬왕 때의 유학자요 신흥관인층인 安珦에 의해 수용되었

---

1) 《太祖實錄》 권 1, 태조 원년 8월 정사.

다.[2] 여기서 안향의 성리학 수용이 중요한 것은 이러한 이해가 안향 한 사람에게 국한되지 않고 많은 관인층에게 공감되었다는 점이다. 이 점은 신흥관인층이 목민관으로 각 지역에 파견되자 이들은 각 지역에 새로 학교를 건립하고 있는 데서 확인된다.[3] 다만 신흥관인층을 중심으로 전개된 학교 설립은 고려 말 안팎으로 중첩된 혼란과 위기 속에서 지속적으로 이루어지지 못하였다. 그러나 이러한 혼란이 조선 초기에 수습되면서 다시금 학교의 중요성이 강조되었고 모든 군현에 학교가 설치되었다. 그리하여 학교를 일으키는 것이 수령의 중요한 임무, 즉「守令七事」의 하나로 자리잡게 되었고, 수령이 부임하면 반드시 먼저 문묘에 가서 공자를 알현하였다.

고려 후기에는 새로 등장하는 관인층에 의해서 각 지역에 학교가 세워졌는데, 보다 중요한 사실은 학교가 그 이전과는 다른 형태로 건립되고 있었다는 점이다. 사실 고려 초기이래 개경과 각 지역에는 학교가 건립되어 학생들을 교육하여 왔다. 또한 학교 안에는 문묘가 설치되어 공자 이하 성덕 군자를 받들어 왔다. 그런데 대개의 학교가 학생들을 교육하는 장소로 강당이 별도로 있지 않고 공자를 모신 사당인 문묘 안에서 교육이 이루어지는「廟學同宮體制」로 운용되었다.

존현이 치국의 요체라는 입장을 수용하고 있었던 신흥관인층으로서는 이러한 형태는 존현의 정신을 제대로 반영하기 어렵다고 보고 새로 건립하는 학교에는 문묘와 강당을 따로따로 세우는「廟學異宮體制」를 갖추었다. 그리하여 이후 先聖을 향사하는 곳은 문묘에서, 자제를 교육하는 곳은 강당에서 하는 것이 일반화되었다.

학교 안에 문묘가 따로 세워지는 것이 외형적인 변화였다면 당시의 학문과 사상의 변화를 바로 반영하는 것이 문묘내의 配享從祀制度라고 할 수 있다. 다시 말하면 문묘에 배향 또는 종사되는 인물이 각 시기마다 차이가 나고 있는

---

2) 충렬왕 말 안향은 學制改編을 통한 왕권강화를 모색하였다. 안향의 학제에는 국가질서 회복을 통한 왕권 강화와 성리학의 수용이라는 두 가지 요소를 포함하고 있었다. 바로 이러한 안향의 학제개편이 충숙왕 초기 왕권강화의 방향과 일치하고 있었고, 그 결과로 안향을 충숙왕 6년 문묘에 종사하게 되었다(金鎔坤, 〈高麗 忠肅王 6년 安珦의 文廟從祀〉(《李元淳敎授華甲記念史學論叢》, 敎學社, 1986).

3) 朴贊洙, 〈高麗時代의 鄕校〉(《韓國史硏究》 42, 1983).

데, 이것은 각 시기의 정치적·학문적 지향과 그 차이에서 재래된 것으로 이를 통하여 해당 시기의 사상적 동향뿐만 아니라 역사적인 흐름을 이해할 수 있다. 여기서 잠시 고려 후기 문묘향사제도의 변화를 이해하기 위한 전제로서 중국과 고려 전기 문묘향사제도의 변화를 主配享從祀를 중심으로 살펴보기로 하자.[4)]

중국의 경우 먼저 문묘의 중심인 主享이 공자로 확정된 것은 당 태종대 들어서이고, 그 이전에는 周代의 문물제도를 정비했다고 하는 周公에게 先聖의 자리를 양보하고 공자는 先師로 배향되는 것이 일반적이었다.

배향제도는 魏나라 문묘에 공자를 주향으로 모실 때 顔回를 배향한 것이 시작이었다. 당의 貞觀 2년(628) 이전까지는 주공을 선성, 공자를 배향하던 것을 학교에서 성현을 받드는 것은 공자로 하는 것이 옳다는 房玄齡의 건의에 따라 공자를 선성으로 안회를 선사로 바꿨다. 이어 宋의 元豊 7년(1084)에는 孟子를 顔子의 다음으로 옮겨 二配享體制로 바꾸고, 南宋代에 이르러 의리명분을 중시하는 주자성리학이 집대성되면서 문묘배향에도 道統을 전한 曾子·子思가 맹자·안자와 같이 배향되는 4배향체제로 확정되어 元·明 이후에 그대로 계승되었다.

종사제도는 後漢 明帝 때 공자의 출생지인 闕里에서 공자와 72제자에게 제사한 것이 시작이다. 당 정관 21년에 한·당의 훈고학의 영향으로 정현의 설에 따라 훈고의 전문성을 중심으로 左丘明 이하 21인이 문묘에 종사되었다. 이어 開元 8년(720)에는 종사제에 등급을 나누어 10哲은 당상에 종사하고 공자제자 70인과 21先儒는 모두 벽에 그림을 그려 종사하였다. 이어 송 원풍(1078~1085)년간에는 荀況·楊雄·韓愈가 좌구명 다음에 종사되고 理宗 淳祐(1241~1252)초에는 周敦頤·張載·程顥·程頤·朱熹 등 도학파 5인을 종사하였다. 景定(1260~1264)년간에는 張栻과 呂祖謙을 종사한데 이어 度宗 咸淳(1265~1274)초에는 다시 司馬光과 邵雍을 종사하였다. 元代에 들어와 武宗至大(1308~1311)년간에 다시 許衡을 종사하였다.

---

4) 중국과 우리 나라 文廟制度 전반을 다룬 연구로는 다음이 참고된다.
朴贊洙, 〈文廟從祀制의 成立과 變遷〉(《藍史鄭在覺博士古稀記念東洋學論叢》, 고려원, 1984).
池斗煥, 〈朝鮮前期 文廟從祀 論議〉(《釜大史學》 9, 1985).
李範稷, 《韓國中世禮思想研究》(一潮閣, 1991).

우리 나라의 문묘향사제도는 이미 신라 신문왕 2년(682) 國學 설립 때 문묘에 대한 이해가 있었던 것 같고, 성덕왕 16년(717)에는 국학에 文宣王, 10哲, 72弟子像을 안치하였다는 기록이 있으나, 신라말까지 향사대상은 공자와 안자 및 10철에 국한되었던 것으로 보인다.

고려에 들어와 국가체제를 정비하는 과정에서 송대의 문묘제도가 수용되어 국자감에 반영되고 있을 뿐 아니라 현종 11년(1020)과 13년에는 최초로 우리나라 儒賢인 崔致遠과 薛聰을 문묘에 배향하였다.[5] 숙종 6년(1101)에는 문묘에 안자, 10철, 61제자, 21선유, 최치원, 설총 등 총 99인을 배향·종사하였는데, 이러한 규모는 송의 眞宗 大中祥符 2년(1009)의 문묘향사자 수와 일치하는 것이다. 고려문화가 중국문화와 대등하다는 자신감이 문묘향사제에서도 그대로 반영된 것으로 생각할 수 있다. 고려문화의 자주성과 관련된 문묘향사제의 운영은 고려 중기에 더욱 확대되었다. 따라서 설총과 최치원도 문묘 속에서 이해하기보다는 고려문화의 형성에 기여했던 존숭인물로 받아들여졌다.

(2) 4배향제의 확립

문묘향사제의 운영은 주자 성리학이 元을 통해서 들어오면서 변화를 맞이하게 되었다. 고려 후기 문묘향사제의 변화를 검토할 때 주목되는 것이 안향의 학제 복구에 대한 노력이다. 이것은 안향이 원에서 생활하면서 깊어진 성리학에 대한 이해 위에서 그의 학제개혁이 이루어진 것이고, 문묘 또한 그러한 과정의 하나로 새롭게 건립된 것이다. 문제는 이 때의 문묘가 어떤 내용으로 구성되었는가 하는 점이다. 이 때의 문묘가 원의 문화를 적극 수용하는 상황 속에서 건립되고 있을 뿐 아니라 원 관료의 지시를 받는 상황에 비추어 볼 때, 원의 문묘향사제를 그대로 답습한 것으로 생각된다.

당시 원도 주자학을 관학으로 적극 수용하는 단계에 있었으며, 문묘향사제의 내용도 남송대의 그것을 재현하는 데 두어졌다. 원은 成宗 10년(고려 충렬왕 32년 ; 1306)에 비로소 宣聖廟를 건립하였는데, 이 때 선성묘의 배향과 종사가 어떻게 되었는지가 궁금하다. 우선 배향에 있어 남송 때 이미 도학파를

---

5) 고려 현종대 文廟從祀에 대해서는 金鎔坤, 〈高麗 顯宗代의 文廟從祀에 대하여〉(《高麗史의 諸問題》, 三英社, 1985) 참조.

존숭하는 4배향제가 확립되었지만, 원에서는 仁宗 延祐 3년(1316)에 와서야 4배향제를 채택하였다. 이렇게 본다면 4배향제의 전 단계로 2배향제를 선택하였을 가능성이 크다. 2배향제는 중국의 경우 북송 神宗代 王安石의 등장과 함께 왕안석 자신은 물론 개혁을 뒷받침하는 맹자와 韓愈를 향사하여 맹자는 配享位에, 한유는 從祀位에 올린 데서 비롯되었다. 반면 종사는 度宗 咸淳 3년(1267) 顓孫師가 晉國公에 봉해져 10哲位로 올라갔는데, 이러한 변화가 원 선성묘에 수용되었던 것으로 보인다. 충렬왕 문묘 신축 당시 문묘향사제의 내용은 이상과 같았을 것이다. 다만 여전히 의문으로 남는 것은 이미 고려 현종 때 문묘에 종사된 설총과 최치원을 어떻게 처리하였을 것인가 하는 점이다. 원 간섭기에 고려의 일련의 제도가 격하된 측면을 고려한다면 배제되었을 가능성도 있지만, 그보다는 당시의 고려문묘가 제후국가의 문묘로서 건립되었다는 점을 감안하면, 이들이 그 이전과 같이 배향되었을 것으로 믿어진다.

한편 고려 후기에 학제가 다시 한번 대대적으로 정비된 것은 공민왕 16년(1367)의 일이다. 즉 공민왕 16년 5월에는 國學을 중영하고 이어 8월에는 국왕이 문묘에 배알하였다. 이 때의 중영은 충혜왕 2년(1341) 홍건적의 침입으로 국학이 소실된 후 바로 중건되지 못하였다가 중국 사신의 지적을 받은 후에야 어려움을 무릅쓰고 중건한 것이다. 문제는 중건된 국학이 안향이 건립한 국학과 차이가 있는가 하는 점이다. 廟學중에서6) 문묘에 대해서 보면 원은 인종 皇慶 2년(1313) 이후 享祀上 일련의 조처를 취하였다. 즉 같은 해 주돈이·정호·정이·장재·소옹·사마광·주희·장식·여조겸 등 주자성리학을 확립하는데 기여한 도학파는 종사함과 동시에 원 주자학의 확립에 기

6) 공민왕 16년 國學 重營과 관련하여 관심을 기울인 것은 廟學 중의 學制였다. 즉 중영과 함께 학제를 개편하여 4서5경에 따른 반을 구성하고 전담교수를 확보한 것이 그것이다. 이후 성리학에 대한 이해가 진일보했다는 기록이 이를 뒷받침하고 있다. 고려 말기 정치·경제·사회·문화 전 부분에 걸쳐 혼란을 거듭하고 있을 때, 이러한 혼란을 수습하는 세력이 꾸준히 성장해 왔으며 특히 공민왕 이후에 성장해 왔다. 이와 관련하여 공민왕 16년의 학제개편은 중요한 의미를 갖는다고 본다. 그것은 이 때의 개혁이 이들 세력들의 성리학적 이해를 심화하는데 기여했으며, 그것은 그대로 당시 사회를 개혁함에 있어 준거로서 역할했기 때문이다.

여한 허형을 문묘에 종사하였다. 다시 3년 후에는 공자의 도통을 안자·맹자에 이어 계승했다고 하는 증자·자사를 배향 위에 올려 4배향제를 채택하였다. 이어 문종 至順 원년(1330)에는 董仲舒를 종사하였으며 順帝 至正 14년(1354)에는 楊時·李侗·胡安國·蔡沈·眞德秀 등 5현을 종사하였다.

그런데 원 문묘상의 이러한 변화가 곧바로 고려 후기 문묘에 반영되었다고 보기는 어렵다. 한 예로 충숙왕 12년(1325) 10월에 내린 교서에 문선왕, 10철, 70제자와 최치원, 설총에 대한 향사를 정성껏 받들라고 하면서 4배향제에 대한 이야기는 없다는 점을 들 수 있다.[7] 그렇기는 하지만 몇 가지 변화를 생각할 수 있다. 우선 신흥관인층의 성리학에 대한 이해가 깊어짐에 따라, 이들에 의해 비판의 강도가 더해졌다는 점을 들 수 있다. 이런 점은 사회 전 부분에 걸쳐 나타났다고 해도 과언이 아니다. 문묘와 관련해서도 예외는 아니어서 종래 고려방식으로 운영되던 문묘향사가 비판되었다. 즉 설총과 최치원이 문묘와 관련해서 그 존숭이 강조되는가 하면, 설총과 최치원이 배향 위에서 종사위로 격하된 것이 그것이다. 또한 4배향제는 채택되지 않았지만 그 전 단계로 2배향제가 도입되었다. 주자 성리학에 대한 이해의 폭이 넓어지면서 일군의 도학자가 종사되었고, 이러한 도학을 맹자로부터 계승한 한유까지 종사되었다. 반면 동중서와 허형은 여전히 종사되지 않았던 것으로 보인다. 그 이유로는 동중서의 경우 음사적인 요소가, 허형의 경우 공민왕 이후 전개된 반원적 흐름과 관련해서 생각할 수 있다. 이러한 간단한 사실을 통해서 원칙적인 문묘운영의 계기가 되었던 것이 아닌가 생각한다. 그리하여 공민왕 16년에 중건되는 국학에 반영되었다고 생각된다. 그 내용은 중앙에 공자, 그 좌우에 안자·맹자를 배향하고 그 주위에 10철이, 그리고 東西廡에 先儒와 동국 유현인 설총·최치원·안향이 배향되었던 것으로 보인다.

조선왕조 성립 직후 태조 이성계의 명령에 따라 閔霽가 문묘에 알현하여 석전제를 올렸을 때 문묘향사제의 내용은 대략 이상과 같았다. 그러나 이와 같은 문묘향사제는 태조 3년(1394) 서울을 개성에서 한양으로 옮기면서 변화를 맞게 되었다. 즉 한양에는 종묘·사직 등과 함께 새로이 문묘가 건립되었고, 이 때 새로 건립된 문묘에 반영된 변화가 주자 道統論을 내세우는 제도

7) 《高麗史》 권 35, 世家 35, 충숙왕 10년 10월 을미.

로서 4배향제였다. 그것은 문묘가 건립된 직후인 정종 원년(1399) 정월에 성균관에서 증자와 자사를 안자·맹자와 함께 배향하여 配食할 것을 건의했다는 기록에서 확인된다.8) 그런데 이 조치가 내려진 지 2개월 뒤에 정종은 한성에서 개경으로 다시 서울을 옮겼다. 천도 후 개경에서의 문묘향사와 관련된 기록은 보이지 않는다. 그러나 정종 원년 정월에 시행된 4배향제에 따라 문묘향사례가 개편되었고 그에 준하여 석전제가 시행되었다고 믿어진다.

그러나 이 무렵 4배향제에 대한 이해가 모든 관인층에 충분히 수용된 것은 아니었다. 더구나 정종대의 학문과 사상의 동향은 유교·불교·도교가 비교·검토되는 가운데, 유교가 그 논리적인 우월성을 인정받는 방향으로 국가정책이 전개되었다. 그렇기는 하지만 정종의 불교에 대한 관심은 매우 호의적이어서 관인들의 그것과는 차이가 있었다. 이런 점이 문묘향사에 있어 4배향제가 시행되었으면서도 관료들 사이에 준행되지 못한 이유라고 여겨진다.

문묘사전상의 이러한 혼란은 태종이 즉위한 후 유교적 예제에 근거한 왕권강화를 시도하면서 시정되어 갔다. 즉 태종 3년(1403) 4월에는 증자·자사가 여전히 문묘향사상에 배식되지 않은 문제를 지적하였고,9) 태종 4년 2월에는 증자와 자사를 배향 위에 올리는 한편 子張을 10哲位에 종사하게 하였다.10) 이 원칙은 태종 5년 한양으로 재천도하면서, 정종 2년 화재로 소실되었던 문묘를 새로 조성하여 태종 7년 3월 문묘가 완성되자 그대로 적용되었다.11) 이러한 흐름은 태종 9년 이후 더욱 확대되었다. 다시 말하면 태종 8년 호불적이었던 태조가 죽자, 태종은 국가사전의 정비를 통한 왕권강화를 도모하였다.12) 이와 동시에 국가사전을 정비함에 있어 적용기준에 대한 문제가 제기되었다. 이를테면 태종 9년 7월 문묘사전에 있어 文宣王·四配位·十哲 位版

8) 《太宗實錄》 권 5, 태종 3년 4월 임술.

9) 위와 같음.

10) 이로써 조선 초기 개경과 서경 그리고 기타 지역에서의 4聖과 10哲 土像의 존재에 대한 의문이 풀리게 된다. 다시 말하면 4배향제와 아울러 塑像의 설치 시기가 문제가 되었는데, 이것은 적어도 증자·자사 및 자장의 소상 만큼은 이 때 만들어 졌다는 것을 확실하게 알 수 있기 때문이다(《太宗實錄》 권 7, 태종 4년 2월 정축).

11) 《太宗實錄》 권 20, 태종 10년 9월 계사.
《新增東國輿地勝覽》 권 1, 京都 上, 文廟.

12) 金泰永, 〈朝鮮初期 祀典의 成立에 대하여〉(《歷史學報》 58, 1973).

에 대한 規式을 어떻게 정할 것인가는 그 하나의 경우였다.[13] 이 때도 洪武禮制를 참고해서 정하도록 결정되었으나, 문제는 명의 제도를 알 수 없는 상황에서 전왕조의 구례를 이어받았다는 사실이다. 이 문제를 해결하기 위해 許稠가 중국에 파견되었으며, 명의 사전운영의 전모를 살피고 돌아온 허조는 국가사전에 대한 문제를 보고하였다.[14] 이 가운데서 문묘사전과 관련하여 명의 문묘에서는 종사되었던 許衡과 董仲舒가 우리 문묘에서 누락된 것과 함께 명의 문묘에서는 출향된 楊雄이 우리 문묘에서 종사되고 있는 문제를 지적하고, 이를 명의 문묘와 같이 동중서와 허형을 종사하고 양웅을 출향할 것을 건의하여 채택되었다. 이와 함께 釋奠儀禮가 개정되었다.[15] 이리하여 일단 4배향제를 중심으로 한 道統儀禮가 확립되었다.[16]

태종 13년(1413) 4월에는 국가사전 전반에 걸쳐 개편을 단행하였으며, 이때 州縣 文宣王儀禮가 종래 小祀에서 中祀로 승격되었다.[17] 태종 14년 7월에는 視學儀註와 함께 州縣釋奠儀가 반포되었고,[18] 18년 4월에는 濟州文宣王釋奠祭儀가 사전에 수록되어 봄·가을에 제사를 지냈다.[19] 이와 같은 일련의 사전 개편은 군신·부자·부부간에 성리학적 명분 내지 질서를 부여하는 것으로서 이 토대 위에서 왕권 강화가 모색되는 것을 뜻한다.

세종대에 들어와 국가 의례는 한층 정비되어 갔다. 먼저 세종 즉위년(1418) 11월에는 視學酌獻 문선왕의례가 제정되었다.[20] 세종 2년 4월에는 文宣王朔

---

13) 《太宗實錄》 권 18, 태종 9년 7월 정축.

14) 이 시기 문묘사전을 포함한 예제 정비를 허조가 갖는 사상, 이를테면 보다 철저한 성리학적인 의리명분 및 정통론과 관련하여 이해하는 시각으로 다음 연구가 참고된다.
李範稷, 앞의 책(1991).
池斗煥, 《朝鮮前期 儀禮硏究》(서울大 出版部, 1994).

15) 《太宗實錄》 권 25, 태종 13년 2월 정사.

16) 이로써 조선시대 文廟儀禮의 골격이 완비되었다. 물론 이 바탕 위에 각 시기별 정치적·사상적 흐름이 반영되어 나가는 것 또한 사실이다. 이를테면 성종대에 蔡沈·胡安國·吳澄 등이 추가로 종사된다든가, 중종대에는 鄭夢周가, 광해군 2년에는 金宏弼·鄭汝昌·趙光祖·李彦迪·李滉 등 五賢이 문묘에 종사되는 것 등은 그 예이다.

17) 《太宗實錄》 권 25, 태종 13년 4월 신유.

18) 《太宗實錄》 권 28, 태종 14년 7월 임오.

19) 《太宗實錄》 권 35, 태종 18년 4월 신묘.

20) 《世宗實錄》 권 3, 세종 즉위년 11월 정묘.

望奠에 쓰이는 물품에 대한 문제가 거론되어 祭祀序例에 따라 개정되었다.[21] 이어 集賢殿을 중심으로 학문연구가 심화되어 감에 따라 국가사전상에 보이는 이단적 요소가 비판되었다. 이에 따라 사전체제가 다시 한번 정비되었다. 세종 8년 4월에는 朴堧이 국가의례시에 사용되는 음악, 그 중에서도 석전에 올리는 음악에도 문제가 있다고 하여 그 시정책을 건의하였고,[22] 이어 세종 12년 8월에는 석전제에 쓰이는 희생에 대한 문제를 거론하여 한달 후에는 이를 개편하였다.[23] 이어 세종 17년 12월에는 文廟奠謁儀가 제정되었다.[24]

(3) 권근 문묘종사 논의

文廟享祀儀禮가 정비되어 가면서 문묘에 향사될 인물의 선정이 논의되었다. 이러한 논의는 이미 태종대에도 거론되었으나,[25] 세종대에 들어와 본격적으로 제기되었다. 문묘를 정비하는데 중국의 것을 토대로 하면서도 종사인물에 설총·최치원 그리고 안향만이 참여한 것은 문제가 있는 것으로 여겨졌다. 다시 말하면 조선 초기 국가제도를 정비하는데 유학자들의 학문적 기여가 적지 않았던 점을 생각하면 이러한 문제 제기는 당연한 것이었다. 정도전·권근 등 조선 초기 유학자들의 활동은 남다른 바가 있었다. 특히 권근은 태종의 왕권강화를 성균관 교육을 통한 도학의 학문으로서 뒷받침하였다. 이런 활동이 관인들 사이에서 권근의 학문을 높이는 방향으로 나타났다.[26] 이러한 움직임은 권근 사후 그의 학문적 영향을 받은 관인을 중심으로 확대되어 도학발흥에 기여한 공로를 기리고자 하였다.

먼저 세종 원년 8월에 좌사간대부 鄭守弘은 문풍진작의 일환으로 권근의 문묘종사를 요청하였다.[27] 다시 말하면 권근은 성리학을 발흥한 업적과 정치

21) 《世宗實錄》 권 8, 세종 2년 4월 갑자.
22) 《世宗實錄》 권 32, 세종 8년 4월 무자.
23) 《世宗實錄》 권 49, 세종 12년 9월 갑인.
24) 《世宗實錄》 권 70, 세종 17년 12월 병진.
25) 태종 9년 3월 고려에서 조선에 이르기까지 문묘에 배향될 관인을 表出하자는 요청이 제기되었다. 이 요청은 그 종사 대상자의 이름은 거론되지 않았으나 李齊賢·李穡·權近 중 특히 이색을 의미했다고 보여진다(《太宗實錄》 권 17, 태종 9년 3월 임술).
26) 그 하나의 사례로 권근은 나라의 보배이자 유림의 스승이라는 평가를 듣게 되었다(《太宗實錄》 권 17, 태종 9년 4월 갑술).
27) 《世宗實錄》 권 5, 세종 원년 8월 기묘.

적 업적 등을 포함하여 한마디로 도덕과 문장을 겸비한 학자이므로 문묘에 모셔야 한다는 주장이었다. 이 건의는 의정부·6조에서 의논하여 보고토록 하였다. 이후 별다른 조처가 없자 한달 후에 元肅이 의정부와 6조의 관료가 대부분 무신이기 때문이라 하여 대소 문신들을 광범위하게 참여시켜 논의할 것을 요구하였고, 이는 결국 받아들여졌다.[28] 권근의 종사 문제에 대한 문신들의 논의가 어떻게 되었는지 기록이 없어 알 수 없지만, 세종은 권근의 종사문제를 논의할 때 崔沖과 河崙을 함께 논의하여 보고하도록 명령하였다.[29] 이로써 이 논의가 본격적으로 진행되었을 것으로 믿어지지만 그 내용 또한 기록이 없어 알 수 없다. 다만 하륜이 포함된 사실로 미루어 상왕 태종이 이 문제에 개입한 것으로 생각되며, 태종은 권근의 학문을 대단찮게 평가하였던 점에 비추어 결국 종사불가로 귀결되었던 것이 아닌가 한다.

권근의 종사 논의가 다시 제기된 것은 세종 15년(1436) 2월 成均司藝 金泮의 상소에 의해서였다. 이 무렵에 와서 학문의 방향이 유교의 기본 윤리인 충효를 실천하는 도학적 흐름으로 전개되어 갔고, 이러한 방향에서 당시 학문이 가지고 있는 병폐를 지적하고 이를 시정하고자 한 것이었다. 이를 위해 첫째 도학에 공이 있는 인물을 문묘에 종사할 것, 둘째 성균관의 학제를 五經四書齋로 개편하고 동시에 初場講經을 실시할 것, 셋째 文廟 東西廡의 규모가 7間인 바 이를 요동의 그것과 같이 11칸으로 확대하여 陳設할 때 협소한 불편을 해소할 것, 넷째 문묘를 옛 제도대로 3면에 호수를 만들 것을 요청하였다.[30] 특히 첫째의 종사 요청은 권근뿐 아니라 권근과 師承關係에 있는 李穡·李齊賢이 도학으로 이어지고 있다고 하면서 동시에 문묘종사를 요청한 것이었다. 이 무렵에 이르러 송대의 도학파를 새롭게 이해하는 면모를 보여주고 있다. 이전 같으면 이제현·이색·권근의 학맥을 좌주문생의 관계로 파악하였을 터인데 송대 이학에 대한 이해와 함께 師友之道에 대한 이해를 하게 되고 그러한 관점에서 학맥을 연결한 것이었다. 이것은 앞서 세종 원년의 입장과 다른 것으로 그 사이에 도학에 대한 이해도 있었지만 동시에

---

28) 《世宗實錄》 권 5, 세종 원년 9월 계해.
29) 《世宗實錄》 권 5, 세종 원년 10월 을미.
30) 《世宗實錄》 권 59, 세종 15년 2월 계사.

권근 종사의 약점으로 여겨졌던 조선왕조 개창에 반대한 전력 문제를 학문에 대한 연원 문제로써 해결하려 했던 것이 아닌가 한다.

김반이 상소한 지 6개월 뒤인 세종 15년 8월에 그 상소에 대한 대책이 논의되었다.[31] 첫째 조항은 6품 이상의 문신들로 하여금 다시 논의하도록 하고, 둘째 초장 강경문제에 대해서는 때에 따라 강경과 제술을 사용하자고 건의되었고, 셋째 문묘 증축은 4칸을 증축하여 11칸으로 하고, 넷째 문묘 주위에 호수를 만들자는 주장은 水源이 없다는 이유로 받아들여지지 않았다. 이 가운데 이제현·이색·권근으로 이어지는 문묘종사 요청은 앞서와 같이 6품 이상의 문신들로 하여금 논의하도록 하는 선에서 그쳤고, 그 내용도 기록에 나와 있지 않다.[32]

얼마 후 당시 학문의 흐름이 이학을 강조하고 중시하는 분위기에서 이러한 학문을 창조하고 심화한 이들이 다름아닌 이제현·이색·권근이라고 하면서 이들의 문묘종사를 요청하였다. 그것이 세종 18년 5월 成均館生員 金日孜가 올린 상소였다.[33] 이 상소가 앞의 상소들과 맥락을 같이 하면서도 조금 다른 것은 修己治人 중에서 수기 즉 도학을 보다 강조하고 그런 측면에서 이들의 업적을 정리한 점이었다. 즉 性命之理를 천하에 밝힌 것은 孔孟의 공이고 공맹의 도를 동방에 펴지도록 한 것은 이 세 사람의 공이라고 하면서 도학적 측면에서 그 업적을 서술하였다. 당시의 학문 경향과 이들 세 사람의 학문 성향에 비추어 문묘에 종사되어도 무리가 없다고 생각되나 이 요청은 간단히 거부되었다. 이것은 이미 그 이전의 종사요청에서 그 가부가 논의되었기 때문일 것이다. 그러나 그 구체적인 논의내용이 수록되어 있지 않으므로 현재로서 그 명확한 거부 이유를 알 수는 없다. 다만 이제현·이색·권근으로 이어지는 학맥의 전반적인 활동을 살펴볼 때, 종사거부의 결정적인 이유는 역시 이색·권근 등의 조선왕조 개창에 대한 반대입장 때문이 아닌가 한다. 이 점은 조선왕조 개창의 정당성 여부와 관련되는 문제로 왕실로서는 받아들일 수 없는 요소였다. 이 문제에 대해 뒤에 태도를 바꾸어 조선왕조에 협력한

31) 《世宗實錄》 권 61, 세종 15년 윤 8월 갑술.

32) 從祀不可 이유는 추측컨대 앞서와 같을 것으로 예상되나, 그 가능한 해답을 찾기 위해서는 정치적·사상적 흐름을 검토해야 한다고 생각한다.

33) 《世宗實錄》 권 72, 세종 18년 5월 정축.

점이 제시될 수 있으나, 이 문제는 유교적 忠義라는 명분론에 저촉되는 사항이기도 하였다. 더욱이 태종 이후 왕권강화의 한 측면으로 유교적 명분론이 강조되고 있었을 뿐 아니라 학문에 있어서도 점차 실천윤리인 효와 충을 강조하는 경향을 나타내고 있었다. 이런 점에서 이들 학문경향이 당시의 관인들에게 인정되어 문묘종사로 이어지면서도 종사되지 못한 이유가 아닌가 한다.

한편 세종 말년에 이르러 이제현·이색·권근 등이 문묘에 종사될 가능성은 더욱 희박해져 갔다. 그것은 국초 이래 세종 중엽까지 이들에 대한 문묘종사가 요청될 수 있었던 것은 이들의 학문적 입장과 국초 이래 관인들의 학문적 입장이 일치하였기 때문이다. 그러나 세종 말기를 전후로 해서 관인층 내부의 학문적 입장이 다양해짐에 따라 관인층 내에서도 이들의 종사를 반대할 소지가 마련되었다.[34] 세종 말기 관인층은 구체적인 사안에 따라 서로 다른 견해를 나타내고 있었다. 이 점은 그들의 학문자세와 연결된다고 할 수 있는데, 대체로 3가지 경우로 나누어 볼 수 있다.

첫째, 수기와 치인을 동시에 강조하는 입장으로 세종과 일부 관인이 속한다. 이 입장은 至治의 근본으로서 심학 또는 이학을 중시하지만 이와 동시에 국가통치에는 실용적인 학문과 기술이 필요하다고 보았다.

둘째, 넓은 의미에서 수기치인의 토대 위에 서 있으면서도 현실적 변화를 수용하는 입장이다. 학문에 있어서의 부박한 文風이라든가 귀족적인 성향이 확대되어 가자 기존 학문에 대한 반성으로 이학에서 심학 내지 도학적 실천을 보다 중시하여 小學의 실천, 師儒錄의 운영, 社倉制의 시행 등은 이러한 관점에서 새롭게 모색된 것이라고 할 수 있다. 특히 이러한 변화의 단서는 학문진작을 위한 방안으로 初場講經을 주장한 것이 그 계기라고 할 수 있으며 계속해서 이러한 입장을 견지하였다.

셋째, 역시 넓은 의미에서는 수기치인의 입장 위에 서 있으면서도 수기보다는 치인을 보다 중시하는 입장으로서 특히 학문진작에 대한 방안에 있어 製述取士를 주장하여 두번째 입장과 충돌하였다.

문종대 이후 세 가지 유파가 더욱 각자의 입장을 강화해가는 흐름을 보이

---

34) 金鎔坤, 《朝鮮前期 道學政治思想 硏究》(서울大 博士學位論文, 1994).

고 있다. 즉 수기를 강조하는 쪽에서는 가일층 도학적 성향을 나타내었고, 학문진작과 관련해서는 경학을 강조하였다. 이에 비하여 치인을 강조하는 쪽에서는 국가의식에서 민인에 도움을 줄 경우 불교의식도 허용하는 자세를 나타내었고 문풍진작과 관련하여 제술을 통한 取士를 강조하였다.

치인을 강조하는 유파의 문묘종사에 대한 견해로는 세조대 梁誠之의 상소에 잘 나타나 있다.[35] 그는 세조의 집권을 태평한 업적을 이룰 토대가 되는 거사임을 말하고 국가사전 전반의 개혁을 촉구하였다. 사전 개편의 방향은 나라의 풍속을 강화하여 왕권을 강화하자는 것으로 볼 수 있다. 이 가운데 문묘종사에 관한 조항도 들어 있다. 여기에서 양성지는 우리 나라 역대로 중국과 비견되는 문화를 향유하여 왔는데 문묘에 배식하는 인물은 고작 신라의 설총과 최치원 그리고 고려의 안향 3인밖에 없음을 지적하였다. 그리고 이어 고려의 雙冀는 과거를 베풀어 문풍을 떨쳤으며, 崔冲은 9재를 설치하여 학생을 가르쳤고, 이제현과 정몽주 그리고 권근은 그 문장과 도덕이 만세토록 모범이 될 만하다고 말하고 이들을 배향하여 후학들을 권면하자고 건의하였다. 여기에서 양성지는 종래의 이제현·이색·권근으로 이어지는 학문계열과는 달리 과거제를 도입한 쌍기, 사학을 설치한 최충 그리고 도덕이 높은 이제현·정몽주·권근 등을 열거하면서 이들의 업적이 중국의 종사인물에 비해서 조금도 손색이 없음을 강조하였다. 물론 이 건의가 채택되지는 않았지만, 이는 학문과 정치의 방향이 어떠하였는가를 알려주었다.

도학을 강조하는 유파의 문묘종사에 대한 견해는 성종 8년(1477) 7월 任士洪이 덕을 진작하는 방안의 하나로 문묘종사문제를 거론하면서 비롯되었다.[36] 즉 임사홍은 이제현·정몽주·이색·권근 등의 종사문제를 거론하면서, 정몽주에 대해서는 이의가 없으나 나머지 사람들에 대해서는 회의를 나타냈다. 이 점은 성종도 마찬가지여서 이색의 경우 부처를 섬긴 자이므로 문묘에 종사할 수 없다고 하였다.

이리하여 성종대에 이제현·이색·권근으로 이어지는 학문계열이 종사되기는 더욱 어렵게 되었다. 더구나 성종의 친정 이후 도학파 사림들이 상소를

35) 《世祖實錄》 권 3, 세조 2년 3월 정유.
36) 《成宗實錄》 권 82, 성종 8년 7월 병술.

통하여 至治의 입장에 서서 기왕의 학문과 사상을 비판하면서 이들의 종사 가능성은 희박하게 되었다. 그것은 사림계열의 학문적 입장이 그후 꾸준히 사족들의 공감을 얻어 외연적 확대를 본 데다 이들은 나름대로의 학문계열을 설정해가고 있었기 때문이었다.[37]

(4) 도학적 문묘의례의 확대

성종대에 들어와 사림 계열의 인사들은 상소를 통해 도학에 근거하여 당시 학문과 사상의 흐름이 갖는 문제를 개진하였다.[38] 이들은 상소로써 지치 구현의 방안을 제시하였는데 여기에는 그럴만한 까닭이 있었다. 그것은 이 무렵 집권 훈구세력이 여러 대에 걸친 仕宦을 통하여 사원의 소유지보다도 많은 토지를 집적하여 새로운 귀족으로 등장하고 있었기 때문이다. 이에 따라 민인이 귀족들이 소유한 농장에 편입되는 등 사회·경제적인 변동이 심해졌고, 이에 따라 재지사족들이 몸담고 있는 향촌의 불안정도 가중되었다. 한편 이 과정에서 국가의 물적 토대 또한 흔들리게 되는 위기 상황을 맞이하였다. 이러한 변동의 한 양상으로 민인의 祀佛·祀神行爲가 국가의 금지책에도 불구하고 불식되지 않고 계속 거행되고 있었다.

이러한 상황과 관련하여 성종대에 특히 강조된 것이 풍속문제였고, 더구나 풍속을 바르게 하는 것은 학교 교육이 근본이 되어야 한다는 점이 지적되어 왔다.[39] 그리하여 성종 초기 이래 향풍을 진작할 수 있는 여러 가지 의식이 새로이 거행되었다. 성종 7년(1476) 7월에는 나라를 다스리는 데 교화가 우선이라고 하면서 유생들로 하여금 《小學》과 《三綱行實圖》를 講明토록 하였다. 그리

37) 사림계열 인사들이 현창하고자 했던 인물은 도학의 이론과 실천에 투철한 鄭夢周나 金宗直 등이며 특히 성종 당시는 김종직을 염두에 두고 있었다고 본다. 이를 보여주는 것이 김종직 사후 거론된 김종직 시호 논의였다. 논의의 요점은 김종직의 활동을 도학과 연결하여 正心之學으로 볼 것인가 아닌가에 있었다(《成宗實錄》 권 273, 성종 24년 정월 을해).

38) 성종 8년 11월 朱溪副正 李深源의 상소나 성종 9년 4월 幼學 南孝溫의 상소, 그리고 성종 9년 11월 弘文館 副提學 成俔의 상소 등은 당시의 학문과 사상의 문제를 집권 훈구세력과 결부하여 제시함으로써 커다란 파문을 던졌고, 이것이 계기가 되어 이들 사림세력의 동향이 정치적으로 주목받게 되었다.

39) 성종 당시의 사회문제를 풍속과 교학을 연계해서 바라볼 정도로 이 시기 사림세력의 도학에 대한 이해는 심화되고 있었다. 그리고 이러한 이해 위에 새로운 의례와 기구가 모색되었다고 볼 수 있다(《成宗實錄》 권 174, 성종 16년 정월 임진).

고 계속해서 나라를 다스리는 도는 교화보다 앞서는 것이 없는데 교화의 시행은 반드시 학교에서 비롯되기 때문에 《소학》과 《삼강행실도》를 널리 간행하여 대소 민인 할 것 없이 모두 학습하여 좋은 효과가 나타날 수 있도록 하라고 명령하였다.40) 이어 성종 8년 7월에는 왕도정치와 관련하여 상징적 의미가 있는 躬耕禮·親蠶禮를 거행한데41) 이어 8월에는 大射禮를 거행하였다.42) 그리고 몇 개월 후에는 국왕이 성덕한 신하에게 師弟의 예를 올리는 의례로써 三老와 五更에게 사제의 예를 거행하도록 하였다. 이것이 갖는 의미는 스승을 높이고 도를 중히 여기는 尊師重傳하는 뜻으로서 도학을 강조하는 의미가 있었다. 이 의례는 3로로 정해진 鄭麟趾가 축재하였다는 소문이 떠도는 등 3로에 적합하지 않다는 여론으로 인해 정지되었고, 그 대신 謁聖養老禮가 거행되었다.43)

이러한 조처에도 불구하고 성균관과 향교의 부실은 심각하였다. 사림계 인사들은 학교가 교학은 물론 윤리의 실천을 통한 民風 개선의 중심이 되어야 한다고 생각하고 있었다. 따라서 이러한 학문과 윤리를 실천한 도학자를 숭모하는 장소로서 문묘와 그 의례로서 문묘향사제를 무엇보다 중시하고 다시 문묘사전을 정비하였다.44) 먼저 성종 9년 4월에는 주자의 도학을 계승하는 유현의 종사 누락 여부를 확인하기 위하여 中國使行을 통하여 알아보도록 하였다.45) 성종 10년 3월 正朝使 李坡 등이 蔡沈·眞德秀·胡安國이 원대부터 종사되었으나 우리 나라 문묘에 누락되어 왔음을 보고하였다.46) 그리하여 성종 12년 2월 성균관 문묘에 진덕수·호안국·吳澄 등이 종사되었고,47) 이어 성종 16년 윤 4월에는 각 도 界首官의 향교에도 채침·진덕수·오징 등이 종사되었

40) 《成宗實錄》 권 69, 성종 7년 7월 갑자.
41) 《成宗實錄》 권 82, 성종 8년 7월 병술.
42) 《成宗實錄》 권 83, 성종 8년 8월 정유.
43) 《成宗實錄》 권 89, 성종 9년 2월 병진.
44) 성종대에 들어와 도학에 대한 이해가 심화되면서 지배관인층의 훈구화 경향으로 나타난 정치적 권력과 사회·경제적 부의 집중을 도학적 修己로 해결해야 한다는 주장이 제기되었고, 이들에 의해 보다 도학적 전통을 중시하는 道統儀禮가 주장되었다. 이러한 문제를 文廟儀禮와 관련해서 검토한 연구로 池斗煥, 〈朝鮮前期 文廟儀禮의 整備過程〉(《韓國史硏究》 75, 1992)참조.
45) 《成宗實錄》 권 91, 성종 9년 4월 임인.
46) 《成宗實錄》 권 102, 성종 10년 3월 임술.
47) 《成宗實錄》 권 126, 성종 12년 2월 정미.

다.[48] 그럼에도 불구하고 이 무렵 향풍은 개선되기는 커녕 더욱 악화되는 일면을 보였는데, 사림계 인사들은 이 문제를 지방 향교의 문묘사전의 정비를 통해서 해결하고자 하였다. 이를테면 성종 16년 7월에는 주현 향교의 크기에 따라 문묘사전을 차등화하였다.[49] 그 내용은 첫째 개성부와 각 도 계수관의 향교는 兩廡에 속해 있는 유현까지 모두 향사하고, 둘째 기타 주부군현은 양무가 없는 관계상 양무에 속해 있는 유현을 향사할 수 없기 때문에, 이 가운데 주렴계·정명도·정이천·주자 등 중국의 선현 4위와 설총·최치원·안향 등 우리 나라의 유현 3위 등 7현의 위판만을 대성전 안에 두고 향사토록 한 것이 그것이다. 이 조처가 가지고 있는 의미는 양무에 속한 유현 중 도학의 정통을 계승한 네 사람을 선발하여 대성전에 향사토록 한 점과 우리 나라 유현 세 사람을 함께 향사하고 있는 점에 있다. 물론 향사의 기준은 도학의 정통을 계승하였는가의 여부였다. 이 점에서 우리 나라 유현인 설총·최치원·안향 등은 대성전에 함께 향사되기에 적합하지 않다는 것이 지배적인 견해였다. 그럼에도 불구하고 최치원 등은 향학에서 향사된 지가 오래되었다는 이유로 수용되었다. 우리 나라 유현으로 문묘에 오래 전에 향사된 인물에 대한 평가가 이와 같았기 때문에, 당시 몇몇 지방 향교에서 독자적으로 향학과 향풍 진자에 공이 있나고 하여 문묘에 향사하고 있었던 여타 우리 나라 유현들의 향사가 타당하지 않다 하여 黜享하는 조처를 취하였다.[50] 출향된 인물은 海州文廟에 향사되어 왔던 崔冲과 崔惟善 그리고 金堤鄕校에서 향사되어 왔던 趙簡이 그들이다.[51]

사림계 인사들은 문묘사전을 정비한데 이어 향촌 교화와 직결되는 의례와 실천기구를 강구하였다. 의례로서는 鄕射禮·鄕飮酒禮가, 그리고 실천기구로

48) 《成宗實錄》 권 178, 성종 16년 윤 4월 을미.

49) 《成宗實錄》 권 181, 성종 16년 7월 무오.

50) 《成宗實錄》 권 230, 성종 20년 7월 정묘 및 권 233, 성종 20년 10월 기유.

51) 최충·최유선·조간이 언제, 어떻게 해주문묘와 김제향교에 종사되었는지 현재로서는 명확하게 알 수 없다. 이 가운데 최충에 대해서는 세종 원년 권근의 종사문제가 논의될 때 하륜과 함께 종사 여부가 검토된 적이 있으나 종사되지 못하였다. 정치적·학문적 여건과 분위기로 볼 때, 이들이 향교에 종사된 계기는 세조 2년 3월 梁誠之가 왕권강화에 대한 대책으로 최충 등을 문묘사전에 향사하자는 상소를 올렸을 때가 아닌가 한다. 이 건의는 국가사전상으로는 수용되지 않았지만 그대신 그들이 활동한 지역에 향사되는 계기가 되었던 것으로 생각된다.

서는 세조대 혁파된 *留鄕所*가 그것이었다.[52] 사실 향사례·향음주례는 이미 세종대 왕도정치 구현의 일환으로 시도되었으나, 세종말부터 세조대에 걸친 國俗과 불교활동으로 인하여 시행되지 못하였다. 그러다가 성종대에 들어와 《소학》이 갖는 기능을 새로이 이해하기 시작한 사림계 인사들에 의해서 다시금 주목된 의례였다.[53] 향음주례는 孟冬에 향교에서 거행되었는데, 그 목적은 충효의 예를 실천할 수 있도록 서로가 권면하자는 것으로 《소학》의 立敎篇과 明倫篇의 덕목을 실천하는 의미가 있었다. 향사례는 매년 3월 3일 향교 근처의 장소에서 거행되었는데, 그 목적은 뜻을 바르게 하기 위한 것으로 《소학》 敬身篇의 덕목과 관계가 있었다. 이렇게 볼 때 향사례나 향음주례는 모두 소학의 덕목을 실천하는 의례임을 알 수 있다. 따라서 《소학》의 내용에 주목하고 있었던 인사들에 의해서 향풍 진작의 일환으로 시도되고 있었다. 즉 김종직은 성종 14년 8월에 향풍을 진작하는 방안으로 향사례·향음주례가 크게 효과가 있었음을 밝히면서 이의 시행을 권하였다.[54]

성종 말기에는 소학에 기초한 교학의 성과도 향사례·향음주례에 의한 효과도 나타나지 않고 도리어 향풍이 부박해져 가고 있는 점이 거론되었다. 이 시기 향풍 문제는 두 가지로 나타났는데 하나는 민인들의 祈佛·祈神行爲였고, 다른 하나는 국가제도의 이완과 관련하여 자행된 지방향리들의 탐학에 의한 향속의 악화였다.

이렇게 볼 때 학문과 사상 전반에 걸쳐 개편이 요구되고 있었으나 이를 실천할 사림세력의 학문과 사상의 기반이 미약하여 그들의 요구는 현실정치

---

52) 향풍 진작으로 강구된 의례 중 향사례·향음주례가 학교와 관련된 것이라면 유향소는 수령들의 지방권 행사를 규제하는 성격을 가지고 있었다. 따라서 여기서는 유향소에 대해서는 언급을 피하고자 한다. 사림세력의 사회적 기반으로서의 유향소에 대해서는 李泰鎭, 〈士林派의 留鄕所 復立運動〉(《震檀學報》 34·35, 1972·73) 참조.

53) 《小學》의 내용은 입교·명륜·경신의 세 가지 체계로 구성되어 있다. 그런데 성종초기 관학의 교학 기능은 극도로 부실한 상태였고, 이에 따라 학교 교육을 통한 유능한 관인층의 선발은 물론 풍속의 개선도 기대하기 힘든 형편이었다. 바로 이점에서 三綱(明倫)의 윤리와 함께 교화의 토대로서 學校(立敎) 그리고 그 출발로서 修身(敬身)을 강조하는 《소학》의 학문체계야말로 이러한 현실을 시정해 줄 수 있는 것으로 사림계 인사들은 보고 있었다.

54) 《成宗實錄》 권 157, 성종 14년 8월 병자.

에 반영되지 못하였다. 이들의 이러한 입장과 자세는 16세기 사림의 도의정치구현의 움직임으로서 중중대 정몽주와 김굉필을 문묘에 종사하는 운동으로 다시 나타났다.

4) 대표적인 성리학자들

조선 초기 대표적인 성리학자로는 鄭道傳·權近·金時習·南孝溫·金宏弼·鄭汝昌 등을 주목할 수 있다. 왜냐하면 이들이 당시대의 정치적·사상적 경향을 함께 호흡한 위에 이들의 사상이 당대는 물론 후대까지도 크게 영향을 주었다고 생각되기 때문이다. 즉 정도전과 권근은 여말선초의 격동기를 살아가면서 성리학을 통해 그들에게 부과되었던 역사적 과제를 해결하려고 했을 뿐 아니라, 조선왕조 개창 후에는 그들의 생각을 현실정치에 적극 반영하였다. 이에 비해 김굉필·정여창·김시습·남효온은 조선왕조의 기틀이 다져지는 세종—문종대에 태어나 왕도정치 구현에 이론과 실천으로 다 같이 앞장선 인물들이었다. 특히 김굉필과 정여창은 소학의 실천과 교학을 통하여 왕도정치를 구현해 갔다. 반면 김시습과 남효온은 도학 이외에 불교와 도교도 깊이 이해하고 있었는데, 그것은 김시습은 불교가, 남효온은 도교가 유교의 왕도정치사상과 일맥 상통하고 있다고 이해한 데서 연유한 것이었다.

조선 초기 사상의 방향은 주자 성리학이 국교로 자리잡아 가면서 국가전례상의 불교적·도교적 요소를 비판·배격하고 이를 성리학적 예제로 대체해 가고 있었다. 조선왕조 개창 직후 사회 전반에 걸쳐있는 이단적 요소를 성리학의 논리로 배격하는데 기초를 닦았던 인물이 바로 정도전과 권근이었다.

그러나 세조 집권 이후 불교 등 이단이 다시 왕실의 후원을 얻어 지배사족은 물론 일반 서민층에까지 크게 확대되었다. 특히 성종대에 향촌사회의 동요로 이어지면서 이에 대한 대책이 사림들에 의해서 도학정치사상에 근거한 왕도정치론으로 제시되었다. 김시습과 남효온, 그리고 김굉필과 정여창의 왕도정치사상도 그 하나이며 그런 점에서 이들은 유학사상에서 선각자적인 의미를 갖는다고 하겠다. 이제 이러한 점을 염두에 두면서 그들이 개진한 유학사상의 특징을 이해해 보자.

(1) 정도전(1337~1398)

여말선초의 역사적 전환기를 살아가면서 그 누구보다도 고려사회의 누적된 병폐를 인식하고 이를 개혁하려 했던 인물이 정도전이다. 그의 개혁적 입장은 새 왕조 개창이라는 역성혁명의 형태로 나타났을 뿐 아니라 왕조 개창 후 정치제도 및 사회개혁 등 광범위한 형태로 구체화되었다. 이런 점에서 정도전의 사상적 기반을 파악하는 것은 매우 중요하다 하겠다.[55]

정도전의 고려사회의 문제점에 대한 인식과 그 해결방안은 당시 원나라를 통하여 새로이 수용되고 있었던 성리학에 있었다. 이 점은 그의 일련의 저술, 즉《心問·天答》·《心氣理篇》·《佛氏雜辨》·《朝鮮經國典》등에 나타나 있다. 이중《심문·천답》등이 그의 수신과 관련된 저술이라면,《조선경국전》은《周禮》에 근거한 제도 개혁과 그 형상화라는 점에서 치인에 해당되는 저술이라 할 수 있다. 물론 이 치인에 해당하는 저술도 결국은 수기에 근거하고 수기와 분리해서 생각할 수는 없다. 이른바「體用一源」·「顯微無間」이 여기에 적용될 수 있다.

먼저《심문·천답》은 정도전의 여러 저작 가운데서 가장 이른 고려 우왕 원년(1375)에 저술된 것이다. 그런 점에서 당시 정도전의 사상을 이해하는 데 중요한 자료라 할 수 있다. 특히 이 시기는 정도전이 그의 개혁론과 관련하여 뜻을 펴지 못하고 유배중이었다는 점에서 주목된다.

그 내용은 성리학의 기본 주제인 天道와 人道의 상호 관련성에 대한 것으로 세상사에 나타나는 천도의 분명치 못한 점에 있었다.[56] 이러한 의혹은 정도전이 고려사회의 제반 병폐를 개혁하고자 노력하였으나, 채 성과를 거두기도 전에 자기 자신이 도리어 유배당한 현실에 대해 스스로 느끼는 감정의 표현이었다고 할 수 있다. 따라서 이에 대한 의문이 어떻게 정리되는가는 정

---

55) 조선왕조 개창과 관련하여 정도전의 역할은 아무리 강조해도 지나치지 않다. 이러한 역할 때문에 많은 연구가 이루어졌다. 정도전의 역할과 사상에 대해서는 특히 다음이 참고된다.
韓永愚,《鄭道傳思想의 硏究》(서울大 出版部, 1973).
———, 〈鄭道傳의 인간과 사회사상〉(《震檀學報》50, 1980).
尹絲淳, 〈鄭道傳 性理學의 특성과 그 평가 문제〉(《震檀學報》50, 1980).
鄭杜熙, 〈三峰集에 나타난 鄭道傳의 兵制改革案의 성격〉(《震檀學報》50, 1980).

56) 鄭道傳,《三峰集》권 10, 〈心氣理篇〉, 心問.

도전의 다음 행보와 관련하여 주목된다고 하겠다.

이에 대해 정도전은 "하늘이 이치를 사람에게 부여할 수는 있으나 사람으로 하여금 반드시 착한 일을 하도록 할 수는 없는 것이니, 사람이 하는 바가 그 도를 잃는 일이 많이 있어 천지의 和를 손상시키는 것이다"라고[57] 정리하였다. 다시 말하면 천도가 어긋나 보임도 사실은 人事가 잘못된 데서 연유한 것이지, 天의 常道가 그런 것이 아니라는 쪽으로 생각을 정리하고 있다. 또한 천도라 하더라도 한계가 있는 것이니 즉 나의 큼으로써 덮어주기는 하나 싣지는 못하고, 낳기는 하나 성장시키지는 못하는 것이라고 생각하는 것이 그것이다. 여기서 天과 人의 상호 관련성이 확연히 드러났다. 그러면서 그 관련성은 인도의 바른 것을 지키는 여하에 따라서 천명이 결정되는 인도 중시의 입장을 보이고 있는데, 이것을 달리 표현하면 인간사회에 있어 윤리를 실현하는 것이라 할 수 있다. 사실 정치·경제 등에서 보였던 그의 개혁정치도 이와 같은 윤리를 실현하는 방도요, 전제였던 것이다. 다시 말하면 윤리를 떠나서는 정치도, 경제도, 철학도 무의미하다는 것이다. 바로 이 점에서 성리학적 윤리에 근거하여 새로운 사회를 세우기 위한 그의 노력이 이해되며 성리학적 가치체계에 비추어 해가 되는 도교·불교 특히 불교에 대해 그 누구보다도 강도 높게 비판할 수밖에 없었을 것이다.

여말선초는 신흥관인층이 정치·사회·경제·사상적으로 성리학적 가치체계를 적극적으로 확립해 갔던 시기였다. 이 과정에서 국가의식에서 도교·불교적인 요소가 점차 배제되어 갔으나, 일반 국민은 물론 지배 관인층 심지어는 왕실까지도 여전히 불교·도교의 의식과 관념에 의존하고 있었다.

정도전의 《심기리편》과 《불씨잡변》은 이러한 현실적인 상황과 분위기에서 성리학이 도교와 불교에 비해, 특히 불교에 비해 이념적으로나 역사적으로 더 합리적이라는 것을 제시하고자 집필된 저술이다.

먼저 《심기리편》에서는 心功과 養氣에 대한 공효가 각각 불교·도교에 의해서 주장되기도 하지만 心과 氣도 理(人倫)가 없으면 존재할 수 없음은 물론 금수와 다를 바가 없음을 강조하였다.[58] 결국 불교나 도교의 비현실성과

---

57) 鄭道傳, 《三峰集》 권 10, 〈心氣理篇〉, 天答.
58) 鄭道傳, 《三峰集》 권 10, 〈心氣理篇〉, 理諭心氣.

반윤리성·반사회성은 성리학에 의해서 극복될 수 있음을 보여주었다.

정도전이 이단을 비판하는 확고한 입장은《불씨잡변》에서 더욱 논리적이고 역사적으로 부연되었다. 사실《불씨잡변》을 저술한 태조 7년(1398)은 그의 노력에도 불구하고 태조의 信佛과 사회적 祈佛이 새삼 왕성하게 전개되던 시기였다. 무언가 새로운 대책이 요구되었고 과거와 같이 직접적인 비판보다는 불교의 논리가 갖는 비윤리성·허구성 등이 보다 논리적·역사적으로 서술될 필요가 있었다. 그의《불씨잡변》19편의 항목 중 15편이 불교의 논리비판에, 그리고 4편이 불교의 역사적 허구성을 증명하기 위해 할당된 이유가 여기에 있다고 하겠다.[59]

당시 사람들에게 여전히 호소력 있는 輪廻說·因果說·慈悲說·眞假說·地獄說·禍福說 및 心性에 대한 불교의 제반 학설을 유교적 논리와 윤리로써 그 허구성을 공박하였고, 이를 역사적으로 입증하려 한 것이 바로 佛法入中國·事佛得禍·舍天道而談佛果·事佛甚謹年代尤促 등의 항목이다.

결국 여러 항목에 걸친 변설은 다음 두 가지로 귀결되는데, 그것은 儒釋同異之辨이고 闢異端之辨이다. 유석동이지변은 앞의 15항에 걸친 변설을 다시 한번 정리·비교하여 성리학이 불교에 비해 우월한 측면을 강조한 것이다.[60] 이것은 앞의《심기리편》을 더욱 논리적으로 부연한 것이다.

요컨대 마음의 본체와 그 작용이「체용일원」·「현미무간」하다는 사실을 궁구하여 체득하여야 하는데 불가는 이러한 공부를 천근하고 지루하게 여기니, 이에 대해서는 주자가 이미 자세하게 설파하였다고 말하고 있다. 정도전은 성리학적 가치의 우월함을 주자의 입장을 통해서 재강조하였다. 그리고 그것은 결국《大學》에서 천명하고 있는 덕을 밝히는「明德」과 백성을 새롭게 하는「新民」을 현실적으로 구현하는 일이기도 하였다.

정도전은 이 점을 벽이단지변에서 더욱 강조하였다. 즉 그가 왜 불교에 대해 그 허구성을 비판하지 않으면 안되었든가를 말하였는데, 이 점은 맹자

59)《불씨잡변》19편의 항목을 소개하면 다음과 같다. 1. 輪廻 2. 因果 3. 心性 4. 作用是性 5. 心迹 6. 昧於道器 7. 毁棄人倫 8. 慈悲 9. 眞假 10. 地獄 11. 禍福 12. 乞食 13. 禪敎 14. 儒釋同異 15. 佛法入中國 16. 事佛得禍 17. 舍天道而談佛果 18. 事佛甚謹年代尤促 19. 闢異端.

60) 鄭道傳,《三峰集》권 9,〈佛氏雜辨〉, 儒釋同異之辨.

가 楊墨을 막는 까닭을 통해서 설명하였다. 양묵의 도를 막지 않으면 성인의 도를 행할 수 없었기 때문이다. 그러므로 맹자는 양묵을 물리치는 것을 자기의 임무로 삼았다고 하였다. 《불씨잡변》의 저술 동기가 명백하게 드러나는 대목이라 하겠다. 더구나 불씨의 경우 그 말이 고상하고 미묘하여 사람을 미혹시킴이 양묵보다 더 심하다 하여 聖人의 도가 시행되기 위한 방도를 제시하였다.[61] 다시 말하면 성현의 도를 실현하기 위해서는 너나 할 것 없이 이단의 폐해를 물리쳐야 할 것을 역설한 것이다. 그리고 바로 이를 위해서 《불씨잡변》을 저술하였다고 볼 수 있다.

(2) 권근(1352~1409)

權近이 이해하고 실천한 성리학의 체계는 그가 귀양중에 初學之士들을 위해 저술하였다는 《入學圖說》에 제시되어 있다. 程朱 성리학을 토대로 《입학도설》이 저술되었지만, 그 과정에서 권근의 성리학 이해에 대한 입장이 잘 나타나 있다.[62] 그의 성리학 이해체계는 크게 2가지로 구성되어 있다. 하나는 天人心性合一之圖·天人心性分釋之圖·洪範九疇天人合一圖 등에서 제시하고 있는 천도와 인도의 상호 관련성에 대한 것이다. 다른 하나는 五經各分體之圖·五經體用合一之圖 등에서 제시하고 있는 全體大用的인 입장이다.

그는 먼저 자신이 몸담고 있는 이 세계 우주에 대해 기본적으로 "하늘은 陰陽五行으로 만물을 낳고 氣가 형체를 이루며 理가 또한 품부되어 있다"고 이해하였다.[63] 그리하여 사람과 사물이 생겨남에 그 이는 같으나 기의 通塞偏正에 차이가 있어 그 正하고 通한 것을 얻은 것이 사람이 되고, 그 偏하고 塞한 것을 얻은 것이 사물이 된다고 보았다. 다시 말하면 사람·동물·초목 등은 비록 형체는 천만가지이나 모두 하나의 太極 중에서 유출되는 관계상 만물이 각기 하나의 태극을 가지고 있다. 따라서 천하에는 性이 없는 사물은

61) 鄭道傳, 《三峰集》 권 9, 〈佛氏雜辨〉, 闢異端之辨.
62) 권근에 대한 이해도 이 시기 역사이해와 관련하여 중요하나 연구는 거의 없는 실정이다. 권근에 대한 연구로 다음이 참고된다.
都珖淳, 《權近의 生涯와 思想》(한국인문과학연구소, 1985).
尹絲淳, 〈朝鮮初期 성리학의 전개〉(《韓國哲學史》 中, 1987).
———, 〈陽村의 性理學〉(《한국의 성리학과 실학》, 열음사, 1992).
63) 權　近, 《入學圖說》 天人心性合一之圖說.

없기 때문에 《中庸》에서 말하는 그 성을 다하면 능히 사람이 성을 다하고, 능히 사물이 성을 다하면 천지의 化育을 돕는 것이 된다고 말하고 있다.

천지의 화육을 돕는 것은 타고난 성을 다하는 데 있고 특히 사람의 성을 다하는 데 있다. 그런데 사람의 성은 마음의 작용여하와 관련을 가지고 있다. 권근은 성이 형상화하여 발한 것이 情이고 心이 형상화하여 발한 것이 意로서 모두 심의 用으로 보았다.

권근은 또 심의 虛靈知覺을 체용관계에서 파악하여 마음의 허령함은 五常의 性으로 萬事萬物의 理를 통솔하지 않음이 없고 마음의 지각은 四端七情의 느낌으로 만사만물의 변화를 관찰하지 않음이 없다고 보았다. 여기서 특히 권근이 강조하고 있는 것은 마음의 이 두 가지 허령지각의 체용관계를 이해하는 것이 매우 중요하다는 것이다. 즉 한갓 마음의 靜虛한 것만 알고 5상의 성이 體가 된다는 것을 알지 못한다면, 그 마음됨이 막연하여 도교의 虛와 불교의 空寂에 함몰되지 않음이 없다고 하였다. 조선 초기 벽불론의 이론적 근거가 여기에 있음을 밝힌 것이다. 또 "한갓 마음이 지각 있음만 알고 4단7정의 발함이 있음을 알지 못한다면 마음은 物의 사역하는 바가 되고 欲이 動하고 情이 勝하여 達道가 행해지지 못할 것"이라고 하였다.64)

이러한 내용을 통해서 천지만물의 생성변화가 인간 심성의 생성변화와 직결되어 있고 특히 인간의 심성을 제대로 발현하는 것이 중요하며 그러기 위해서는 끊임없이 敬을 통한 자기수양을 하지 않을 수 없음을 말하였다. 이러한 권근의 이해는 보다 구체적인 현실문제, 이른바 국가를 다스려 나가는 문제에서도 그대로 반영되었다. 그는 「洪範九疇」가 天道와 人道를 갖추고 있다고 주장하였다.65) 즉 그는 ① 五行 ② 五事 ③ 八政 ④ 五紀 ⑤ 皇極 ⑥ 三德 ⑦ 稽疑 ⑧ 瑞徵 ⑨ 福極 등 천하를 다스리는 큰 법으로 설정하고, 그 가운데서 천도인 5행과 인도인 5사 그리고 천도와 인도를 합하여 하나로 하는 황극을 무엇보다 중시하였다. 특히 그는 천하를 다스리는 九五의 지위를 중시하였다. 황극이란 천도를 잇고 인극을 세워 사방의 표준이 될 뿐 아니라 만민의 법으로 삼는 자리임을 강조하였다. 그리하여 황극을 세우느냐 못 세

64) 四端七情의 發處 문제는 이후 한국 성리학의 주요한 논쟁거리가 되었는데, 그 단서가 이미 권근에 의해서 제기되었다.

65) 權　近, 《入學圖說》 洪範九疇天人合一圖說.

우느냐 여하가 통치와 직결된다고 보았다. 즉 5사를 얻어 황극이 세워지면 5행이 순조로이 운행되고 자연의 아름다운 休徵이 나타나지만 5사를 잃어버려 황극이 세워지지 못하면 5행은 汨하고 자연의 咎徵이 나타난다는 것이다. 여기에서 天과 人이 서로 유통하여 감응하는 도가 분명해진다. 그리고 국가통치와 직결되는 5사를 닦고 황극을 세우는 방도가 중요하게 된다. 권근은 敬을 공부하는 방법밖에 없다고 말하면서, 군주들이 경을 공부할 것을 강조하였다.

마음의 허령과 지각을 이해하는 데서도 나타나고 있지만 권근의 성리학에서 나타나는 특징은 체용적 자세가 강하다는 점이다. 이런 점은《입학도설》에서도 예외는 아니어서 유학의 기본경전을 체용적인 측면에서 파악하였다. 이를테면 五經과 관련하여《易經》은 그 도가 천지에 있는데 성인이 이를 체현하고 있고,《春秋》는 도가 성인에 있는데 천지가 어길 수 없다고 보았다. 앞서 天人心性의 측면에서도 천도와 인도를 연결하여 황극을 세워야 하는데 바로 성인군자만이 이 황극을 세워 세상을 통치할 수 있다고 하였는데, 5경을 이해하는 데서 이 점이 구체화되었다. 즉 그는 성인을 5경의 전체로 보면서 5경을 성인의 대용으로 보았다.[66] 다시 말하면 5경이란 성인이 나아 천도를 잇고 人極을 세워 세상을 통치하는 것을 말하는데,《역경》은 천도를 형상화한 것이고,《춘추》는 성인이 세상을 통치한 역사로,《書經》은 상벌로써 정치를 행한 기록이며,《詩經》은 말로써 권선징악을 다스린 기록으로,《禮經》은 행동으로써 節文하는 기록으로 파악하였다.

조선왕조 개창 후《五經淺見錄》을 저술하였는데, 그 저술의 동기도《입학도설》에서의 입장과 무관하지 않다. 성인이 천도를 체득하여 그것을 정치로, 말로, 행동으로 그리고 이 모든 것의 기록이《춘추》로 나타났다고 본 것이다. 이를 통하여 그가 조선왕조 개창 후 적극적으로 국사에 참여하게 되는 사상적 배경을 이해할 수 있게 된다. 뿐만 아니라 그의 국사참여는 결국 성리학의 목표인 지치를 구현하려는 데 있었다고 할 수 있다.

이 밖에《입학도설》에는 여러 가지 도설이 수록되었다. 그 가운데 성리학적 예제와 관련하여 논란거리가 종묘제사 문제였다. 이 문제는 당시 제례가 불교

---

66) 權 近,《入學圖說》五經體用合一之圖說・五經各分體用之圖說.

적 예제에 의거하여 거행되었던 것이 일반적이었던 점에 비추어 이를 유교적 제사로 전환하는 타당성에 대한 논리가 요구되었다. 그것은 곧바로 유교·불교·도교의 비교에서 현실적으로 우위를 점하게 되는 요건으로서 중요하였다.

이 문제에 대해 권근은 나라에 제사지내는 문제와 관련하여 왜 무엇에 대해 어떻게 제사하는가에 대한 구체적인 이해를 제시하였다.[67] 즉 조상에 제사지내는 것은 조상의 氣가 나에게 이어지기 때문이다. 그런데 지위고하에 따라 기가 미치는 범위에 차이가 있으므로 천자가 천지에, 제후가 산천에 제사지내야 하는 근거가 여기에 있다. 조선 초기 왕실이나 사대부를 막론하고 立後 문제가 중요시되고 사회문제로 부각된 사상적 근거는 기에 있었으며, 나아가 봉건적 신분에 따른 제사의 범위를 지위와 관련된 기의 廣狹으로 파악하는 데서 성리학적 질서인 예제의 근거가 기에 있음을 알 수 있다.

(3) 김시습(1435~1493)

金時習의 사상을 이해하고자 할 때 부딪치는 문제는 그가 유학은 물론 불교·도교 등 3교 각각에 대해 적지 않은 저술을 남기고 있는 점이다. 이 때문에 김시습을 유학자나 불교도로 아니면 도가 사상가로 보는가 하면, 나아가 3교를 넘나들었던 사상가로 보기까지 하였다.[68] 도대체 이처럼 다채로운 사상적 면모를 보이는 이유는 무엇일까. 이 문제는 그의 사상만큼이나 다채로운 행적을 통해서 볼 때, 그는 유교적 왕도정치의 실현이라는 역사적 과제를 실천하고자 했던 것으로 볼 수 있다. 그가 쓸쓸히 無量寺에서 죽을 때 화장하지 말라고 한 것은 파계했기 때문이 아니라, 그 자신이 일생 동안 생각한 것은 왕도정치의 실현이었기 때문이다. 현실적인 상황의 파탄으로 말미암아 불교로, 도교로 빠져 들어갔을 뿐이다.

그렇다면 여기서 김시습의 행적이 과연 그러했는지를 행적과 불가분의 관계가 있는 사상을 통해서 살펴보기로 하자.

김시습 유학사상의 요체는 다음과 같다. 즉 우주만물의 생성하는 원리로서

67) 權 近, 《入學圖說》 諸侯昭穆五廟都宮之圖說.

68) 金時習의 사상을 성리학의 입장에서 본 연구로는 金鎔坤, 〈金時習의 政治思想의 形成過程에 대하여〉(《韓國學報》 18, 1980)가 있고, 불교적 관점에서 본 연구로는 鄭鉒東, 〈金時習의 佛敎觀〉(《慶北大論文集》 6, 1962)와 韓鍾萬, 〈雪岑 金時習의 思想〉(《韓國佛敎思想史》 4, 원광대, 1974)가 있다.

의 道와 이 도를 구체적인 운동(神이나 鬼 또는 陰과 陽)을 통해서 만물을 생성하는 氣와 이러한 도와 기가 궁극적으로 인간의 마음에 의해서 구현되는 것이 그것이다. 다시 말하면 道-氣-心으로 이어지는 체계를 가지고 있고 이 구조를 통해서 볼 때, 김시습이 이기론의 이기 대신 기와 심을 중시하고 있음을 알 수 있다. 그런데 도-기-심으로 이어지는 구조도 중요하지만 이 구조에 부가한 김시습의 견해가 중요하다.

첫째, 세계창조의 동인으로서 기를 중시하면서 동시에 이 기가 그냥 기가 아니라 천지의 공정하고 바른 기라야 한다고 본 점이다. 그럴 때 천하 公物로서의 도를 내포하는 기로 위치지어 지게 되며 김시습은 이를 「理之氣」라고 명명하였다.[69] 그리고 이 때만이 온갖 사물이 제 위치에서 제 역할을 하게 되며 예라고 하는 것은 천지만물의 공정하고 바른 질서에 대한 공경을 의미하는 것과 같다고 이해하였다. 둘째, 어떻게 보면 보다 중요한 것은 천지의 正氣가 인간의 심에 의해서 그대로 수용되고 있는 점이다. 그에게서 공정하고 바른 심이란 義理 중에서 의, 公私 중에서 공을 생각하고 실천하는 것으로 구체적으로는 忠恕를 의미하는 것이다.[70] 여기서 김시습이 왜 그토록 심학공부에 열심이었는가를 이해하게 되면 세조 정권에 저항할 수밖에 없었는가를 이해할 수 있게 된다. 즉 그에게 세조의 집권은 정기에 의한 활동이 아니라, 정기를 무너뜨리는 행위였던 것이다.

이제 앞의 견해를 토대로 김시습이 생각하고 있는 현실정치의 모습을 그릴 수 있고 또 이를 통해서 당시 그가 직면했던 상황에 대해서 어떠한 반응을 보일 수밖에 없었는가를 알 수 있게 된다.

김시습의 사상적 구조는 공정한 기와 심이 동시에 대응하고 있다. 이러한 기와 심은 모든 인간에게 고루 품부되는 것이지만 그렇다고 그냥 주어지는 것이 아니라, 입지를 세워서 끊임없이 기를 길러가야 한다는 것이다. 춘하추동의 질서가 운행되는 것과 같이 인간사회도 의리와 도덕에 의해, 즉 바른 마음에 의한 공부와 실천이 필요하다고 생각하고 있다. 이 점에서 특히 사회를 다스려 나가는 치자계급의 노력이 특히 요구되었다. 이른바 민을 위하는

69) 金時習,《梅月堂集》권 20, 說 生死說.
70) 金時習,《梅月堂集》권 20, 說 常變說.

왕도정치를 펴나가야 한다는 것이었다. 그것은 통치권력의 근거가 하늘, 다시 말하면 민에게서 나오는 것으로서 이 때문에 군주가 나라를 다스리는 데는 애민을 근본으로 하는 仁政을 펴야 한다고 강조하였다.[71] 이것은 왕도정치에 역행하는 군왕은 왕으로서의 자격을 상실하는 것을 의미하는 것이다. 이러한 그의 사상은 맹자의 왕도정치론과 같은 맥락으로 그 자신이 세조정권에 저항한 이유를 이해할 수 있게 해준다.

김시습의 사상적 토대는 왕도정치를 현실적으로 구현하는 토대로서 성리학의 체계를 수용한 것이었다. 특히 맹자의 왕도정치론을 무엇보다 중시하였다. 또 그는 맹자의 왕도정치를 되살린 송대 도학자들이 이 세상을 人欲에서 벗어나 의리와 천리가 회복되는 사회로 나아갈 수 있게 하였다고 평가하였다.[72]

김시습의 도학적 자세는 당시 지배사족은 물론 민인들에게 커다란 영향을 주었을 뿐 아니라, 그 자신 평생 깊이 몸담았던 불교와 도교 및 기타 신앙을 평가하는 기준으로 작용하였다. 그는 도교와 불교 중 불교의 사상체계를 특히 높이 평가하였는데, 그것은 불교의 기본사상이 성리학의 왕도정치론과 맥락을 같이하고 있다고 보았기 때문이다. 이를테면 스승으로 받드는 바가 心이란 점도 그렇고, 불교의 교리가 慈愛를 앞세우는데, 이것은 바로 성리학의 仁政에 해당한다고 이해하는 것이 그것이다.[73] 그러나 高僧이 국정에 간여해서는 안된다는 점을 분명히 하였고, 그 자신도 세조의 부름에 불교로써 출세할 뜻이 없음을 밝혔다.[74] 동시에 불교의 因緣鍾福說의 허구성을 성리학의 禍福說로 설파하였다.[75]

김시습의 도교에 대한 공부 또한 깊었으나 그 의미에 대해서는 높이 평가하지 않았다. 그 기준이 바로 왕도정치의 입장 여하와 직결되었다. 비록 도교에서 내세우는 도덕과 성리학에서 강조하는 성리가 애초에는 차이가 없었으나 점차 도덕과 성리는 차이를 나타내게 되었다고 이해하였다. 그 중요한 차이가 도교는 도를 체득하나 率性의 도가 아니며 덕을 논하나 明命의 덕이 아니어서 그 혜택이 세상 모두에게 돌아가지 않는다는 것이 그것이었다.[76] 도덕에 대한

71) 金時習,《梅月堂集》권 20, 義 愛民義.
72) 金時習,《梅月堂集》권 20, 序 明道程先生序.
73) 金時習,《梅月堂集》권 16, 雜著 三請.
74) 金時習,《梅月堂集》권 16, 雜著 仁愛.
75) 金時習,《梅月堂集》권 16, 雜著 魏主.
76) 金時習,《梅月堂集》권 17, 性理.

이해를 예로 들 때 성리학은 천하를 공정하게 선으로 향하게 하는 왕도정치의 그것이었다면, 도교는 이 점을 망각하고 있다는 것이었다. 도교에 대한 이러한 평가는 도가의 修眞之術이나 服氣法을 평가하는 데서도 그대로 반영되어, 이것들이 그 자신의 몸만 보존할 뿐 世道에는 무익하다는 것을 말하면서 도교의 복기법 대신 성리학의 養氣法을 체득해야 함을 논리적으로 설명하였다.[77] 김시습의 이런 자세는 도교에만 국한되지 않고 巫覡信仰이나 卜命之術에도 그대로 반영되었다.[78] 요컨대 그는 일상생활에서의 합리적 생활, 다시 말하면 의리와 도덕에 근거한 생활이야말로 命과 福을 가져다주는 확실한 길임을 역설하였다.

그의 왕도정치론은 비록 짜임새가 없고 거칠고 소박한 것이었지만 성종 이후 사림세력의 등장과 함께 전개된 왕도정치 구현이라는 사회적 운동을 실천하는 선구적 의미가 있었을 뿐 아니라, 그후 사림세력이 실질적으로 정치적 주도권을 장악하는 16세기 말 李珥에 의해 그의 사상이 갖는 의미가 다시 주목되었다.

(4) 남효온(1453~1492)

南孝溫 사상의 일단은 성종 9년(1478)에 잇따른 재이에 대한 방안을 개진하라는 求言敎에 대해 그가 올린 ① 正婚嫁 ② 擇守令 ③ 謹用捨 ④ 革內需司 ⑤ 闢巫佛 ⑥ 興學校 ⑦ 正風俗 ⑧ 追復昭陵 등 8가지 조항의 상소 가운데서 드러나 있다.[79] 이 상소를 통해서 당시 남효온이 생각한 時弊와 그 대책을 읽을 수 있고 동시에 그 사상적 기반을 알 수 있다.

남효온이 생각하고 있었던 시폐는 세조 집권 이후 집권관인층에 의해서 주도된 사회·경제적 부의 집중화 현상 및 이와 불가분의 관계에 있는 巫·佛의 사회적·사상적 習속의 확대였다. ① 정혼가 ② 택수령 ④ 혁내수사의 세 조항에서 사회·경제적인 부의 집중화 현상을 지적하였다. 당시 사회·경제적인 부의 집중화가 왕실에서부터 이루어지고 있었던 점을 왕실이 각 지방에 건립하고 있던 本宮農舍와 서울의 내수사 건립을 통해서 지적하였다.

77) 金時習, 《梅月堂集》 권 17, 雜著 服氣.
78) 金時習, 《梅月堂集》 권 17, 鬼神·弭災.
79) 《成宗實錄》 권 91, 성종 9년 4월 병오.

이것은 결국 왕실이 민인과 이익을 다투는 것으로서 민인의 곤궁화가 초래되고 있음을 지적하면서 이의 혁파를 요청하였다.

그런데 남효온은 부의 집중화 현상이 왕실만이 아니라 집권양반층에 의해서 널리 진행되고 있었다는 데에 보다 심각함이 있다고 보았으며, 이 문제를 ② 택수령 조항에서 지적하였다. 지방수령의 상당수가 무식한 자가 아니면 뇌물을 즐기는 자들로 이루어져 있어서 한번 흉년이 들면 백성들을 구제하는 것이 아니라, 이를 기회로 돈놀이를 하고 이에 따라 집권층이 대토지를 소유하는 정도가 확대되었다는 것이다. 이에 남효온은 가난한 자는 무전농으로 전락하여 농촌이 텅비게 되었다는 점을 지적하면서, 이러한 현상을 타개하는 방안으로 수령의 선발을 엄격히 할 것을 제안하였다.

이러한 부의 집중은 농민의 몰락을 촉진시켰을 뿐 아니라 양반층 내부에 사치풍조를 초래하였다. 이에 남효온은 ① 정혼가 조항에서 이러한 풍조를 비판하였다. 이러한 풍조는 부모가 자식을 남겨두고 일찍 죽었을 경우 형제족당이 부를 탐하여 결혼하는 것을 달가워하지 않는 현상까지 나타날 정도였다.

문제는 이러한 부의 집중화 현상이 그 자체로 끝나는 것이 아니라 유교적 습속과 예제마저 붕괴되는 방향으로 전개되었다는 점이다. 이에 그는 ⑤ 벽무불 조항에서 그 폐해를 지적하였다. 즉 역대 왕들에 의해서 淫祀와 불교가 금지되어 왔음에도 불구하고 여전히 國巫와 主持가 혁파되지 않고 나라에 일이 있을 때마다 이들 의식이 계속 거행되었다. 더욱이 근래에 와서는 왕실과 집권관인층에 의해서 절이 세워지고 음사가 거행되었으며, 이것은 사람의 死生禍福과 壽夭貴賤이 모두 무불에 의존하는 경향으로 나타났다는 것이다.

남효온은 앞에서 열거한 문제들에 대해 성리학적 가치체계에 근거한 대책을 강구하였다. 이른바 왕도정치를 당시에 구현하겠다는 것으로서, 그 자신이 金宗直 및 그 문인들과 이미 「小學實踐運動」을 전개하고 있었으므로 이러한 방향에서 대책이 강구되었던 것은 자연스러운 일로 보인다.

남효온이 왕도정치를 구현하기 위해서 내세웠던 대책의 첫 번째는 用人문제였다. 그는 이 문제를 ③ 근용사 조항에서 제시하였는데 성리학을 익혀 충효를 실천하고 있는 慶延·林玉山·崔小河를 높이 등용하고 탐학한 무리들을 배척해야 한다는 것이 그것이다. 다음은 용인 문제와 밀접하게 관련되어 있는 인재를 양성하는 기구로서 학교 문제였는데 이를 ⑥ 홍학교 조항에서 제시하였다. 여기에서 남효온은 모든 사람들이 성리학을 익히고 孝悌忠信의 도를 실천하는 전백성의 儒者化가 필요하나, 현재의 실정은 학교가 유명무실하여 師長들이 학문은 물론 실천적인 도를 체득하지 못하는 한심한 실정임을 지적하면서 현인 군자로서 사장을 삼아 아이들을 교육시키면 학교가 일어나고 인재가 배출되어 왕도정치가 이루어질 것임을 주장하였다.

남효온은 부의 집중화현상과 함께 나타난 부박한 습속에 대해 당시 사람들이 시세가 그러한 것이어서 되돌리기 어렵다는 주장에 대해 ⑦ 정풍속 조항을 통해서 지금이야말로 三代의 왕도정치를 구현할 수 있는 시기로 불효·불목한 자들을 엄히 처벌하면 교화가 행해지고 풍속이 바르게 될 것임을 강조하였다. 남효온은 위에서 지적한 문제들이 궁극적으로 민심을 저해하여, 이것이 하늘의 마음을 움직여 재앙이 내리는 것으로 보았다. 특히 그 가운데 세조대 단행된 昭陵의 유폐야말로 인심의 불순함을 가져온 대표적 사건이라고 보면서 이를 追復하여 天心·天氣가 순조로워지도록 할 것을 요구하였다.

한편 왕도정치 구현과 관련하여 중요한 대목인 巫佛을 혁파하자는 조항에서 무불의 확대가 만불기신하는 행위로서 천지의 평화를 가장 해친나는 섯을 강조하였다. 다만 상소중에서는 구체적으로 무불에 대신한 성리학의 체계는 제시되지 않았다. 이는 남효온의 사상을 이해하는 데 핵심이 되는 문제로 다행히 이에 대한 그의 견해를 제시한 글이 남아 있는데, 그것은 〈鬼神論〉·〈心論〉·〈性論〉·〈命論〉의 4편의 글이다.

남효온의 유학사상에서[80] 먼저 주목되는 것은 김시습과의 사상적 유사성이 강하게 나타난다는 점이다. 다시 말하면 김시습의 사상을 어느 일면에서 심화시키고 있는데 바로 이 점이 김시습과 사상적으로 연계되면서도 구별되는 점이 아닌가 한다.

먼저 연계되는 점을 보면 김시습의 사상체계가 道－氣－心으로 이어지는 형태였는데, 남효온의 사상체계 또한 거의 같다. 이는 도－심으로 연계되는

80) 南孝溫의 학문과 사상에 대해서는 이 시기 사상사 내지 정치사 연구에 빠뜨릴 수 없는 중요성을 가지고 있음에도 소홀히 취급되어 왔다. 따라서 앞으로의 연구가 기대된다. 남효온의 사상과 생애에 대해서는 鄭後洙, 〈秋江 南孝溫의 生涯와 思想〉(《民族文化》 5, 漢城大 民族文化硏究所, 1991) 참조.

구조인데 남효온에게 있어 도와 심은 연계 내지 일치되며, 특히 이 모든 것이 심으로 귀결되는 것으로 심을 통해서 전 우주의 생성 변화가 이루어지는 것으로 보았다.[81] 남효온이 심을 강조한 사상체계는 그의 〈성론〉에서도 유사한 입장을 보였다. 당시 일반적으로 本然之性과 氣質之性을 양분해서 이해하는 경향이 일반적이었는데, 이에 대해서 性은 하나라고 하면서 기질지성은 성에 담겨지는 것이라고 설명하였다.[82]

남효온의 〈심론〉은 그의 〈귀신론〉에서 보다 구체적으로 제시되었다. 그가 다시 귀신론을 지었던 것은 당시 만연하던 무불의 습속을 이론적으로 공격하는데 있었다고 본다. 다시 말하면 당시에 무속이든 불신이든 사람들의 운명을 이들 귀신들이 좌우하고 있어 귀신에게 기도하면 복이 온다는 생각이 만연되어 있었다. 이에 대해 남효온은 귀신이란 理氣와 다름이 없다는 것을 밝혔다.[83] 요컨대 우주 만물의 생성과 변화를 주관하는 도교의 도에 해당하는 것으로서 이것은 심에 의해서 구현되는 것이라고 본 것이다. 그는 동시에 귀신이 바로 理이기 때문데 禮가 아닌 것은 흠향하지 않는다는 것을 말하면서 무불에게 드리는 기도가 결국은 흠향되지 않을 것임을 지적하였다.

아울러 이치에 근거하여 당시에 행해지고 있던 습속들에 대해서 하나하나 논박하였다. 이를테면 귀신에게 卜을 구하는 문제나 相地하는 문제 등을 귀신의 이치를 가지고 설파하였다.[84] 결국 남효온은 당시 널리 퍼져 있는 귀신화복론에 대해 귀신은 사람에게 화를 끼치지 않음을 말하면서 巫釋術家의 설이 만연되고 있는 것은 道學이 밝지 않은 데 있다고 지적하였다.

이로써 도학에 근거한 왕도정치의 구현이 남효온이 가졌던 생각이요, 목표임이 확인된 셈이다. 그러나 주지하다시피 앞의 求言上疏도 집권관인층의 강한 반격에 봉착하였고, 이에 도학을 구체적으로 실천할 방도를 찾지 못하고 몇몇 뜻을 같이 하는 선비들과 「竹林七賢」을 결성하여 현실적인 대응에서 후퇴하였다. 이러한 변화는 그의 사상체계에서 이미 나타나고 있는 것이며, 이 점이 김시습과 다른 특성을 보이는 것이다. 이를테면 김시습이 불교의 사

81) 南孝溫, 《秋江先生文集》 권 5, 論 心論.
82) 南孝溫, 《秋江先生文集》 권 5, 論 性論.
83) 南孝溫, 《秋江先生文集》 권 5, 論 鬼神論.
84) 위와 같음.

상체계를 수용하였다면, 남효온은 불교사상을 사람을 속이는 무가치한 것이라고 통박한 반면 도교사상을 수용하였다. 즉 불교에 대해서는 다음이란 것이 공허한 곳에서 행할 수 없고 반드시 형질에 담겨진 후에 행해질 수 있다고 하면서 이론적으로 성립하지 않음을 밝힌 것이다. 이에 비해 도교에 대해서는 그의 〈심론〉 가운데서 마음을 통해서 천도를 체현하는 것이 심학인데 도가의 설 또한 此心·此道에 벗어나지 않으며 근거가 있는 것이라고 옹호하였다.[85]

남효온이 결국 도학에 근거한 왕도정치론을 현실적으로 계속 실천하지 못하고 도교에 침잠하여 세상을 기롱하게 되는 측면이 그의 사상구조 가운데서 드러났다. 이 점을 명백하게 보여주는 글이 〈명론〉이 아닌가 한다. 즉 그는 〈명론〉에서 聖도 命이고 愚도 또한 명이며 常도 명이고 變도 또한 명이며 興도 명이며 亡도 또한 명이라고 하는, 인간사에서 일어나는 모든 현상을 운명으로 돌리고 보다 중요한 것은 모든 운명은 그것이 어떠한 것이든 받아들여야 한다고 생각했다.[86]

이로써 남효온이 상소를 올린 이후 얼마 되지 않아서 도의정치 구현을 향한 실천운동에서 후퇴하게 되었는가 라는 의문을 그의 사상 검토를 통해서 이해할 수 있게 되었다. 그리고 이러한 사회적 실천운동으로부터 후퇴한 것이 성종초 실천운동을 함께 전개해간 사림세력과 결별하게 되었을 뿐 아니라 도학의 正脈으로부터도 멀어지게 되었던 요인으로 볼 수 있다.[87]

(5) 김굉필(1454~1504)

金宏弼은[88] 단종 2년(1454)에 서울 정릉에서 태어나서 연산군 10년(1504) 유배지 順天에서 죽었다. 그의 생애는 사후 기록된 행장 등을 통해 3단계로 나누어 볼 수 있다. 첫째, 修學期(성종 5년~25년)로 학문과 사상의 토대로서《小

85) 南孝溫,《秋江先生文集》권 5, 論 心論.
86) 南孝溫,《秋江先生文集》권 5, 論 命論.
87) 이러한 사례를 보여주는 것이 南孝溫이 병들었다는 소식을 듣고 金宏弼이 병문안을 왔었으나 남효온이 보기를 거절하였다는 일화가 아닌가 한다. 남효온이 김굉필을 보기를 거절한 이유로는 남효온이 도교쪽으로 경도된 사상변화를 생각할 수 있다. 김굉필이 집권 훈구세력의 공격에도 좌절하지 않고 후학교육을 통해 왕도정치에 대한 사회적 실천운동을 계속 전개하여 중종대 趙光祖 일파에 의해 문묘에 종사 요청되는 토대를 마련한 반면, 남효온은 이 모든 것을 운명으로 돌리게 됨으로써 도학의 흐름에서 멀어지게 되었다.
88) 金鎔坤, 앞의 책(1994) 참조.

學》을 중시하고 그에 근거한 교학에 힘을 쏟았던 시기이다. 둘째 仕宦期(연산군 원년~4년)로서 4년간의 짧은 官歷으로 이렇다 할 활동을 남기지 못한 시기이다. 셋째, 流配期(연산군 4년~10년)로서 이 시기 또한 조광조와 만나 사제관계를 맺어 학문을 전수한 것을 제외하면 이렇다 할 활동이 남아 있지 않는 시기이다.

김굉필의 수학은 보통 학인과 달리 매우 늦은 것으로 기록되었다. 즉 성종 5년(1474) 그의 나이 21세 때 김종직 문하에 들어가면서 비로소 수학의 길로 들어섰던 것이다. 그 이전의 김굉필은 골목대장의 모습으로 그려져 있다. 그는 豪邁跌宕하여 그가 나타나면 시장 사람들이 모두 도망갔다고 한다.[89]

이러한 김굉필이 김종직 문하에 뒤늦게 들어가게 된 이유가 무엇인지는 알 수 없다. 다만 뒤늦게 학문적 입지를 분명히 한 것만은 그 뒤의 행적에 비추어 볼 때 분명하다 하겠다. 이런 그에게 김종직과의 조우는 커다란 영향을 주었다. 이후 김굉필은 그 문하에서 여러 학인들과 유학경전을 토론하는 등 공부에 매진하였다.

그러나 김굉필에게 있어 이 시기에 무엇보다 중요한 것은 그가 《소학》이 가지고 있는 시대적 의미를 이해하게 되었다는 것이다. 이 점은 김종직으로부터 소학을 배운 후 확실한 철학으로 자리잡게 되었던 것으로 보인다.

먼저 《소학》에 대한 이해와 관련해서는 성종 11년 圓覺寺 불상이 저절로 回立하였다는 소문이 전국적인 화제가 되고 조정에서도 연일 이 문제를 둘러싸고 격론이 벌어지고 있을 때, 그가 올린 장문의 상소 가운데서 잘 드러나 있다. 즉 유교와 불교를 正과 邪로 대비하면서 유학의 핵심은 五倫의 질서에 있음을 제시하였다.[90] 이러한 이해는 《소학》의 이해체계[91]라고 할 수 있으며,

---

89) 〈金宏弼神道碑〉(《朝鮮金石總覽》 下, 朝鮮總督府, 1919), 845쪽.

90) 《成宗實錄》 권 118, 성종 11년 6월 을축.

91) 《小學》의 체계는 治國의 토대로서 修身 그리고 그 내용으로서의 五倫을 동몽교육을 통해서 해결하는 것을 목표로 하고 있고, 그 구체적인 방법으로 성현의 嘉言善行을 통해서 체득하는 내용으로 구성되어 있다. 한편 金駿錫은 《소학》의 체계가 중세 봉건적 윤리체계로 구성되어 있다고 밝혔다(金駿錫, 〈朝鮮前期의 社會思想〉, 《東方學志》 29, 1981). 이와 관련하여 주목되는 것이 김굉필이 저술했다고 하는 《家範》이 아닌가 한다. 조선에는 중국과 같은 家訓書가 없어 內則 등을 참조하여 만든 것이라고 한다. 이에 대해서는 앞으로의 검토가 필요하나, 그 내용의 일부는 가족안에서의 남자와 여자 그리고 가정내에서 남녀 노비들의 활동을 엄격히 구분하고 일의 처리에 따라 상과 벌을 주는 것으로 되어 있다.

이 점은 도를 천하국가에 시행할 경우 처신에 마땅할 것이라는 이해로 뒷받침되었다. 다시 말하면 치국보다도 수신적 경지에 머물러 있는 것이 그것이다.

이러한 이해는 김종직으로부터 《소학》을 배우면서 확실한 철학·사상으로 자리잡아 갔던 것으로 생각된다. 그것은 이후 그가 《소학》에서 제시된 규범에 따라 행동하고 있을 뿐 아니라 한 순간도 《소학》을 놓지 않았다는 말에서도 나타나지만, 사람들이 당시의 국가적인 문제에 대해서 물어보면 "小學童子 何知大義"라고[92] 답변하는 데서 명확하게 드러났다. 이후의 그의 생활은 《소학》의 실천으로 일관되었다. 이 점은 《소학》을 놓고 김굉필이 "문학하는 선비가 아직 天機를 몰랐더니 《소학》 속에서 어제의 잘못을 깨달았네"라고[93] 시를 짓자, 김종직은 이에 "이것이 바로 聖人이 될 根基이니 許衡 후에 어찌 그 사람이 없겠느냐"라고[94] 답한 데서 잘 드러났다. 요컨대 김종직은 김굉필에 대해 도학을 계승할 사람으로 높이 평가한 것이다.

그러나 이후 적어도 성종 17년에 이르러서 김굉필의 관심은 점차 수신에 근거한 소학적 실천에서부터 국가와 사회에 대한 경세문제 쪽으로 확대되어 갔던 것으로 보인다. 이러한 사실을 보여주는 것이 그의 은사인 김종직과 멀어지게 된 사건이라 하겠다. 김굉필은 김종직이 이조참판으로 재직하면서 시사 문제에 대해 건의한 일이 없다는 점을 들어 시를 지어 풍자하고 비방하자, 김종직은 답시 중에 "임금을 바로잡고 세상을 구하는 도(匡君救俗)를 내 어찌 할 수 있겠는가"라고[95] 자조적으로 답한 데서 두 사람간의 생각의 차이를 엿볼 수 있다.

생각건대 이러한 자세 전환, 다시 말하면 소학적 일상윤리의 실천에서 국가 사회적인 문제로의 관심 확대가 그와 절친한 道友였던 남효온과 끝내 결별하는 계기가 되었던 것으로 보인다. 그리고 바로 이러한 자세 전환이 다음 그의 행적에서 出仕로 나타나는 것으로 생각된다. 물론 출사는 그 동안 그가 닦아 왔던 行義가 평가되어 연산군 원년(1495) 천거된 것이긴 하지만 이를 받아들였던 데는 김굉필의 자세전환이 깔려 있었던 것이다.

---

92) 南孝溫, 《秋江集》 권 7, 雜著 師友名行錄.
93) 위와 같음.
94) 위와 같음.
95) 南孝溫, 《秋江集》 권 7, 雜著 秋江冷話.

여기서 말하는 행의란 그가 행동으로 보여온 소학적 실천을[96] 포함하여 그가 오랫동안 계속해온 童蒙들에 대한 가르침, 그리고 일상사에서 나타난 유교적 예의 실천을 의미하는 것이었다. 이 중 교학에 대한 활동과 성과는 주목된다. 특히 성종대 드러난 관학 교육의 허구화 현상에 비추어 볼 때, 그 의미는 실로 크다고 할 수 있다. 남효온이 전하는 바와 같이 김굉필은 주변에서 우려할 정도의 교학적 성과를 거두었다.[97] 여기서 교학적 성과는 다름 아닌 소학적 수기를 의미하는 것이다.

김굉필은 연산군 원년(1495) 그의 나이 41세 때 南部參奉에 제수되어 관직에 나간 후 軍資監主簿, 司憲府監察을 거쳐 刑曹佐郎을 역임하였다. 그는 4년 남짓한 짧은 관직생활을 공정한 입장에서 그리고 지극한 정성으로 獄訟을 처리하는 자세로 일관했다.

관직생활 중에 평소에 품어온 뜻을 펴보기도 전에 연산군 4년에 일어난 史獄에 연루되어 熙川에 유배된 후, 연산군 6년에는 순천으로 이배되었다가 연산군 10년 甲子士禍로 죽음을 맞이하니 그의 나이 51세였다. 유배기간 동안의 그의 생활은 알려진 것이 거의 없다. 다만 희천에 유배중에 趙光祖와 사제관계를 맺은 일은 그 다음 역사단계와 관련해서 주목되는 부분이다. 실제 김굉필도 이 부분에 상당한 의미를 부여하고 있었음은 조광조와 작별하면서 '吾道東矣'라고[98] 말한 데서도 드러나 있다.

(6) 정여창(1450~1504)

鄭汝昌은[99] 세종 32년(1450)에 태어나서 연산군 10년(1504)에 유배지 鍾城에서 죽었다. 그의 생애는 사후 기록된 行狀을 통해 대체로 3단계로 나누어 볼 수 있다. 첫째, 修學期(세조대~성종 21년), 둘째, 仕宦期(성종 21년~연산군

96) 김굉필의 소학적 실천을 나타내 주는 기록은 많지만 다음은 그 가운데 유배기간 중의 모습을 보여주는 경우라 생각된다("寒暄常肅然冠服 竟日終夜 嗒然無言 蓋用力於未發前氣象也"(靜菴行狀)).

97) 南孝溫, 《秋江集》 권 7, 雜著 秋江冷話.

98) 《海東雜錄》(下) 권 11, 金宏弼.

99) 鄭汝昌의 사상에 대해서는 金鎔坤, 〈16세기 士林의 文廟從祀運動〉(《金哲埈博士華甲紀念史學論叢》, 知識産業社, 1983) 참조.

4년), 셋째, 流配期(연산군 4년~10년)이다. 대략 수학기 때 그의 학문적인 기초가 잡혔고, 그 때 익힌 학문을 실제 정치에 반영한 시기가 사환기라 할 수 있다. 유배기는 그가 수학기·사환기에서 얻은 인연과 축적이 당시대의 정치현실과 관련되어 나타난 산물이라고 할 수 있다.

수학기의 정여창에게 중요한 사건은 세조 13년(1467) 5월 李施愛의 난으로 아버지가 전사한 일이다.[100] 이는 정여창으로 하여금 많은 생각을 하도록 한 사건이었다. 이 때 그는 '父亡戰死者子孫'을 賞職한다는 국가의 방침에 대해 아버지의 비운을 자식이 영광으로 받을 수 없다고 하여 관직에 나가기를 사양하였다. 이 일화는 수학기의 정여창의 한 면모를 잘 보여준다. 이러한 자세는 그의 학문형성에 영향을 준 김종직·李寬義 등과의 학연관계에서 비롯되었다.[101] 김종직 문하에서 수학하면서 그의 학행은 깊어졌고 교우범위도 크게 확대될 수 있었다. 무엇보다 김굉필과의 접촉은 정여창의 학문과 행동을 정립하는 데 많은 도움이 되었다.

유학자로서 정여창의 학행은 남다른 바가 있어 성종 11년(1480) 국가에서 '經明行修者'를 구할 때 성균관 유생의 압도적인 천거를 받았다. 이 밖에 金馹孫이 자신의 교우관계를 열거하면서 도덕문사로서 교우관계를 맺고 있는 자 중에 정여창이 포함된 사실과 어머니의 상을 당했을 때 보여 준 정여창의 행적에서 분명히 확인된다.[102] 그는 이런 士人으로서의 철저한 篤行으로 성종 21년에 천거를 받아 昭格署參奉에 제수되었지만 이 또한 응하지 않았다.

유자로서의 행동도 그러하였지만 그 전제가 되는 학문 또한 돈독한 것이었다. 그의 학문에 대한 자세는 그가 남긴 〈立志論〉에서는 물론 행장 곳곳에서도 드러났다. 그는 성종 13년에 《經國大典》·《五禮儀注》를 펴낸 尹孝孫과 朱書를 강론하였다. 여기서 주서는 《朱子家禮》나 《禮記》에 해당되는 것이다. 정여창은 폭 넓고 깊이 성리학을 이해하고 있었으며, 특히 《中庸》이나 《禮記》에 정통하였다. 이런 점은 오늘날 逸文으로 남아 있는 〈庸學註疏〉의 제

---

100) 鄭汝昌, 《一蠹先生遺集》 事實大略(年譜).

101) 김종직과의 학연도 그렇지만 이관의와의 학연도 세밀한 검토가 필요하다고 본다. 다만 현재로서는 이관의가 김시습과 함께 金泮과 문하관계를 맺고 있고 이관의나 김시습이 다 같이 관직보다는 도의정치 그 자체의 구현에 노력했다는 사실로 미루어 보아 이러한 자세가 그대로 정여창에게 받아들여진 것으로 보인다.

102) 鄭汝昌, 《一蠹先生遺集》 事實大略.

목을 통해서도 알 수 있다. 이처럼 정여창은 김굉필 등이 心學의 실천과 직결되는 소학에 치중한 것과는 달리 심학에 근거한 이학에 치중하였다.

정여창의 학행은 수학기에 이미 同學은 물론 중외에 널리 알려져 있었다. 이미 조정에서는 그를 등용하려 하였으나 수기에만 전념할 뿐 관직에는 눈을 돌리지 않았다. 그러나 어머니의 간곡한 요청이 정여창의 마음을 돌리게 하였다. 이에 정여창은 성종 14년에는 進士科에 합격한 데 이어 성종 21년 12월에는 文科別試에 합격하여 治人의 길로 나아갔다.

사실 유자에 있어서 수기와 치인은 별개의 것이 아니었다. 다만 치인에 앞서 수기가 요청될 뿐이었다. 어떻게 보면 수기로서의 이상도 치인을 통해서 구현될 수밖에 없는 면이 있었다. 수기와 치인의 조화, 이것은 당대 사대부들의 공통된 바람이기도 하였다. 하지만 이러한 조화를 한 시대의 현실속에서 확보하기는 쉬운 일이 아니었다. 바로 여기에 유자로서의 갈등과 어려움이 있었다. 정여창이 후학들에 의해서 주목받을 수 있었던 것도 그의 이학에 대한 이해의 폭이 넓었기 때문이기도 하지만, 현실을 실천의 토대로 삼았기에 더욱 주목받았다. 사실 유자 개개인이 펴나가는 실천 속에서 당시대의 일반적인 지식인들이 염원하였던 道義가 구현되어 가는 사회를 기대할 수 있었던 것이다. 정여창의 경우에 있어서는 이러한 바람이 강렬하였고, 그것은 그의 학문과 실천의 디딤돌이 되었다. 바로 이런 점이 김굉필에서 조광조로 이어지는 심학 위주의 계열에서도 주목받는 부분이었다.

그렇다면 정여창의 치인은 어떠했는가 하는 점이 검토되어야 할 것이다. 이 점은 그가 安陰縣監 당시 치적을 통해 알 수 있으며, 그것은 유자로서 갈구하는 이상적인 치인의 행적이었다. 사실 그가 안음현감에 임명되자 사람들은 그가 읍을 다스릴 수 없을 것이라고 하였다. 우둔하리 만큼 독실한 그의 학행을 고려할 때 나올 수 있는 세론이었다. 그러나 안음현에서 보여준 그의 치적은 세인의 예상을 뒤엎는 것이었다. 그는 현감으로 부임하자 먼저 수령의 임무는 요역을 가볍게 하고 부세를 헐하는 데 있다 하여 이와 관련된 수십 개의 항목을 설정하여 일년간 실천하였다. 그러자 공사가 일이 없고 農桑이 제대로 되었으며 縣民이 경계하여 서로 속이는 바가 없게 되었다. 그리고 일을 처리함에 있어 착오가 있는 것은 반드시 찾아 확인한 연후에 시행하였고 원근의 의

심스러운 사건과 일은 모두 그에게 와서 판결을 받기에 이르렀다. 한가한 때는 읍의 총명한 자제들을 가르쳤기 때문에 원근에서 배우러 오는 자가 많았다. 또 봄·가을에는 養老禮를 행하였고 婚喪은 때를 놓치지 않도록 힘썼다.[103]

이러한 치인의 치적은 어찌 보면 당연한 것이었으나 국초 이래 수령들의 현실상황은 그렇지 못하였다. 그리하여 수없이 「守令七事」라 하여 수령으로서 해야 할 일이 강조되고 있었다. 정여창의 치적도 당시 강조되고 있었던 「수령7사」를 실천하는 것에 지나지 않은 것이었지만 보기 드문 성과가 달성되었던 것이다. 이러한 성과를 거둘 수 있었던 것은 정여창 개인이 확보하였던 투철한 유자로서의 자세가 뒷받침되었기 때문이다.

안음현에서 보여 준 탁월한 치인 활동에도 불구하고 정여창 본인으로서는 관직을 달갑지 않게 여겼다. 그리고 현실은 점점 도의정치와는 멀어져 가고 있었다. 그리하여 장차 관직에서 떠나가려 할 무렵 연산군 4년 戊午士禍에 연루되어 鍾城으로 유배되었다.[104] 그가 사화에 연루된 이유는 김종직의 문인이었기 때문이기도 하였지만, 그의 죄목이 '罪犯亂言'[105]이었던 점으로 미루어 보아 至治의 구현을 추구했던 그의 학행과 관련되어 있었다. 또 그가 김종직과 같이 세조의 패도를 용납하지 않았기 때문이라고 보인다. 이 점은 좀더 고려해야 할 면이지만 김종직·이관의와의 학연에서 정여창이 받아들인 정치적·학문적인 입장이었을 것이다.

정여창의 간략한 생애를 통하여 유자로서의 학문과 치인의 행적, 그리고 그의 학행으로 말미암아 사화에 연루되어 화를 당하게 되기까지의 과정을 살펴보았다. 이 과정을 통해서 정여창의 학문토대로서 心學에 근거한 실천성이 어느 정도 부각되었다. 이제 여기서는 정여창의 학문, 다시 말하면 심학에 근거한 이학이 후학들에게 어떻게 평가되었으며 또 그러한 평가가 타당한 것인가를 그가 남긴 글을 통해서 검토하고자 한다. 이러한 검토를 통하여 김굉필에서 조광조로 이어지는 학문이 심학 위주인 것과는 달리 정여창의 학문은 李彦迪·李滉과 같이 심학에 근거한 이학적인 것이었음이 드러날 것이다.

---

103) 鄭汝昌, 《一蠹先生遺集》 行狀(從子鄭希參作).
104) 《燕山君日記》 권 30, 연산군 4년 7월 경신.
105) 《燕山君日記》 권 30, 연산군 4년 7월 신유.

정여창의 학문에 대한 후학의 평가는 대략 다음과 같다.[106]

> ① 어려서 학문에 뜻을 두고 《중용》과 《대학》을 연구하여 성리학에 정통하였다.
>
> ② 도덕은 높고 학문은 순정하여 性理를 탐구하고 행동은 효행과 의리를 높혔다.
>
> ③ 《子史》에 널리 통하고 《禮記》에 정통하며 성리학에 심오하였다. 독서는 힘 써 실천하는 것을 근본으로 삼았고 과거공부에 얽매이지 않았다.
>
> ④ 부지런히 五經을 밝히는 데 뜻을 두었고 《논어》에 정통하였으며 體用의 학문을 궁구하였다…한결같이 程子와 朱子를 법 삼았으며 독서는 궁리함을 요체로 삼았다. 마음을 다스림은 속이지 않는 것을 근본으로 삼았다. 무릇 자신의 일을 행하는 데는 한결같이 誠敬을 날마다 해야 할 공부로 삼았다.

이러한 평가들에 의해서 정여창의 학문적인 모습이 거의 부각되었다. 이 중에서 이학에 밝았다는 평가는 다 해당되지만 특히 ④의 경우는 좀더 구체적이다. 즉 책을 읽되 궁리를 요체로 하고 마음에 처하여 속이지 않는 것을 기본으로 하고 있다. 이 점은 중종대의 文廟從祀運動이 실패한 후 학문이 심학에서 이학으로 변화해간 경향과 일치하고 있다. 그러나 이러한 평가는 정당하긴 하겠으나 너무나 원론적이다. 적어도 이황의 문도들에 의해 주목되어 문묘에 종사될 정도라면 이학에 대한 보다 깊은 이해가 있었다고 여겨진다. 이러한 의문은 ① 潛心庸學이나 ③의 博通子史·精於禮經 그리고 ④의 明五經·精於魯論이라는 평가를 통해 알 수 있다. 물론 《중용》이나 《자사》·《예기》 등도 유자라면 의당 거쳐야 하는 기본도서에 속한다. 여기서 중요한 것은 정여창이 이런 기본도서에 나름대로의 이해를 가졌다고 하는 점이다. 이 중에서 특히 《중용》·《예기》를 깊이 이해하고 있었다는 것은 〈庸學註疏〉라는 그의 逸文을 통해서도 확인된다. 물론 정여창이 자기 나름대로 이해하기까지에는 상당한 노력이 수반되었다. 지리산에 들어가 오랜 궁리 끝에 얻은 결실이라는 점은 이를 뒷받침한다. 이 밖에 김굉필 등과의 토론과정을 거쳐서 그의 이학에 대한 이해가 정치해졌을 것임은 의심의 여지가 없다. 이를테면, 정여창이 이르기를 "배우되 마음(心)을 알지 못하면 무엇으로 배운다고 하겠는가"하니, 김굉필이 말하기를 "마음은 어디에 있는가"라고 물었다. 이에 정

106) ①은 《一蠹先生遺集》 중 李勣의 행장 중에서 ②는 林董의 鄕祠堂記에서 ③은 趙孝仝의 薦學行疏 중에서 ④는 從子 希參의 행장 중에서 각각 발췌한 것이다.

여창이 말하기를 "있지 않는 곳이 없으되 또한 있는 곳이 없다"라고[107] 토론한 사례도 그 하나의 예이다. 이 토론은 心處에 관한 것인데, 정여창은 학문의 근거이자 세계와 자신을 연결하는 통로로서 마음을 설정하였다. 이 마음은 이나 기와 같이 산재해 있다고 보았다. 여기에서 정여창의 학문이 심학에 근거한 이학적 이해를 기본으로 삼고 있음을 알 수 있다. 이것은 김굉필-조광조로 이어지는 학문과 공통되는 점도 있지만 다른 점도 있다. 공통되는 점은 至治를 실천하고자 심학에 힘썼고 또 그러한 입장에서 실천했다는 점이고, 다른 점은 김굉필 등은 심학 그 자체라고 할 수 있는 소학·향약 등의 실천에 보다 치중했던 데 비해 정여창은 그러면서도 심학의 근거를 객관적으로 추구해 갔다는 점이다. 이런 점은 김굉필 등이《소학》에 관심을 집중하였다면 정여창은《대학》·《중용》·《예기》등에 관심을 기울였던 사실로도 알 수 있다.

정여창의 학문은 심학에 근거한 이학적인 것이다. 그리고 정여창에게 보여지는 이러한 학문 경향은 중종 이후 심화되어 갔고, 이언적과 이황 때에 와서는 하나의 뚜렷한 흐름으로 자리잡았다. 이러한 흐름이 여타 학문 경향과 달리 우위에 설 수 있었던 것은 이 계열이 至治運動을 주도해 갔던 때문이었다. 결국 정여창의 학문은 이런 흐름의 선구적인 위치에 있었던 셈이었다. 이제 이런 점을 그가 남긴 글을 통해서 검토하고자 한다.

정여창이 남긴 글들은 결코 적지 않았다. 뒤에 조사된 바에 의해서도 日記類·雜說類·韻語類와 일실되었지만 제목만은 알려져 있는〈庸學註疏〉·〈主客問答〉등이 확인된다. 일기류나 운어류가 구체적으로 무엇을 기록한 것인지는 알 수 없으나 잡설을 포함하여 조선 초기 士人들의 일반적인 저술 형태를 취하고 있다. 오늘날 전해 오는 얼마 안되는 기록을 통해서 정여창의 사상경향을 보여 주는 것은 立志論[108]·理氣說[109]·善惡天理論[110] 등이다.

입지론을 통해 알 수 있는 것은 정여창이 지식인의 요건으로서 무엇보다 뜻을 강하게 가져야 한다는 것을 강조했다는 점이다. 물론 뜻을 강하게 가져

107) 鄭汝昌,《一蠹先生續集》師友門人錄 金宏弼.
108) 鄭汝昌,《一蠹先生續集》雜著 立志論. 정여창의 입지론은 李珥 등의 입지론의 원형과 같은 것으로서 그의 학문에 대한 자세가 잘 나타나 있다.
109) 鄭汝昌,《一蠹先生續集》雜著 理氣說.
110) 鄭汝昌,《一蠹先生續集》雜著 善惡天理論.

야 할 뿐 아니라 어느 경우에도 이를 굳게 지켜 나아가지 않으면 안될 것으로 보았다. 이와 같이 뜻을 세우고 지켜 나아갈 때 사인으로서 바라는 군자의 경지에 다다르게 된다고 이해하였다. 여기서 뜻이란 善을 실천하고 구현하는 것, 이를 달리 표현하면 도의가 구현되는 사회와 정치를 의미한다. 따라서 이러한 뜻에 토대를 두지 않는 입지란 한갓 강자의 뜻에 지나지 않음을 분명히 하였다. 정여창이 선을 구현하고 실천하겠다는 마음의 자세는 학문뿐 아니라 그의 전 사상의 중심에 자리잡았다. 이 점은 이기설 가운데서 "배우는 자는 모름지기 이기에 있어 하나의 實과 둘의 뜻을 알아야 하고 또 그럴 수 있을 때 비로소 극기복례하여 도심이 자기 몸을 지배하게 된다"111) 는 표현에서 확인된다. 그에게 있어 공부란 자기를 이기고 예에 돌아가는, 다시 말하면 현실적인 도의의 구현이었다.

앞에서도 언급했지만 이기설에서도 정여창이 강조하고 있는 것은 선비로서의 자세, 마음가짐이었다. 그런데 유자로서 이러한 자세를 갖는 전제로 그는 세상만물 나아가 우주의 원리를 이해하는 것이 필요하다고 보았다. 그의 우주론으로서의 이기설은 주자계통의 이기설을 거의 그대로 답습하고 있는 듯하다. 그는 이기론을 하나의 실과 둘의 뜻으로 이해하였다. 이 점을 받아들인다면 그는 우주의 본체를 이에 의해서 파악하는 주리론에 해당하는 유학자라 할 것이다. 물론 그의 주리론은 기와 동등하고 균형있는 상호작용 위에 서 있는 것으로 보아야 할 것이다.

정여창의 세계이해로서의 이기설은 善惡天理論에서도 같은 형태로 나타났다. 이 세계가 이와 기의 상호작용에 의해서 움직여 나가듯이 인간사회도 이러한 원리에 의해서 선과 악이 공존한다고 이해하였다. 그리고 이기설에서도 말하였듯이 이 우주가 이에 근본하고 있듯이 인간사회에서 교차하는 선악도 근본적으로 선에 근거를 두고 있다고 이해하였다.

세 편의 간략한 정여창의 글을 통해서 그가 지치의 구현을 추구하고 있었고 또 그러한 활동의 근거로 심학을 실천하고 있었음을 알 수 있다. 그리고 심학을 실천하는 학문적 자세로서 입지를 강조하였고, 심학의 철학적·객관

111) 鄭汝昌, 《一蠹先生續集》 雜著.

적인 근거로서 이기론과 선악천리론을 주장하였음을 알 수 있다. 이러한 그의 학문은 16세기 지치운동의 실천과 이론을 제공한 것으로 볼 수 있다. 바로 이런 점이 중종대의 조광조계열에 의해서 뿐만 아니라 선조대의 이황계열에 의해서도 주목되어 그는 문묘종사되었다.

〈金鎔坤〉

2. 훈민정음의 창제

1) 《훈민정음》(해례본)

지난 1940년에 옛책 한권이 慶尙北道 安東에서 발견되어 세상을 놀라게 하였다.[1] 그 두께는 비록 얇았으나 訓民正音에 관한 책이었으니 그럴 만도 한 일이었다.

이 책의 내용을 살펴본 학자들의 놀라움은 더욱 컸다. 이 책은 다음과 같은 세 부분으로 구성되어 있다.

㉮ 御製文, 本文
㉯ 解例(制字解, 初聲解, 中聲解, 終聲解, 合字解, 用字例)
㉰ 鄭麟趾 序文

이 중 ㉮와 ㉰는 이 책이 발견되기 이전에도 알려져 있었으나,[2] ㉯는 이 책에서 처음 보는 것으로 새로운 문자에 관해 자세한 설명을 담은 것이었다. 이것은 그 동안 훈민정음의 창제에 관하여 쌓여온 많은 의문을 풀어 줄 수 있는 것이었다. 이 ㉯의 중요성으로 해서 이 책은 解例本이란 이름으로 불리게 되었다.

이 해례본의 존재 가능성은 《世宗實錄》(권 113, 세종 28년 9월 말미)에 실려

1) 처음에는 義城으로 알려졌었다. 이 책의 발견 경위에 대해서는 鄭喆, 〈原本訓民正音 保存에 대하여〉(《국어국문학》 9, 1950) 참조.
2) 《世宗實錄》 권 113, 세종 28년 9월 말미와 《月印釋譜》 권 1 첫머리의 世宗御製訓民正音(諺解)이 있었다.

있는 鄭麟趾의 서문을 주의 깊게 읽어보면 짐작할 수 있는 일이었다. '鄭麟趾序'라 했으니 어떤 책이 있었음을 추측할 수 있고 더구나 그 속에 정인지 자신과 集賢殿 應敎 崔恒, 副校理 朴彭年·申叔舟, 修撰 成三問, 敦寧府 主簿 姜希顔, 集賢殿 副修撰 李塏·李善老 등에게 "자세히 해석을 더하여 여러 사람들에게 가르치라고 명하시매", "삼가 여러 解와 例를 지어서 그 대강의 줄거리를 적었다"고 하였으니 그 내용도 어느 정도 짐작할 수는 있었다. 그러나 실제로 이 책이 나오기 전에는 이런 짐작을 한 사람도 없었고 그런 짐작을 했다해도 안타까움만 더했을 것이다.

어느 모로 보나 이 해례본은 세종 28년(1446)에 나온 바로 그 책임에 틀림이 없었다. 종래 훈민정음에 관한 가장 중요한 자료로 알려져온《世宗實錄》(권 113)의 기록이나,《訓民正音》(諺解本)은 이 책에서 나온 것임이 드러난 것이다. 이런 관점에서 이 책은《訓民正音》(原本)이라 불리기도 하였다.

그런데 아직까지도 풀리지 않는 한 가지 의문은 이처럼 중요한 이 책이 어떻게 해서 그렇게 가뭇없이 자취를 감출 수 있었는가 하는 것이다. 훈민정음에 관해서 쓴 글이 많지는 않으나 성종대 成俔이 쓴《慵齋叢話》를 비롯하여 그 뒤에도 드문드문 있었는데 이 책을 보고 참고한 흔적이 전혀 없는 것이다.

이런 책이 안동의 한 집에 500년 가까이 고이 간직되어 오다가 1940년에 홀연히 세상에 그 모습을 드러낸 것은 참으로 기적과 같은 일이라고 아니할 수 없다. 하필 일본 軍國主義의 극성으로 우리 민족이 혹독한 고난을 겪고 있었고 우리 말과 글의 숨결이 가물거리던 때에 이 책이 나타난 것은 그 무한한 생명력을 보여주려 한 것으로 느껴지기도 한다.

이 책의 출현으로 훈민정음에 관한 연구가 완전히 새로운 길을 걷게 되었다. 그 발견 직후에 몇 편의 논문이 이미 발표되었지만, 광복 직후에 이 책이 영인되어 우리의 감격을 한층 더 하게 하였고 이에 대한 연구가 줄을 잇게 되었다.[3]

---

3) 옥에도 티가 있듯이, 이 책은 처음 2장이 떨어진 것이 흠이다. 이 2장은 새로써 넣었으나 御製文의 끝자 '耳'를 '矣'로 쓰는 등 잘못이 있었다. 이에 관해서는 安秉禧, 〈訓民正音 解例本의 復原에 대하여〉(《國語學新硏究 金敏洙敎授華甲紀念論叢》, 1986) 참조. 이 책은 澗松美術館에 간수되어 있다.

2) 훈민정음의 창제

(1) 창제의 시기

訓民正音이란 이름의 새 문자가 만들어졌다는 사실이 세상에 처음 알려진 것은 세종 25년(1443) 12월이었다.[4] 이 사실은 《世宗實錄》에 다음과 같이 기록되어 있다.·

> 이 달에 임금께서 諺文 28자를 친히 만드셨다. 그 글자는 古篆을 모방하였고 初·中·終 三聲으로 나뉘었으며 이들을 합한 연후에야 글자를 이룬다. 무릇 漢文 및 우리 나라 말을 다 적을 수 있으며 글자는 비록 간요하나 전환이 무궁하다. 이것을 訓民正音이라 한다(《世宗實錄》 권 102, 세종 25년 12월 말미).

이것이 어김없는 사실의 기록임은 《訓民正音》(解例本)에 붙어 있는 정인지 서문의 다음과 같은 지적에 의해서 확인된다.

> 癸亥 겨울에 우리 전하께서 正音 28자를 찬제하시고 例義를 간략하게 들어 보이시면서 訓民正音이라 이름하였다.

계해는 세종 25년이니 그 해 겨울은 《세종실록》의 12월과 일치한다. 그리고 실제로 그 이듬해 2월에 세종의 명으로 중국 韻書인 《韻會》(古今韻會擧要)를 번역하는 사업이 시작되었고,[5] 며칠 뒤에는 崔萬理 등이 正音을 반대하는 상소문을 올렸다.[6] 이 사건들은 정음이 분명히 창제되었음을 의심할 수 없게 하는 증거가 되는 것이다.

위에 든 《세종실록》의 기록과 정인지의 서문을 자세히 읽어 보면 세종 25년 말에 훈민정음이라는 이름의 새 문자에 관한 어떤 글이 발표되었음을 느끼게 된다. 특히 정인지의 서문에서 "例義를 간략하게 들어 보이시면서"라 하고 그 뒤에 《세종실록》의 기록과 비슷한 표현의 말들을 한 사실은 그 당시에 발표된 어떤 글을 인용한 것임을 짐작케 한다. 그리고 최만리의 상소문은 다섯 조목으로 되어 있는데 그 처음 네 조목은 어떤 글의 주장들을 반박

---

4) 訓民正音은 문자의 이름도 되고 책 이름도 된다. 편의상 이 글에서는 책 이름으로는 訓民正音을 쓰고 문자의 이름으로는 그 약칭인 正音을 쓰기로 한다.

5) 《世宗實錄》 권 103, 세종 26년 2월 병신.

6) 《世宗實錄》 권 103, 세종 26년 2월 경자.

하는 것임을 주의할 필요가 있다. 이 논박의 대상이 된 것은 필시 그 때에 발표된 어떤 글이었을 것이다. 막연한 뜬소문을 가지고 임금께 상소를 올린다는 것은 생각할 수 없는 일이다.

이제 위에 든 세 글의 내용을 추려 보면, 세종 25년말에 발표된 글에는 다음과 같은 내용이 포함되어 있었던 것으로 추측된다. 《세종실록》을 (A), 최만리 등의 상소문을 (B), 정인지의 서문을 (C)로 표시하기로 한다.

㉮ 새 문자는 28자로 되었다. (A)와 (C)에 이렇게 적혀 있다. (B)에는 27자라고 적혀 있는데 이것은 착오인 것으로 보인다.

㉯ 새 문자의 이름은 訓民正音이었다. (A)와 (C)에 이 이름이 분명히 나타난다. (A)에는 諺文이란 이름도 보인다. 그러나 (B)에는 언문만 보인다.

㉰ 새 문자는 초성·중성·종성으로 나뉘어 있었다. (A)에 나타난다.

㉱ 새 문자는 古篆을 모방한 것이다. (A)에 "그 글자는 고전을 모방했다"라는 말이 있으며 (B)에는 "글자의 모양은 비록 옛 篆文을 모방했다 하나"라 하였다. 이에 대하여 (C)에는 "형상을 본뜨고 글자는 고전을 모방했다"라 하여 형상을 본뜸(象形)이란 말이 이 때에 와서 덧붙었음을 알 수 있다.

㉲ 吏讀[이두]가 사용되어 왔으나 불완전하여 刑獄에도 억울함이 많은데 새 문자로 이것을 시정할 수 있다. (C)에 있는 말이다. (B)는 吏讀가 그래도 諺文보다는 낫다고 주장하고, 죄인을 공정하게 다스리는 일은 獄吏의 자질에 달린 것이지 언문을 쓴다고 해서 공정해질 수는 없을 것이라고 반박하였다.

㉳ 새 문자는 간요하나 전환이 무궁하다. (A)와 (C)에 보인다.

㉴ 「例義」를 간략하게 들어보였다. 이 사실은 (C)에 기록되어 있다. 새 문자가 어떤 것인가를 예를 들어 설명한 것으로 짐작된다. 종래 여러 학자들은 解例本의 〈해례〉 앞에 있는 본문이 바로 이것일 것이라고 추측하기도 하였다. 매우 그럴 듯한 추측이기는 하지만, 의문이 없지도 않다. 무엇보다도 이 본문이 《세종실록》(권 113, 세종 28년 9월)에 정인지의 서문과 함께 실려 있는 사실이 우리의 주의를 끈다. 세종 25년에 이루어진 이 본문을 3년이나 뒤에 실록에 실었다고 보기는 어렵지 않은가 한다. 더구나 이 본문 앞에는 세종의 〈御製文〉이 있는데 이것이 25년에 발표된 것이라면 실록에 몇 해 뒤에 실릴 리는 만무한 것으로 생각된다.

오늘날 남아 있는 문헌 자료로는 세종 25년의 새 문자가 어떤 것이었는지 구체적으로는 알 수가 없다. 그래서 간혹 세종 25년의 문자는 아직 엉성한 것이 아니었을까, 그 뒤에 수정을 거쳐 28년에 발표한 것이 아닐까 하는 억측을 자아내기도 하였다. 특히 최만리의 상소문에 27자라 한 것에 주목하여 그 뒤에 한 자가 더 추가되었다는 주장이 나오기도 하였다.[7] 나중에 다시 논하겠지만, 정음은 체계를 갖춘 문자인 점으로 보아 처음부터 28자였다고 보는 것이 타당하다고 생각한다. 상소문에서 27자라 한 것은 그 글을 쓴 사람이 잘못 알고 그렇게 쓴 것으로 추측된다. 정음 창제를 반대한 일부 集賢殿의 학사들이 그것에 대한 정확한 지식을 가지지 못했던 것은 오히려 당연한 일이 아닌가 한다. 한편 세종이 스스로 창제한 정음을 미완성인 채로 25년말에 공개하고, 곧 다시 고치고 하지는 않았을 것으로 믿어진다. 이 문자로 《운회》 번역을 시작하게 한 사실도 이 문자가 완성된 상태였음을 암시하는 것이다.

간혹 정음이 완전한가를 시험하기 위하여 《龍飛御天歌》를 짓게 했다는 말을 하는 사람도 있으나, 이것도 근거가 없는 말이다. 이런 시험이라면 25년 말에 공표하기 이전에 여러 번 거듭 행하였을 것이다.

오늘날 우리가 볼 수 있는 가장 이른 정음의 모습은 세종 28년 9월에 발표된 것이다. 이것은 물론 해례본이 보여주는 것이다. 이것은 정음에 관하여 정식으로 간행된 최초의 책이었다.

지금 우리로서 가장 궁금한 문제는 정음 창제의 일이 실제로 언제부터 시작되었는가 하는 것이다. 이 일의 시작이 세종 25년 12월보다 앞섰을 것은 의문의 여지가 없다. 아주 짧은 시일 안에 이 일을 마쳤다면 몇 달 전이었을 것이요, 오래 끌었다면 여러 해 전이었을 것인데, 어느 기록에서도 이 시작을 암시하는 말은 발견되지 않는다. 정음과 같은 위대한 문화적 업적이 이루어진 과정을 전혀 알 수 없다는 것은 참으로 유감된 일이라 아니할 수 없다.

아마도 세종이 우리말을 자유롭게 적을 수 있는 문자의 필요성을 느낀 것은 상당히 이르지 않았을까 추측된다. 뒤에 창제의 동기를 말할 때 다시 나

---

7) 李東林, 〈訓民正音의 制字上 形成問題〉(《梁柱東博士華誕紀念論文集》, 1963).
——, 〈諺文字母 俗所謂 反切二十七字의 根據〉(《梁柱東博士古稀紀念論文集》, 1973).

오겠지만, 《三綱行實圖》같은 책을 낼 때 백성들이 쉽게 읽을 수 있는 문자에 대한 생각이 간절했을 것이다. 그리고 백성들이 형옥의 공정을 얻지 못함을 볼 때마다 그 필요성을 느꼈을 것으로 추측된다. 그러다가 음운 이론과 문자 이론에 대한 학문이 깊어지면서 새로운 문자를 창제할 수 있는 길을 발견하게 된 것이 아닌가 한다.

(2) 창제자

정음은 누가 만들었는가. 이것은 매우 중요한 문제임에도 불구하고 지금까지 진지하게 논의된 일이 없다. 세종이 친히 만들었다는 親制說과 집현전 학사들이 세종을 도와서 만들었다는 協贊說이 있어 왔는데, 나중 설이 도리어 우리 사회에 널리 퍼져 있다.

그런데 이 협찬설은, 따지고 보면 아무 근거도 없다. 위에서 말한 바와 같이 세종이 정음을 만든 것은 세종 25년말 이전이었으므로, 만약 이 통설의 근거를 찾으려면 그 때에 집현전 학사들이 세종을 도운 사실을 증명해야 하는데 이 증명은 불가능한 것이다. 그들이 정음과 관련된 일에 참여하게 된 것은 세종 26년에 들어서의 일이었다. 그리고 세종으로서는 도저히 정음을 만들 수 없었으리라는 어떤 이유가 있다면 모르거니와, 그런 것도 찾아볼 수 없다.

이 협찬설은 일찍부터 있어 왔다. 아마도 成俔이 《慵齋叢話》에 적은 것이 그 시초가 아닌가 한다.

> 세종이 諺文廳을 설치하여 申高靈, 成三問 등에게 명하여 언문을 만드셨다. … 비록 배움이 없는 부녀자라도 쉽게 배울 수 있다. 聖人이 물건을 만드는 지혜는 사람의 힘으로는 미칠 수 없는 것이다(成俔, 《慵齋叢話》 권 7).

첫 부분은 분명히 비친제설임을 보여준다. 그러나 뒤에는 聖人을 말하여 임금이 만든 것으로 말하였다. 앞뒤가 서로 맞지 않는데, 전체적으로는 공동제작이라는 인상을 준다.

근대에 내려와서도 柳僖가 그의 《諺文志》에서 "우리 세종대왕께서 詞臣에게 명하여 蒙古글자를 본뜨고 黃瓚에게 질문하게 하여 언문을 만드셨다"라고 한 것을 비롯하여 여러 야사에서 이와 비슷한 이야기를 읽을 수 있다.

이들의 영향이 현대에까지 이어진 것이다. 이 설을 주장한 사람들은 대개 정음이 세종 28년에 창제된 것으로 보고 26년 이후에 이와 관련된 편찬사업에 몇몇 집현전 학사들이 참여한 사실을 가지고 정음 창제의 일에 참여한 것으로 생각하였던 것이다. 많은 경우에 연대와 사업의 내용에 대한 정확한 고증이 없었던 것이다. 가령 성삼문과 신숙주가 遼東에 다녀온 사실이 전설처럼 전해져 왔는데, 이것은 실은 단종 3년(1455)에 완성된 《洪武正韻譯訓》을 편찬하면서 중국어의 발음을 분명히 알기 위한 것이었다. 따라서 그 시기로 보나 내용으로 보나 정음 창제와는 관련이 없는 일이었다.

정음 창제 당시의 기록들은 한결같이 창제자가 세종임을 말하고 있다. 우선 정음에 관한 최초의 기록인 《세종실록》(권 102, 세종 25년 12월 말미)의 기사에는 "임금께서 諺文 28자를 親制하셨다"고 분명히 말했고, 《훈민정음》(해례본)의 정인지 서문도 "계해 겨울에 우리 전하께서 훈민정음 28자를 창제하시고"라고 하였다. 혹시 이런 말들을 모든 공로를 임금에게 돌리는 의례적인 표현으로 생각하기 쉽다. 그러나 당시의 여러 사실들을 종합해 볼 때 결코 의례적인 것이 아님을 깨닫게 된다.

우선 정음 창제가 비밀 속에서 외부에 알려지지 않고 진행되었다는 사실을 주목할 필요가 있다. 집현전 학사들도 이 사실을 전혀 모르고 있었음이 분명하다. 세종 26년 2월에 최만리를 필두로 7명의 학사가 상소문을 올린 것은 정음이 세상에 알려진 지 두 달 뒤의 일이었다. 만약 집현전의 일부 학사들이 그 이전에 정음 창제의 일에 가담했다면 정원이 20명밖에 안되는 좁은 집현전 안에서 비밀이 유지될 수 없었을 것이요, 소문이 났을 것임에 틀림없다. 그리고 그들이 올린 상소문의 첫머리에 "신들이 엎드려 뵈옵건대 諺文 제작은 대단히 신묘하와 創物運智가 千古에 나오나"라고 한 것은 그들도 이것을 임금이 만든 것으로 알고 있었음을 보여준다.

여기서 특히 주목되는 것은 이 상소문을 보고 세종이 한 말이다. 그 중의 몇 대문을 옮겨 보면 다음과 같다(세종 26년 2월 기해).

> ㉮ 또 吏讀를 만든 본뜻이 곧 백성을 편케 하기 위한 것이 아니냐. 백성을 편케 하기로 말하자면 지금의 諺文도 또한 백성을 편케 하기 위한 것이 아니냐. 그대들이 薛聰만 옳게 여기고 그대들의 임금이 한 일은 옳지 않다고 하는 것은 무

슨 까닭이냐.

㉯ 또 그대들이 韻書를 아느냐. 四聲과 七音을 알며 字母는 몇이나 있는지 아느냐. 만일에 내가 운서를 바로잡지 않는다면 누가 바로 잡을 것이냐.

㉰ 또 상소문에서 이르기를 신기한 한 재주(新奇一藝)라고 하니 내가 늙마에 소일하기가 어려워서 책을 벗삼고 있을 뿐이지 어찌 옛것을 싫어하고 새것을 좋아해서 한단 말인가.

㉱ 또 내가 늙어서 국가의 서무는 세자가 도맡아서 하는 터에, 작은 일이라도 마땅히 세자가 참여하여 결정하거늘 하물며 諺文이겠느냐.

이 말들은 세종이 정음을 친히 창제하였음을 보여주는 무엇보다도 생생한 증거가 되는 것이다. 직접 창제하지 않았다면 이렇게까지 말할 수가 없었을 것이다. 이 중 ㉮는 백성을 편하게 하려는 것이 정음 창제의 본뜻임을 보여준 것으로 《훈민정음》 첫머리의 〈어제문〉의 정신과 일치하는 것이요. ㉯는 이 상소문 직전에 세종의 명으로 중국의 《운회》를 번역하는 일을 시작한 것을 상소문이 논란한 데 대하여 세종이 그들의 무지를 면박한 것이다. 운서에 관한 그의 연구의 깊이를 엿보게 한다. 그리고 ㉰는 "신기한 한 재주"라고 한 것에 대하여 정음 창제가 예로부터의 학문을 꿰뚫은 데서 나온 것임을 암시한 것으로, 이것은 정음 창제의 기본을 밝힌 중요한 발언이다. 끝으로 ㉱는 정음을 매우 중요시한 세종의 생각을 잘 보여준다.

위에서 말한 것처럼, 정음 창제는 세종 25년말에 발표되기 전에는 밖에 알려지지 않았다. 세종이 혼자서 이 일을 하지 않았다면 이렇게 비밀이 지켜지지는 않았을 것이다. 혹시 세종의 옆에서 이 창제의 일을 도운 사람, 또는 알고 있는 사람이 있었다면 누구보다도 東宮(文宗)과 晋陽大君(世祖), 安平大君 등을 꼽을 수 있을 것이다. 세종이 가끔 이들에게 자기가 만들고 있는 정음에 대하여 설명했을 가능성이 있는 것이다. 이런 관점에서 볼 때 신숙주가 쓴 《홍무정운역훈》의 서문 중에 "文宗恭順大王께서는 동궁에 계실 때부터 聖人으로서 성인을 보필하여 聲韻을 參定하시었고"라고 한 것과 성삼문이 《直解童子習》의[8] 서문에서 "우리 세종과 문종께서 이것을 딱하게 여기시어 이미 훈민정음을 만드시니 천하의 모든 소리가 비로소 다 기록하지 못할 것이 없게 되었다"라고 쓴 것이 주목된다. 두 글의 내용이 조금 다르기는 하

8) 이 책은 지금 전하지 않고 그 서문이 《東文選》에 실려 있다.

나, 정음 창제 이후에 이에 관한 여러 사업에 가장 많이 참여한 이 두 사람의 말을 우리가 의심할 근거가 없지 않은가 한다. 아마도 문종이 가장 가까운 데에서 세종을 도왔음을 이들은 알고 있었던 것으로 믿어진다.

한편 최만리 등의 상소문이 여섯째 조목에서 "이제 동궁께서 비록 덕성이 성취되었다 하더라도 아직도 마땅히 聖學에 깊이 마음을 써 더욱 그 이르지 못한 것을 구해야 할 것입니다. 언문이 비록 유익하다고 하더라도 다만 선비의 六藝의 하나일 뿐이며 하물며 治道에는 조금도 이로움이 없는 것이온데, 이 일에 정신을 쓰시고 생각을 허비하시옴에 날이 마치고 때가 옮기어 실로 때를 놓쳐서는 안 될 학문을 닦는 데 손해가 되나이다"라고 하여 동궁이 정음의 일에 깊이 관여하였음을 지적한 것도 우리의 눈길을 끈다. 이것은 상소문을 올리기 며칠 전에 《운회》의 번역을 시작하면서 이 일을 동궁과 진양대군, 안평대군으로 감장하게 한 것과[9] 관련된 것으로 생각되지만 따로 한 조목을 추가하여 말한 것은 동궁과 정음의 관계가 예사롭지 않음을 지적한 것이라고 하지 않을 수 없다. 실상 《운회》 번역의 총책임을 맡게 된 것도 갓 발표된 정음에 대하여 잘 알고 있는 사람이 동궁 및 두 대군밖에 없었기 때문이 아니었을까 추측되기도 한다.

끝으로, 세종이 정음을 창제할 능력이 있었음을 덧붙이고자 한다. 세종은 어려서부터 학문을 좋아하였고 손에서 책이 떠난 때가 없었다 한다. 정음 창제의 기초가 된 것은 중국에서 들어와 우리 나라에서 독자적인 발전을 한 음운이론이었는데, 세종은 이 방면에 깊은 조예가 있었던 것이다. 세종의 이러한 일면은 최만리 등을 힐책하는 가운데 그 자신이 한 말에 나타나 있으며 정인지·신숙주·성삼문이 쓴 글에도 뚜렷이 나타난다. 특히 신숙주가 《홍무정운역훈》의 서문에서 "世宗莊憲大王께서 韻學에 뜻을 두시어 깊이 연구하시고 훈민정음 약간자를 창제하시니"라고 말한 것은 정음 창제의 기초가 된 그의 학문을 바로 지적한 것으로 주목된다.

(3) 창제의 동기

세종이 정음을 만든 동기는 무엇인가. 대답이 너무 분명하여 별로 문제될

---

9) 《世宗實錄》 권 103, 세종 26년 2월 병신.

것이 없어 보임에도 불구하고 지금까지 이에 관한 논의가 적지 않았다. 지금까지의 논의를 간추려 보면 대체로 다음과 같은 두 갈래로 나뉘는 듯하다.

그 하나는 《훈민정음》(해례본) 첫머리의 〈어제문〉을 근거로 하여 우리말을 쉽게 표기할 수 있는 문자를 만들려고 한 것이 주된 동기였다고 보는 것이다.

> 우리 나라 말소리가 중국과 달라서 漢字와는 서로 통하지 않으므로 어리석은 백성이 말하고자 하는 바가 있어도 마침내 제 뜻을 펴지 못하는 사람이 많으니라, 내가 이를 불쌍히 여겨 새로 스물 여덟 글자를 만드노니 사람마다 쉽게 익혀 날로 쓰기에 편하게 하고자 할 따름이니라.

국어는 중국어와 다르니 한자와는 다른 문자가 있어야 한다는 생각과 백성의 편의를 도모해야 한다는 생각이 이 〈어제문〉에는 분명히 나타나 있다. 이런 생각은 현대적 의미의 자주 정신이나 민본주의 또는 민주주의와는 동일시할 수 없다 해도, 중세의 통치자에게 우리가 기대할 수 있는 최선의 것이라고 해서 조금도 지나침이 없을 것이다.

백성을 위하는 세종의 마음은 여러 모로 나타난다. 세종은 일찍부터 吏讀가 껄끄럽고 막히어서 백성들의 소용에는 부적합함을 안타깝게 생각했음이 분명하다. 그리하여 이보다 더 간편한 문자를 만들어서 백성들이 쓰도록 해야겠다는 생각을 하게 된 것이다. 특히 범죄재판이 공평하게 다스려지지 않음을 가슴아프게 여겨 백성들에게 억울함을 충분히 표현할 수 있는 수단을 갖게 해야겠다는 생각을 했던 것 같다. 그리하여 정음을 처음 세상에 발표했을 때 이런 뜻을 밝혔던 것으로 보인다.

세종의 명으로 많은 책이 편찬되었는데, 그 중에는 백성들에게 널리 읽혀야 할 성질의 것도 있었다. 그 대표적인 것이 세종 16년(1434)에 간행한 《三綱行實圖》였다. 충신·효자·열녀에 관한 행적들을 옛책에서 추려 모아 백성들의 모범을 삼으려고 편찬한 책이었으니, 한문으로 내어서는 그 목적을 달성하기 어려웠던 것이다. 마침내 그림을 그려 넣기까지 했으니, 이 책을 널리 펴려는 세종의 뜻이 얼마나 간곡했던가를 짐작하게 한다. 그리하여 정음 창제 직후에 행할 사업들에 대한 세종의 구상 중에 이 책을 쉬운 우리말로 번역하는 일이 포함되어 있었던 것으로 보인다. 이 사실은 세종이 최만리 등을 힐문한 가운데 "또 鄭昌孫은 말하기를 《삼강행실도》를 반포한 뒤에도 충신·효자·열녀가 배출됨을 못 보았다 하고, 사람의 행하고 행하지 않음은 사람의 자질에 있는 것이지 어찌 언문으로 번역한 뒤에 반드시 본받을 것이라고 하니, 이런 것이 어찌 儒者의 이치를 알고 하는 말이냐"고 꾸짖은 데서 드러난다.

정음 창제 뒤에 서둘러 《용비어천가》를 편찬하게 하고 그 속에 125장의 우리말 가사를 넣게 한 사실도 예사로이 보아 넘길 일이 아니다. 《용비어천가》는 조선왕조를 세운 선조들의 여러 사적을 모아서 적고 그 내용을 노래로 부른 것인데, 민간에 전하는 民謠을 수집할 때부터 그 말들을 그대로 적지 못하는 것을 한스럽게 생각했던 것으로 믿어진다. 그리하여 정음을 창제함에 미쳐 이들을 우리말로 적게 한 것이 아닌가 한다. 이는 세종이 새 문자로 우리 민족이 문학을 확립할 수 있음을 생각하고 그 첫 본을 보인 것이라고 할 수 있다. 세종은 실제로 《月印千江之曲》도 지어서 우리 나라 詩歌문학의 길을 몸소 개척하였다. 이것은 수양대군이 지어 바친 《釋譜詳節》을 보고 《龍飛御天歌》의 전례를 따라 지은 것으로 모두 500장에 가까운 장편 서사시인 것이다. 이렇게 볼 때, 세종은 정음의 창제로 민족문학을 새로이 건설할 수 있는 가능성을 예견하고 있었던 것이다. 세종의 뜻이 얼마나 깊고 넓었던가를 알 수 있다.

그런데 지난 50년대이래 몇몇 학자들은 정음 창제의 동기에 대하여 위에 말한 것과는 다른 일면이 있음을 드러내고 이 일면을 도리어 강조하기도 하였다. 정음을 만들자마자 최초로 착수한 사업이 중국의 운서인 《운회》의 번역이었다는 사실, 최만리 등이 "가벼이 옛 사람이 이미 이루어 놓은 운서를 고쳐서 자세히 고찰함이 없이 언문을 붙이고 장인 수십인을 모아서 이를 새기어 급히 세상에 공포하려 하고 있으니 이 일에 대한 온 천하와 후세 사람들의 공론이 어떠하오리까"라고 했을 때, "만약 내가 운서를 바로잡지 않으면 그 누가 바로잡을 것이냐"고 큰 사명감을 표명한 사실을 중요시하여 우리 나라 한자음의 개정이 정음을 만들게 된 보다 직접적인 동기였음에 틀림없다고 주장한 것이다. 말하자면 한자음 개정에서 그 발음을 나타낼 부호가 필요하여 정음을 만들었다고 보는 것이다. 정음체계 속에 우리 국어의 표기에는 별로 필요하지 않은 'ㆆ'자가 들어 있는 사실 등이 이런 견해를 뒷받침하는 것으로 인용되기도 하였다.

실상 세종의 한자음 개정에 대한 열의는 대단하였던 것 같다. 그리하여 《운회》 번역사업은 여러 해에 걸친 노력 끝에 《東國正韻》이라는 열매를 맺게 되었고, 초기의 정음문헌들의 한자에는 이 《동국정운》에 의거하여 그 발음을 적게 했던 것이다. 세종이 중국음운학에 매우 깊은 조예를 가지고 있었음은 위에서 말했고, 이것이 바로 정음 창제의 이론적 기초가 된 것임을 생각할 때, 누구보다도 세종은 우리 나라 한자음에 많은 잘못이 있음을 알고 있었던 것이다. 따라서 이 잘못을 고쳐야겠다는 생각은 매우 자연스러운 결론이었다.

그런데 우리는 한자음의 개정은 한자음을 표기하려는 데서 나타났으며 한자음의 표기는, 넓게 보아 국어표기의 일부분이라는 사실을 정확히 깨달을 필요가 있다. 국어의 전면적 표기를 위해서는 한자음표기가 절대로 필요했으며, 한자음을 표기함에 있어서 잘못이 많은 현실을 그대로 인정할 수 없는 형편이어서 표준 한자음의 사전이라고 할 수 있는 《동국정운》을 편찬한 것이라고 볼 수 있다. 다시 말하면 정음은 어디까지나 국어의 전면적 표기를 위하여 창제하였으며, 순수한 국어 단어들은 그 현실음을 그대로 표기하였지만, 한자음에 대해서는 우리 나라의 현실 발음을 그대로 적는 데 만족하지 않고 개정을 했다는 특수성이 있었던 것이다.10)

정음 창제에 있어 세종은 이 문자를 한자와 함께 섞어서 쓸 수 있도록 하는 데 각별히 마음을 쓴 것으로 보인다. 그러나 세종은 한자어라 하더라도 정음으로만 적을 수도 있다는 생각도 했던 것으로 보인다. 세종 자신이 지은 《월인천강지곡》에서 한자어를 적을 때마다 정음표기를 크게 위에 쓰고 그 밑에다가 작게 한자를 적은 것은 이러한 그의 생각을 보여준 것이라고 할 수 있다. 이것은 한자음표기를 국어표기의 한 부분으로 간주하였음을 강하게 시사하는 것이다.

좀더 넓은 관점에서 정음 창제의 동기는 당시의 정치 및 사회상황과도 무관하지 않았을 것으로 생각된다. 위에서 세종이 「便民」을 각별히 생각했음을 지적했는데 訓民正音이란 이름에 나타나 있듯이 「訓民」을 통하여 사회를 좀 더 개명하게 할 필요가 있다고 느꼈던 것이 아닌가 한다. 한 나라의 통치자로서 세종은 백성들이 그 뜻을 펴려고 하는 강한 욕구를 가지고 있음을 느

10) 현대에 와서 외래어표기법을 정함에 있어 原音 존중의 주장이 매우 컸던 사실을 생각하면 세종의 주장이 쉽게 이해된다. 그러나 이것은 옳지 않은 생각이다. 세종이 행한 여러 사업 중에서 한자음 개정은 완전한 실패로 돌아간 거의 유일한 예라고 할 수 있다.

끼고 그것을 충족시켜 주는 것이 전체적으로는 이익이 된다는 생각을 했을 것임에 틀림없다.[11] 이두가 이런 백성들의 욕구를 만족시켜 주지 못하므로 이보다 더 간편한 표기 수단을 만들어야 되겠다는 생각을 하게 되었을 것이다.

한편 정음의 창제는 동아시아 문자의 역사와 아주 동떨어져 이루어진 것이 아니었다. 세종은 중국의 주변 국가들에서 어떤 문자들이 어떻게 만들어져서 쓰였는가를 눈 여겨 익히 알고 있었다. 특히 西夏文字·契丹文字·女眞文字 등이 임금의 이름으로 제작·반포된 사실이 세종에게 어떤 자극이 되었을 것으로 믿어진다. 특히 원나라 세조의 명으로 반포된 파스파(八思巴)문자는 세종이 익히 알고 있었고 완전하지는 않지만 음소문자에 준하는 것이었으므로 세종에게 직접적인 암시가 될 수도 있었을 것으로 추측된다.[12]

(4) 제자의 원리

《訓民正音》(해례본)의 〈解例〉 첫머리에 있는 制字解에는 정음 28자(初聲 17자, 中聲 11자)를 만든 방법의 원리에 대한 설명이 보인다. 이제 일련의 인용문을 통하여 그 내용을 간추려 보기로 한다.

> 正音 28자는 각각 그 모양을 본떠서 만들었다. 초성은 모두 17자이다. 牙音 ㄱ은 혀뿌리가 목구멍을 닫은 모양을 본뜬 것이요 舌音 ㄴ은 혀가 웃잇몸에 붙은 모양을 본뜬 것이요, 脣音 ㅁ은 입 모양을 본뜬 것이요, 齒音 ㅅ은 이(齒) 모양을 본뜬 것이요, 喉音 ㅇ은 목구멍의 모양을 본뜬 것이다.

이것은 초성 글자들을 만든 기본원리가 입과 입안의 어떤 기관의 모양을 본뜬 것임을 간명하게 설명한 것이다. 즉 'ㄱㄴㅁㅅㅇ' 등은 이들이 나타내는 자음들의 발음과 직접 관련이 있는 음성기관의 모양을 본떠서 만들었다는 것이다.

오래전부터 음성기관 상형설을 주장한 학자들이 더러 있었으나 《훈민정음》(해례본)이 발견되고 그 제자해에 이런 분명한 설명이 있음이 확인됨으로써 이 원리는 더 이상 의심할 여지가 없게 된 것이다. 이 밖의 초성 글자들은 위의 다섯 글자의 加畫의 방법을 적용하여 만들었다.

---

11) 李佑成, 〈朝鮮王朝의 訓民政策과 正音의 機能〉(《震檀學報》 42, 1976) 참조.
12) 李基文, 〈東아시아 文字史의 흐름〉(《東亞硏究》 1, 1982) 참조.

ㅋ은 ㄱ에 비하여 소리가 조금 세게 나는 까닭에 획을 더한 것으로, ㄴ에서 ㄷ, ㄷ에서 ㅌ, ㅁ에서 ㅂ, ㅂ에서 ㅍ, ㅅ에서 ㅈ, ㅈ에서 ㅊ, ㅇ에서 ㆆ, ㆆ에서 ㅎ으로 그 소리로 인하여 획을 더한 뜻이 모두 같으나 오직 ㆁ만은 다르고 半舌音 ㄹ과 半齒音 ㅿ 역시 혀와 이의 모양을 본뜬 것이기는 하나 그 체를 달리한 것으로 획을 더한 뜻이 없다.

초성들이 발음되는 위치를 다섯으로 나누었고 이 다섯 위치에서 나는 가장 약한 소리를 표시하는 글자를 그 기관의 모양을 본떠 기본으로 삼고 이 기본글자에 획을 하나 또는 둘을 더하여 같은 위치에서 나는 강한 소리들을 표시하는 글자들을 만들었던 것이다.[13] 이리하여 글자와 그것이 표시하는 소리와의 사이에 밀접한 관계가 성립되었던 것이다. 우리가 정음을 과학적이라 함은 바로 이 사실을 가리키는 것이다. 일찍이 어떤 문자도 이와 같은 과학적 원리로 만들어진 일이 없었던 것이다.

초성 글자들이 음성기관의 상형을 기본 방법으로 삼아 만들어졌음에 비하여 중성 글자들은 상형이기는 하되 그 대상이 달랐다.

중성은 무릇 11자다. ·는 혀가 움츠러들고 소리가 깊으니 하늘이 子에서 열린 바 그 모양이 둥글음을 본뜬 것이다. ㅡ는 혀가 조금 옴츠러들고 소리가 깊지도 얕지도 않으니 땅이 丑에서 펼쳐진 바 그 모양의 평평함은 땅을 본뜬 것이다. ㅣ는 혀가 옴츠러들지 않고 소리가 얕으니 사람이 寅에서 생긴 바 그 모양의 서 있음은 사람을 본뜬 것이다.

중성의 기본글자를 셋으로 보고 이 셋을 각각 하늘, 땅, 사람의 모양을 본떠서 만들었다는 것이다. 예로부터 동양철학에서는 이 셋을 三才라고 하여 우주 만물의 기본요소로 생각하여 왔는데 이들의 상형으로 중성의 기본글자를 만들었던 것이다. 이 밖의 중성 글자들은 이 기본글자들의 합성에 의하여 이루어졌다.

ㅗ ㅛ ·ㅣ ㅓ

이 아래의 여덟 소리는 하나가 닫힘이면 하나가 열림이라. ㅗ는 ·와 같으나 입이 오므라지니 그 모양은 ·와 ㅡ가 합하여 된 것이며 하늘과 땅이 처음 사

13) 牙音만은 예외였다. 이에 대하여 制字解는 아음에 있어서는 ㆁ이 가장 약한 소리지만 그것은 喉音의 ㅇ과 비슷하여 역시 목구멍을 본떠 만들고 ㄱ으로 기본을 삼게 되었다고 설명하였다.

귀는 뜻을 취한 것이다. ㅏ는 ・와 같으나 입이 벌어지니 그 모양은 ㅣ와 ・가 합하여 된 것이며 天地의 用이 사물에 나타나되 사람을 기다려서 이루어지는 뜻을 취한 것이다. ㅜ는 ㅡ와 같으나 입이 오므라지니 그 모양은 ㅡ와 ・가 합하여 된 것이며 역시 하늘과 땅이 처음 사귀는 뜻을 취한 것이다. ㅓ는 ㅡ와 같으나 입이 벌어지니 그 모양은 ・와 ㅣ가 합하여 된 것이며 역시 천지의 用이 사물에 나타나되 사람을 기다려서 이루어지는 뜻을 취한 것이다. ㅛ와 ㅗ는 ㅣ에서 일어난 것이요 ㅑ는 ㅏ와 같으나 ㅣ에서 일어난 것이요 ㅠ는ㅜ와같으나 ㅣ에서 일어난 것이요 ㅕ는 ㅓ와 같으나 ㅣ에서 일어난 것이다.

중성을 모두 11자라 하고 그 중의 셋은 기본자요 나머지 여덟은 이 기본자들의 복합이라고 하였다. 위의 설명에서 입이 오므라지는 ㅗ와 ㅜ에는 ㅡ가 쓰이고 입이 벌어지는 ㅏ와 ㅓ에는 ㅣ가 쓰인 점이 참으로 신묘한 느낌을 주거니와 'ㅗ ㅏ ㅛ ㅑ와 ㅜ ㅓ ㅠ ㅕ'는 母音調和에서 서로 다른 계열에 속하는데 이에 대하여 다음과 같이 설명한 것도 참으로 신묘하기 짝이 없다.

ㅗㅏㅛㅑ의 동그라미가 위와 밖에 놓인 것은 그들이 하늘에서 생겨나서 陽이 되기 때문이요 ㅜㅓㅠㅕ의 동그라미가 아래와 안에 놓인 것은 이들이 땅에서 생겨나서 陰이 되기 때문이다.

중성의 체계에서 문제삼을 것이 있다면 여덟 글자 속에 'ㅗㅏㅜㅓ'와 함께 'ㅛㅑㅠㅕ'가 들어 있는 점이라고 하겠다. 이들이 ㅣ에서 일어난 것이라 하여 yo, ya, yu, yə와 같은 二重母音임을 분명히 알고 있으면서도 이렇게 처리한 것이다.

ㅗㅏㅜㅓ는 하늘과 땅에서 비롯된 것이라 初出이 되고 ㅛㅑㅠㅕ는 ㅣ에서 일어나서 사람을 겸하였으므로 再出이 된다. ㅗㅏㅜㅓ에서 동그라미를 하나로 한 것은 初生의 뜻을 취한 것이요 ㅛㅑㅠㅕ에서 동그라미를 둘로 한 것은 再生의 뜻을 취한 것이다.

'ㅚ ㅐ ㅟ ㅔ'(oy, ay, uy, əy)와 같은 二重母音은 〈해례〉의 中聲解에서 「合用」으로 처리하고 있음에 대하여 'ㅛ ㅑ ㅠ ㅕ'(yo, ya, yu, yə)는 특수하게 처리한 이유는 무엇일까. 아마도 이들의 경우에도 「합용」을 한다면 글자의 모양이 성립되기 어려운 것이 있어서 이런 특수한 처리가 강구된 것이 아닌가 여겨진다.

위에서 살펴본 제자해의 설명에서 어찌하여 초성과 중성 글자들에 대하여 다 같이 음성기관 상형의 원리를 적용하지 않고 중성 글자들은 三才를 상형하였는가 하는 것이 가장 큰 문제로 제기된다. 여기서 두 가지 사실에 주목할 필요가 있지 않은가 한다. 첫째는 초성과 달라서 중성은 음성기관의 모양을 본뜨기가 어렵다는 사실이다. 위에서 보았듯이, 중성의 경우에는 혀가 옴츠러드는 정도와 소리의 깊이의 정도로 구별되는데 이것을 그림으로 나타내기란 여간 어려운 일이 아니다. 한 문자체계의 각 글자는 서로 분명히 구별되는 것이 중요한데 이것이 어렵다는 뜻이다. 둘째는 위의 제자해의 설명에도 나타나 있지만, 그 당시 중국에서 들어온 음운이론이 성리학의 이론과 밀접하게 연결되어 있었다는 사실이다. 중성의 경우에 음성기관의 상형과는 다른 방향으로 생각을 돌렸을 때, 그 기본글자 셋과 일치하는 3재를 택한 것은 당시의 음운이론으로 보아 조금도 어색하지 않은, 지극히 자연스러운 귀결이 아닌가 생각된다.

종성은 따로 만들지 않고 초성을 다시 쓰도록 하였다. 이것은 홑으로 보아 넘겨서는 안될 매우 중요한 사실이다. 이것이 정음으로 하여금 진정한 음소문자가 되게 한 가장 중요한 요인이었던 것이다.

> 중성이 깊음 옅음과 닫힘 열림으로 앞에서 부르면 초성이 五音과 淸濁으로 뒤에서 화합하며 초성이 되기도 하고 종성이 되기도 하니 또한 만물이 땅에서 처음 나서 다시 땅으로 돌아감을 볼 수 있다.

이상은 제자해의 내용을 간추린 것인데, 이로써도 정음이 좁게는 우리말의 음운, 넓게는 우주의 이치와 절묘하게 부합되는 문자체계임이 밝혀진 것으로 믿는다. 〈해례〉의 편자들이 제자해를 "정음이 만들어짐에 천지 만물의 이치가 다 갖추어지게 되었다"는 최고의 찬사로 끝맺은 것은 조금도 이상한 일이 아니다.

(5) 제자의 이론적 기초

위에서 정음의 글자들이 어떻게 만들어졌는가를 제자해의 설명을 통하여 보았거니와, 이것을 하나의 체계로서 제대로 이해하기 위해서는 그 기초가 된 이론을 알 필요가 있다.

어떤 언어를 문자로 적는 일은 결코 간단한 일이 아니다. 정음의 경우, 그것이 국어의 의미의 단위 즉 형태소가 아니라 그 음운의 단위 즉 음소에 기호를 주는 방법을 택한 점이 우선 지적되어야 할 것이다. 음소문자(알파벳)를 만드는 경우에 우선 해야 할 일은 그 언어의 음소체계를 정확히 수립하고 이에 의하여 문자를 만들어야만 그 문자체계는 성공적일 수 있는 것이다. 정음 28자는 당시 국어의 음소체계를 올바로 밝혀낸 결과였다.

그러면 15세기 중엽의 국어의 음소체계를 수립함에 있어 세종이 의존한 이론과 방법은 무엇이었는가. 그것은 중국에서 들어온 음운학이었다. 특히 宋代에 성리학의 큰 테두리 속에서 이론화된 것이었다. 우주의 원리를 태극을 기반으로 하여 음양과 5행으로 설명하는 성리학의 이론을 그대로 인간의 음성의 설명에 적용한 것이었다. 세종은 중국에서 편찬된 《性理大全》(明 永樂 13년 ; 1415)을 중시하였는데 이 속에는 음성에 관한 이론이 담겨 있는 邵雍의 《皇極經世書》가 있어 이의 영향을 크게 받은 것으로 믿어진다.[14] 《훈민정음》(해례본)의 〈해례〉는 첫머리부터 이의 강한 영향을 보여준다.

그러나 중국의 음운학은 한자의 발음을 대상으로 그 이론을 발전시킨 것이어서 국어의 음운을 연구하는 데는 여러 가지로 적합하지 않은 점이 있었다. 만약 그 이론을 그대로 국어에 적용하여 문자를 만들었더라면 그 결과는 매우 볼품없이 되었을 것임에 틀림없다. 여기서 세종은 우리 국어의 연구에 적합한 새로운 이론을 발전시켰던 것이다. 정음은 이 이론의 당연한 결과였다.

이렇게 볼 때, 정음은 우리 나라 학문의 높은 수준과 빼어난 독창성을 대표하는 하나의 본보기라고 할 수 있는 것이다. 이 학문은 직접적으로는 중국에서 들어온 것이요, 더 거슬러 올라가면 고대 인도의 음성연구에서 온 것이다. 이 고대 인도의 음성연구가 동쪽으로 흘러와 우리 민족의 창조적 정신에 의해서 높은 수준에 도달하게 되었고 정음이라는 열매를 맺은 것이다. 고대 인도의 음성연구가 19세기에 서구라파에 들어가 음성학이 발달하였음을 생각할 때, 15세기에 있어서의 우리 나라 음운연구가 차지하는 위치를 비로소 분명하게 이해할 수 있게 된다.

---

14) 姜信沆, 〈訓民正音 解例 理論과 性理大全과의 聯關性〉(《국어국문학》 26, 1963) 참조.

정음 창제자의 음운이론은 音節을 중심으로 전개되었다. 이 점은 중국 이론의 영향이 그대로 드러난다. 그런데 우리 나라 이론과 중국 이론의 본질적 차이는 음절의 분석에서 드러난다. 중국에서는 한 음절을 두 도막으로 나누어 그 첫 도막을 聲이라 하고 나중 도막을 韻이라 하였는데 우리 나라에서는 한 음절을 세 도막으로 나누었던 것이다. 그 결과 초성·중성·종성이라는 새로운 술어가 생겨나게 된 것이다.

그러나 만약에 세 도막으로 나누는데 그쳤다면 그것은 별로 중요한 의미를 가질 수 없었을 것이다. 세 도막으로 나누고 그 첫 도막(초성)과 끝 도막(종성)의 동일성을 확인한 것이야말로 이 새로운 이론의 핵심이었다. 《훈민정음》(해례본) 〈本文〉의 "종성은 초성을 다시 쓴다"고 한 규정은 비록 짧은 한 마디에 지나지 않지만, 이론적으로 매우 큰 중요성을 지니는 것이다. 정음이 진정한 의미의 음소문자가 된 것도 이 규정 덕분이었다.[15]

초성은 사실상 중국 음운학의 聲母와 같은 것이었으므로 여기서는 중국의 체계가 거의 그대로 채용되었다. 발음 위치에 따라 牙·舌·脣·齒·喉 등으로 나눈 것을 비롯하여 발음 방식에 따라 全淸·次淸·全濁·不淸不濁으로 나눈 것도 중국의 것 그대로였다. 다만 중국어에는 있으나 우리말에는 없는 구별을 하지 않은 점이 다를 뿐이다.[16]

그러나 중성이란 것은 중국 이론에서는 볼 수 없는 전혀 새로운 개념이었다. 따라서 《훈민정음》(해례본)의 〈해례〉에서 전개된 중성에 관한 이론은 처음부터 끝까지 우리 나라에서 독자적으로 개발된 것이었다. 이렇게 개발된 이론에 입각해서 중성글자들이 마련된 것이다. 그리고 중성체계는 국어의 모음체계와 모음조화를 완벽하게 파악하였음을 보여준다.

종성도 역시 중국의 음운학에서는 볼 수 없는 새로운 개념이었다. 위에서 지적했지만, 종성은 초성과 같은 음소들임을 정확히 알고 있었다. 실은 이런 파악이 음절을 세 도막으로 나눈 이론을 발전시킨 것이라고 할 수 있다.

정음의 체계에서 傍點은 매우 중요한 것이다. 방점은 15세기 국어의 聲調를

---

15) 李基文, 《國語 表記法의 歷史的 硏究》(韓國硏究院, 1963) 참조.

16) 가령 齒音을 다시 齒頭音과 正齒音으로 나눈다든가 하는 것은 中國音을 표기한 《洪武正韻譯訓》이나 《四聲通攷》와 같은 책에서만 나타난다.

표시한 것인데, 이처럼 성조까지 완벽하게 표기한 예는 세계 문자의 역사에서 매우 드문 일이다. 이렇게 성조까지 표기하게 된 데는 4聲을 중시한 중국 음운학의 영향이 있었음을 부인할 수 없다. 무엇보다도 이와 관련된 술어들(平聲·上聲·去聲·入聲 등)이 이러한 영향을 받았음을 보여준다. 그러나 중국의 체계를 그대로 받아들이지 않았고 우리 국어의 성조체계를 연구하여 그에 적합한 표기체계를 마련했던 것이다. 15세기 중엽의 국어에는 低調(平聲)와 高調(去聲)가 있었고 이들이 복합한 上昇調(上聲)가 있었는데, 저조에는 아무 점도 찍지 않았고 고조와 상승조에 각각 1점과 2점을 찍은 것은 조금도 흠잡을 데 없는 것이었다.

이처럼 학문적인 기초 위에서 새로운 문자를 만들면서 文字學을 도외시했으리라고는 생각되지 않는다. 중국에는 예로부터 문자학이 있어 왔으니 세종은 의당 이것을 익히 알고 있었을 것이며 정음 창제에 즈음하여 세종이 이 방면에도 많은 새로운 연구를 거듭하였을 것임은 의심할 여지가 없다. 세종 25년 말에 정음을 처음 공표했을 때, 글자의 모양은 古篆을 모방했다고 한 것이나, 세종 28년의 〈해례〉 제자해에서 象形을 말한 것은 중국 문자학의 영향을 단적으로 보여준 것이다. 한자의 기본원리가 상형이었으니, 이것이 역시 새 문자의 원리로 되었던 것이다.

상형에 있어서 가장 중요한 것은 그 실제 도형이다. 정음은 점·직선·원 등 가장 기본적이고 단순한 도형들로 되어 있다. 하늘을 ·으로, 땅을 ㅡ으로, 사람을 ㅣ로 한 것이라든가 목구멍을 ㅇ으로, 이를 ㅅ으로, 입을 ㅁ으로 한 것은 더 이상 단순화할 수 없는 도형의 극치를 보여준다. 이것은 문자뿐 아니라 모든 기호 설정의 기본이라고 할 수 있다. 모든 사리를 궁극에까지 추구하여 그 근본에 이르지 않으면 만족하지 않았던 세종의 학문의 특징을 잘 보여준다. 그런데 중국에서 글자 획의 기본을 논한 鄭樵의 《六書略》에 〈起一成文圖〉라는 것이 있는데 신통하게도 정음 글자와 같은 도형들을 제시하고 있음을 본다.[17] 세종이 이것을 몰랐다고는 생각되지 않으므로 세종의 문자 도형연구에 이의 영향이 은연중에 나타나게 된 것으로 추측되기도 한다.

애초에 세종이 어떻게 표의문자인 한자와 본질적으로 다른 음소문자를 만

17) 孔在錫, 〈한글 古篆起源說에 대한 한 考察〉(《中國學報》 7, 1967) 참조.

들 생각을 하게 되었을까. 알파벳계통의 문자들이 우리 나라에 미쳐서 세종이 그런 문자체계의 존재를 알고 있었기에 그런 발상이 가능했을 것이다. 그 당시 우리 나라에 알려져 있던 알파벳계통의 문자로는 인도의 梵字, 티벳문자, 蒙古의 위구르문자, 그리고 위에서 말한 파스파(八思巴)문자 등이었다. 이 문자들을 보고 우리 국어를 표기하는 데는 이와 같은 체계의 문자가 적합하다는 결론에 이르게 되었을 것이다. 여기에는 이두의 역사가 크게 참고가 되었던 것으로 보인다. 세종은 한자를 빌어서 우리 국어를 표기하려는 노력은 목적을 이룰 수 없음을 우리 나라 문자생활의 회고에서 분명히 깨닫고 있었기 때문에 이와는 정반대의 방향을 택한 것이다. 이것은 지극히 대담한 방향전환이었다. 최만리 등 집현전 학사들이 이 대전환을 이해하지 못했던 것도 있음직한 일이었다.

세계 문자의 역사를 보면, 어떤 민족이 새로 문자를 채택하는 경우에 대개는 이웃 민족의 문자를 조금 고쳐서 쓰는 것이 통례였다. 세종도 그가 알고 있는 알파벳계통의 문자들 중에서 어느 하나를 택하여 조금 고쳐서 우리 국어를 표기하게 할 수도 있었을 것이다. 그러나 세종은 이런 평범한 길을 택하지 않았다. 그의 강한 학구적 태도, 극도의 이론적 성향이 이 길을 택하지 않고 자기 마음에 맞는 새로운 문자를 창제하게 한 것이다. 그 결과가 동서고금에 전무후무한 과학적인 문자의 창제였던 것이다.

(6) 합자법과 용자법

정음은 음소문자체계이지만, 그 合字法이 특이하다. 즉 초성·중성·종성을 가로 또는 세로로 나란히 배열하지 않고 한 덩어리로 만들고 만다. 이 방법에 대한 설명이 〈解例〉 合字解에 보인다.

> 초성·중성·종성이 합해서 글자를 이룬다. 초성은 중성 위에 쓰이기도 하고 중성 왼쪽에 쓰이기도 하니 예컨대 군(君)자는 ㄱ이 ㅜ 위에 있고 업(業)자는 ㆁ이 ㅓ 왼쪽에 있음과 같다. 중성 가운데 둥근 것과 가로로 된 것은 초성 아래에 쓰이니 ㆍ ㅡ ㅗ ㅛ ㅜ ㅠ가 그것이요 세로로 된 것은 초성의 오른쪽에 쓰이니 ㅣ ㅏ ㅑ ㅓ ㅕ가 그것이다. 예를 들면 ᄐᆞᆫ(呑)자는 ㆍ가 ㅌ 아래 있고 즉(卽)자는 ㅡ가 ㅈ 아래 있으며 침(侵)자는 ㅣ가 ㅊ 오른쪽에 있음과 같다. 종성은 초성·중성 아래에 쓰이니, 예를 들면 군(君)자는 ㄴ이 구 아래 있고 업(業)자는 ㅂ이 어 아래 있음과 같다.

이와 같은 합자설은 알파벳계통의 문자에 전례가 없는 일이다. 파스파문자는 음절마다 띄어서 쓰는 일이 있으나 정음의 합자법과는 질적으로 다르다.

이 합자법은 한자문화권에서 있음직한 것이라고 생각하기 쉽다. 한자의 구조를 본받은 것이기 때문이다. 그러나 한자와는 정반대의 음소문자를 만드는 마당에 하필 이 점에서 한자의 본을 따를 필요는 조금도 없었을 것이다. 이것은 한자와 섞어서 쓰기에 편하게 하기 위한 조처로서 세종이 마련한 것으로 믿어진다. 우리 나라의 문자생활에서 한자와 정음을 아울러 쓰지 않을 수 없는 현실을 직시한 세종으로서는 이런 특별한 길을 택할 수밖에 없었을 것이다.

〈해례〉의 끝에 用字例가 있다. 정음으로써 국어 단어들을 적은 실례를 보인 것이다. 정음 창제 이후에 국어를 적은 문헌들을 보면 표기의 규칙에 조금씩 변한 점이 없지 않지만, 전체적으로 매우 잘 통일되어 있음을 볼 수 있는 바, 이는 그 때에 현재의 「한글 맞춤법」에 필적하는 用字法의 규범이 마련되어 있었음을 암시하는 것이다.

이 용자법에서 특히 주목되는 것이 종성에 관한 규칙이다. 현대의 맞춤법에서도 받침이 가장 중요한 문제임을 생각할 때, 과거와 현재가 다름이 없음을 느낀다(이것은 위에 말한 합자법에 밀미암은 것이었다). 〈해례〉 終聲解에 다음과 같은 중요한 설명이 보인다.

> 그러므로 ㆁㄴㅁㅇㄹㅿ의 여섯 자는 평성·상성·거성의 종성이 되고 그 나머지는 모두 입성의 종성이 되나 ㄱㆁㄷㄴㅂㅁㅅㄹ 여덟 자만으로 쓰기에 족하다. 예를 들면 빗곶(梨花) 여ᇫ의갗(狐皮) 등에서 종성은 ㅅ자로 통용할 수 있기 때문에 오직 ㅅ자를 쓰는 것과 같다.

얼핏 보기에 별것이 아닌 듯하지만, 위의 인용은 생각할수록 중요한 의미를 지니고 있다. 우선 〈해례〉의 편찬자들이 다음과 같은 두 가지 표기규칙을 놓고 고민했음을 이 인용을 보면 알 수 있다.

㉮ 빗곶, 여ᇫ의갗
㉯ 빗곳, 엿의갓

〈해례〉의 편찬가들이 이런 두 가지 표기, 특히 ㉮와 같은 표기가 가능함을 알고 있었다는 사실 자체가 여간 중요하지 않다. 쉽게 말하면 ㉮는 현대

맞춤법과 같은 규칙에 의한 것인데, 이것이 그 때에도 검토되었다는 것은 여간 흥미있는 일이 아니다. 결국은 ㉯쪽이 채택되어 15세기 대부분의 문헌은 이것을 따랐음을 볼 수 있다.

그런데 《龍飛御天歌》와 《月印千江之曲》에는 ㉮의 표기법이 나타난다. 유독 세종이 직접 관여했다고 하는 이 두 책에서 ㉮가 채택되었다는 것은 여간 주목할 만한 사실이 아니다. 이 ㉮가 세종의 주장이었을 가능성이 큼을 암시하는 것이다. 그런데 이 가능성이 사실이었음을 보여주는 증거가 있다. 그것은 초간본 《월인천강지곡》(상)이다. 이 책에서 ㉮의 원칙에 의한 종성표기의 예들을 보면 'ㅿㅈㅊㅌ'등의 경우는 본래 'ㄷ, ㅅ'이던 것에 붓으로 획을 덧 그었고, 'ㅊㅌㅍ'의 경우는 원래의 글자를 물로 씻어내고 새로 찍었음을 볼 수 있다. 즉 ㉯의 표기로 된 것을 ㉮의 그것으로 수정하고 있는 것이다. 이 수정은 어떻게 해서 이루어졌을까. 여기서 《月印釋譜》를 들추어보면 그 《월인천강지곡》 부분에는 수정된 것들이 채택되어 있음을 확인할 수 있다. 《월인석보》는 세조가 자신이 지은 《釋譜詳節》과 세종이 지은 《월인천강지곡》을 합편한 책인데 자기의 글에는 손을 대어 고쳤으나 세종의 글은 그 원형을 존중했는데, 여기에 수정된 상태로 나타난다면 이 수정이 세종의 명으로 이루어졌음을 의심할 수 없는 것이다. 아마도 세종이 본래 ㉮의 규칙에 따라 적은 것을 印刊을 하는 과정에 ㉯의 규칙에 따라 고쳤던 것이 아닌가 추측된다. 이것을 보고 세종이 진노하여 당장 수정을 하게 했을 것임에 틀림없다.

세종이 ㉮의 표기규칙을 주장했다는 사실은 세종과 정음의 관계에 관한 매우 소중한 증거가 되는 것이다. 이것은 세종이 얼마나 독창적인 학자였는가, 얼마나 이론적 성향이 강했는가를 여실히 보여주는 것이다. 이런 용자법(맞춤법)의 이론을 생각해 낸 사실은 세종이 정음 창제의 일을 직접 했음을 믿어 의심치 않게 한다.

3) 훈민정음의 반포

새 문자를 반포한 시기에 대해서는 오래전부터 두 견해가 대립되어 왔다. 일부 학자는 세종 25년(1443) 12월에 정음이 처음 세상에 알려진 때를 반포의 시기로 보아야 한다고 주장하여 왔고, 일부 학자는 세종 28년 9월에 《훈민정음》(해례본)이 간행된 때를 반포의 시기로 보아야 한다고 주장하여 왔다. 오늘날 정음 반포를 기념하는 「한글날」은 후자의 견해를 따른 것이다. 즉 〈정인지 서문〉이 「九月上澣」으로 되어 있어 음력으로 9월 10일을 반포일로 잡아 양력으로 환산하여 10월 9일을 한글날로 정한 것이다.

일차적인 중요성은 창제에 있음에도 불구하고 반포를 중요한 문제로 삼은 것은 현대에 와서 반포를 기준으로 하여 한글날을 정하려 한 데서 연유한 것이다. 깊이 생각할 것도 없이, 세종 25년말에 정음을 창제한 사실이 세상에 알려지고 그 이듬해에 이와 관련된 사업이 시작되었으니 이 때에 반포를 한 것으로 본다고 해도 별로 이상할 것이 없지 않은가 한다. 그 때의 자세한 기록이 없이 어떻게 세상에 알려지게 되었는지 알 수는 없으나, 어떤 절차를 밟기는 밟았을 것이기 때문이다.

그러나 이왕에 반포를 문제로 삼는다면, 반포라는 말에 어울리는 절차와 격식을 갖춘 때가 언제였는가를 살피는 것이 바람직한 것으로 여겨진다. 이렇게 볼 때, 세종 28년 쪽으로 기울어지지 않을 수 없음을 느낀다. 그 때에 《훈민정음》(해례본)이 간행된 것도 반포의 한 절차로서 중요한 것이지만, 무엇보다도 그 첫머리에 〈어제문〉이 실려 있음이 결정적인 사실이 되는 것이다. 이 글은 창제자인 세종이 정음을 만들어 백성들에게 주는 뜻을 담고 있는 것이다.

과거에 《훈민정음》(해례본)의 〈해례〉 앞에 있는 부분을 〈정인지 서문〉에 나오는 「例義」에 해당한다고 보아 세조 25년에 작성된 것으로 본 학자들이 적지 않았다. 그러나 이것은 옳지 않은 것으로 보인다. 무엇보다 이 부분이 〈어제문〉과 함께 《세종실록》(권 113, 세종 28년 9월)에 실린 것을 주목하지 않을 수 없다. 임금의 〈어제문〉을 3년이나 뒤에 실었을 리는 만무하기 때문이다.

4) 기원설들의 검토

정음의 기원에 대해서는 여러 구구한 억측이 있어 왔다. 그 대부분은 〈해례〉를 보지 못한 때에 제기된 것들이어서 여기서 들어 말하기도 새삼스러운 느낌이 있다. 《훈민정음》(해례본)의 출현으로 制字解가 그 제자의 원리를 분명히 밝혀 놓은 것을 읽은 뒤에는 다시는 그 기원이 문제될 것이 없을 것으로 생각했는데 뜻밖에도 근년에 와서는 이에 관한 논의가 계속되기도 하고 새로운 기원설이 제기되기도 하였다.

정음의 기원에 대해서 이미 그 창제 당시에 "古篆을 모방했다"는 설이 있었는데, 이는《세종실록》(권 102, 세종 25년 12월)의 기사와 최만리의 상소문에서 볼 수 있다. 상형설은《훈민정음》(해례본)에 처음 나타난 것으로, 정인지는 이 책의 서문에서 "象形而字倣古篆"이라 해서 두 설을 합쳐 놓았다. 이 고전설은 그 연대로 보아 결코 무시할 수 없는 것으로 생각된다. 특히 최만리 상소문이 「字形」이라고 한 점과 정인지가 상형을 위에 놓아 그것을 기본원리로 삼고 고전을 본뜸을 부수적으로 제시한 점에 주목할 때, 이것은 글자의 모양을 구체적으로 결정하는 과정과 관련된 것으로 봄이 온당하다. 즉 입의 모양은 여러 가지로 나타낼 수 있으나 한자의 'ㅁ'(입구)를 택했고 이의 모양도 '齒'에 보이는 'ㅅ'을 택한 것을 가리킨 것이라고 보는 것이다. 'ㅁ'에 加畫한 글자가 'ㅂ'이 된 것도 이것이 고전에서 'ㅁ'(입구)자의 모양이었던 것이다.[18] 그리고 위에서 지적한 것처럼 〈起一成文圖〉의 영향도 여기에 포함되었을 것으로 여겨진다.

종래의 기원설 중에는 정음이 알파벳계통 문자의 모방이라는 설이 유력하였다. 梵字 기원설은 성종대에 성현이《용재총화》에서 "그 字體는 범자에 의하여 만들었다"라고 한 것에서 발단하였는데, 李수光의《芝峯類說》(권 18)에 이르면 "우리 나라 諺書는 전적으로 범자를 모방했다"로 발전하여 그 뒤에까지 이어지게 되었다. 한편 몽고자 기원설은 李瀷의《星湖僿說》(권 7)과 유희의《언문지》에 보인다.

현대에 와서도 몇몇 기원설이 우리 나라 학자들 사이에 있었다. 요컨대 정음이 참고한 중국의 字母法은 근원이 인도의 범자에서 온 것이요, 그 字體는 범자에 의거하여 만든 몽고자(파스파문자)의 변체라고 한 견해가 있었다.[19] 또한 위 나라의 고대문자에서 나온 것이라는 견해도 있었다.[20] 한편 우리 나라 음악서에 나오는 樂譜字들이 정음과 같음을 주장하여 樂理 기원설을 주장하기

18) 李基文, 〈訓民正音에 관련된 몇 問題〉(《國語學》 2, 974) 참조.

19) 李能和,《朝鮮佛敎通史》(新文館, 1918) 참조.

20) 權悳奎,《朝鮮語文經緯》(新文館, 1923) 및 金允經,《朝鮮文字及語學史》(朝鮮紀念圖書出版館, 1938) 참조, 그러나 고대문자의 실체는 파악되지 않고 있다.

도 하였다.[21] 정음이 서구라파에 알려지기 시작한 것은 19세기 초엽의 일인데 그곳 학자들은 처음부터 정음의 외국문자 기원설에 집착하였다. 이것은 유럽 문자학의 큰 조류에서 연유한 것이다. 서구라파의 문자학은, 여러 문자는 고대로 거슬러 올라가면 고대문명의 발상지인 몇 군데에 국한되어 있어, 가능하다면 모든 문자가 단일 기원에 거슬러 올라가는 것으로 보려는 강한 경향을 지녀왔다. 이런 관점에서 정음을 보았을 때 이것이 어떤 계통을 끄는 것이냐 하는데 그들의 관심이 집중되어 온 것은 당연한 일이라고 하겠다.

서구라파에서 정음에 대한 연구는 19세기 초엽에 아벨 레뮈사와 클라프로트 등에 의해서 시작되었는데,[22] 그 주된 흐름은 인도의 梵字·티벳문자·파스파문자 기원설이었다. 이런 설들의 근거는 대개 정음의 몇몇 글자와 모양이 비슷한 것이 있다는 것이었다. 이러한 단편적 유사성으로써 정음의 기원을 논하는 것에 대한 회의가 그곳 학자들 사이에도 없지 않았다.

최근까지도 歐美학자들 사이에 끈질기게 남아 있는 것은 파스파문자 기원설이다.[23] 일본과 우리 나라에도 이 설을 주장한 학자가 있었다.[24] 이것도 단편적인 유사성이 그 주된 근거라고 할 수 있다. 이 문자와 정음 사이에는 매우 특이한 일치가 있음이 사실이다.[25] 그러나 이 문자는 정음처럼 음운이론에 기초를 둔 것이 아니다. 중국 음운학을 참고하기는 했지만 티벳문자를 고쳐서 만든 것에 지나지 않는다.

근래에 와서 우리 나라 일부 학자들 사이에 우리 나라의 문자생활의 전통을 중시하려는 경향이 나타나 고대로부터의 借字表記法에 나타난 한자와 정음과의 관계를 논하기도 하였다.[26] 그리고 이것을 고전설과 결부시키려는 시

21) 安 廓, 〈諺文의 淵源〉(《朝鮮史學》 1, 1926) 참조.

22) Jean Pierre Abel Rémusat, *Recherches sur les langues tartares* (Paris, 1820) ; Heinrich Julius Klaproth, Aperçu de l'origine des diverses écritures de l'ancien monde (Paris, 1826) 등 참조.

23) E.R. Hope, *Letter Shapes in Korean Önmun and Mongol hP'agspa Alphabets,(Oriens. Vol. 10,* 1957). G.K. Ledyard는 정음 창제를 인정하면서도 파스파문자의 영향을 말하였다. *The Korean Language Reform of 1446.* (Dissertation, University of California, Berkeley, 1966) 참조.

24) 服部四郎, 《元朝秘史の蒙古語を表けす漢字の研究》(文求堂, 1946).
兪昌均, 〈象形而字倣古篆에 대하여〉(《震檀學報》 29·30, 1966).

25) 李基文, 앞의 글(1974) 참조.

26) 南豊鉉, 〈訓民正音과 借字表記法과의 關係〉(《國文學論集》 9, 1978).

도도 있었다.[27] 그러나 거듭 말하거니와, 정음의 창제가 한자로써 국어를 표기하려고 한 과거의 노력의 부정에서 싹텄음을 생각해야 할 것으로 믿는다.

5) 훈민정음 창제의 의의

(1) 민족문화의 창조

정음의 창제는 세종의 여러 문화적 업적 중에서도 가장 뛰어난 것이었을 뿐 아니라, 우리 민족의 허다한 문화적 창조 중에서도 가장 빛나는 것이었다.

선사시대에 대해서는 확실하지 않지만, 그 뒤에 이루어진 우리 나라의 주목할 만한 예술적·학문적 업적들은 하나의 공통된 특징을 보여준다. 즉 중국을 거쳐서 흘러온 또는 중국 자체에서 넘쳐온 문화의 물결이 우리 민족의 창조적 정신에 부딪쳐 높은 물마루를 이룬 예들이 많다. 불교예술이 그렇고 元曉의 사상이 그렇고 高麗靑磁가 그렇다. 정음은 이런 특징을 보여주는 대표적인 예라고 하겠다.

위에서 지적한 것처럼, 정음 창제의 밑받침이 된 학문은 중국에서 들어와 우리 나라에서 한층 더 심화된 음운학과 문자학의 이론이었다. 그런데 이 중 음운학의 근원은 고대 인도에 있었다. 멀리 인도에서 중국을 거쳐온 학문이 우리 나라에 와서 고도로 발전되어 정음이라는 아름다운 열매를 맺게 된 것이다. 한편 정음의 창제에는 알파벳계통의 문자들의 충격이 있었다. 이런 체계를 세종이 택하기로 결정한 것은 당시로서는 여간 큰 결단이 아니었다. 최만리 등의 표현을 빌리면 이것은 스스로 오랑캐와 같아지려는 것이었다. 정음은 중국에서 들어온 학문과 오랑캐문화의 합류에서 이루어진 것이었다. 그런데 세종은 이들의 어느 것도 그대로 받아들이지 않고 독창적으로 발전시켜서 하나의 이상형을 추구하였다. 실로 정음은 인간이 만들 수 있는 문자의 가장 높고 가장 아름다운 체계를 실현한 것이었다.

정음은 세종을 통해 발휘된 우리 민족의 위대한 창조력을 보여준 것으로서, 앞으로도 길이 우리 민족의 문화와 학문의 발전을 촉진시키는 원동력이 될 것으로 믿는다.

---

27) 金完鎭, 〈訓民正音 制字 經緯에 대한 새 考察〉(《金哲埈博士華甲紀念史學論叢》, 1983) 참조.

(2) 훈민정음과 우리 민족의 문자생활

정음 창제의 가장 큰 실천적 의의는 그로 말미암아 국어의 전면적 표기가 처음으로 이루어질 수 있게 된 사실에서 찾을 수 있다.

정음 창제 이전에는 한자를 이용하여 국어를 표기해 보는 길밖에 없었는데 그것은 극히 불완전하였고 단편적이었다. 실제로 우리 선조들은 한자의 음뿐 아니라 그 새김('天 하늘천'의 '하늘')까지 빌어 쓰는 방법을 고안하기도 하였지만 워낙 극복하기 어려운 문제들이 많아서 항구적인 국어의 표기방법으로 발전되지 못하였다. 그 결과 중국의 한문으로 문자생활을 영위하는 길을 걷게되었다. 입으로는 국어를 말하고 글을 쓸 때에는 한문을 쓰는 기형적인 상태가 오래 계속되어 온 것이다. 그러니 문자생활은 극히 일부 계층의 전유물이 될 수밖에 없었다.

이리하여 국어를 전면적으로 그리고 완전하게 표기하고 싶은 소망이 수천 년 동안 우리 민족 사이에 쌓여 온 것이다. 정음의 창제는 이 민족적 소망을 성취한 것이었다. 여기에 정음 창제의 역사적 필연성이 있는 것이다.

정음의 창제로 국어의 전면적 표기가 가능하게 되었다고는 하나, 그 반포와 동시에 우리 민족의 문자생활을 완전히 혁신하지는 못했다. 그 주된 원인은 한자·한문의 사용이 상류층에 그대로 존속된 데 있었다. 많은 선비들은 정음에 관심을 기울이지 않았고, 정음을 아는 선비들도 주로 한문으로 글을 썼다. 다만 특수한 경우에 한해서 정음을 사용했던 것이다.

다시 생각하면 정음 창제는 본래 한문을 배척할 의도는 갖지 않았던 것 같기도 하다. 특히 《훈민정음》(해례본)의 〈어제문〉에 어리석은 백성을 위하여 새 문자를 만든다고 한 말이 우리의 주의를 끈다. 또 세종이 최만리 등에게 「便民」을 강조했을 때, 이 「民」도 역시 평민을 가리켰음이 분명하다. 이리하여 정음은 당초부터 한문의 결함을 보충하는 것으로 만들어졌음을 부인하기 어렵다. 창제 당년부터 사용된 「諺文」이란 이름은 이런 관점에서 이해되어야 할 것이다. 창제자로서는 정음의 사용 범위를 확대하고 싶은 생각이 없지도 않았으나 그 시대상황에서는 스스로 한계를 인정하지 않을 수 없었다.

여기서 15~16세기에 정음의 보급이 어느 정도였을까 추측해 보는 것은 매우 흥미깊은 일이지만, 이에 관한 기록이 충분치 못하고 그나마 면밀한 조사가 이루어진 것도 없다. 다만 연산군대의 「언문 匿名書」사건을 통하여 그 편모를 엿볼 수 있을 뿐이다. 그 때에 범인을 잡기 위하여 '언문을 아는 사람'을 모두 모이게 하여 그들의 필적을 조사했다고 하니 그 수효가 그렇게 많지 않았음을 짐작케 한다. 한편 崔世珍은《訓蒙字會》(중종 22년 ; 1527)의 〈凡例〉에서 지방사람들 중에 언문을 알지 못하는 사람이 많음을 지적한 바 있다. 이것은 16세기 전반에 언문의 보급 범위를 알려주는 중요한 증언이다.

느리기는 했으나 언문의 세력은 차츰 커져 갔다. 이 문자는 마침내는 한문을 물리치고 우리 민족의 문자가 될 필연성을 지니고 있었다. 여기에 정음 창제의 구극적 의의가 있는 것이다. 입으로는 국어를 말하고 글로는 한문을 쓰는 기형적인 생활은 영속될 수 없는 것이었다. 19세기와 20세기의 교체기에 그 이름이「國文」으로, 다시「한글」로 바뀌면서 언문일치를 달성하려는 노력을 전개하게 되었는데 이것은 정음 창제가 지향해 온 구극적 목표를 실현시킨 것 이외의 아무것도 아니다.

끝으로, 정음이 하나의 문자체계로서 거둔 성공의 비결은 그 과학성과 함께 그 실용성에 있음을 덧붙여 둔다. 그 과학성에 대해서는 위에서 자세히 설명했거니와, 문자는 날마다 널리 사용되는 것이어서 실용에 간편한 것이어야 하는데 정음은 이 점에서도 아무 손색이 없었던 것이다.

(3) 세계 문자사에서 본 훈민정음

인류가 의사소통의 수단으로 언어를 가지게 된 것은 우리가 상상하기 어려운 아득한 옛날이었다. 이에 대하여 눈으로 볼 수 있는 기호로 언어를 적는 방법을 발달시킨 것은 지금으로부터 5천년 전쯤의 일이다. 가장 일찍 사용된 문자는 수메르인의 쐐기문자, 이집트인의 神聖문자, 그리고 중국인의 한자였다. 이 세 문자에서 오늘날 인류가 사용하고 있는 대부분의 문자가 유래하였다.

문자는 그림으로부터 발달하였다. 이것은 繪畵文字라 부르기도 하나 엄밀한 의미에서는 문자라고 할 수 없다. 기호들이 언어의 어떤 단위(의미의 단위 또는 음운의 단위)를 나타내는 것이어야 문자라고 할 수 있는 것이다. 이런 관점에서 문자는 크게 둘로 나뉜다. 첫째는 表意文字(ideograph) 또는 表語文字(logograph)요, 둘째는 表音文字(phonograph)다. 표음문자에는 크게 두 종류가 있다. 그 하나는 음절을 표기하는 것이요, 또 하나는 음소를 표기하는 것인데, 나중 체계는 알파벳(Alphabet)이라 불리고 있다. 이집트문자는 표어문자와 음절문자가 복합된 것이었는데 페니키아인은 기원전 2천년 경에 이것을 받아 쓰다가 알파벳으로 탈바꿈하였고, 이것이 희랍으로 넘어가게 되었다. 이 알파벳이 그 뒤 구라파에 퍼져 오늘날 세계의 대표적 문자체계가 되었다.

넓게는 세계 문자들 중에서, 좁게는 동아시아 문자들 중에서 정음이 차지하는 위치는 어떤 것인가. 첫째로 그 독립성을 들지 않을 수 없다. 정음은 한자문화권에서 만들어진 유일한 음소문자이며 그러면서도 알파벳의 세계에서도 그 어느 계통에도 속하지 않는 매우 특이한 존재다. 실상 정음과 같이 한 개인이 독창적으로 만든 문자로서 성공을 거둔 것은 그 유례를 찾기 어렵다. 둘째로 그 과학성을 들 수 있다. 정음은 국어의 음소를 하나씩의 기호로 나타내는데 그치지 않고 그 음소들의 발음 특징을 기호로 나타내고 있다. 가령 로마문자의 'M'은 본래 물(水)을 의미하는 표어문자에서 발달한 것으로 그 음소와는 아무런 본질적인 관계가 없는데, 정음의 'ㅁ'은 이 음소가 발음되는 입의 모양을 나타내고 있는 것이다.

한마디로 정음은 독창적이고 과학적으로 만들어진 세계 유일의 문자체계인 것이다. 그런데 이 사실은 오랫동안 세계 학계의 인정을 받지 못하였다. 우리나라 학자들이 《훈민정음》(해례본) 출현 이후에 더욱 확신을 가지고 정음의 우수성을 주장했을 때, 국제 언어학계와 문자학계는 편협한 민족주의의 외침으로밖에 여기지 않았다. 이런 냉소적 태도가 지난 1960년대에 와서 바뀌게 되었다. 네덜란드의 포스가 영어로 쓴 논문에서 우리 나라 학자들의 주장을 소개하면서 한글을 "세계에서 가장 좋은 알파벳"이라고 소개하였고,[28] 이 논문이 든 책의 서평을 쓰면서 미국의 맥콜리가 이 말이 조금도 과장이 아님을 확인 한 것이 계기가 되어,[29] 정음에 대한 올바른 인식이 갑자기 번지기 시작한 것이다.

최근 영국의 샘슨은 그의 저서에서 일반 알파벳체계와는 따로 한글을 위하

---

28) Frits Vos, Korean Writing : Idu and Han'gŭl. (Papers of the CIC Far Eastern Language Institute, University of Michigan, Ed. by J.K. Yamagiwa. Ann Arbor, 1964).

29) James D. McCawley, Review of Yamagiwa 1964 (*Language 42*, 1968).

여 새로이 資質體系(featural system)를 세워 논한 바 있다.[30] 우리 나라 학자들도 한글이 범상한 알파벳과는 다름을 느껴 왔었는데, 샘슨은 이 다름을 분명히 이론적으로 제시한 것이다. 그의 자질체계는 정음 창제에 보인 加畫의 원리를 특히 중시한 것으로 한글의 과학성의 일면만을 포착한 것이라고 할 수 있다. 한글의 과학성을 포괄적으로 나타낼 수 있는 새로운 체계가 필요함을 느낀다.

6) 훈민정음과 관련된 사업들

(1) 언문청과 정음청

정음과 관련해서 종래 큰 주목을 받아온 기관으로 諺文廳과 正音廳이 있다. 언문청의 이름은 세종 28년(1446)에 《태조실록》을 여기에 두고 《용비어천가》에 첨입하도록 했다는 기사에 처음 보인다.[31] 다음으로는 세종 31년에 내린 교지에 언문청을 처음 설치했을 때 李賢老(善老)를 비로소 알게 되었다는 말이 보인다.[32] 이것은 이선로가 언문청에 관여했음을 확실히 말해 주는 것인데, 그는 세종 26년 2월에 《韻會》를 번역하기 시작하였을 때 최항·박팽년·신숙주·이개·강희안과 함께 議事廳에서 일했고, 그 뒤 《훈민정음》(해례본)·《동국정운》·《용비어천가》 등의 편찬에도 위의 사람들과 성삼문도 함께 참여한 바 있다. 이런 사실들을 종합해 보면 처음 《운회》를 번역할 때에는 마침 그 일을 동궁이 관장하게 되어 동궁이 있는 의사청에서 일하다가 뒤에는 언문청을 따로 차리고 《훈민정음》(해례본)·《동국정운》·《용비어천가》 등의 편찬을 하게 된 것으로 추측된다.

그런데 문종대에는 언문청이란 이름은 보이지 않고 정음청이란 이름이 보이다가 세조와 성종대에는 그나마도 보이지 않으며 중종이 반정에 성공한 뒤 일련의 개혁을 단행하였는데 그 중에 언문청을 혁파했다는 기록이 보인다.[33] 이로써 보면 언문청이 명목으로나마 있었던 모양이다.

《문종실록》에 처음으로 정음청이란 이름이 나타난다. 그런데 그 내용이 주

30) Geoffrey Sampson, Writing Systems : A Linguistic Introduction (London, 1985).
31) 《世宗實錄》 권 114, 세종 28년 11월 임신.
32) 《世宗實錄》 권 123, 세종 31년 3월 병오.
33) 《中宗實錄》 권 1, 중종 원년 6월 경신.

목을 끈다. 첫째로 정음청을 혁파하라는 신하들의 요구에 대해 문종은 정음청이 자기가 세운 기관이 아니고 전부터 있어온 것이라고 밝혔다.[34] 이것은 정음청이 세종대부터 있어온 것임을 의미하는 것으로밖에 해석되지 않는다. 여기서 정음청이란 사실상 언문청의 다른 이름이었으리라는 결론에 도달하게 된다. 즉 정음청이 본 이름이었을 가능성이 크다. 둘째로,《문종실록》의 기사에 의하면 정음청에서는 대군들이 주동이 되어 鑄字를 가지고 책을 찍어내는 일을 한 것으로 되어 있다. 실제로 나타난 것은《小學》의 간행이었다.[35] 신하들이 정음청은 필요 없는 기관이니 주자를 鑄字所에 돌리라고 거듭 주장하고 나선 까닭은 실은《소학》에 있었던 것이 아니라 印經에 있었던 것으로 보인다. 한 걸음 더 나아가 정음의 연구 및 보급의 본거지라는 데서 이것을 혁파하려고 했을지도 모른다. 문종은《소학》의 간행이 끝나지 않았음을 이유로 정음청 혁파를 미루고 끝내 응락하지 않았는데, 단종이 즉위한 후 정음청은 혁파되었다.[36]

세조대에 언문청이나 정음청이 있었음을 암시하는 기록은 보이지 않는다. 그러나 세조가 스스로 관여했던 이 기관에 대해서 관심이 없었다고는 생각되지 않는다. 다만 刊經都監의 설립으로 그것을 따로 세울 필요가 없었던 것으로 보인다.

(2) 서적의 간행

훈민정음 창제 뒤에 이 문자로 간행된 초기의 문헌으로는《훈민정음》(해례본)·《동국정운》·《용비어천가》·《월인천강지곡》·《석보상절》·《월인석보》 등을 들 수 있다. 이들에 대해서 간단한 설명을 하기로 한다. 다만《훈민정음》(해례본)에 대해서는 이미 자세히 적었으므로 생략한다.

《동국정운》은 언제부터 그 편찬이 시작되었는지 기록이 없다.[37] 세종 26년에《운회》번역사업이 있었는데 그 뒤 이 책이 간행된 흔적은 없고《동국정운》이 나타난다. 이것을 보면 세종이 처음에는《운회》의 번역으로 우리나라 한자음의 표준화를 단행하려 했다가 무리가 있음을 깨닫고 새로운 운

34)《文宗實錄》권 4, 문종 즉위년 10월 무술·11월 신축.
35)《文宗實錄》권 4, 문종 즉위년 10월 무술.
36)《端宗實錄》권 4, 단종 즉위년 11월 경신.
37) 이 책의 完本(6卷)이 1972년에 江陵에서 발견되었다. 현재 建國大學校 도서관에 소장되어 있다.

서를 편찬하게 된 것으로 추측된다. 이 책의 간행은 신숙주의 서문에 의하면 세종 29년 9월 하순이었다.

《용비어천가》(10권)는 세종 27년 4월에 일단 편찬되었으나 왕명으로 보수하여 세종 29년 10월에 간행되었다. 이 때에 550책을 여러 신하에게 나누어 주었다는 기록이 《세종실록》에 보인다. 125장의 가사와 지명·인명 등의 표기에 정음이 사용되었다.

《석보상절》은 세종 28년 3월에 세상을 떠난 昭憲王后의 명복을 빌기 위하여 수양대군 등이 세종의 명을 받아 석가모니의 일대기를 주로 한문 서적에 의존하여 편찬한 것이고, 《월인천강지곡》은 세종이 이것을 보고 지은 것이다. 《석보상절》은 그 서문에 의하여 세종 29년 7월에 이루어졌음이 확실하나, 《월인천강지곡》의 정확한 간행년대는 알 수 없다. 《석보상절》은 24권 정도, 《월인천강지곡》(3권)은 500章 가까운 가사로 이루어졌던 것으로 추정된다.[38]

《훈민정음》(언해본)이 언제 이루어졌는지는 확실하지 않다. 《월인석보》(1권) 첫머리에 붙어 있는데 본래는 《석보상절》(권 1) 첫머리에 붙어 있었을 가능성이 크다.[39]

《洪武正韻譯訓》의 편찬은 세종대에 추진되었으나 단종 3년에 완성되어 간행되었다. 한편 신숙주가 편찬한 《四聲通攷》는 《홍무정운역훈》의 한자들을 보기에 편하도록 개편한 것이었다. 이 책들은 한자의 중국 발음을 적은 것으로 《동국정운》과는 그 성격이 다르다.[40]

(3) 간경도감의 불경언해

세종 6년(1460) 6월에 설치된 刊經都監은 정음 창제 이후에 이 문자로 책을 간행한 가장 큰 기관이었으니 정음의 초기 역사에서 매우 중요한 위치를 차지하는 것이다.

간경도감은 그 규모가 상당히 컸다. 세조 자신이 직접 참여하였으며 놀랄

---

38) 《釋譜詳節》은 落帙이 전하며(國立圖書館 所藏 등), 《月印千江之曲》은 상권만이 전한다(개인 소장).

39) 安秉禧, 〈訓民正音의 異本〉(《震檀學報》 42, 1976) 참조.

40) 《洪武正韻譯訓》은 그 落帙本이 전하지만(고려대학교 도서관 소장), 《四聲通攷》는 전하지 않는다.

만큼 많은 책들을 몇 해 동안에 간행하였는데, 그것은 모두 불경 언해들이었다. 중요한 국가적 사업으로 그처럼 많은 불경을 간행했다는 것은 매우 주목할 만한 사실이라고 하겠다.

간경도감에서 간행된 중요한 책들을 들어보면 다음과 같다.

《楞嚴經諺解》 10권(세조 7년 ; 1462)
《妙法華經諺解》 7권(세조 8년)
《金剛經諺解》 1권(세조 9년)
《佛說阿彌陀經諺解》 1권(세조 9년)
《禪宗永嘉集諺解》 2권(세조 9년)
《般若心經諺解》 1권(세조 9년)
《圓覺經諺解》 12권(세조 10년)
《牧牛子修心訣諺解》 1권(세조 13년)

이 간행 사업의 한 결과로 정음과 불교의 밀접한 관계가 수립되었다. 그 결과로 정음은 불가의 문자라는 인상마저 주게 되었던 것이다. 이러한 인상은 유교 중심의 조선 사회에서 정음에 결코 유리하지는 못했던 것으로 생각된다. 정음과 불교의 깊은 인연은 그 뒤에도 계속되었으나 세조대에 《救急方諺解》 2권(세조 12년)이 간행되고, 성종대에 《內訓》(성종 6년 ; 1475)·《杜詩諺解》 25권(성종 12년)·《三綱行實圖》(성종 12년)·《救急簡易方》(성종 20년)·《樂學軌範》(성종 24년) 등이 간행되면서 정음 사용의 폭이 넓어지기 시작하였다.

〈李基文〉

3. 역사학

역사의식은 지식인들 자신이 살고 있던 시대의 시대적 과제와 그에 대한 해결을 위한 모든 생각들로 이루어진다. 그리고 史學史는 이러한 역사의식의 내용 및 성격과 역사학적 방법론의 발전을 사서의 서술·편찬과 그 내용의 분석을 통해 접근해 가는 학문분야이다. 여기에서는 이러한 사학사적인 관점에서 사서의 편찬을 살펴보고자 한다. 조선 전기의 시대적 과제로 가장 중요시 한 것은 고려시대의 청산과 새로운 왕조의 건설 및 이에 따른 새로운 유교적인 문화와 사상의 보급·정립에 있었다고 여겨지며, 당시에 이루어진 역사 서술도 이에 초점이 맞추어졌다. 다만 현실의 입장 차이에 따라 역사의 서술과 인식도 차이가 있었다.

신흥 무장 및 사대부세력은 고려말의 사회변동을 이용하여 고려왕조를 종식시키고 새 왕조를 개창하였다. 가장 유력한 무장세력인 李成桂가 왕위에 올랐지만, 사실상 신흥사대부들이 조선 초기 제도와 문물의 실질적인 입안자들이었다. 그리고 이들이 취한 왕조개창에 대한 태도에 따라 정치적으로 여러 입장이 나타났으며, 이러한 태도의 차이가 역사서술에 어떻게 반영되어 나왔는가는 조선 전기 사학사의 중요한 연구과제이다.

이들 신흥사대부들은 모두 고려 멸망의 당위성과 새 왕조 개창의 정당성을 주장하기 위해 전왕조인 고려의 역사를 정리하였다. 즉 새 왕조 개창의 역사적 당위성 확보를 위해 前代史의 체계적인 정리를 서둘러 시작하였다. 또한 자신들의 건국사업을 과시하기 위한 건국사 및 當代史를 정리하기 시작하였다. 그리고 조선왕조가 창업기를 거쳐 어느 정도 수성기에 들어서 각종 제도를 완성하면서 집권층은 제도적으로나 사상적으로 조선이 전시대와는 다른 완전한 새로운 왕조를 이루었다는 자신감을 내외에 과시하게 되었다. 성종대에는 이러한 인식이 각종 편찬물에 종합적으로 반영되었다.

여기서는 이러한 점을 염두에 두고 전왕조인 고려시대사의 정리를 위한 조선왕조 지식인들의 노력을 살펴보고 이어 전대사를 체계화하기 위한 노력을 살펴보고자 한다. 그리고 조선건국의 勞苦와 天命을 강조하는《龍飛御天歌》와 이와 관련된 詠史詩를 살펴보고, 당대의 역사를 정리하려는 노력을 파악하고자 한다. 그리고 사상적 추이 속에서 조선 전기 역사의식의 흐름을 살펴보고자 한다.[1]

---

1) 조선 전기 사서를 종합적으로 정리한 논고로는 다음을 들 수 있다.
李元淳, 〈鮮初史書의 歷史認識〉(《韓國民族思想大系》中世篇, 亞細亞學術硏究會, 1974).
──, 〈朝鮮前期 史書의 歷史認識〉(《韓國史論》6, 國史編纂委員會, 1979).
鄭求福, 〈朝鮮前期의 歷史敍述〉(《創作과 批評》11-3, 1976 ;《韓國의 歷史認識》上, 創作과 批評社, 1976).
韓永愚, 〈朝鮮初期의 歷史敍述과 歷史認識〉(《韓國學報》7, 1977).
한편 조선 전기 사학사에 대한 연구사적 정리도 이루어지고 있다.
鄭杜熙, 〈朝鮮前期의 歷史認識〉(《韓國史學史의 硏究》, 乙酉文化社, 1985).

1) 민족사의 체계화와 전대사의 정리

(1) 전대사의 체계화

새 왕조는 국호를 「朝鮮」으로 결정하고 古朝鮮의 정통을 잇는다는 새로운 왕조개창의 논리를 폈다. 그리고 민족시조로서 檀君을 제사하고 교화시조로서의 箕子를 제사지냈는데, 단군에 대해서는 「受命之主」로, 기자는 「敎化之君」으로 표현하되 그 선후관계를 명백히 하였다. 이러한 단군·기자관은 대내적으로는 민족사의 자부심을 고취하였으며, 대외적으로는 민족의 자주성을 주장하는 의식으로 발전하였다. 한편 단군 이래 전시대의 계통적 이해를 위한 史書들이 편찬되었으며, 여기에는 조선이 이전 왕조들의 정통을 이은 왕조임을 강조하려는 목적이 짙게 깔려 있었다.

그리고 역사적인 내용을 시로 읊은 영사시인《용비어천가》와《東國世年歌》는 고려시대 李奎報의《東明王篇》과 李承休의《帝王韻記》를 계승한 것으로, 전시대를 계통적으로 체계화 하여 이를 조선이 이은 것으로 찬양함으로써 조선건국의 사실을 널리 대중화할 목적으로 지어졌다.

이러한 전대사의 체계화 작업은 고려왕조의 역사학을 총정리하여 민족사를 체계화하려는 목적은 물론, 이외에도 이 시기 조선왕조의 새로운 통치이념의 정립과도 밀접히 연관되어 있었다. 단군 이래 조선까지의 역사 전반을 체계적으로 정리하여 전대사를 통해 발생한 제반 문제들을 지적함으로써 이 문제들의 해결을 당시대의 역사적 사명으로 부각시키려는 역할을 하였다.

가. 단군조선·기자조선

새로운 왕조를 개창한 신흥사대부들은 조선왕조를 개창하면서 민족시조로서의 단군에 대한 숭배를 제도화하기 시작하였는데, 그것은 이러한 九月山 三聖祠 숭배에서 평양의 단군사당 건립을 통한 立祠致祭의 과정으로 나타났다. 이는 고려왕조의 전통을 이은 것이었다. 이성계가 즉위한 다음달 새 왕조의 제례문제를 논의하면서 趙璞은 단군과 기자를 각각 '東方始受命之主'와 '始興

南智大, 〈朝鮮前期의 歷史意識〉(《韓國思想史大系》 4, 韓國精神文化硏究院, 1991).

敎化之君'으로서 평양부에서 時祭할 것을 건의하였다.[2] 그리고 태종 12년(1412)에는 단군을 기자묘에 합사하도록 하였다.[3] 비록 명과의 대외관계로 인해 단군보다 기자에 대한 숭신이 높았지만, 국조로서의 단군에 대한 숭배의 비중도 차츰 높아가고 있었다.[4]

한편 鄭陟은 세종 7년(1425)에 단군사당을 따로 설치할 것을 건의하였다.[5] 즉 단군은 唐堯와 같은 때에 즉위하여 스스로 나라를 세워 조선이라고 했던 데 반해, 기자는 周武王의 명을 받아 조선에 책봉되었고, 제왕의 歷年에서도 요에서 무왕까지는 1,230년의 차이가 있음에도 불구하고 기자가 南面坐北을 하고 단군이 配東하고 있음은 '立國傳世之先後'에 어긋난다는 것이다. 그 후 세종 11년 단군사당을 따로 짓고 동명왕을 합사하여 함께 제사지냈다.[6] 그리고 세종 12년 신위에도 箕子殿의 신위는 그때까지 '朝鮮侯'였던 것을 '後朝鮮始祖箕子'로 고치고, 단군의 신위는 '朝鮮侯檀君'이던 것을 '朝鮮檀君'으로 고쳐 「侯」자를 삭제하였다.[7] 이로써 단군은 국가적인 공인 속에 개국시조로 확정되기에 이르렀다. 이제 단군을 민족적인 개국시조의 차원으로 이해하여 국가의 제사 대상으로 만들었던 것이다. 단군이 구월산 三聖祠에서의 3성의 하나인 신화적 존재로서가 아니라 실재하였던 조선의 개국시조로 이해되는 것과 결부하여, 단군이 1,048년을 살았다는 기록은 유교적 합리주의의 관점에서 재해석되어 단군왕조의 역년으로 이해되었다.

한편 이러한 단군이해와 짝하여 개국인물을 숭배했는데, 檀君·箕子·東明王 외에도 다른 개국시조에 대한 치제가 이루어졌고, 고려왕조에서처럼 역대시조를 모두 존중하여 숭배함으로써 예치주의 국가의 면모를 보여주려 하였다.[8]

이러한 단군숭배과정을 보면 민족국가의 역사적 독립성과 자주성에 대한 자부심이 더욱 심화되고 있음을 알 수 있다. 특히 「후」 명칭의 삭제, 조선의

---

2) 《太祖實錄》 권 1, 태조 원년 8월 경신.
3) 《太祖實錄》 권 23, 태조 12년 6월 기미·7월 경자.
4) 조선 전기의 단군숭배에 대하여는 姜萬吉, 〈李朝時代의 檀君崇拜〉(《李弘稙博士回甲紀念韓國史學論叢》, 新丘文化社, 1969), 249~274쪽 및 金泰永, 〈朝鮮初期 祀典의 成立에 대하여〉(《歷史學報》 58, 1973), 126~134쪽 참조.
5) 《世宗實錄》 권 29, 세종 7년 9월 신유.
6) 《世宗實錄地理志》 권 154, 平安道, 平壤府 檀君祠.
7) 《世宗實錄》 권 49, 세종 12년 8월 계유.
8) 《經國大典》 권 3, 禮典 致祭 中祠.

민족시조로서의 단군의 확정, 그리고 단군사당을 기자묘에서 분리시킨 일 등은 우리 나라가 중국의 分封地가 아니므로 祭天을 할 수 있다는 제천론 주장[9]과 함께 나라의 독립성을 내외에 과시하는 상적적 모습으로 나타났다.

그리고 이러한 단군숭배는 우리 민족 역사의 유구성을 강조하는 자부심을 내포하고 있었다. 즉 단군이 요임금과 같은 시기에 조선을 개국하였다고 하여 민족사의 상한을 소급시키고, 단군조선은 1,000여년을 유지해온 왕조의 역사를 가진 것으로 이해하였다. 이것은 그 이전에는 기자를 상한으로 설정하였던 것과 달리 독립적인 민족시조를 가지고 있으면서 중국과 동등한 역사편년을 가진 국가로 인식하여 대외적인 자신감을 나타낸 것이다. 한편 이러한 개국시조로서의 단군숭배는 16세기 이후 성리학의 사상조류에 따라 '교화지군'으로서의 기자숭배가 적극화되면서도 이후 우리 민족시조로서의 단군숭배 신앙을 가져오는 토대를 쌓아 조선 후기의 단군인식의 기초를 이루었다.

조선에서의 기자숭배는 기자 이전에 존재하였던 단군의 개국시조로서의 확립과정과 결부된 것으로 보인다. 즉 後朝鮮國의 건국과 기자를 결부시킴으로써 기자는 이전의 막연한 교화지군의 위치에서 정치적인 실존체로서의 후조선 시조[10]로 구체성을 띠게 되었다.

《東國史略》·《東國世年歌》·《應製詩註》·《三國史節要》·《東國通鑑》 등을 보면, 기자는 단군이 入神한 후 주나라 무왕에 의해 조선에 봉해졌으며, 「仁賢之化」가 있었다는 내용으로 통일되기 시작하였다. 당시 관찬 지리서인 《世宗實錄地理志》와 《東國輿地勝覽》에서도 이러한 내용으로 통일되었다.[11] 그리고 이를 통해 기자조선의 실재성이 의심할 바 없이 받아들여지고, 기자조선은 높은 수준의 문화국가로 이해되어졌다.

기자숭배는 당시 중세적인 문화의 기반이라고 할 수 있는 중화문명에 대한 존숭과 결부되어 있다. 기자조선은 천자의 분봉을 받은 최초의 제후 국가

---

9) 《世宗實錄》 권 1, 세종 원년 6월 경신. 조선 전기의 제천논의에 대하여는 金泰永, 앞의 글, 109~118쪽 및 韓永愚, 《朝鮮前期社會思想硏究》(知識産業社, 1983), 32~37쪽 참조.

10) 세종 12년 8월 기자의 위패가 "後朝鮮始祖箕子"로 바뀌어 제후의 위치에서 정치적인 시조로 그 위치가 격상되었다(《世宗實錄》 권 49, 세종 12년 8월 계유).

11) 朴光用, 〈箕子朝鮮에 대한 認識의 變遷〉(《韓國史論》 6, 서울大 國史學科, 1980), 259쪽.

이며, 우리 나라가 중국과 사대관계를 맺게 된 것은 이러한 역사적 전통을 다시 잇는다는 것이다.[12] 이는 조선 개국과 함께 그 역사적 정통성을 확립하려는 노력의 일환으로, 기자조선을 이은 조선은 중국의 분봉을 받은 가장 합법적 정부라는 점을 내외에 과시하려는 의도와 밀접히 연관되어 있는 것이다.

그리고 이러한 기자숭배는 동시에 중국에 대한 문화적 동질성의 강조와 결부되어 있다. 유교국가의 개국을 이상화하였던 초기 신흥사대부들에게는 중화문명의 최고의 정치철학인 「洪範」에 의한 기자조선의 문명화는 바로 당시 중세보편문화의 표준으로 이해되었던 중화문화로의 이행을 의미하였다. 또 불교국가인 고려를 청산하고 유교국가인 조선을 건국한 것은 바로 이러한 기자조선의 뒤를 이어 당시 선진적인 중화문명에로의 일보 전진이라는 의미를 갖는다.

그러나 후조선 시조로서의 「仁賢之化」를 달성한 측면과 사대관계의 상징으로서의 조선 초기의 기자상도 16세기 사림파가 정국을 주도하는 시기에 이르면 의리와 명분을 존중하는 시대분위기에 따라 변화한다. 기자는 왕도이념과 도학정치의 지주로서 새롭게 인식되어 사상적인 차원에서 인식이 심화되었다.[13]

조선은 당시의 대외적인 관계로 인해 기자묘를 세워 대명사대를 표방하였지만, 대내적으로는 단군을 「受命之主」라 하여 우리 민족의 시조임을 내세웠다. 이는 조선 초기의 제천논의와 함께 민족의 유구성과 독립성을 강조하여 신생 조선이 그러한 전통을 이은 정통왕조임을 강조하는데 그 목적이 있었다.

나. 《동국사략》의 편찬과 그 성격

태조 4년(1395) 《高麗國史》의 수찬을 완료한 후 고려 이전의 역사를 조선왕조의 입장에서 체계화할 필요성을 느꼈다. 이에 태종 2년(1402) 삼국사를 재정리하여 이를 《고려국사》에 연결시키려는 것이 《東國史略》의 수찬동기라 할 수 있다.[14] 태종 2년 6월 河崙·權近·李詹에게 삼국사를 수찬토록 명하

---

12) 鄭道傳, 《三峯集》 권 7, 朝鮮經國典 國號.
13) 韓永愚, 〈高麗~朝鮮前期의 箕子認識〉(《韓國文化》 3, 1982 ; 《朝鮮前期社會思想硏究》, 知識産業社, 1983).
14) 鄭求福, 〈東國史略에 대한 史學史的 考察〉(《歷史學報》 68, 1975) 참조. 현재 서울대학교 규장각 도서에 권근 찬의 《동국사략》이 전하고 있으나 이는 잘못된 것이고, 다만 고려대학교 華山文庫에 권 3~4의 2권 1책만이 零本으로 전하고 있다. 이것은 영인본으로 간행된 《韓國史書叢刊》 1(驪江出版社, 1986)에 수록되었다.

였는데,[15] 이들로 하여금 분찬하려고 한 것 같다. 그 해 10월초 하륜과 이첨이 賀登極使로 명에 갔다가 다음해 5월 귀국하였는데, 그 동안에도 권근의 주도로 편찬이 이루어져, 태종 3년 8월 《동국사략》이라는 이름으로 바쳐졌다. 이첨이 쓴 사론 3편[16]을 제외하고는 대부분의 사론과 서문 및 전문을 권근이 작성하였으므로 흔히 권근의 受命撰으로 불린다. 그리고 그 명칭은 원래 《三國史略》으로 붙여졌던 것으로 보인다.[17]

《三國史記》가 單代史인데 반하여 《동국사략》은 단군조선 이래의 상고사를 삼국사에 첨보하여, 단군조선－기자조선－위만조선－한사군과 삼한－삼국의 순으로 상고사를 체계화하였다. 상고사의 내용은 《三國遺事》의 내용을 많은 부분에서 수용하였다. 특히 삼한의 위치는 《唐書》에 따라 마한을 백제, 변한을 고구려, 진한을 신라에 비정하였으며,[18] 이 설은 그 뒤 《東國通鑑》에 이르기까지 조선 전기의 거의 모든 역사서술에서 통설로 받아들여졌다. 비록 상고사가 정연하게 체계화되지는 않았으나, 《동국통감》이 《동국사략》의 단선적인 이해를 거의 수용하고 있는 것을 보면, 이후 前代史의 체계적인 정리의 先鞭을 이루었다는 점에서 중요한 사서이다.

권근은 삼국사를 재정리할 필요성에서, 《삼국사기》가 기전체로 편찬되고 50권으로 이루어져 그 내용이 중복되었다고 하여 10여 권의 편년체로 줄였다. 이것은 기록의 전승보다는 교훈을 주는 역사서로서의 편년체의 장점을 취한 것이다. 그리고 삼국이 이미 한나라 한국민으로 통일되어 있다는 현재적인 입장에서 삼국의 역사를 하나의 편년으로 묶어 하나의 역사로 다루면서 신라를 위주로 하여 신라의 年紀 밑에 신라·고구려·백제의 순으로 서술하였다. 이러한 신라중심적인 역사서술은 《三國史節要》와 《동국통감》에서 삼국을 동등한 입장에서 서술하는 방식으로 수정되어 갔지만, 편년체를 통해 전대사를 체계화하여 정리하는 선편을 이루었다. 그리고 이러한 체계화 작업은 당시 조선을 건

---

15) 《太宗實錄》 권 3, 태종 2년 6월 경신.
16) 鄭求福, 〈雙梅堂 李詹의 역사서술〉(《東亞硏究》 17, 1989), 304~305쪽.
17) 《陽村集》과 《東文選》에는 權近이 쓴 서문이 있는 바, 그곳에도 〈三國史略序〉와 〈進三國史略箋〉으로 기록되어 있음에서 알 수 있다.
18) 韓永愚, 《朝鮮前期史學史硏究》(서울大 出版部, 1981), 26~29쪽.

국한 신흥사대부들의 새 왕조 건설에 따르는 국가적 통치이념의 정립을 위한 작업의 일환으로 이해된다. 또 朱子의 「綱目法」에 따라 사건의 줄거리를 먼저 서술한 다음 작은 글씨로 서술하는 강목체 역사서술의 효시를 이루었다.[19]

서술내용에 있어서 方言과 俚語를 완전히 고치지 못한 데에 대한 유교학자로서의 비판의식, 그리고 고대적인 습속의 잔재를 청산하고 불교·도교적인 이단을 배제하여 유교윤리의 사회로 변혁하려는 생각이 그 중점을 이루었다.[20] 신라의 고유 왕호나 여왕·태후·태자의 칭호도 제후의 명분에 맞지 않다고 하여 용어를 유교적 관점에서 개서하였다. 연기표기에서도 卽位年稱元法을 踰年稱元法으로 바꾸었다. 그리고 사론을 통해 예절·의식 등의 사회윤리를 유교화하려고 하였으며 유교윤리에 의해 인물을 포폄하였다. 또 신화나 전설을 삭제하고, 綱常의 윤리에 어긋나는 사건은 신랄하게 비판하였다.[21]

《동국사략》은 사료적인 면에서는 《삼국사기》 만을 축약하였으므로 원전적인 가치는 별로 없으나, 조선시대 삼국사 정리의 선구적인 작업으로서 사학사적 의의가 크다. 즉 후일 편찬되는 《삼국사절요》와 《동국통감》에 널리 인용되어 조선왕조의 새로운 역사서술 방식과 역사서술 태도의 정립을 이룬 초기의 대표적 사서의 하나이다.

한편 《동국사략》은 요동정벌운동과 왕자의 난의 과정에서 鄭道傳 등의 개국공신 실권파를 제거한 태종과 비혁명파인 권근의 주도에 의해 편찬된 것이다. 이 《동국사략》 편찬의 성격에 대하여서는 성리학적 명분론을 표명함으로써 왕권을 안정시킬 수 있는 이론적 토대를 마련하려던 것으로 이해하여, 정도전의 《고려국사》와는 대립되는 역사서술로 파악한 견해도 있다.[22]

다. 《동국세년가》와 《응제시주》의 편찬과 성격

正史 이외에 시가의 형식으로 역사를 운문화한 詠史詩가 있다. 특히 조선 전기에 전대사를 체계화하는 형태로 나타난 대표적인 영사시로 《東國世年歌》가 있다.

세종 18년(1436) 왕명으로 尹淮와 權踶가 《歷代世年歌》를 편찬하였다. 이

19) 鄭求福, 앞의 글(1975), 15~20쪽.
20) 鄭求福, 앞의 글, 7~12·22~49쪽.
21) 鄭求福, 위의 글, 19~22쪽.
22) 韓永愚, 앞의 책(1981), 25~33쪽.

책은 상책의 《역대세년가》와 하책의 《동국세년가》로 구성되어 있다. 상책은 원나라 초기의 문인인 曾先之가 노래한 《역대세년가》에 윤회가 주석을 붙이고, 원대 부분은 張美和의 시로 보충하였는데, 이는 천지의 개창에서 원대에 이르는 중국의 역사를 노래한 것이다. 하책은 단군에서 고려말에 이르는 우리 나라 전역사를 체계화하여 노래하고 있다.[23] 李季甸의 서문에 의하면 이 책은 초학자들의 역사에 대한 개괄적인 이해를 돕기 위해 편찬한 것이다.[24] 따라서 《동국세년가》는 중국의 역사를 다룬 《역대세년가》와 함께 동국의 역사를 개괄적으로 정리한 책이라 할 수 있다.

《동국세년가》는 먼저 이승휴의 《제왕운기》에 의거하여 우리 나라가 지리적으로 중국에서 독립된 나라임을 설명하였다. 이어 단군조선으로부터 고려말까지의 역사를 개괄하였다. 단군조선에 대해서는 단군의 개국이 요와 동시라는 것과 享國의 歷年이 1,048년, 단군묘가 아사달에 있다는 것을 서술하였다. 기자조선에 대해서는 주나라 무왕에 의해 조선에 봉하여졌다는 것, 그리고 기자의 유풍과 유속이 당시 조선에까지 전해지고 있다고 서술하여 독립성과 정통성을 상조하였다. 그리고 위만조선－四郡二府－삼한－삼국의 순으로 고대사의 체계를 서술하였다. 그리고 삼국은 신라－고구려－백제의 순으로 서술하였다. 그리고 삼국에 이어 후고구려와 후백제를 소개하고, 이어 고려 역대왕들의 승습관계와 치적을 적었다.

이는 단군조선에서 고려시대까지의 전역사를 체계화한 조선시대 최초의 영사시라고 할 수 있는데, 우리 나라는 만리의 옛 대국으로 유구한 역사를 지닌 국가라는 자부심을 강하게 보여주고 있다. 비록 시가형식이나마 이러한 통사가 정리될 수 있었던 것은 조선 초기 이래의 단군과 기자에 대한 관심과 《동국사략》과 같은 삼국사에 대한 체계화작업이 있었기 때문일 것이다. 같은 영사시인 《제왕운기》가 주로 창업주의 활동을 들어낸 데 비하여, 《동국세년가》는 왕위의 계승에 역점을 두고 있으나,[25] 우리 나라의 강역을 중국의 것과 구별되는 일정한 지역으로 인식하고 있는 것은 두 영사시에 나타나는 공통점이다.

---

23) 韓永愚, 〈歷代世年歌 解題〉(《奎章閣》 5, 1981).
24) 《世宗實錄》 권 72, 세종 18년 4월 경자.
25) 韓永愚, 앞의 글(1981), 178쪽.

《應製詩註》는 權擥이 자신의 조부인 권근이 지은 《應製詩》에 대해 주석을 붙인 것이다.[26] 즉 권근이 태조 5년(1396) 表箋文事件으로 명에 갔을 때, 명 황제가 내준 시제에 따라 지은 24편이 시와 명 황제 자신이 지어 권근에게 준 3편의 시에 대하여 권람이 주석을 붙였던 것이다. 비록 시에 대한 단편적인 주석에 그쳐 체계적인 사서의 형식을 띠고 있지는 않지만 민족시조인 단군에서부터 이성계의 건국설화에 이르기까지의 시기를 정리하고 있어, 이 역시 전대사에 대한 이해였다고 할 수 있다.

《응제시주》에는 민족시조나 개국시조에 대한 설화는 거의 빠짐없이 수록되어 있다. 이 신화와 전설은 대부분 《삼국유사》·《동명왕편》·《제왕운기》·《고려사》·《용비어천가》 등에서 뽑은 것이지만 전혀 새로운 자료에서 뽑은 것도 있다. 《응제시주》의 역사부분에 대한 주석에서는 단군에 대한 인식이 보다 깊어지고 있고, 한4군의 위치에 대해서 낙랑이 압록강 북쪽에 있었다는 설을 제기하기도 하고, 현도는 만주 심양부근에, 진번은 요동지방으로 비정하여 한4군 중 3개군을 만주에 비정하였다. 그리고 요동은 기자의 분봉지로 기자조선 이후 우리의 영토가 되었으며, 고구려시대에 다시 우리의 강역으로 속하게 된 것으로 이해하였다. 그리고 조선왕조의 성립과 한양천도가 이미 참서 등에 예시되었음을 들어 조선 건국의 정당성을 강조하였다.[27]

이러한 역사이해는 비록 전대사를 완벽하게 체계화하여 이해한 것은 아니지만 조선의 건국에 이르기까지 명멸한 많은 나라들을 체계적으로 이해하는 모습을 보였으며, 많은 부분에서 새롭게 이해하여 이후 역사지리 연구의 단초를 열었다는 점에 그 의의가 있으며, 노래를 통해 이를 널리 보급하려 하였다는 점에서 중요성을 가진다.

(2) 고려시대사의 정리

고려왕조사의 체계적인 정리는 조선왕조의 건국에서 비롯된 것은 아니었다. 즉 고려시대에도 자기 왕조사를 정리하려는 노력은 부단히 이루어졌다. 고려초기부터 각 왕의 실록을 편찬하여 온 전통을 바탕으로 고려 후기에도

26) 권람의 父는 《東國世年歌》의 작자인 權踶이다.
27) 韓永愚, 앞의 책(1981), 53~59쪽.

각 왕의 실록이 편찬되었으며, 이 실록들을 기초로 하여 의종대에는 金寬毅에 의해《編年通錄》과《王代宗錄》이 집필되었고, 충렬왕대에는 閔漬·鄭可臣 등에 의해 고려왕조사가 정리되었다. 이후 李齊賢·白文寶·李達衷 등에 의해 당해 왕조사인《國史》를 편찬하려는 노력이 시도되었으나 완성되지 못하였다. 그리고 李仁復·이제현에 의한 당대사의 편수작업도 있었다.[28] 이처럼 고려시대에 이미 당해 왕조사를 정리하려 했던 것은 특기할 만한 일이다.[29]

그러나 조선은 역성혁명을 통해 건국한 왕조이므로 조선왕조의 입장에서 가장 먼저 정리되어야 하는 것이 前王朝史인 고려사였다. 조선건국에 반대하는 지식인이 상당히 많았던 상황에서 전왕조인 고려의 역사적 자료를 후왕조인 조선이 정리하여 고려를 역사상의 왕조로 만들고 고려왕조의 멸망과 조선왕조의 건국을 기정사실화하며, 전왕조사를 조선왕조의 입장에서 정리함으로써 조선건국의 당위성을 강조할 필요가 있었다. 그리하여 전왕조인 고려의 토지제의 문란, 사회윤리의 해이, 정치의 부패, 왕실 혈통의 단절로 인하여 조선왕조의 개창이 당연하다는 것과, 조선의 건국은 왕위를 찬탈한 것이 아니라 민심을 수습하고 천명을 받아 건국하였다는 것을 실증하려고 하였다.

이러한 목적 아래 조선이 건국한 직후부터 집권사대부들은 전대사인 고려사를 정리하려고 하였다. 그러나 역대 조선의 왕과 신료들은 고려사의 수찬을 둘러싸고 자신이 처한 형편에 따라 여러 의견을 내놓았다. 그러한 처지의 차이로 조선 전기의 고려사 정리작업은 여러 차례의 개수과정을 거쳤다.

태조는 건국 직후인 원년(1392) 10월에 趙浚·鄭道傳·鄭摠 등에게 고려사의 편찬을 명하였다. 이에 따라 태조 4년 정월에 정도전·정총에 의하여《高麗國史》가 찬진되었으나, 이것은 단시일에 편찬되었으므로 고려말에 정리되었던 이제현의《國史》등의 영향을 많이 받았다. 또 찬자인 개국공신들의 주관이 개입되었다 하여 비판의 대상이 되었을 뿐만 아니라 태종이 즉위한 뒤, 조선건국과정에 대한 기록이 부실하다는 문제점이 제기되었다. 이에 태종 14년(1414)에 河崙·南在·李叔蕃·卞季良 등에게 개수를 명하였으나, 동왕 16

28) 鄭求福, 〈高麗時代의 歷史意識〉(《韓國思想史大系》 3, 韓國精神文化硏究院, 1991), 97~105쪽.

29) 鄭求福, 〈高麗後期의 歷史認識과 歷史敍述〉(《韓國史論》 6, 國史編纂委員會, 1979), 54쪽.

년에 개수의 책임자인 하륜의 사망으로 완성되지 못하였다.

그 뒤 세종은 《고려국사》가 공민왕 이후의 기사서술에 잘못이 있음을 지적하고, 원년(1419) 9월에 柳觀과 변계량에게 고려사의 개수를 명하였다. 이는 동왕 3년 정월에 완성되어 왕에게 올려졌다. 이 때 개수된 내용은 공민왕 이후의 기사 중 고려시대 사신의 사초와 다르게 기술된 부분과 고려의 왕실 용어 가운데 중국에서 사용하는 용어와 일치하는 것 중에서 정도전 등이 다 고치지 못하였던 것을 전부 개서한 것이다. 그러나 이것도 반포하지 못하고 있다가 다시 개찬하게 되었는데, 그 이유는 역시 참칭의 개서문제에 있었다.

세종 5년에는 유관과 尹淮에게 명하여 당시 문제가 되었던 참칭의 용어라도, 그 당시 실제 사용하였던 대로 직서하도록 하였다. 따라서 실록을 대조하여 썼던 당시 용어를 그대로 직서하여 세종 6년 8월에 완성하였는데, 이를 《讐校高麗史》라 칭하였다. 그러나 참칭한 용어의 직서를 강경히 반대하는 변계량의 주장으로 반포가 중지되었다.

그 뒤 세종 20년에서 24년 사이에는 申槩와 權踶에 의해 《高麗史全文》이 완성되어 왕에게 바쳐졌다. 이 때 개수된 내용은 소략한 내용의 보충과 개칭된 용어의 직서에 관한 것이었다.

그런데 세종 28년 10월에 《고려사전문》의 고려 말기 기사에서 태조의 선대로부터 태조에 이르는 기록에 빠진 내용이 있음을 발견하였고, 또 역사편찬이 공정하지 못하다는 의견이 제기되었다. 이에 세종 31년 정월에 金宗瑞·鄭麟趾·李先齊 등에게 고려사의 개찬을 명하였으며, 문종 원년(1451) 8월에 김종서 등에 의하여 이제까지의 編年體의 편찬방침을 바꾸어 紀傳體의 《高麗史》가 편찬되어 왕에게 바쳐졌다.

기전체 《고려사》가 편찬된 이후에도 종전의 편년체 고려사에 대한 필요성은 상존하여, 《고려사》가 찬진된 직후부터 편년체 고려사의 편찬에 착수하여 문종 2년 2월 《高麗史節要》가 완성되었다.[30]

이러한 여러 차례의 개찬과정을 거치면서 조선시대 왕과 신료들의 고려시대관이 종합적으로 정리되어 나온 것이 바로 이 《고려사》와 《고려사절요》의

30) 조선 전기의 고려시대사 정리작업은 鄭求福, 앞의 글(1976) 및 邊太燮, 《高麗史의 硏究》(三英社, 1982), 7~41쪽 참조.

수찬이라고 할 수 있다. 이로써 전왕조의 역사를 정리하려는 노력은 《고려국사》의 편찬으로부터 시작하여 기전체의 《고려사》와 편년체의 《고려사절요》로 마무리되었다.

가. 《고려국사》의 편찬과 성격

조선이 건국된 뒤 3개월 만인 태조 원년(1392) 10월에 조준·정도전·정총·朴宜中·尹紹宗이 왕명을 받아 편찬을 시작하여[31] 동왕 4년 정월 정도전·정총에 의하여 편년체로 서술된 37권의 《고려국사》가 찬진되었다.[32] 그러나 태종 14년(1414) 5월 고려 말기의 기사 가운데 태조에 대한 기록이 충실하지 못한 사실이 지적되어,[33] 같은 해 8월에 공민왕 이후의 고려사를 개찬하기 시작하였다.[34] 그런데 당시 정총이 쓴 〈高麗國史序〉가 《東文選》에 남아 있고, 정도전이 이를 왕에게 바칠 때 쓴 〈進高麗國史箋〉과 태조가 정도전·정총을 포상하는 글이 《태조실록》에 실려 있어 편찬체재 및 편찬원칙 등을 유추할 수 있으며, 정도전과 정총이 쓴 사론이 《고려사절요》에 전하고 있어 그들의 사학사상도 단편적이나마 알 수 있다.

정총의 〈고려국사서〉에 나타난 《고려국사》의 편찬원칙은 다음과 같다. 원종 이전의 사실로 참의한 것은 개서한다. 조회나 제사는 상례적인 행사이므로 지내지 않았거나 왕이 직접 참여하는 경우에만 기록한다. 재상의 임명은 그 직임이 중대하므로 기록한다. 과거로 선비를 뽑았던 사실은 어진 사람을 구하는 것이 중요하므로 기록한다. 대간의 복합은 그 내용이 전하지 않더라도 기록한다. 上國의 사신이 왕래한 사실은 반드시 기록한다. 災異와 水旱은 작아도 기록한다. 왕의 사냥과 연회는 반드시 기록하여 게으르게 노는 것을 경계한다는 등이었다.[35] 이러한 편찬원칙에서 후대의 군주들에게 정치적 교훈을 주려는 목적이 강하게 반영되었음을 확인할 수 있다. 그리고 원종 이전

31) 《太祖實錄》 권 2, 태조 원년 10월 신유.
32) 《太祖實錄》 권 7, 태조 4년 정월 경신.
33) 《太宗實錄》 권 27, 태종 14년 5월 임오.
34) 《太宗實錄》 권 28, 태종 14년 8월 정미.
35) 鄭摠의 〈高麗國史序〉에는 범례에 해당하는 편찬원칙이 서술되어 있다(《東文選》 권 92 및 邊太燮, 〈高麗國史의 編纂內容과 史論〉, 《學術論叢》 3, 檀國大大學院, 1979 ; 앞의 책, 168~171쪽).

의 사실로 참의한 것은 개서한다는 원칙은 원종 이전의「宗」이라 칭한 왕의 묘호를「王」으로 고치고,「節日」은「生日」,「詔」는「敎」,「朕」은「予」로 낮추어 쓴다는 것으로, 여기에서 찬자들의 유교적이며 명분적인 성향을 찾을 수 있다. 이는 원나라 간섭 이후 고려의 국사편찬의 성향을 계승한 것으로 당시 편찬자들의 주체의식의 결핍을 보여주는 것이다.

《고려국사》에 실렸던 사론은《고려사절요》에 '史臣曰'로 인용되어 57편이 전하고 있다. 이 중 역대 왕에 대한 평가인 贊은 정도전의《經濟文鑑》에 있는 내용과 일치하는 것이 많으므로, 이 부분은 정도전이 쓴 것으로 생각되며, 57편의 사론 중에는 정도전과 함께 당시 편찬의 중심인물인 정총이 쓴 것도 있을 것이다. 그리고 이들 사론에는 고려왕조를 비판하고 무신정권을 비판하는 문신중심적 경향을 보이며, 불교를 배척하고 유교윤리와 사대외교를 옹호하는 주장을 하고 있어 조선 초기 사대부들의 성리학적 사상경향을 대변하고 있다. 그리고 군주의 어진 정치와 덕스러운 정치가 강조되었고, 재상과 대간의 직책이 중요하다는 것을 강조함으로써 왕도정치와 재상중심의 정치를 강조하였다.[36]

이 책의 편찬에 이용된 자료는《高麗實錄》, 이제현의《史略》, 李仁復·李穡의《金鏡錄》, 민지의《編年綱目》, 고려 말기 사관들이 써놓은 史草들이었다. 그러나《고려실록》은 충실하게 이용하지 않은 것으로 보인다. 이 책은 그 내용이 소략하고 인물평가가 공평하지 못하며, 내용을 잘못 기술한 곳이 있고, 역사기술에 과거에 썼던 칭호를 개서한 점, 조선건국을 조선 태조 중심으로 서술하지 않고 정도전을 중심으로 하는 등 사대부의 역할이 너무 강조되었던 점 등이 문제가 되어 개수되었다. 이 밖에도 태종이나 태종대 재상의 자리에 오른 하륜의 정도전에 대한 좋지 않은 감정이 개찬 이유의 하나일 것이다.

사학사적으로 볼 때, 이는 전 왕조의 역사를 정리하여야 할 새 왕조의 임무를 수행하여 고려시대 전체의 역사를 완성한 첫 사서였다. 그리고《고려국사》에는 고려멸망의 당위성과 조선건국의 합리화를 시도한 특징과 통치이념을 정립하려는 수찬자의 목적의식이 강렬하게 나타나 있다.[37] 또 무엇보다도

36) 邊太燮, 위의 책, 171~180쪽.
37) 鄭求福, 앞의 글(1976), 218~219쪽.

이 책은 이후 고려사 편찬의 기본적인 틀을 만들었으며, 《고려사절요》의 모체가 되었다는 점에서 그 의의를 찾을 수 있다.

나. 《수교고려사》

세종은 즉위할 때부터 부왕이 관심을 가졌으나 미처 완성하지 못한 고려사의 개수작업에 지대한 관심을 보였다. 즉위년(1418) 12월에 《고려국사》는 없는 것만 못하다고 비판하였으며[38] 다음해인 원년 9월에 유관과 변계량으로 하여금 고려사를 개수하도록 하였다.[39] 이에 세종 3년 정월 30일 개수된 고려사가 왕에게 상진되었다. 이 때의 개수목적은 사신의 사초에 다르게 기록된 사실을 바로 잡고, 정도전이 다 고치지 못한 참월한 용어를 변개하는데 있었다.[40] 편찬체재나 용어의 변개에는 변계량의 주장이 크게 반영되었다.

그러나 세종 5년 12월 젊은 사관안 李先齊·梁鳳來·鄭賜·康愼·裵寅·金張 등에 의해 당시의 관제와 칭호를 변개하여 그 實을 없애서는 안된다는 주장이 있었던 바, 세종은 변계량의 반대에도 불구하고 유관과 윤회에게 명하여 변개된 참월한 명칭을 당시 원상태로 직서하여 사실을 보존하도록 하였다.[41] 이 개수작업은 세종 6년 8월에 《讐校高麗史》로 완성되었다.[42] 그리고 세종은 윤회에게 명하여 정총이 쓴 《고려국사》의 서문도 고치도록 하였다.[43] 이에서 보듯이 유관과 윤회의 개수작업은 변계량이 개칭한 참월한 명칭의 개칭에 그친 것으로 보인다. 그러나 《수교고려사》도 반포되지 못하였다. 세종 7년 12월 변계량의 강력한 반대와 이를 지지한 卓愼의 주장으로 《수교고려사》에 윤회의 서문을 붙이는 것이 보류되었다.[44]

《수교고려사》는 세종의 명을 받고 상진되기까지 8개월밖에 걸리지 않았으므로 변계량이 개칭한 용어를 직서하는데 그친 것으로 보인다. 그러나 참월한 명칭의 직서문제가 일단 《수교고려사》를 통하여 해결되었으며, 이후 직서

38) 《世宗實錄》 권 2, 세종 즉위년 12월 경자.
39) 《世宗實錄》 권 5, 세종 원년 9월 임술.
40) 《世宗實錄》 권 11, 세종 3년 정월 계사.
41) 《世宗實錄》 권 22, 세종 5년 12월 병자.
42) 《世宗實錄》 권 25, 세종 6년 8월 계축.
43) 《世宗實錄》 권 30, 세종 7년 12월 임신.
44) 위와 같음.

주의는 권제의 《高麗史全文》을 거쳐 《고려사》로 계승되었다.

다. 《고려사전문》

참월한 용어에 대한 《수교고려사》의 직서주의가 변계량 등에 의해 좌절된 후, 세종은 《고려사》가 완성되지 않은 책이라고 인식하였다.[45] 따라서 세종 13년(1431) 경연석상에서 《고려사》가 「宗」을 「王」으로 고쳐 써서 그 진실하지 못한 점이 많으니 《태종실록》의 수찬작업이 끝나는 대로 《고려사》를 개수하고 싶다[46]는 뜻을 밝혔다. 그러나 개수를 위한 간헐적인 정지작업을 거친 후[47] 본격적인 개수작업은 세종 20년부터 시작되었다. 그 해 3월 許詡가 고려사를 기전체로 쓸 것을 건의하자 권제가 반대하여 체재에 대한 논란이 있었고,[48] 이어 7월에는 우왕과 창왕의 칭호서술에 대한 문제가 제기되었다.[49] 그리고 세종 21년에는 王氏가 「龍孫」이라는 것을 그대로 사책에 편찬해 넣도록 하였다.[50] 그리하여 세종 24년 8월에 신개와 권제 등에 의해 상진되었다.[51] 개찬작업에는 신개와 권제 이외에도 安止·南秀文·李先齊·鄭昌孫·辛碩祖·魚孝瞻 등 젊은 사관들이 참여하였다.[52] 편찬에 이용된 자료는 세종 6년에 편찬된 《수교고려사》를 기초로 하여 《고려실록》과 문집 등이 이용되었으므로 직서주의의 편찬원칙과 편년체의 서술체재에 따라 이루어졌다. 이를 일명 《權草》·《紅衣草》라고도 하며 혹은 《高麗史全文》이라고도 하였는데,[53] 현전하지 않는다.

이 책에서 보완 개수된 것은 크게 두 가지로 첫째 《고려사전문》이라는 명

---

45) 《世宗實錄》 권 50, 세종 12년 11월 경신.

46) 《世宗實錄》 권 51, 세종 13년 정월 경인.

47) 그것은 세종이 춘추관에 전지하여 고려사의 편찬에서 편년체의 장점을 주장한 점을 들 수 있다(《世宗實錄》 권 57, 세종 14년 8월 병신).

48) 《世宗實錄》 권 81, 세종 20년 3월 을사.

49) 《世宗實錄》 권 82, 세종 20년 7월 경인.

50) 《世宗實錄》 권 84, 세종 21년 정월 신묘.

51) 《世宗實錄》 권 97, 세종 24년 8월 기해.

52) 《世宗實錄》 권 123, 세종 31년 2월 계유에 《高麗史全文》의 찬자들을 처벌하는 내용의 기사를 통하여 알 수 있다.

53) 《成宗實錄》 권 138, 성종 13년 2월 임자. 한편 이 때 梁誠之가 《高麗史全文》의 간행을 건의한 점으로 보아 그 뒤에 같은 편년체로 편찬된 《高麗史節要》의 반포에도 불구하고 이를 보완할 수 있는 내용이 상당히 수록되었던 것으로 판단된다.

칭에서 보여지듯이 《고려실록》을 통하여 소략한 기사를 많이 보충하여 그 내용을 풍부히 하였다는 점, 둘째 고려왕조에서 사용된 용어를 원래의 기록대로 직서하였다는 점이다. 이에 따라 이전의 고려사 기술에는 왕을 칭하지 않고 禑·昌이라고 썼는데, 《고려사전문》에서는 표제를 廢王禑·昌이라고 기록하고 재위 때의 기사에서는 당시 신하들이 칭한 「王」 또는 「上」을 그대로 쓰게 하였다.[54]

그런데 그 체재에 대하여 기전체로 편찬되었을 것이라는 설도 있으나, 《고려사전문》은 편년체로 편찬되었다. 세종 20년 3월의 기사를 보면 승지 허후가 이제현의 《사략》 이후 고려사의 편찬이 편년체로 이루어졌는데, 중국의 역대 사서가 모두 기전체로 편찬되었다는 사실을 들어 기전체로 할 것을 건의하자, 세종은 권제를 불러 견해를 물었다. 그는 고려사의 본래 사료가 소략하기 때문에 기·전·표·지로 나누어 기술한다면 역사서의 체재를 갖추기 어렵다고 반대하였다.[55] 이러한 사실로 미루어 볼 때 《고려사전문》은 편년체로 편찬된 것이 분명하다.

이와 같은 경위로 잔신된 《고려사전문》은 세종 30년에 일단 인출되었으나, 교정과정에서 인물평가가 공정하지 못하다는 점이 제기되어 반포가 중단되었다.[56] 그리하여 세종 31년 정월 김종서·정인지·이선제·정창손 등에게 개찬을 명하였다.[57] 뿐만 아니라 이러한 역사편찬이 공정하지 못하다는 문제는 편찬에 참여한 권제·안지·남수문 등을 처벌하는 옥사로까지 확대되었다.[58] 요컨대 《고려사전문》은 舊史의 오류를 시정하고 그 내용을 상세히 보충하였으나, 수사에 공정하지 못한 점이 많아 결국 반포가 중지된 것이다.

이 책의 문제점은 권제가 개인적 情理에 따라 사실을 증감한 점, 남의 청탁을 받고 고쳐 쓴 점, 자기 조상에 대한 기술이 사실과 다르게 기록된 점 등이었다. 결국 《고려사전문》은 편년체의 역사서로 내용이 크게 보완·시정되었으나 역사서술이 공정하지 못하다고 하여 반포되지 못하였다.

54) 《世宗實錄》 권 82, 세종 20년 7월 경인.
55) 《世宗實錄》 권 81, 세종 20년 3월 을사.
56) 《成宗實錄》 권 138, 성종 13년 2월 임자.
57) 《世宗實錄》 권 123, 세종 31년 정월 기유.
58) 《世宗實錄》 권 123, 세종 31년 2월 계유.

라. 《고려사》

세종은 《고려사전문》이 찬진되었을 당시부터 책의 내용에 불만이 있었다. 세종 28년(1446) 10월에 《고려사전문》의 고려 말기 기사에서 태조의 선대인 度祖·桓祖로부터 태조에 이르기까지의 기록에 빠진 내용이 많음을 발견하고 사초를 자세히 살펴 그 행적을 조사하도록 명하였다.59) 또 세종 30년 주자소에서 《고려사전문》을 인출한 후 반포 직전에 역사편찬이 공정하지 못하다는 말을 듣고 반포를 중지시켰다. 다시 31년 정월에 우찬성 김종서·이조판서 정인지·호조참판 이선제 등에게 고려사의 개찬을 명하였으며, 2월에는 안지를 대신하여 김종서를 지춘추관사로 명하였다.60) 그리고 같은 달에 《고려사전문》의 편찬이 공정하지 못하다는 이유로 권제·안지·남수문 등을 처벌하였다.

《高麗史》의 편찬은 《고려사전문》의 소략한 내용을 보충하고 태조의 즉위 이전까지의 기록에 빠진 내용을 보충하며, 권제가 서술한 공정하지 못한 내용을 수정하려는 데에서 시작하였지만 편찬과정에서 다시 서술체재 문제가 제기되었다. 세종 31년 춘추관에서 고려사 개찬을 논의하는 가운데 신석조·崔恒·朴彭年 등은 기전체가 사적을 갖추어 실어 조리가 관통하므로 기전체의 본사와 편년체의 편년사 두 개의 고려사 편찬을 주장하였으며, 어효첨·金係熙·李勿敏 등은 기전체는 쉽게 성취하기 어려우며 필요하면 후일을 기다리자고 하였다. 이에 김종서와 정인지가 두 의견 모두를 세종에게 올려 세종은 편년체를 좇았으나, 결국 김종서와 정인지가 동궁을 움직여 기전체로 윤허를 받았다.61) 서술체재에서 종래의 편년체를 대신하여 기전체를 채택함으로써 《고려사》의 내용이 대폭 증가되었다.

이후 김종서 등에 의해 고려사가 편찬되어 문종 원년(1451) 8월에 세가 46권·지 39권·연표 2권·열전 50권·목록 2권 등 총 139권의 《고려사》가 왕에게 바쳐졌다.62) 그리고 이의 간행은 단종 즉위년(1452) 12월 춘추관에서 《고려사》의 인출을 청하여 왕이 따랐다는 기사가 있으나,63) 단종 2년 10월

59) 《世宗實錄》 권 113, 세종 28년 10월 을사.
60) 《世宗實錄》 권 123, 세종 31년 2월 신해.
61) 《世宗實錄》 권 123, 세종 31년 2월 병진.
62) 《文宗實錄》 권 9, 문종 원년 8월 을미.
63) 《端宗實錄》 권 4, 단종 즉위년 12월 병술.

에 "《고려사》에는 사람들의 시비와 득실이 모두 기록되어 있어 皇甫仁과 김종서가 사람들이 모두 그 시비를 알게 될 것을 두려워 하여《고려사》를 조금만 인출하여 단지 내부에만 소장케 하였다"[64]는 기록이 있다. 그리고 김종서는 癸酉靖難 때 역적으로 몰려 제거되었으므로, 단종 2년 10월 李克堪의 소청으로 정인지의 이름 아래 인출되어[65] 일반에까지 널리 반포되었던 것이다. 그러므로 현재 정인지의 찬으로 되어 있는《고려사》는 김종서의 찬으로 정정되어야 한다. 그런데 단종 2년의 간행본은 현전하지 않고, 이듬해인 단종 3년 을해자로 인쇄된 주자본과 그 뒤에 중종년간에 을해자를 복각한 목판본이 세간에 전해 내려왔다.[66] 이《고려사》는 고려왕조의 역사와 문화가 기전체로 정리된 것으로, 고려시대 역사연구의 기본자료이다.

여러 번의 개찬과정을 통하여 보완된《고려사》의 내용을 살펴보면 다음과 같다. 먼저 편찬에 이용된 자료는 범례에 의하면 고려시대의 실록을 기준으로 하였고, 여기서《古今詳定禮文》·《式目編修錄》·諸家雜錄 및 諸儒文集 등이 이용되었다. 禮志에는《史編》·《周官六翼》·《式目編錄》·《蕃國禮儀》등이 이용되었으며 그 외《金龜集》[67]·《龍飛御天歌》[68] 등이 새로이 이용되었다. 또한 편찬체재가 기전체였기 때문에 기사를 여러 번 반복하여 상세히 모두 실을 수 있었으니, 천문과 오행의 변이에 대한 상세한 기록은 그 단적인 예이

64)《端宗實錄》권 12, 단종 2년 10월 신묘.

65) 단종 원년 癸酉靖難으로 김종서가 제거되고, 또한 단종 3년 사육신사건으로 말미암아,《高麗史》가 간인될 때 서문에 김종서로 기재된 것을 모두 정인지로 바꾸었으며, 사육신 사건 관련자인 허후·박팽년·유성원의 이름이 편찬자에서 삭제되었다.

66) 1908년에 일본의 국서간행회에서 활판본을 3책으로 간행하였으며, 1955년 연세대학교 동방학연구소에서는 동대학교 도서관 소장인 최한기 수택본을 3책으로 영인하고, 색인 1책을 출판하였으며, 1972년에는 아세아문화사에서 을해자 인본과 궐본인 世家의 권 19~21, 권 31, 志의 권 27·28·31·33·37을 을해자의 복각목판본에서 보충해 영인하였다. 또한 1971년에 동아대학교 고전연구실에서 11책과 색인 1책으로 국역 간행하였으며, 1958년 북한의 사회과학원 고전연구실에서도 11권의 국역본을 내었다.

67)《世宗實錄》권 65, 세종 16년 8월 경신. 이 때 세종은 고려 고사를 기록한《金龜集》新舊 2件을 춘추관에 내렸는데, 이후 고려사 편찬에 새로이 이용되었을 것이다.

68) 세종이《高麗史全文》의 내용에 불만을 표시하는 가운데 桓祖가 만호로 삭방에 부임할 때 대간이 그만두게 청한 사실이《용비어천가》에 첨입되었다고 지적한 점 등을 들 수 있다(《世宗實錄》권 114, 세종 28년 10월 을사).

다.[69] 따라서 그 당시에 구할 수 있는 최대한의 자료를 빠뜨리지 않고 거의 모두 수록하였다고 생각된다. 또한《고려사》에서는《고려국사》이래의 편찬 과정에서 크게 문제되었던 인물평가에 대하여도 객관적으로 개서하여 한 개인에 대한 칭찬과 비판의 자료가 있을 때에는 이를 모두 기재하였다.[70] 고려말에 의리를 지킨 鄭夢周·金震陽·崔瑩·李穡·李崇仁 등에 관한 기록에서 비판의 자료뿐 아니라 호의적인 평가도 동시에 담고 있어 조선건국자와 견해를 달리한 인물도 객관적으로 기술하였음을 보여주는 좋은 예가 된다.

《고려사》편찬에 참여한 인사들을 정확히는 알 수 없다. 다만《고려사》에는 32인의 수사관의 명단이 기록되어 있으나, 실제로 참여한 사람의 수는 이를 훨씬 상회하였을 것이다. 왜냐하면 김종서·유성원·박팽년·허후 등은 이후의 사건으로 인하여 간행할 때에 명단에서 빠졌기 때문이다. 편찬의 분담에 있어서 기사를 빼거나 보태는 것은 고위책임자였던 김종서·정인지·허후·金銚·이선제·정창손·신석조 등이 담당하였다.[71] 그리고 열전은 최항·박팽년·신숙주·유성원·이극감 등이 맡았고, 세가와 지·연표는 盧叔仝·李石亨·金禮蒙·李芮·尹起畎·尹子雲 등이 담당하였다.[72] 그 외 지리지는 梁誠之가 관여하였던 것으로 알려지고 있다.[73]

《고려사》에 실려있는 범례 5조를 통하여 세가·지·연표·열전·논찬에 대한 서술원칙을 알 수 있다.[74] 그것을 보면 본기는 제후의 격에 맞는 세가로 하여 명분을 바로잡는다고 언급하고, 세가를 쓰는 법은《漢書》와《元史》에 따라 사실과 언사를 모두 기술한다는 것이다. 그 명칭을《삼국사기》에서는「본기」라고 한 데 대하여《고려사》에서「세가」로 정한 것은 현실적으로 당면해 있던 대명관계에 대한 의식이 작용한 것으로 보인다. 그리고 세가의 서술은

69)《고려사》의 개수과정에서 제기된 災異의 皆書문제는 邊太燮, 앞의 책, 25~26쪽 참조.

70) 邊太燮, 위의 책, 26~35쪽.

71)《文宗實錄》권 8, 문종 원년 6월 임오조에는《高麗史》曆志에 대한 논의과정에서 편찬의 기본적인 원칙과 방향을 정하는 과정이 묘사되어 있다.

72)《文宗實錄》권 12, 문종 2년 2월 갑신.

73) 韓永愚,《梁誠之의 社會·政治思想》(《歷史教育》17, 1975 ;《朝鮮前期社會思想研究》, 知識産業社, 1983), 170쪽.

74) 이하 범례의 내용은《高麗史》〈纂修高麗史凡例〉와 邊太燮, 앞의 책, 44~58쪽 참조.

범례에서 《한서》를 언급하고 있으나 기본적인 모범은 《원사》라고 할 수 있다.

세가의 범례에서는 宗·陛下·太后·太子·節日·制·詔를 칭한 경우는 비록 참유한 것이지만 당시에 칭하였던 대로 기록하여 사실을 보존한다고 쓰고 있다.[75] 고려말 민지·정가신·이제현 등에서 비롯하여, 조선 초기의 정도전·변계량 등은 이를 제후국의 칭호에 맞도록 낮추어 썼다. 그런데 그 당시의 기록대로 직서한다는 원칙은 젊은 修史官들의 요청을 세종이 채택한 것이다. 이는 조선의 국가적 자주성을 회복하기 위한 문화적 기반을 마련한 것이라 할 수 있다. 또 범례에서는 圓丘에서의 祭天·籍田·燃燈會·八關會 등 매년 치러지는 행사에 대한 첫 기사는 기록함으로써 그 예를 나타내되, 왕이 직접 참여한 경우는 반드시 기록한다는 원칙을 제시하였다. 그리고 고려왕실의 世系에 대해서는 黃周亮이 찬한 실록에 의거하여 3대를 추증한 것을 사실로 취하여 쓰고, 다른 기록에 전하는 것은 별도로 첨부한다는 원칙을 제시하였다. 《고려사》에서는 태조의 세계를 목록 앞에 별도로 붙이는 특이한 방식을 취하였는데, 이는 《고려사》가 기준으로 한 《원사》와는 다른 점이다. 또 세계에서는 정사인 실록기사를 따르면서도 이와 다른 내용을 전하는 김관의의 《편년통록》의 내용이나 민지의 《편년강목》의 이설까지도 버리지 않고 싣고 있어, 여기에서도 《고려사》의 찬자가 문헌을 중시하는 서술태도를 확인할 수 있다.

志의 기술 원칙으로는, 중국 역대사의 지가 왕조마다 각기 다르고 특히 《唐書》의 지에는 사실에 따라 조직하여 편을 이루어서 고핵하기 어려우므로, 사실을 분류하여 기술한 《원사》에 의거한다는 것과 자료로서 《고금상정예문》·《식목편수록》 및 여러 사람의 잡록을 취하였다는 점을 밝히고 있다. 실제로 《고려사》 지는 天文志 3권·曆志 3권·五行志 3권·禮志 11권·樂志 2권·輿服志 1권·選擧志 3권·百官志 2권·兵志 3권·刑法志 2권으로 구성되어 있어, 《원사》를 참조하여 지를 설정하였음을 알 수 있다. 그리고 예지가 차지하는 분량이 많은 것은 《고금상정예문》의 자료를 옮긴 데에 기인하며, 형법지는 주로 《식목편수록》의 자료를 바탕으로 기술된 것으로 추정된다. 지에는 각기 그 서문이 있고, 지는 다시 세부 내용별로 항목을 구분하여 서술하고 있다. 항목별로 편찬한 기사는 먼저 연월이 없는 일반적인 기사를

75) 조선 초기 이래 직서문제의 경과에 대하여서는 邊太燮, 앞의 책, 36~39쪽 참조.

싣고, 연월이 기록된 구체적인 역사사실을 기술하였다. 그런데 서문과 각 항목의 일반적인 기사는《고려사》찬자가 쓴 문장으로, 이는 자료로서의 고려시대의 역사내용과는 구별되어야 할 것이다. 이는 고려시대에 대한 조선 초기 집권 사대부들의 상식을 기술한 것으로《고려사》찬자와 역사의식과 고려사에 대한 이해태도를 살필 수 있는 귀중한 자료라 할 수 있다. 대체로《고려사》찬자는 고려의 통치제도가 당나라 제도를 모방하였다고 파악하고 있으며, 고려는 초창기부터 발전하다가 무인집권을 계기로 통치제도가 붕괴되어 말기에 이른다는 견해를 보이고 있다.

表에 관한 범례에서는《삼국사기》에 따라 오직 연표만을 작성한다고 밝혔다. 실제《고려사》연표의 서문 및 내용에서도《삼국사기》의 것을 참고하였다. 그리고《고려사》연표 서문에서 태조가 신라를 항복시키고 백제를 멸망시켜 삼한을 통합하였다고 서술하고 있는데, 이것은 고려가 고구려의 후계자임을 밝힌 것으로 조선 전기 지식인들의 고려시대관을 엿볼 수 있다. 연표에서는 중국과 우리 나라의 연표를 대조시키면서, 우리 나라 연표에는 왕의 즉위사실, 외국연호의 사용, 왕을 책봉하기 위해 왔던 중국사신의 기사, 반역자의 기록, 집정무인의 교체사실 등 중요한 정치적 사건이 기록되어 있으며, 특히 중국과의 외교관계를 중시하는 편찬태도를 보이고 있다. 그리고 반역열전에 기술된 우왕과 창왕의 경우, 연표에서는 원년 이하 재위연표를 다른 왕과 똑같이 만들고 단지 신우·신창으로 표기했을 뿐이다. 이러한 차이의 원인은 세가·열전과 연표의 작성이 서로 다른 사람에 의하여 이루어졌다는 점과 연표가 갖는 특수성에서 찾을 수 있다.

列傳의 범례에서는 열전의 구성과 입전의 원칙을 밝혔다. 열전의 구성 순서는 后妃傳·宗室傳·諸臣傳·叛逆傳의 차례로 수록하였으며, 특별한 업적이 없는 경우에는 부자를 같은 전에 합쳐 실린다는 것, 우왕·창왕은 역적인 辛旽의 자손이므로 이들의 16년간의 역사는《한서》王莽傳의 예에 따라 열전에 써서 역적을 토죄하는 뜻을 밝힌다는 원칙을 제시하였다. 열전은 후비전 2권, 종실전 2권, 제신전 29권, 良吏傳·忠義傳·烈女傳이 합 1권, 方技傳·宦者傳·酷吏傳이 합 1권, 嬖幸傳 2권, 姦臣傳 2권, 반역전 11권, 총 50권으로서《고려사》전체의 3분의 1이 넘는다. 이는 770인이 입전되고 다시

238인이 붙여져 모두 1,008인의 기록이 수록되어 있는 거대한 전기집이다.[76] 실제 열전의 분류방식은 《원사》에 가장 가까우며, 또한 《宋史》도 참조하였다. 우왕·창왕을 반역열전에 넣은 것은 조선건국자들의 정치적 이해 관계와 조선건국의 합리화라는 정치적 목적이 반영된 것이다. 열전에도 《고려사》 찬자들이 직접 쓴 서문이 있는데, 이를 통하여 그들의 역사관과 고려사에 대한 인식태도를 알 수 있다.

論贊의 원칙을 밝힌 범례에서는, 중국의 역대사서의 경우 기·전·표·지의 말미에 찬자들이 사론을 썼지만, 《고려사》에서는 《원사》에서 논찬을 쓰지 않는 방식을 취하되, 세가에서만은 이제현 등의 찬이 있는 경우에는 이를 인용하였다고 쓰고 있다. 실제 《고려사》에서는 왕의 업적을 칭찬한 찬 가운데, 태조에서 숙종까지는 이제현의 찬 15편을, 이후의 왕에 대하여서는 당시 고려실록 편찬자들의 찬 4편과 정도전·정총 등의 찬을 '史臣撰'이라 하여 14편을 인용하여 총 33편의 찬을 세가에만 실었다. 그러나 예외적으로 《고려사》 찬자들이 쓴 유일한 사론이 세계 말미에 붙여졌다.[77] 또한 조칙과 상소문은 그 내용을 분류하여 각 지에 싣고 나머지는 세가와 전에 실었다는 원칙과 유가의 문집과 잡록의 사적 중 실을 만한 내용이 있는 것은 뽑아 보탰으며, 制·詔·表·冊의 글 중 내용이 없는 번잡한 문장은 삭제하였다는 원칙을 범례에서 밝히고 있다.

《고려사》 편찬에 있어서의 문제점을 살펴보면 다음과 같다. 《고려사》에서는 직서주의를 원칙으로 삼으면서도 왕의 연대표기에서는 왕이 즉위한 해를 원년으로 칭하였던 우리의 전통적인 관례가 유교명분에 맞지 않는다고 하여 그 다음해를 원년으로 기술하였다. 이러한 유년칭원법에 의한 《고려사》의 역사기술은 당시의 금석문 기록이나 문집의 기록과 1년의 연대 차이를 가져오는 결과를 낳았다. 그리고 조선 초기의 편찬자가 자신이 살고 있던 시대의 사대적인 대외관계가 가지는 성격을 그대로 고려시대에 적용해 자주적인 독립국가로서의 고려를 제후국가의 역사로 변개함으로써 역사기록이 고려 당시의 역사적 현실과는 유리된 결과를 낳았다. 또한 《고려사》는 기전체이므로

76) 邊太燮, 앞의 책, 55쪽.

77) 《高麗史》 세가에 기술된 사론은 모두 34편이다.

사건내용을 분류하여 기록하였다. 따라서 열전이나 지에서 정확한 연대를 기록하지 않았거나 잘못 기록한 예도 적지 않다.

지는《원사》의 서술방식을 취하였는데 찬자들의 역사인식의 한계성으로 인하여 고려의 정치제도와 풍속 등에 대해 잘못 서술한 부분이 있었다. 즉 고려의 통치제도와 풍속의 밑바탕에는 당과 송의 제도, 그리고 전통적인 유제가 깔려 있는데, 이를《원사》에 기준하여 서술함으로써 고려의 제도가 갖는 전통적인 성격을 이해하지 못하고 당의 제도만을 수용한 것으로 이해되는 한계를 보였다. 형법지·식화지·병지의 서문과 연월의 기록이 없는 기사를 서술하면서 사실과 다르게 기술한 것은 이러한 예에 해당된다. 또한 지 가운데 禮志 등은 평면적 기술을 하였다는 것이 문제점으로 지적된다. 이는 당시 남아 있던《고금상정예문》을 그대로 전재한 데서 생긴 것으로 이해된다.

열전은《원사》를 준거로 하여 편찬되었음에도 불구하고 隱逸傳과 釋老傳을 설정하지 않았다. 고려가 불교를 지배적인 이데올로기로 채택하였던 만큼《고려사》를 편찬할 당시만 하더라도 고려의 훌륭하였던 고승들에 대한 자료는 매우 많았을 것임에도 불구하고 이를 설정하지 않았다. 이것은 젊은 수사관들의 사상적인 편협성에 기인하는 것으로 이해되며, 이는 고려시대의 많은 문화내용을 전하지 못하는 결과를 초래하였다. 이러한 점은《삼국사기》에서도 마찬가지였는데, 이는《고려사》가 유가중심적인 역사편찬을 지향하고 있음을 보여준 것이다. 또한 열전이나 지의 서술을 위하여 민간자료를 수집하는 노력을 하지 않았다는 점도 자료집으로서의 커다란 결함으로 지적된다. 비문이나 고문서, 문집 등을 수집하였다면 현재의《고려사》보다 훨씬 더 풍부한 자료를 실을 수 있었을 것이다.

《고려사》찬자들의 고려시대에 대한 역사관은 초기에는 당의 정치·군사·토지제도를 받아들여 발전된 국가체제를 성립시켰으나, 무신집권으로 국가제도가 무너짐으로써 고려사회는 파탄에 이르렀다는 것이다. 그리고 그러한 무신집권의 폐단은 고려멸망의 원인으로 인식되었다.[78] 이러한 인식은 왕조가 건국·쇠퇴·멸망한다고 본 점에서 왕조순환사관이라 할 수 있다. 또 찬자들

78) 이러한 고려왕조관은 각 지와 열전의 서문에 드러나 있으며, 특히〈進高麗史箋〉에는 이러한 관점이 집약적으로 나타나 있다.

은 역사를 움직이는 것을 왕과 왕의 정치를 보필하는 신하, 그리고 통치제도로 파악하였다. 이는 편년체로 쓴 역사가들의 역사관에 비하여 역사를 보다 구조적인 측면에서 보려 한 관점이라 할 수 있다. 그러나 찬자들은 비록 지배자 중심으로 역사를 보았지만 신하는 충직하고 현명한 자가 발탁되어야 한다고 본 점에서 고대의 군주 중심의 권위주의적 역사관이 한층 발전된 것이었다. 또한 무신들의 소임을 낮게 보고, 역사를 문신 중심으로 보았다. 그리고 왕조를 유지하려면 군주는 외교관계를 잘 유지하여야 한다고 생각하였다. 이러한 《고려사》 찬자들의 역사관은 수사관의 공통적인 역사관으로, 넓게 말하여 정치적인 교훈을 주려는 중세적인 합리주의 유교사관이라 할 수 있다.

마. 《고려사절요》

《高麗史節要》는 기전체 《고려사》가 편찬된 직후, 이전의 편년체 고려사의 전통을 이어 고려왕조의 역사를 편년체로 정리하여 찬진되었다. 편년체의 역사 편찬을 시도한 이유로는 두 가지를 들 수 있다. 그 중 하나는 이전의 《고려사》 편찬과정에서 편년체의 사서들이 계속 개찬되어 왔으므로 그 편찬이 용이하였기 때문이라는 점과, 다른 하나는 기전체의 역사가 읽기에 매우 불편하였으므로 읽히기 위한 역사로서 편년체의 역사편찬이 필요하였다는 점을 들 수 있다.

문종 원년(1451) 8월에 《고려사》 편찬이 완료되어 왕에게 바치는 자리에서, 김종서는 기전체의 《고려사》는 열람하기 불편하니 새로이 편년체의 사서를 편찬할 것을 건의하여 승낙을 받았다. 이전 작업의 축적으로 개찬작업이 그다지 어렵지 않아 《고려사》가 편찬된 지 5개월 만인 문종 2년에 총 35권으로 이루어진 《고려사절요》가 김종서 등에 의하여 찬진되었다.[79] 그리고 《고려사절요》는 편찬이 완료된 다음해인 단종 원년(1453) 4월에 甲寅字로 간인되었는데,[80] 이 때 찍은 책은 35권 35책으로 장정되었다. 몇 질이 인쇄되었는지는 확인할 수 없으나 54질을 집현전에 보관하였고,[81] 네 곳의 史庫와 문

---

79) 《文宗實錄》 권 12, 문종 2년 2월 갑신.
80) 단종 원년의 갑인자 초판본은 일본 蓬左文庫에 소장되어 있으며, 규장각에도 일부 소장되어 있다.
81) 《端宗實錄》 권 7, 단종 원년 7월 정축.

헌관계의 관청과 관료에게 배포되었을 것이다. 그러나 단종 원년 4월에 인쇄된《고려사절요》의 廣布를 둘러싸고 찬반양론이 있었다. 즉 그 해 7월 성삼문은 광포를 주장하였고,[82] 단종 2년에 이극감이《고려사》의 광포를 주장하면서, 김종서가《고려사》의 인물에 대한 시비득실을 두려워하여 소량만 인출하여 내부에 두고《고려사절요》만을 인출하였음을 비난한 사례에서[83] 알 수 있다. 이 책은《고려사》와 더불어 고려시대를 연구하는 데에 중요한 사서로,[84] 비록「節要」라는 명칭이 붙여지기는 하였으나 결코《고려사》를 줄인 책이 아니라 서로 보완 관계에 있는 사서이다.

《고려사절요》가 이처럼 짧은 시간 안에 편찬된 것은 기왕에 편년체로 된 서적이 있었기 때문이다. 즉 윤회의《수교고려사》나 권제의《고려사전문》은 비록 내용상의 문제로 유포되지 못하였지만, 두 책 모두 편년체 사서로서《고려사절요》를 편찬하는데 기본자료로 이용하였을 것이다. 그 중에서도 가장 상세한《고려사전문》을 기본자료로 이용하였을 것으로 추정된다.《고려사절요》의 기본자료로《수교고려사》를 들고 있기도 하나,[85] 이러한 견해는 세종 24년(1442)에 권제에 의하여 편찬된《고려사전문》을 친왕적인 사서라는 정치적인 면으로 파악한 점과 세조 4년(1458) 왕명에 의해 이를 교정한 것을 성종 13년(1482) 양성지가 간행하기를 청하였다는 점에 주목한데 기인하는 것으로 생각된다. 그러나《고려사전문》을 재간행하자는 것은 무엇보다도 내용이 훨씬 상세하고 많은 자료를 모았기 때문으로 생각된다.

《고려사절요》를 편찬한 수사관은 김종서, 정인지, 이선제, 신석조, 신숙주, 김예몽, 양성지, 이예, 金之慶, 金閏福, 이극감, 尹起畎, 朴元貞, 洪若治, 李孝長, 全孝宇, 金勇, 韓瑞鳳, 허후, 박팽년, 유성원, 李季甸, 金孟獻, 金礩, 李翊, 李尹仁, 尹子榮, 金漢啓 등 모두 28명이고, 그 중 7명이 고려사를 편찬한 사

82) 위와 같음.

83)《端宗實錄》권 12, 단종 2년 10월 신묘.

84)《高麗史節要》는 성종시대(1470~1494)에 을해자로 다시 간행되었다. 1932년 조선사편수회에서 규장각본(을해자본)을 대본으로 영인한바 있고, 이는 1960년에 동국문화사에서 다시 영인되었다. 같은 해 일본 학습원 동양문화연구소에서는 봉좌문고본을 영인하였으며 이를 대본으로 다시 아세아문화사에서 영인 출판한 바 있다. 1968년에는 동국문화사본을 이용하여 민족문화추진회에서 국역본이 나왔다.

85) 韓永愚, 앞의 책(1981), 93쪽.

람과 다르다.[86] 이는 편찬이 완료되기 전에 직책이 바뀌었던 데에 기인하는 것으로 그들은 하위급의 春秋館 記事官이 대부분이었으며, 편찬의 핵심적인 위치에 있었던 이들은 두 사서의 편찬에 계속 참여하였다. 그리고 두사서 편찬에 모두 참여한 사람은 21명[87]으로, 정치적 입장에서는 그다지 큰 변화를 보이지 않으며, 다만 편찬목적에 따른 사료의 선택이 상이한 방향에서 이루어짐에 따라 두 사서는 내용상 상당한 차이를 나타낸 것으로 보인다. 단《고려사》는 修史의 주체가 군주였기 때문에 군주 중심의 경향이 강하고,《고려사절요》는 주체가 신료였기 때문에 신료중심의 사서로서의 성격을 띤다는 설도 있다.[88]

《고려사절요》의 범례는 모두 4개항으로 되어 있다. 첫째는 治亂興亡에 관계있는 기사로서 감계가 될 수 있는 기사는 상세히 기술했으며, 기타는《고려사》에 실렸으므로 간략히 처리한다는 원칙이다. 이는 모든 자료를 다 실으면 사건의 추이를 이해하는 데에 오히려 방해가 되므로 치란흥망과 관계가 없는 기사는 삭제하여 그 요강만을 기록한다는 것과 정치적 교훈을 주기 위한 목적에서 편찬한다는 편찬목적을 밝힌 것이다.

둘째는 편찬원칙을 적은 것으로 왕과 왕실에 관련된 용어는 비록 참유하더라도 이를 직서한다는 직서주의 원칙을 천명하면서, 기사를 싣고 뺀 것을 항목별로 제시하였다. 즉 조회·제사의 평상적인 일은 이를 거행하지 못하였을 때에만 기록한다. 단 임금이 직접 참여한 제사는 기록한다. 임금이 사찰에 행차하거나 보살계를 받고 도량을 연 것은 당시 군주들의 일반적인 행사였기 때문에 번거롭게 다 쓰지 않고 각 왕의 처음 기사만 쓴다. 단 飯僧이 천여 명에 이르러 곡식을 많이 소비한 경우는 반드시 쓴다. 상국의 사신 왕래는 번거롭더라도 반드시 쓴다. 災異의 기사는 작은 일이라도 반드시 쓴다. 왕이 사냥나간 일과 연회를 연 것은 반드시 쓴다. 대신의 임명과 파면 및 어진 선비의 관계진퇴는 상세히 쓰며, 신하들의 상소문 가운데 받아들여져 행하여진 것과 일이 절실한 내용은 상세히 기록한다. 여기에서 볼 수 있듯이

86) 그 7인은 이계전·김맹헌·김질·이익·이윤인·윤자영·김한계이다.
87)《高麗史》편찬자 명단에서 누락된 허후·박팽년·유성원을 포함하였다.
88) 韓永愚, 앞의 책(1981), 83~134쪽.

이는 후대 군주에게 교훈을 주고자 한 것임을 알 수 있다. 즉 군주는 조회와 제사를 걸러서는 안된다는 것, 불교신앙을 지나치게 해서는 안된다는 것, 중국을 존중하여야 한다는 것, 天譴이 나타나면 이를 경건히 받아들이라는 것, 유희·오락을 삼가라는 것, 대신과 현신의 대우를 잘하라는 것, 충언을 받아들여야 한다는 것을 군주에게 경계시키려 한 것이다.[89]

셋째는 우왕의 경우 王莽의 예에 따라 기년으로 표시하지 않고 갑자의 간지로 써서 참절한 죄를 바르게 한다는 원칙이다. 실제로 《고려사절요》에서는 우왕대의 기록에서 기년표시는 간지로 하고 그 아래 辛禑 몇 년으로 작은 글씨로 분주하였다.

넷째는 공양왕 원년 10월 이전은 비록 창왕이 재위하였으나, 《資治通鑑》의 원칙을 들어 정월부터 공양왕 원년으로 기술한다고 하였다. 따라서 창왕이 즉위한 해의 기사는 우왕 14년조로 기술되고 다음해는 공양왕 원년으로 기술됨으로써 창왕의 기년은 기록되지 않았다.

《고려사절요》의 편찬자들이 거의 대부분 《고려사》를 편찬한 사람들이고 그 편찬시기가 5개월 밖에 차이가 나지 않으므로, 두 사서에 나타나는 역사관은 거의 일치한다. 그러나 《고려사》가 모든 자료를 자세히 기록하려는 데에 그 목적이 있었던 것에 반해, 《고려사절요》는 후대 군주에게 정치에 참조하라는 교훈적 성격이 강하게 반영되었다는 차이를 지적할 수 있다. 이는 《고려사절요》에서 고려 전시기에 걸쳐 많은 사론을 싣고 있는 점에서도 확인된다.

《고려사절요》에는 사론을 싣는 데 대한 범례가 없으나, 《고려사》와 마찬가지로 찬자들이 사론을 써넣지 않았다. 그러나 《고려사절요》는 후대의 군주에게 정치적 교훈을 주려는 목적에서 편찬되었기 때문에 고려왕조의 실록에 수록되었던 당대 史臣의 사론, 《국사》에 실렸던 이제현의 사론, 정도전·정총 등이 《고려국사》에 써넣었던 사론 등 총 108편의 사론을 실었다. 이는 《고려사》에서 34편의 사론을 실은 것에 비하여 대단히 많은 사론을 실은 것으로 고려왕조와 조선 초기의 사학사상 연구에 중요한 자료가 된다.

《고려사절요》가 그 내용에 있어서 《고려사》보다 일반적으로 소략한 것은

---

89) 이러한 편찬원칙은 《高麗國史》의 序에 나타난 편찬원칙과 거의 같음을 알 수 있다(邊太燮, 〈高麗史·高麗史節要의 纂修凡例〉, 《韓國史硏究》 46, 1984, 55~59쪽).

분명하다. 그러나 《고려사》에서 찾을 수 없는 기록도 있으며, 특히 《고려사》에서는 한 내용이 세가·지·열전으로 나누어 기술됨으로써 연월에 관한 기록이 많이 누락된 데 비하여, 《고려사절요》의 모든 기사는 년·월·일의 순으로 기술됨으로써 이러한 점은 보다 상세히 갖추어져 있다. 그러므로 정치적 사건의 추이를 이해하는 데에는 《고려사절요》가 《고려사》보다 월등히 좋은 자료가 된다. 따라서 《고려사절요》는 《고려사》와 더불어 고려시대에 관한 중요한 사료집이며, 또한 사학사상을 연구하는 사학사연구에 있어서 중요한 가치를 지닌 사서라고 할 수 있다.

(3) 전대사의 체계적 정리

조선 초기 창업기에 이루어진 상고사에 대한 체계적 이해와 고려왕조사의 정리에는 다분히 목적의식이 강하게 작용하였다. 그리하여 편찬의 목적이 어디에 있었는가에 따라, 산출된 사서도 다양한 형태로 나타났다. 그러나 조선왕조가 어느 정도 수성기에 들어서자 고려왕조의 부정과 건국의 합리화라는 문제보다도 오히려 새 왕조의 문화적인 업적을 내외에 과시하는 것이 더 중요한 문제로 대두되었다. 당시 조선왕조의 자신감을 역사학분야에서 표현해 낸 것이 바로 《東國通鑑》의 편찬이었다. 《동국통감》에는 사실을 존중하여 기술하던 세종대의 학풍이 강하게 작용하였으며, 그리고 이전까지의 역사연구의 수준을 종합하는 한편 새로이 등장하는 신진사림들이 자신의 역사의식을 반영하여, 이후 16세기 사서편찬에 나타나는 역사의식의 원형을 이루기도 하였다. 여기에서는 우리 나라 역사를 체계적으로 정리하면서도 새로운 역사의식을 반영한 《三國史節要》와 《동국통감》을 차례로 살펴보고자 한다.

가. 《삼국사절요》

세조는 4년(1458) 9월에 문신들에게 《동국통감》의 편찬을 명하였다. 이처럼 사서의 편찬 초기에 서명이 정하여지는 것은 특이한 일이다. 이는 세종대에 《資治通鑑綱目》을 깊이 연구하여 《思政殿訓義本》을 출판해 낸 것과 《治平要覽》을 편찬한 데서 나온 중국사의 편찬에 대한 깊은 이해 위에 성립된 것이다.[90] 그런데 세조대에 부왕인 세종이 《자치통감강목》에 지대한 관심을 가

90) 鄭求福, 〈三國史節要에 대한 史學史的 考察〉(《歷史敎育》 18, 1975), 90~92쪽.

진 것에 비하여《자치통감》체재인《동국통감》을 편찬하려 한 이유로는 다음의 두가지를 들 수 있다. 하나는 우리 나라 역사가 통감형식으로 정리된 것이 아직 없다는 점과 다른 하나는 세조의 즉위과정으로 보아 그에게는 역사를 도덕적으로 평가하는 강목형식이 그다지 마음에 들지 않았을 것이라는 점이다. 세조는 이러한 지적 분위기 속에서 중국의《자치통감》에 준하는《동국통감》을 수찬하여 우리 나라의 역사를 상고 이래로 체계적으로 정리하려고 하였다.

그 때 세조는 우리 나라의 역사책은 빠진 것이 많고 체계가 잡히지 않았으므로 삼국사와 고려사를 하나의 편년으로 합쳐 편찬하되, 여러 책에서 자료를 보완하라고 명하였다.[91] 여기에서 본국의 역사기록에 탈락된 곳이 많으므로 그를 보완하여 보다 충실한 사서로 만들려 했던 것과 단대사가 아닌 상고 이래의 통사를 체계적으로 정리하려 했던 사실을 알 수 있다. 그 뒤 세조 9년 9월에 또 다시《동국통감》수찬에 대해 더욱 구체적으로 명령하였으며,[92] 양성지로 하여금 여러 유생을 데리고 편찬하게 하고, 신숙주와 권람은 이를 감수하고, 李坡는 그 출납을 맡도록 명하였다.[93]

세조의《동국통감》에 대한 높은 관심에 비해,[94] 편찬이 세조의 뜻에 만족할 만한 정도로 진척되지 않아 세조의 질책을 받기도 하였다. 그렇게 된 이유로는 편년체 역사를 편찬하는 유신들이 국가정치와 관련된 기사내용을 중시하여 불교측 자료를 배제하려 하였고, 년·월·일이 없는 황당한 설화도 취하지 않으려고 하였기 때문이었다. 그러므로 이에 대해 세조가 고대사를 단군 중심으로 편찬하려 하였기 때문이라는 주장[95]은 신빙하기 어렵다.

세조 12년 7월 이후에는 북방문제가 복잡해지면서 이에 관한 노력은 중지된 듯하다. 왜냐하면 이후《동국통감》의 편찬에 관한 기록이 전혀 나오지 않기 때문이다. 그러나 예종이 즉위하자 이 사서의 편찬에 참여한 바 있는 崔淑精은 경연에서《동국통감》의 편찬을 완결할 것을 건의하였다.[96] 예종은 이를 받아들여 편찬을 완수하도록 명하였으나, 곧 예종이 죽음으로써 편찬사

91)《世祖實錄》권 14, 세조 4년 9월 병신.
92)《世祖實錄》권 31, 세조 9년 9월 신유.
93)《世祖實錄》권 31, 세조 9년 9월 계미.
94) 鄭求福, 앞의 글(1975b), 94~99쪽.
95) 韓永愚, 앞의 책(1981), 64쪽.
96)《睿宗實錄》권 8, 예종 원년 10월 갑인.

업은 다시 중단되었다. 그 후 성종 5년(1474)에 당시 영의정으로 정무를 주도하던 신숙주에게 명하여《동국통감》의 편찬을 마치도록 하였다.[97] 신숙주는 세조대부터《동국통감》의 편찬에 참여한 바 있던 이파로 하여금 이를 완성하게 하여, 성종 7년 12월에《삼국사절요》라는 이름으로 바쳤다.[98]

이 책을 바치는 表箋文은 盧思愼·徐居正·李坡의 이름으로 지어졌으며, 서문은 서거정이 썼다. 그러나《삼국사절요》의 편찬 주역은 세조 9년《동국통감》수찬이 착수될 때부터 계속 이 작업에 종사하였던 이파였을 것으로 추정된다. 그리고 세조 이래《동국통감》이라는 명칭으로 수찬된 것은《삼국사절요》로 귀착되고,《동국통감》은 다시 성종 14년 10월 서거정의 발의로 수찬이 시작되었다.[99]

《삼국사절요》는 단군조선으로부터 삼국의 멸망까지를 다룬 사서인데 총 14권으로 삼국 이전의 상고사는 외기로서 권수 안에 넣지 않고 별도로 쓰여졌다. 그러므로 서문이나 표문에는 15권으로 되어 있으나,[100] 실제 내용에 있어서는 14권으로 편찬되었다. 세조년간에 주조된 乙亥字로 출판되었는데 대체로 성종년간의 수찬 직후에 인출된 것으로 보인다.[101]

《삼국사절요》의 체재는 편년체이다. 원래 세조대에 편찬이 시도된《동국통감》은 그 준비작업으로서 모든 자료를 연대순으로 정리하는 長編으로 만들어졌다. 그런데《삼국사절요》의 서문에서 "全史만 있고 장편과 강목이 없어도 안되고, 장편과 강목이 있고 전사가 없어도 또한 안된다. 요컨대 이 세 가지 체재는 모두 구비함이 필요하다"[102]고 하여, 기전체의《삼국사기》와 강목체의《동국사략》에 비견하는 장편체의《삼국사절요》가 필요함을 역설하였다. 그러나《삼국사절요》의 서문에서 언급한 장편은《자치통감》을 말하는

97) 申叔舟,《保閑齋集》, 文忠公行狀(姜希孟撰).

98)《成宗實錄》권 74, 성종 7년 12월 병술.

99)《成宗實錄》권 159, 성종 14년 10월 정묘.

100)《三國史節要》, 三國史節要箋(盧思愼撰). 이는 단군조선으로부터 삼한까지의 기사가 외기로 독립되어 있어 이를 따로 권수에 넣었기 때문으로 보인다.

101)《成宗實錄》권 138, 성종 13년 2월 임자조에는 梁誠之가 다른 도서와 함께《三國史節要》를 네 곳의 사고에 안장할 것을 주청하고 있는 데서 그 이전에 이미 간행한 것으로 이해된다. 그 외 다른 판본은 보이지 않으며 규장각에 있는 성종대 乙亥字本을 1973년 亞細亞文化社에서 영인하였다.

102)《三國史節要》, 三國史節要序(徐居正撰).

것으로 서문의 작자는 《자치통감》을 편찬하기 위해 많은 양의 사료를 모은 대본으로서의 《자치통감장편》과 《자치통감》을 혼동하여 쓰고 있다. 그러므로 여기서의 전사는 기전체를, 장편은 편년체 또는 통감 형식을 염두에 둔 표현으로 이해되어야 할 것이다. 《삼국사절요》의 책이름이 「절요」라는 점에서 장편의 내용을 줄인 것으로 보는 견해도 있으나,[103] 이는 《고려사절요》의 이름과 연관시키기 위하여 취해진 이름이고, 원래의 자료가 부족한 한국고대사부분에서는 「절요」라 하여도 장편에서 취합되었던 내용이 거의 대부분 그대로 실렸을 것이다. 그리고 편년체 사서이기 때문에, 윤리적인 입장에서 기사를 탈락시킨 《동국사략》이나 정치적 교훈을 위해 사건을 발췌하여 정리한 《동국통감》과는 다른 독특한 성격을 지닌다고 하겠다.

《삼국사절요》의 편찬원칙에 대하여 살펴보면 조선 초기 권근이 《동국사략》을 쓰면서 삼국시대의 「즉위년칭원법」이 예가 아니라 하여, 「유년칭원법」으로 개서하여 서술한 점을 다시 고쳐서 사실대로 직서하였다. 그리고 신라중심적인 편년체계를 수정하여 삼국사를 균등히 보아 삼국을 각각 독립된 나라의 역사로서 대등하게 다루었다. 신라가 삼국을 통일한 문무왕 9년(669) 이후부터는 신라를 정통으로 다루었고, 발해사는 제외시켰다. 한편 연대표시에서 신라와 고구려가 병존하기 시작한 신라 혁거세 21년(B.C. 37)부터 문무왕 9년의 삼국통일까지는 중국·신라·고구려·백제의 年紀를 작은 글자로 2행으로 썼으며,[104] 그 후는 신라왕의 연기를 큰 글자로 앞에 쓰고 중국 연기는 부주로 썼다. 모든 연기의 난 위에는 간지를 밝혔다. 이러한 표기방식은 조선시대의 삼국사 연기표시의 관례가 되었다.

서술내용은 《삼국사기》·《삼국유사》·《수이전》 등에서 국가정치와 관련이 되는 기록을 모두 옮겨 실었다. 특히 《삼국사기》 본기와 열전·지를 중심으로 서술하였지만, 삼국 상호간의 전쟁기사는 하나의 편년에 의하여 서술함으로써 기사의 중복을 피하였으며, 삼국간의 기사 가운데 착오가 있는 부분을

103) 韓永愚, 앞의 책(1981), 69쪽.

104) 중국의 연기를 삼국의 연기 앞에 서술한 이유를 〈三國史節要序〉에서는 천자를 높이기 위해서라고 하였으나, 그보다는 연대를 비교하는 기준의 필요성에서 고려하였을 것이다. 그것은 문무왕 9년 이후에는 중국의 연기가 부주로 처리되고 있음에서 알 수 있다(鄭求福, 앞의 글, 1975b, 105쪽).

합리적으로 처리하였다. 그리고 《삼국사기》의 지 및 열전의 내용에서 장황한 것은 세주로 처리하였다. 또 《삼국유사》 기이조에 실린 신화나 전설로 《삼국사기》의 내용과 상이한 것은 부주로 인용하였으며, 다만 단군조선에 대한 신화는 인용하지 않았다. 그 외 《동국사략》·《동명왕편》·《고려사》·《八道地理志》·《舊唐書》 등에서 널리 자료를 채록하여 서술함으로써 삼국사에 대한 인식의 폭을 넓혔다.[105] 그러나 더 많이 수록될 수 있었을 것으로 생각되는 불교사자료가 보완되지 않은 점은 당시 유신들의 유교적 역사관 때문이었다.

《삼국사절요》는 단군조선으로부터 삼국시대 말까지 우리 나라의 역사를 편년체로 서술하여 민족사의 체계를 잡은 역사서이며, 세종과 세조대 역사학의 학풍에 따라 객관적인 서술을 하여 조선시대 삼국사 서술의 기본틀을 이루었다는 점에서 중요한 의미를 지닌다. 서술면에서 볼 때 직서 위주로 서술된 점과 신라에 대한 기술이 객관적이라는 점, 세주를 적절히 이용하고 있다는 점과 사론을 붙이지 않는 점 등의 특징을 지니고 있다. 이와 같이 사실을 가능한 한 직서하려는 입장과 많은 사료를 채집하려는 점은 역사학에서 본다면 하나의 커다란 진전인 것이다.[106]

자료상으로도 《삼국사기》에 이용되지 않은 자료를 보완한 점 등이 중요한 의미를 가진다. 특히 《수이전》은 오늘날 전하지 않기 때문에 이에 인용된 자료는 귀중한 가치를 지닌다. 뿐만 아니라 현전하는 《삼국사기》의 옛 판본 중 완질을 갖춘 것으로서 제일 오래 된 것은 중종 7년(1512)에 경주에서 목판으로 찍은 것이다. 이 판본에는 많은 오자가 있음에 비하여 《삼국사절요》에서 이용한 《삼국사기》 및 그 밖에 자료는 고려시대에 간인된 것이거나 아니면 조선 태조 초년에 찍은 善本을 대본으로 이용한 것이므로, 《삼국사기》의 오자를 바로잡는데 아주 귀중한 길잡이가 된다. 그리고 《삼국사절요》는 《동국통감》 편찬에 있어서 고대사의 대본으로 이용되었다는 점이 주목된다.

나. 《동국통감》

세조대의 《東國通鑑》 수찬작업은 일단 성종 7년(1476)에 삼국시대 부분이

105) 鄭求福, 위의 글, 110~120쪽.

106) 이 책의 성격을 원래 세조가 구상한 것과는 다르게, 유교적 명분을 확립하여 사대질서를 옹호하고 신권 중심의 유교적 통치이념을 정립하려는 교훈적 의미가 강하게 반영된 사서로 평가한 설도 있다(韓永愚, 앞의 책, 1981, 66~72쪽).

《삼국사절요》로 마무리되어 그 때까지 《동국통감》 편찬의 명목으로 진행되어 온 작업은 일단락되었다. 그 후 성종 14년 10월에 서거정의 발의로 《동국통감》 편찬이 다시 시작되어,[107] 다음해인 15년 11월에 일단 완성되고,[108] 성종 16년 7월에 기존의 《동국통감》에 사론을 다시 써넣은 56권의 《新編東國通鑑》이 완성되어 찬진되었다.[109]

이 책은 우리 나라 역사에 대한 이해와 관심이 깊어져서 여러 차례 역사 편찬 사업이 이루어졌으며, 《자치통감》에 대한 이해와 연구가 깊이 이루어졌고, 15세기의 민족문화가 중국의 문헌정리 방식과 체계에 따라 부문별로 체계화하는 편찬사업이 크게 이루어졌다는 배경 속에서 편찬되었다. 특히 세조와 성종이 모두 후대의 군주와 신하에게 정치적 교훈을 주기 위한 감계서를 편찬하려는 의지를 표명하여 그 결과로 나온 것이라 하겠다.

《동국통감》의 편찬사업에 참여한 사람은 구체적으로는 알 수 없으나, 李克墩의 서문에 따르면 《동국통감》 편찬을 위한 東國通鑑廳이 설치되고 그 편찬자로는 堂上에 서거정·이극돈·鄭孝恒·孫比長·李淑瑊이 참여하였고, 郎廳職에는 金澇·李承寧·表沿沫·崔溥·柳仁洪 등이 참여하였던 것으로 보인다. 그리고 성종 16년 《신편동국통감》을 올리자, 성종이 서거정·이극돈·정효항·손비장·이숙함에게 단자 각 1필씩을 나누어주고, 낭청 표연말 등 10인에게 녹피 각 1장씩을 내려 주었다는 기사에서[110] 세조 9년(1463)의 동국통감청과 같은 기구가 이 때에도 구성되었고, 그 편찬원은 당상과 낭청으로 이루어졌음을 알 수 있다. 그리고 기사의 편찬은 이들 낭청에 의해 이루어졌을 것이며 사론의 서술도 최보·표연말 등 낭청들에 의해 초고가 작성되고, 당상관에 의해 수정·보완되는 과정을 거쳤을 것으로 생각된다.

《동국통감》의 사론에 나타나는 경향성으로 보아 당시 신진사림의 비판논

107) 《成宗實錄》 권 156, 성종 14년 7월 기미.
108) 《成宗實錄》 권 172, 성종 15년 11월 병신.
109) 《成宗實錄》 권 181, 성종 16년 7월 갑술. 현재 《東國通鑑》의 간본으로는 성종대 校書館에서 간행한 주자본과 평양과 대구의 감영에서 간행한 목판본이 있다. 한편 일본에서 1666년 필사본이 전하고 있다. 그리고 1911년 光文會와 1912년 조선고서간행회에서 신활자본으로 출판하였으며, 景仁文化社에서 광문회본을 다시 영인하여 널리 보급되어 있다. 그리고 1914년 조선연구회에서 일어 역문본을 출판하였다.
110) 《成宗實錄》 권 181, 성종 16년 7월 갑술.

조와 일치하고 최보의 문집에 그가 작성한 사론이 실려있는 점을 통하여 신진사림들이 사론을 쓴 것을 확인할 수 있다. 그러나 편찬의 기본원칙과 서술의 수정·보완은 훈구파인 당상관에 의해 이루어졌으며 편찬의 대본들도 전 시대의 연구결과였으므로, 《동국통감》은 15세기의 역사정리 위에 신진사림들의 새로운 역사연구 의식이 보태진 역사서라 할 수 있다.[111)]

《동국통감》의 편찬체재는 편년체로서, 단군조선으로부터 고려말까지에 이르는 역사를 하나의 체계로 총정리하여 통사로 정리한 최초의 역사서라 할 수 있다. 단군조선으로부터 삼한까지의 역사는 권근의 《동국사략》과 《삼국사절요》의 체재에 따라 外紀로, 삼국초부터 삼국 공존기간의 역사는 三國紀, 문무왕 9년 이후의 역사를 新羅紀, 고려 태조 19년(936) 이후의 역사를 高麗紀로 구분하여 서술하였다. 삼국기에서는 《동국사략》과 《삼국사절요》에 따라 삼국의 역사를 하나의 월년으로 서술하되 삼국이 당시 대등한 관계에 있었음을 중시하여 삼국의 역사를 대등하게 서술하였다. 즉 이 시기는 강목의 예에 따라 무정통의 시기로 처리한다는 것이다.[112)] 이는 권근이 신라를 삼국의 정통으로 서술한 것을 수용하지 않은 것이 된다.

서술방법은 《삼국사기》와 《고려사》의 서술방법을 계승하여 직서주의로 서술되었으면서도 명분론이 작용하였다. 즉 왕의 칭호와 왕에 관계되는 용어, 관제의 명칭 등은 천자의 것과 같은 것이라도 직서하였으나, 신라의 여왕은 여주라고 폄칭하였으며 우왕의 연기표시는 작은 글자로 辛禑로 표기하여 폄삭의 뜻을 보였다. 따라서 직서주의를 근간으로 하되 유교적인 가치기준으로 폄삭하였던 것이다. 또 연기표기는 삼국 당시의 사실대로 「즉위년칭원법」을 쓰고 있으며, 표기는 삼국 공존기에는 중국 연기와 삼국 연기를 병기하고 신라 혁거세 21년까지와 문무왕 이후의 신라기에는 신라 연기를 크게 쓰고, 송·거란·금·원·명 등 중국의 연기를 작은 글자로 부주하였다. 이는 《삼국사절요》의 서술방식을 따른 것으로, 중국에 대하여 참의스럽기 때문이라는 명분론적인 범례의 설명은 실제 서술내용과 괴리된다. 이는 이전 사서의 서술방식을 계승하여 저술하였기 때문에, 범례의 원칙과 차이가 생겼다.

---

111) 鄭求福, 〈東國通鑑에 대한 史學史的 考察〉(《韓國史硏究》 21·22, 1978), 131~137쪽.

112) 鄭求福, 위의 글, 137~140쪽.

《동국통감》의 서술내용은 신화와 전설적인 것이 배제되었으며 역사적 사건과 관련이 없다고 생각되는 자연·재이 등과 같은 개별적인 기사는 삭제되는 대신에, 역사적 교훈을 주기에 필요하다고 생각되는 왕의 정치와 이를 보필한 신하의 업적에 관한 사료들이 주로 발췌되었다. 그러나 《삼국사절요》를 따른 결과이긴 하지만 《삼국유사》 관계의 기록이 서술되어 있으며, 《삼국사절요》에서는 별로 강조되지 않던 발해사가 많이 나오는 특징을 보이기도 한다. 한편 왕의 본기에 속하는 사료와 개인열전에 관계되는 사료가 중점적으로 다루어졌고, 국가의 통치제도나 법제적인 사료 즉 지에 서술된 내용들은 대체로 탈락되었다. 편찬대본은 《삼국사절요》와 《고려사전문》이었을 것이므로,[113] 《삼국사기》와 《고려사절요》에 없는 내용이 수록되었다.

《동국통감》의 사상적 성향을 이해할 수 있는 사론에는 편찬자가 써 붙인 204편과 이전의 사서에서 인용한 181편, 모두 385편이 수록되었다.[114] 이 때 이전의 사론은 《동국통감》 찬자의 서론에 대하여 보족적인 의미를 가지는데, 몇몇 사론을 제외하고는 이전의 사론을 모두 싣는 원칙을 견지한 것으로 보인다. 따라서 《동국통감》은 이전의 사론을 거의 다 수록하였다.

204편의 사론은 역대 제왕의 업적을 논한 歷年圖의 사론 4편과 개별사건을 논한 200편으로 이루어져 있으며, 이 200편은 사학적인 사론 20편과 포폄을 내린 교훈적인 사론 180여 편으로 되어 있다.

사학적인 사론은 문제의식이 일부 들어 있지만, 논지 전개가 극히 단조로우며 고증에 있어서도 그다지 정밀하지는 않다. 이들 사학적인 사론은 대부분 삼국시대에 한정되어 있다. 이는 이전시대에 대한 지속적인 정리작업의 결과로 생각된다.

교훈적인 사론은 주로 군주를 포폄한 것과 개인 인물을 포폄한 것으로 나

113) 鄭求福, 위의 글, 140~142쪽. 비록 원전적인 가치는 떨어진다 하더라도 현재 전하고 있지 않는 《고려사전문》을 근간으로 하였던 것으로 추정되어 고려시대사의 이해를 위해서는 《고려사》나 《고려사절요》와 신중한 비교·검토가 필요할 것이다.

114) 李元淳·韓永愚는 전체 《동국통감》의 사론을 382편으로 계산하였다. 이는 기왕의 사서에서 나온 구사론의 수를 178편으로 계산한 데서 나온 결과이다(李元淳, 〈鮮初史書의 歷史認識〉, 《韓國民族思想史大系》 中世篇, 亞細亞學術硏究會, 1974 및 韓永愚, 〈東國通鑑의 歷史敍述과 歷史認識〉, 《韓國學報》 15·16, 1979 ; 앞의 책, 1981 참조).

눌 수 있으며, 폄하한 사론이 압도적으로 많은 수를 차지하고 있다. 이 사론에서 군주의 仁政·恤民之政·賢政 등이 포찬되었고, 강상의 윤리를 어긴 군주와 불교를 숭봉한 군왕, 왕위와 왕통을 지키지 못한 군주, 난신적자를 처벌하지 못한 군주, 사대교린에 실패한 군왕, 향락에 빠진 군주 등이 폄론되었다. 개인 인물로서는 국가를 외적의 침입으로부터 지킨 명장과 충의와 지조를 바친 충신·열사를 높이 칭찬하였고, 대신과 대간으로서 책임을 다하지 못한 자, 유자로서 불교를 숭봉한 자, 왕권을 위협한 강신들, 권력을 남용하여 불법을 자행한 권신들, 조선 태조의 정적들, 소인배들이 폄론되었다. 그리하여 국가를 발전시키는 방책으로 도덕적 군주를 만들기 위해 《貞觀政要》가 배격되고 요순의 정치이념이 이상으로 표명되며, 군주를 보필하는 신하가 체통을 지켜 자신의 직책을 성실히 지킬 것, 그리고 절의와 지절을 지키는 신하를 양성하고, 유교적 계율에 의지할 것을 표명하였다. 따라서 찬자 자신이 쓴 사론은 대체로 춘추대의론에 입각하여 절의를 숭상하고 난신적자를 성토한 것이 주종을 이루었다.

이러한 사론을 살펴보면 《동국통감》의 찬자는 군주국가를 이상으로 하였다. 그리고 유교문화를 지향하고 있으며, 국가를 보전하기 위하여 군주는 사대교린을 성실히 하여 전쟁을 막아야 한다고 하였으며, 역사를 움직이는 원동력을 군주와 그를 보필하는 신하의 개인적 역량에 두었다. 그리고 이전의 사론의 논조를 주로 계승하면서도 성종대 당시의 문제의식을 반영하였으니, 국가제도 등에 대하여는 거의 무관심한 반면 절의를 숭상한 사론을 많이 기록하였다. 사론의 경향은 漢·唐流의 유학을 극복하고 宋學流의 유학을 표방하였으며, 天道思想과 민을 강조하는 경향이 두드러졌다. 그리고 사론은 고려시대에 치중하였으며, 윤리적·종교적·정치적인 면을 크게 주목하였다.[115]

《동국통감》에는 세종과 세조 이래의 역사서술에서 객관화와 사료수집의

---

115) 이상 사론에 대한 분석은 鄭求福, 앞의 글(1978), 142~185쪽 참조. 한편 성종 15년 徐居正의 《동국통감》을 훈신 중심의 사서로 파악하고, 다음해의 《新編東國通鑑》을 성종과 사림의 역사의식이 반영된 사서로 파악하여, 그 정치적 성격을 세조 및 그를 보좌하는 훈신을 공격하는 의미를 지니고 간접적으로는 조선 초기의 부국강병책을 비판하는 의미를 지니며 성종의 왕권신장에 유리하게 작용하였던 것으로 파악한 견해도 있다(韓永愚, 앞의 책, 1981, 216~218쪽).

충실성 등을 보여온 훈고학적 서술방법과 서술내용을 계승하고 있다. 또 정도전의《고려국사》, 권근의《동국사략》에서 보여준 통치이념으로서의 유교이념의 제시라는 주관적 측면이 강조된 유교학자의 사론이 수록되었다. 그리고《동국통감》은 국초 이래의 전대사 정리작업과 고려시대 정리작업으로 발전되어 온 역사정리 방법에 의해 이루어져 전시대사의 총결집으로 완성되었으며, 이후 조선시대 학자들의 역사연구의 원전으로 이용됨으로써 유교사관에 의한 역사연구의 기틀을 마련하였다.

2) 춘추관과 당대사의 편찬

조선 초기 지식인들에게 시급히 요구되었던 것은 조선왕조 건국의 합리화였다. 따라서 전왕조사의 정리를 통해 고려왕조의 멸망이 인위적인 찬탈에 의한 것이 아니라, 왕손이 끊어지고 정치·경제가 문란하여졌기 때문임을 강조하였다. 한편 조선건국의 합리화 내지는 새 왕조의 신성성을 강조할 목적으로 당대의 역사도 정리하였는데,《龍飛御天歌》는 그 대표적인 저술이라 할 수 있다. 그리고 당대의 정치가 상당한 수준으로 발달하였다는 것을 실록편찬을 통하여 남기려 하였고, 문화전통을 시간과 공간적으로 결합시키는 지리서의 편찬을 통해 국토에 대한 실제를 파악하려고 하였다.

(1)《용비어천가》와 조선건국사 정리

모든 왕조는 건국자에 대한 비상한 신화와 설화·전설이 있는 바, 조선왕조는 선조의 유덕함과 공로를 중국의 역대 왕들과 비교하여 설명하는《龍飛御天歌》를 편찬하였다.《용비어천가》는 조선 세종대 선조인 穆祖에서 태종에 이르는 6대의 행적을 영웅적인 행위로 서술하고, 왕조창업의 위대함을 노래한 서사시로 모두 10권으로 이루어졌다. 세종 27년(1445) 4월 권제·정인지·안지 등은 六祖의 행적을 한글과 한시로 125장의 노래로 적어 찬진하였으며, 세종은 그 이름을《용비어천가》라 내리고 판각하도록 명하였다.[116] 그리고 역사적 사실은 비록 역사책에 있다고 하나 다 펴보기가 어려운 일이라고 지적하고, 박팽년·姜希顔·신숙주·李賢老·성삼문·李塏·辛永孫 등에게 한

116)《世宗實錄》권 108, 세종 27년 4월 무신.

문으로 주해를 붙이게 하여 세종 29년 2월 10권의 책으로 완성하였다.117)

이 《용비어천가》는 가장 먼저 훈민정음으로 적힌 글이라는 점에서 국어학적인 측면에서 많은 연구가 있었다. 그런데 《용비어천가》는 사학사적인 측면에서 보면 조선왕실의 권위를 높이고 조선왕조 건국을 정당화하기 위해 편찬한 조선 당시대인들의 조선건국사 이해라고 할 수 있으며, 가사를 주해한 부분에서 철저히 실증을 거친 것으로 보아, 이는 당시 역사학의 방법론을 알 수 있는 귀중한 자료이다.

그 내용은 세종의 직계 6조의 행적으로서 이웃에게 덕스러운 은혜를 베풀어 인민들이 추종하였으며, 가난을 극복하는 과정에서의 노력은 하늘이 도왔다는 것이다. 즉 모두 하늘의 명을 받든 것으로, 이러한 천명의 수수는 중국 제왕도 마찬가지라는 것이다. 이는 여섯 선조의 창업도 하늘의 명을 받든 것으로 조선왕조의 건국이 하늘의 명을 받은 필연적인 사업이라는 것을 강조하고 있는 것이다.118) 이러한 서술에서는 자연히 고대적인 신이성이 줄어들고 유교적인 합리주의에 의한 필연성이 강조된다. 그리고 이들이 임금이 되기까지 온갖 시련을 겪으면서도 창업의 기초를 닦은 점을 지적하여, 임금이 되기 위해서는 하늘의 명을 받아야 된다는 점과 이를 이루기 위해 많은 노력을 하여야 한다는 점을 밝히면서 후대 임금에게 이렇게 피나는 노력 끝에 쌓은 공덕을 헛되이 하지 않도록 경계하고 있는 점에서 당시 교훈 중심의 역사학과 그 궤를 같이 하였다.

한편 그 편찬 동기에 대해서는 《용비어천가》 편찬과정을 《고려사》 편찬과정과 결부시켜, 《고려사전문》의 조선건국사 서술에 불만을 가진 세종이 고려왕조 말기부터 시작된 조선왕실의 활약과 이들의 조선건국에 끼친 공덕과 새 왕조의 왕실로 자리잡게 되는 역사적인 필연성을 전왕조에 대한 역사서술에 반영하고자 하는 의도로 편찬을 명하였다는 주장이 있다.119) 또 《용비

117) 《龍飛御天歌》, 龍飛御天歌跋.

118) 李熙德은 〈龍飛御天歌와 瑞祥說〉(《東方學志》 54·55·56, 1987)에서 천명설의 근거로 전통적인 五德說과 三統說을 들면서 편찬자들이 천변재이를 자의적인 瑞祥으로 돌려 자신들의 의도를 증험하려 하였다고 적어, 편찬자들의 정치적인 의도를 강조하였다.

119) 鄭杜熙, 〈龍飛御天歌의 編纂과 高麗史〉(《震檀學報》 67, 1990).

어천가》는 그 형식이 詩歌 형태를 빌려 한글과 한문으로 대중에까지 널리 홍보하려는 목적의식의 중요함은 주목되어야 할 것이다.

(2) 춘추관과 사관

가. 춘추관

조선의 春秋館은 고려왕조에서 실록편찬을 위하여 설치한 史館이 말기에 藝文官과 통합되었던 藝文春秋館을 계승하였으나,[120] 태종 원년(1401) 7월의 관제개혁에 의해 춘추관으로 독립되었다.[121] 그런데 예문관은 녹관으로 충원되었으나, 춘추관은 고려시대 춘추관의 전임직까지 폐지되고 겸임직으로 채워졌다. 그리고 예문관의 전임직인 奉敎(2명)·待敎(2명)·檢閱(4명)이 翰林이라고 칭해졌으며,[122] 그들은 동시에 春秋館記事官으로 사관이 되어 입시, 숙직, 사초의 작성, 시정기의 작성, 실록편찬, 실록보관을 위한 포쇄 등의 임무를 수행하였다.

춘추관의 관원을 겸직으로 한 것은 史草를 기록하는 임무가 예문관원이 행하고 춘추관의 일이 매일 있는 것이 아니기 때문이다. 또한 역사기록을 각 관서의 관원에게 맡겨야 한다는 뜻이 있었기 때문이다. 고려왕조에는 修撰官과 總裁官職 등이 겸직이었지만 조선시대와는 다른 점이 있었다. 고려왕조에서는 겸임이 당연직이 아니라 인물 본위로 선정하여 겸직시킨 데 대하여, 조선에서는 춘추관직이 될 수 있는 겸임직이 법률로 정해져 있었다. 세종대에는 承政院의 承旨(6명), 司諫院의 左右司諫, 議政府 舍人, 書筵院(2명), 예문관 한림(8명)이 사관직을 겸하였으며,[123] 세조대에는 승정원의 注書도 사관직을 겸하였다.[124] 그리고 이러한 겸관직은 《經國大典》에 의해 확정되었다. 즉 춘추관은 정3품 아문으로, 1~2품의 領事(1명)·監事(1명)·知事(2명)·同知事(2명) 외에 실질적인 장관인 수찬관(7명)이 있으며, 수찬관 이하는 승정원·弘文館의 부제

120) 鄭求福, 〈高麗時代의 史館과 實錄編纂〉(《第3回 國際學術會議論文集》, 韓國精神文化硏究院, 1984).
121) 《太宗實錄》 권 2, 태종 원년 7월 경자.
122) 《成宗實錄》 권 90, 성종 9년 3월 신사.
123) 《世宗實錄》 권 66, 세종 16년 11월 무인.
124) 《世祖實錄》 권 8, 세조 3년 7월 기사.

학 이하, 의정부의 사인·檢詳, 예문관의 봉교 이하 및 侍講院의 당하관 2명, 사헌부의 執義 이하, 사간원·承文院·宗簿寺·六曹의 당하관 각 1명으로 겸한다고 규정하였다.[125] 그리고 수찬관은 승정원의 승지 6명과 홍문관의 부제학으로 7명이며,[126] 춘추관의 총 인원은 56명 정도인 것으로 보인다.[127]

나. 사 관

협의의 史官은 통칭 한림으로 일컬어지는[128] 예문관의 봉교 이하의 참외 사관으로[129] 입시하여 국왕의 언동, 신하와의 정치논의 등을 기술하는 8인의[130] 기사관들이다. 그러나 이것은 그들의 활동과 관련되어 언급되었기 때문에 이들과 더불어 사초를 작성할 수 있는 기주관·편수관·수찬관까지도 사관이라고 칭하였을 것이며, 가장 넓은 의미로는 춘추관의 총재직까지도 사관에 포함되었을 것이다.[131]

중앙의 사관편제와 더불어 조선 전기에는 지방의 풍속과 수령의 정치득실 등에 대한 기록을 얻기 위해 外史의 설치에 대한 논의[132]도 있었다. 고려시대에는 12牧과 東·西京의 司錄이 외사직을 맡았으나,[133] 조선시대에는 고정적인 외사의 설치는 없었으며 다만 지방수령이나 都事로서 문한에 능한 자를 춘추관의 직에 겸직시켜 記事官 또는 記注官으로서 사관의 임무를 수행하게 하였다.[134]

사관들은 정확하고 상세한 기록을 남기기 위하여 正殿에서의 聽政 뿐만

---

125) 《經國大典》 권 1, 吏典, 京官職 春秋館.
126) 《經國大典》 권 1, 吏典, 京官職 承政院·弘文館.
127) 춘추관의 총 인원에 대해서는 《經國大典》을 어떻게 해석하는가에 따라 학자마다 다르게 나타나, 광의의 사관으로 78명(申奭鎬)에서 56명(韓㳓劤), 61명(申奭鎬·車勇杰)까지 설이 다양하다.
128) 《成宗實錄》 권 47, 성종 5년 9월 을해.
129) 《太宗實錄》 권 19, 태종 10년 정월 무인.
130) 《太宗實錄》 권 25, 태종 13년 정월 병신.
131) 鄭求福, 〈朝鮮初期의 春秋館과 實錄編纂〉(《朝鮮時代의 歷史意識》, 제9회 韓國史學術會議, 國史編纂委員會, 1987), 33쪽. 地方官으로 春秋館職을 겸직한 사례는 많다.
132) 韓㳓劤, 〈朝鮮前期 史官과 實錄編纂에 관한 硏究〉(《震檀學報》 66, 1988), 84~85쪽.
133) 《高麗史》 권 77, 志 31, 百官 2, 外職.
134) 《中宗實錄》 권 22, 중종 10년 7월 신사.

아니라 朝啓·經筵·行幸에까지도 入參·隨從을 주장하였는데, 왕에 따라 규제가 되기도 하였으나 점차 그 허용범위가 확대되었다. 즉 태조대에는 사관의 입시가 허용되지 않았으나, 정종대 이후 사관이 경연에 입시하는 것이 허용되었다. 이후 간헐적으로 중지한 때도 있으나 경연에 사관이 입시하는 것은 상례가 되었다. 태종 원년(1400) 4월부터 사관의 좌우입시가 허용되었으나, 청정할 때 사관이 입시하는 것을 규제하였고, 행차에도 사관이 수행하는 것을 싫어하였다. 그러나 사관입시는 점차 넓어져 태종 13년에는 사관의 청정입시가 허용되었으며, 세종대에는 侍臣의 반열에까지 오르게 되었다. 이러한 경향은 세조·성종대를 지나면서 더욱 확대되었다. 그리고 조계에 입시할 때는 사관 중 1명은 다른 신하들보다 가장 먼저 들어가고, 가장 늦게 나오도록 함으로써 추기해야 하는 불편을 없애고 기사에 유망이 없도록 하였다.[135]

사관의 직무는 그때 그때의 정사를 기록하는 것으로 규정되어 있지만, 그 외에도 사관은 입시, 사초의 작성과 수납, 시정기 작성, 실록의 포쇄와 고출·분견 등 춘추관의 모든 실무를 담당하였으며,[136] 이러한 직무에 따르는 활동 외에도 청정이나 경연의 입시에 따르는 정치적 기능을 행사하였다. 이처럼 활발한 사관의 정치적 활동을 사림의 진출과 관련하여 보는 견해도 있다.[137]

사관들의 입시 기회가 넓어진 것은 대간들의 지원이 작용하였지만 무엇보다도 사명감을 가진 사관들의 적극적 활동에 기인한 것이며, 당시 지배층의 강한 역사의식의 소산 때문이다. 이러한 사관들의 적극적인 입시는 국왕과 신료 개인간의 사적인 문제를 이야기할 수 있는 기회를 박탈하는 것이고, 아첨하는 신하가 접근하는 길을 봉쇄하는 데에 기여하였다. 따라서 군주와 신하들은 사관들의 역사기록을 두려워하고 경계하게 되었다. 사관들의 입시가 왕을 호위하는 무인이나 왕의 측근인 승지들에 의해 규제되기도 하였고, 모욕과 구타를 당하기도 하였다. 이를 견디면서 자신의 직무를 충실히 수행하기 위하여는 강한 기개와 의지가 있어야 하였다. 이를 위하여 사관이 되면 「古風鞭罰」이나 「沒頭受責」 등을 통한 교육이 행해졌고,[138] 결원이 생겼을

---

135) 이상 史官의 入侍問題는 韓㳓劤, 앞의 글, 90~96쪽 참조.
136) 車長燮, 〈朝鮮前期의 史官－職制 및 政治的 役割〉(《慶北史學》 6, 1983), 78~85쪽.
137) 車長燮, 〈史官을 통해 본 朝鮮前期 士林派〉(《慶北史學》 8, 1985) 참조.
138) 鄭求福, 앞의 글(1987), 45쪽.

때 현직사관들이 천거하였는데,139) 천거하는 자가 피천자가 적임자라는 것을 皇天后土에 서약하는 축문을 읽는 것140)도 사관의식의 고양과 관련된 것이다.

(3) 실록의 편찬과 보관

가. 조선 전기의 실록편찬

조선시대 실록은 고려시대와는 달리 왕이 죽은 후 바로 편찬되었다.141) 그리고 이러한 실록편찬의 관례에 따라 태조 7년(1398)에는 공민왕 이후의 실록이 편찬되었다.142) 그리고 태종 8년(1408)에 태조가 죽자, 태종은 이듬해에 《태조실록》의 수찬을 명하였다.143) 《태조실록》은 領議政兼領春秋館事 河崙의 적극적인 주장과, 기사관들의 '삼대가 지난 다음의 실록 편찬' 주장이 대립한 가운데 이루어진 것으로, 결국 《태조실록》은 태종 10년에 춘추관의 주도로 편찬되기 시작하여,144) 태종 13년에 완성되었다.145) 이는 조선의 건국과정에서 여러 정치적 사건의 기술에 관한 태종의 관심과 이에 대한 직접적인 개입 의도가 있었기 때문으로 생각된다. 그리고 이러한 편찬관례는 이후 조선왕조의 역대실록에도 그대로 적용되어, 역대 왕의 실록편찬이 왕이 죽은 후 곧바로 이루어졌다.146)

이러한 실록편찬의 관례와 함께 실록내용에서도 고려시대와 달리 사론이 실리지 않는 변화가 생겼다. 특히 왕의 비행·비례, 신하들의 언행에 관한 사론은 거의 실리지 않게 되었다. 비록 그러한 사론이 사관들의 사초에는 작성되어 있다고 하더라도 실록편찬의 원칙을 춘추관의 당상이 정하였으므로, 그들은 사관들이 사초에 작성해 놓은 사론을 실록을 편집할 때 넣지 않는 원칙을 고수한 것으로 여겨진다. 즉 실록편찬자들이 왕이 죽은 후 곧바로 편

---

139) 韓沽劤, 앞의 글(1988), 85~89쪽.
140) 《翰苑故事》, (서울大 圖書館 所藏古書 5122-3).
141) 고려시대 실록편찬에 대하여서는 鄭求福, 앞의 글(1984), 159~173쪽 참조.
142) 《太祖實錄》 권 14, 태조 7년 6월 병진.
143) 《太宗實錄》 권 18, 태종 9년 8월 정묘.
144) 《太宗實錄》 권 19, 태종 10년 정월 무인.
145) 《太宗實錄》 권 25, 태종 13년 3월 신축.
146) 申奭鎬, 〈朝鮮王朝實錄의 編纂과 保管〉(《韓國史料解說集》, 韓國史學會, 1964)의 각 왕별 실록범례 참조.

찬되어진 실록에서 왕을 비판하는 사론을 취하지 않았을 것으로 생각된다.

그러나 조선 초기의 건국작업을 마치고 문물의 정비를 통해 안정기를 이룩한 이후 사론이 생겨나기 시작하였다. 사관들의 사론이 실록에 전재되기 시작한 것은《세조실록》부터였으며, 취사하였던 것으로 여겨진다. 그리고 성종대에는 사관들이 사론을 쓰는 풍조가 활발하였다. 그것은《성종실록》에 487편의 사론이 실려 있는 점에서 알 수 있으며,[147] 그 이유는 당시 사관들의 비판의식이 강해졌다는 데 있다.[148] 이는 사관들의 지적 분위기가 성숙되었다는 점과 당시 훈구파들이 정치를 주도하면서 비리를 자행한 정치현실이 서로 괴리되었기 때문에 나타난 것으로 생각할 수 있다. 그런데 이들 사관들의 사론은 대부분 인물에 관한 유교적·도덕적 관점에서의 평가였으므로 이후 정쟁의 불씨를 낳게 되었다.

나. 실록의 편찬자료와 편찬방식

사관들은 2부의 사론을 작성하여 1부는 춘추관에 제출하고 1부는 집에 보관하였다. 그러나 조선 전기에는 정국이 불안정하여 사초가 제대로 수납되지 않게 되자, 실록편찬 때에는 사초의 수납을 독려하였으며 사초를 제출하지 않는 자는 처벌하였다.[149] 家藏史草는 입시하여 기록하는 예문관 전임사관의 기록이 아니라 다른 본직을 가지고 있으면서 사초를 작성하는 兼春秋의 사초를 의미한다고 생각된다.

그런데 자료의 신빙성을 높이기 위해 사초에 성명을 기록해 바치도록 함으로써[150] 사초를 개수하는 일이 간간이 있었다. 사초에 성명을 기록하는 것은 고려시대에도 마찬가지였다. 그러나 고려시대에는 왕이 죽은 후 상당기간이 지난 후에 실록이 편찬되었기 때문에 사관들이 자신의 기록으로 말미암아 화를 당하지 않을까 하는 걱정을 할 필요가 없었으나, 조선시대에는 왕이 죽은 후 곧바로 편찬되었기 때문에 사정이 달랐다. 사관들과 대간들은 그렇게 되면

147) 鄭求福, 앞의 글(1987), 45쪽.

148) 車長燮, 앞의 글(1983), 36~37쪽에서는 이러한 이유로 사림의 진출이 활발하였던 점을 들고 있으나, 사론의 왕성한 집필과 사림진출을 바로 연결시키기에는 힘들다.

149)《太宗實錄》권 19, 태종 10년 정월 무인.

150)《睿宗實錄》권 5, 예종 원년 4월 갑자.

직필이 적어진다고 하여 성명기입에 반대하였으나, 이는 받아들여지지 않았다.

수찬관의 감독 아래 사관들은 時政記를 작성하였다. 시정기는 고려시대의 일록·일력을 계승한 것으로 각 관청에서 보낸 문서를 종합하여 다음해에 날짜 순서로 정리한 것이다. 당대에 재상들이 정치를 논의한 것을 기록하자는 의견과 禮義·政刑·可否論議도 여기에 추가하자는 주장이 세종대에 있었으나[151] 의정부에서 통과되지 않았다. 시정기를 기록하는 형식과 내용이 세종대에 크게 보완되었고, 이후에 정형화되어 이는 실록편찬의 기본자료가 되었다. 사관이 시정기를 작성하는 것은 직무수행에서 고과의 대상이 되었다.[152]

그리고 실록의 편찬방식은 이러한 사초와 시정기 등 참고할 수 있는 문서는 모두 모아서 편집하되「分年分房」의 원칙에 따라 실록청 안에 다루어지는 왕의 치세기간을 몇 년씩 나누어 각 방에서 편집하여 이를 도청에 올리면, 도청에서는 각 방의 당상이 모여 의논하여 고증하고 이를 다시 대신들이 찬정하였다.[153]

실록편찬은 편년체가 원칙이었으나《태조실록》에는 즉위 당시 기록이 앞에 서술되었고《세종실록》은 편년체 외에 해당 왕대에 작성된 五禮儀·地理志·七政算內外篇이 말미에 첨부되었고,《세조실록》에는 樂譜·宗廟·圜丘의 자료가 부록으로 첨부되었다. 이처럼 지 형태의 기록도 들어 있으나, 이는 부록이고 조선왕조의 실록은 편년체의 서술방식을 취하였다.

다. 실록의 보관

고려 초기부터 여러 사서와 전적의 보관을 위해서 서울의 史館에 사고를 설치하여 보존하였을 것으로 추측되나[154] 자세한 것은 알 수 없다. 고종 14년(1227) 9월 당시《명종실록》을 추찬하여 사관과 海印寺에 각각 보관하도록 하였는데,[155] 이것이 고려시대 외사고의 설치에 관한 최초의 기록이다. 몽고족의 침입으로 내사고는 강화도로 옮겨졌고 다시 여러 곳을 전전하였다. 태

151)《世宗實錄》권 58, 세종 14년 12월 임오.

152) 時政記의 事目과 方式에 대하여서는 韓㳓劤, 앞의 글(1988), 106~112쪽 참조.

153)《燕山君日記》권 30, 연산군 4년 7월 을묘.

154) 史館이 설치되었던 것으로 생각되는 광종대에 史庫도 함께 만들어졌을 것으로 추측된다(鄭求福, 앞의 글(1984), 143~145쪽).

155)《高麗史》권 22, 世家 22, 고종 14년 9월 경신.

종 5년(1405) 9월 한양천도와 더불어 같은 해 10월 2일 景福宮 근정전 서랑에 봉안되어 조선의 내사고로 자리잡았다. 외사고는 해인사에 실록이 봉안된 이후 몽고의 침입으로 彰善島로 옮겨졌다가 왜구의 침입에 대비하여 珍島 및 내륙으로 옮겨져 공양왕 2년(1390) 忠州 開天寺에 자리잡아 조선왕조의 충주사고가 되었다.[156]

조선시대에는 고려시대의 사고제도를 계승하여 내외 양사고를 두었다. 태종 5년 한양천도로 경복궁에 자리잡았던 내사고는 태종 13년 思勳閣 齋宮으로 옮겨졌다가, 세종 22년(1440)에 춘추관이 경복궁내 尙瑞院의 서쪽에 자리잡게 되면서 독립된 사고를 갖추게 되었다.[157] 조선 초기에는 외사고에 선대실록이 봉안되었으므로, 외사고의 중요성이 강조되어 확충이 건의되었다. 그리하여 세종 21년에 사헌부의 상소를 받아들여 경상도 성주와 전라도 전주에 사고를 설치하였으며,[158] 세종 27년에는 태조, 정종, 태종의 3대실록 4본을 만들어 1본은 춘추관의 실록각에, 3본은 충주·전주·성주의 사고에 분장토록 하여 조선 초기의 「4대사고제」의 기틀을 마련하였다.[159]

조선 전기의 사고는 대부분 성내 또는 관아 부근에 위치하고 있어, 조선 후기의 외사고들이 전부 깊은 산간의 사찰과 관련하여 만들어졌던 것과는 달랐다. 조선 전기의 외사고로서 충주사고는 客館의 동남에, 성주사고는 객관의 동북에, 전주사고는 성의 남문안에 있던 慶基殿의 동쪽 담안에 있어, 궁중에 있던 내사고와 마찬가지로 모두 성내의 객관이나 외방궁실 근처에 있었다.[160]

사고의 구조에 대해서는 조선 전기의 경우 구체적인 자료가 없어 잘 알 수는 없으나, 승려와 관계된 구조물은 없었을 것으로 생각된다.[161] 중종 33년(1538) 11월 성주사고에서의 화재사건을 다루는 과정에서 사각의 모습을 일부 엿볼 수 있다. 즉 사고의 건물은 2층으로 되어 있으며, 아래층은 넓게

---

156) 車勇杰, 〈實錄·史官·史庫에 對하여〉(《史庫址調査報告書》, 國史編纂委員會, 1986), 23~25쪽.
157) 《太宗實錄》 권 25, 태종 13년 5월 을해.
　　《世宗實錄》 권 89, 세종 22년 4월 병신.
158) 《世宗實錄》 권 86, 세종 21년 7월 기유.
159) 《世宗實錄》 권 110, 세종 27년 11월 경인.
160) 《東國輿地勝覽》 권 2, 春秋館·권 33, 全州·권 28, 星州 및 권 14, 忠州宮室.
161) 金東賢·金東旭, 〈朝鮮時代 史庫의 建築樣式〉(《史庫址調査報告書》, 1986).

되었고, 돌 위에 사다리가 놓여 있어 2층으로 올라갈 수 있게 되어 있으며, 건물의 주위에는 담을 쌓았던 것으로 기록되어 있다.[162]

그리고 사고의 관리는 조선 초기에는 守護官 5인, 別色戶長・記官・庫直 각 1인을 두어 관리케 하였다.[163]

라. 사초와 실록의 열람

실록과 사초의 기록을 누구도 임의로 볼 수 없다는 원칙론은 조선왕조 전 시기를 통하여 공론으로 확립되어 있었다.[164] 태조는 원칙적으로 사초를 열람할 수 없다는 반대에도 불구하고, 동왕 4년 당 태종의 고사를 본받아 즉위 이래의 사초를 보고자 하였다.[165] 그리하여 태조 7년 윤 5월에는 즉위 이래의 사초를 바치도록 명하였으며,[166] 같은 해 6월에는 사초를 골라내도록 하였다.[167] 그렇지만 이러한 예를 제외하고는 엄격하게 사초가 관리되었으며, 세종 31년에는 춘추관 소장의 사초에 관한 엄격한 防禁조칙이 내려졌다.[168] 한편 연산군대에 金馹孫의 사초를 대전에 들여오도록 하였으며, 이에 李克墩은 김일손의 사초중에 6조만을 발췌하여 올렸다.[169] 이로 인해 戊午士禍가 발생하였으며, 이와 같은 사초의 열람이 가져온 혼란 때문에 중종대 이후부터는 더욱 엄격하게 그 열람이 제한되었다.

이와 함께 실록의 열람도 엄격히 제한되었으며, 작성・봉안・고출・포쇄할 때는 장중한 의식과 함께 행하여졌다. 불가피하게 실록을 열람하여야 할 경우에는 반드시 사관으로 하여금 사고에서 꺼내도록 하였다. 실록을 열람할

162) 金興洙, 〈星州史庫의 沿革과 史庫址現況〉(위의 책), 69~70쪽.
163) 《世宗實錄地理志》 권 149, 忠州牧.
164) 《光海君日記》 권 26, 광해군 2년 3월 기묘.
《正祖實錄》 권 3, 정조 원년 2월 무술.
165) 《太祖實錄》 권 7, 태조 4년 6월 신미.
166) 《太祖實錄》 권 14, 태조 7년 윤 5월 병자.
167) 《太祖實錄》 권 14, 태조 7년 6월 병진.
168) 《世宗實錄》 권 123, 세종 31년 3월 임오. 그 내용은 사관으로서 사초를 훔친 자는 制書를 훔친 율로 참하며, 도려내거나 긁어 없애거나 먹칠하는 자는 제서를 훼손한 율로 참하며, 이를 알고도 신고하지 않은 자는 참형에서 일등 감하며, 사초의 사정을 누설하는 자는 근시관원이 機密重事를 누설한 율로 참하며, 이와 같은 죄를 범한 자는 고신을 빼앗고 영구히 서용하지 않으며, 범행한 이가 죽었으면 추탈하고, 미신고자 혹은 누설자는 직첩을 회수한다고 하였다.
169) 《燕山君日記》 권 30, 연산군 4년 7월 을사.

때에는 겸춘추관직을 맡은 당상관 1인과 한림 1인이 함께 갔으며, 당상이 유고시에는 한림이 혼자 가도록 하였다.[170] 실제로 조선 초기에는 당시 완성된 실록을 왕이 열람하려고 하였으며, 그것이 이루어지기도 하였다.[171] 그러나 연산군 4년(1498) 무오사화 이후 연산군이 편찬중인 실록을 보고자 하였으나 사관들의 반대로 열람하지 못하였으며, 중종 이후에는 더욱 엄격하게 왕의 실록열람이 금지되었고, 《承政院日記》의 열람까지도 금지되었다.[172]

한편 실록의 포쇄는 式年에 따라 3년에 한번씩 辰·戌·丑·未年에 하도록 하였으며,[173] 한림 1인이 파견되어 일정한 규례에 따라 시행하였다. 그리고 실록을 봉안할 때에도 내사고에는 實錄廳 總裁官·堂上·都廳郎廳 등이, 외사고에는 奉安使(춘추관 당상)와 從事官(춘추관 기사관)·觀象監員 및 胥吏·庫直·營吏 등이 동행하여 봉안하는 의식을 거행하였다.[174]

3) 역사학과 역사사상의 성격

조선 전기 사회는 지배적인 이데올로기로 유교가 채택되었다. 따라서 유교 이외의 다른 학문과 종교는 이단으로 배척·금압되었다. 사회사상은 유교에 기초한 성리학적인 이념의 실현을 지향하였다. 《朱子家禮》의 보급에 따른 성리학적 예치주의 정책을 시행하였으며, 군주와 신하의 위계관계, 부자·부부 사이, 주인과 노비 사이의 강상의 윤리는 가장 강조된 덕목이었다. 또한 성리학은 전통문화에 지대한 영향을 끼친 불교를 배척하였을 뿐만 아니라 도교·양명학 그리고 전통적인 좋은 풍속까지도 배제하려는 극히 폐쇄적인 학문이었다. 이러한 성리학 이데올로기의 폐쇄성은 조선사의 전개를 크게 제한하는 요인이 되었다.

한편 이러한 성리학적 예치주의는 조선 전기 유학적인 역사관 정립에도 크게 작용하였다. 역사도 이러한 중세의 보편주의적 유교사관에 의해 정리되

170) 《六典條例》 권 6, 春秋館.
171) 車長燮, 앞의 글(1983), 95~96쪽.
172) 《中宗實錄》 권 4, 중종 2년 11월 무진.
173) 《世宗實錄》 권 114, 세종 28년 10월 임인.
174) 봉안의식 및 포쇄의식에 대해서는 裵賢淑, 〈朝鮮史庫의 藏書管理〉(《奎章閣》 2, 1978) 참조.

었다. 이는 고려시대에 이룩된 유교사관의 계승이었다. 그런데 조선 전기의 역사학에서는 새 왕조의 건설과 관련하여 정치성을 강하게 띠었다. 그리하여 고려왕조를 역사상의 왕조로 만들기 위해 고려사를 정리하였고, 새 왕조의 건국을 정당화하기 위해 당대사를 정리하였으며, 조선왕조가 정통국가임을 강조하기 위해 전대사를 체계적으로 정리하였다.

이러한 관점에서 권근의 《동국사략》에서 볼 수 있듯이 사대명분론에 입각한 역사사실의 포폄이나 변개가 나타났으며, 성리학에 입각한 중화주의적인 문화의식이 보편성과 정통성을 판별하는 가치기준으로 등장하였다. 이는 중세문화의 전형인 유교문화를 수용하고, 또 중국 중심의 유교적인 보편성을 가장 중요한 사회사상으로 제기하고 있던 당시로서는 나름의 문화사적인 의의를 갖는 것이다. 그러나 이것은 당시의 대외관계와 관련하여 이해하여야 할 점이다.

또 하나의 성격은 이러한 대외적인 사대명분론 외에 대내적으로는 자국사의 자주성을 강조하였다. 단군이 '受命之主'로 재인식되면서 '教化之主'인 기자와 별개로 민족시조로서 단군의 재인식이 이루어졌던 시기이다. 그리하여 자국사의 독자성과 자주성에 대한 인식이 새롭게 진전하여 단군에까지 자국의 연원을 끌어올림으로써 민족의 역사성에 대한 인식이 심화되었다.

한편 새 왕조 개창에 따라 건국의 정당성을 홍보하기 위해 《용비어천가》를 지었는데, 여기에서도 나타나듯이 새 왕조의 개창이 하늘의 명을 받고 민심의 귀의를 얻어 이루어진 역성혁명임을 강조하였으며, 조선의 건국은 선양을 통해 이루어졌음을 홍보하여 새 왕조의 정통성을 주지시키고자 하였다. 그리고 자신들의 초기 업적을 과시하기 위해 대대적인 편찬사업을 벌여 나갔다.

그러나 역사의 정리를 통해 역사상에 나타난 사실 속에서 자기 정권의 정당성을 찾아 제시하여 지배권력을 영구히 하려고 도모함으로써 역사학은 강한 정치성을 띠게 되었다. 조선 전기의 대표적인 사서들은 거의 대부분 관찬사서이며, 사찬이라 하여도 「어제찬」이었으므로 역사서가 강한 정치성을 내포할 수밖에 없었다. 즉 역사학이 경학에 예속되어 강한 정치성을 띤 이데올로기의 대변자적 역할을 하였다. 그러나 이에 대립하는 또 다른 경향이 나타났다. 바로 조선 초기 고려왕조사 정리에서 나타난 직서주의에 대한 태도에서 볼 수 있듯이, 학문으로서의 역사학이 고려 말기와는 또 다른 발전을 이루었다. 또 고려사의 편찬과정이나 실록의 편찬과정이 보여주듯이 사실에 대한 객관적 인식태도가 역사학의 방법으로 강하게 주장되기 시작하였다는 특징도 지니고 있다.

고려사의 편찬에서 편찬자들은 고려 후기 무신집권에 대하여 신랄한 비판을 가하여 왕조멸망의 계기로 파악하였다. 이는 당시 무신들의 지위를 억압하려는 문신중심적 역사관이라 할 수 있으며, 이는 조선왕조 전기간에 걸쳐 문신우위의 정치를 할 수 있었던 이데올로기였다.

또한 조선 전기 역사학의 특징은 유교윤리에 입각한 새로운 중세적 합리주의에 의한 역사 편찬이 이루어졌으며, 왕조개창에 따른 시대적 과제를 해결하기 위해 역사학이 강한 정치성을 띠면서도, 객관적인 역사학 방법이 모색되기도 하였던 시기라는 점이다. 또 다른 특징은 이 시기의 다른 학문도 마찬가지이지만, 역사학은 관료지식인들에 의하여, 정치적 안정과 재정확보를 통해 가능했던 국가의 지원을 받아 이룩되었다는 점을 들 수 있다. 즉 이 시기에는 아직 전문역사학자가 출현하지 않았으므로, 국가적 편찬사업의 직책에서 벗어나면 역사에 대한 관심은 곧 바로 수그러들었다. 그리고 이 시기의 역사학은 당대의 문제를 역사적 인과를 통하여 발견하고 해결하려는 노력이 적었다. 다시 말하면 이들 역사학은 기록을 남기기 위한 역사편찬이었으며, 지배층 중심의 역사학, 정치사 중심의 역사학, 교훈 중심의 역사학이라는 한계성을 가졌다고 할 것이다.

〈鄭求福〉

4. 지리지의 편찬과 지도의 제작

1) 지리지의 편찬

조선왕조 창건 이후 몇 차례에 걸쳐 地理志가 편찬되었다. 이를테면 세종 7년(1425)에 《慶尙道地理志》가 편찬되기 시작하여 세종 14년에는 《八道地理志》가 편찬되었으며, 이 지리지는 단종 2년(1454)에 약간의 손질을 거쳐 《世

宗實錄地理志》에 수록되었다. 예종 원년(1469)에 《慶尙道續撰地理志》가 만들어졌으며, 성종 9년(1478)에는 梁誠之가 《八道地理志》를 편찬하였다. 성종 12년에는 조선 초기 지리지 편찬의 완결편인 《東國輿地勝覽》이 편찬되었다. 약 60년간에 2개의 지방지리지와 3개의 전국지리지가 편찬되었다. 이러한 지리지 편찬사업은 개별적으로 독립적으로 추진된 것이 아니라, 조선왕조의 통치체제를 정비해가는 과정에서 상호 긴밀한 연관 속에서 추진되었다.1)

(1) 《경상도지리지》의 편찬

세종은 태종의 뒤를 이어 왕위에 올랐지만 초기에는 태종의 섭정이 계속되었다. 세종은 李原·卞季良 등과 의논하면서, 동왕 원년(1419)부터 4년 사이에는 태종의 뜻에 따르지 않고 마음대로 정사를 처리한 일이 없었다. 요컨대 그 동안의 史草를 《태종실록》에 실으면 어떤지를 물을 정도였다.2) 그러므로 세종의 본격적인 치세는 동왕 5년 이후부터 시작되었다. 그 후 세종은 여러 제도를 정비하면서 지리지 편찬의 필요성을 절실히 느꼈다. 즉 세종 6년에 大提學 변계량을 불러 지리지 편찬의 필요성을 강조하면서, 春秋館에서는 《태종실록》의 편찬으로 업무가 과중하니 어떻게 처리하면 좋을까 상의하였다. 변계량은 지리지와 州府郡縣의 연혁을 나누어 편찬하려는 세종의 의도는 옳지 않다고 하여, 두 가지는 나누어 작업할 수 없음을 강조하였다. 이에 세종은 변계량의 의견을 받아들여 그에게 지리지 편찬작업을 지시하였다.3)

그 이듬해에 춘추관에서는 忠州史庫에 보관되어 있는 주부군현의 연혁과 산천형세에 관한 기록을 지리지 편찬에 이용하도록 건의하였다.4) 실제로 《慶

---

1) 조선 초기 地理志에 관하여 발표된 글은 다음과 같다.
今西龍, 〈東國輿地勝覽に就いて〉(《朝鮮學報》 1, 1930).
末松保和, 〈新增東國輿地勝覽とその索引〉(朝鮮總督府 中樞院, 1937).
葛城末治, 〈校訂慶尙道續撰地理志解說〉(《校訂慶尙道地理志》, 朝鮮總督府 中樞院, 1938).
李 燦, 〈韓國地理學史〉(《韓國文化史大系》 Ⅲ, 高麗大民族文化硏究所, 1968).
———, 〈東覽圖의 特性과 地圖發達史에서의 位置〉(《震檀學報》 46·47, 1979).
鄭杜熙, 〈朝鮮初期 地理志의 編纂 (Ⅰ)〉(《歷史學報》 69, 1976).
———, 〈朝鮮初期 地理志의 編纂 (Ⅱ)〉(《歷史學報》 70, 1976).
李泰鎭, 〈『東國輿地勝覽』 편찬의 歷史的 性格〉(《震檀學報》 46·47, 1979).

2) 《太宗實錄》 권 26, 세종 6년 12월 임인.

3) 《世宗實錄》 권 26, 세종 6년 11월 병술.

4) 《世宗實錄》 권 28, 세종 7년 6월 경자.

尙道地理志》의 서문에 의하면, 춘추관과 예조에 명하여 전국 주현의 歷代官號와 읍명의 연혁·이합을 조사하여 보고하도록 하였으며, 중앙에서 일정한 規式을 마련하여 그 규식에 따라 각 도에서 조사·편찬하여 춘추관에 올려보내도록 하였다.

한편 세종은 이미 경연석상에서 문신들에게 여러 차례 지리지 편찬사업의 중요성을 역설한 것 같다. 이러한 세종의 뜻을 받들어 춘추관과 예조는 일정한 규식을 마련하고 그에 따라 지리지를 편찬하여 올려보내도록 하였다.[5] 이러한 朝令에 의해서 각 도는 지리지 편찬사업에 착수하였다.

경상도지리지의 편찬사업은 知大邱郡事 琴柔와 仁同縣監 金鑛이 주관하여 6개월이라는 비교적 짧은 기간 동안에 이루어졌고, 편찬된 지리지는 춘추관으로 보내졌다. 그런데 經歷 南施智와 慶州府尹 吳公湜, 判官 鄭施介保 등이 다시 한 부를 만들어 경상도에 보관하자고 건의하였으므로, 慶尙道觀察使 河演이 이를 허락하고 부본을 만들어 경상도감영에 보관하였다.[6]

이와 같이 《경상도지리지》는 경상도감영의 독자적인 지시에 의해 편찬된 것이 아니라, 세종의 명에 의하여 예조와 춘추관의 협조로 통일된 규식을 각 도의 감영에 하달하고 그 규식에 의하여 국가에 보고용으로 편찬되었음을 알 수 있다. 경상도는 다른 도와 달리 부본을 만들어 감영에 보관하였기 때문에 오늘날까지 전해져 온 것이다. 다른 도에서도 중앙정부의 지시에 의하여 지리지를 편찬하였지만 이를 춘추관에 보내고 초고본을 남겨 놓지 않았기 때문에 오늘날 전해지지 않은 듯하다. 이렇게 보고된 8도의 지리지를 참고하여 세종 14년(1432)에 전국지리지가 편찬되었다.[7] 이 전국지리지는 수결본 상태로 춘추관에 보관되다가, 단종 2년(1454)에 《세종실록》을 편찬하면서 약간의 보완을 거쳐 그 부록으로 수록되었다. 이 지리지가 흔히 말하는 《世宗實錄地理志》이다. 이와 같이 《경상도지리지》는 8도지리지를 편찬하기 위하여 기초자료로 편찬되었으며, 《경상도지리지》와 《세종실록지리지》는 동일한 취지에서 편찬된 지리지이다. 두 지리지 사이에 약간의 차이점이 있는 것

---

5) 《慶尙道地理志》 序文.
6) 위와 같음.
7) 《世宗實錄》 권 55, 세종 14년 정월 기묘.

은 중앙에서 하달된 규식에 의하여 편찬되었지만, 각 지방마다 그 규식을 적용하는 과정에서 편찬 기준이 조금씩 달라졌기 때문이다.[8)]

《경상도지리지》의 편찬내용을 알아보려면 《경상도지리지》 서문의 규식 및 《경상도지리지》 총론과 일반 군현의 서술 규식 등을 살펴보면 그 윤곽을 알 수 있다. 그런데 《경상도지리지》 서문에 실려있는 규식은 중앙에서 하달된 규식인 듯하며 이를 참조하여 감영에서 구체적으로 하달한 규식이 일반 군현의 서술 규식인 듯하다. 이를 정리하면 아래와 같다.

〈《경상도지리지》 서문에 나타난 서술 규식〉

① 여러 도와 여러 읍의 역대 명칭의 연혁
② 부・주・군・현과 향・소・부곡의 이합
③ 산천의 경계와 관방처 표시
④ 산성과 읍성의 규모, 온천・소금생산지・목장・良馬소산지
⑤ 토지의 비옥도, 기온의 차이, 풍속
⑥ 호구・인물・토산・잡물의 수
⑦ 조세를 운반하는 길
⑧ 군사시설이 있는 곳, 군인 수, 전함의 수
⑨ 섬이 육지에서 얼마나 떨어져 있으며 그 섬에서 농사의 유무
⑩ 봉화대 소재처
⑪ 本朝의 先王・先后의 능, 前朝의 태조와 명현들의 묘, 그 지방출신으로 출세한 사람, 옛날부터 전해오는 전설류

〈《경상도지리지》 총론에 나타난 서술 규식〉

① 道名이 某代에는 某道라고 부르고 어느 시대에 도명을 고쳤으며 개명하게 된 사연을 아울러 적을 것
② 도내 주・부・군・현이 타도에 이합하였던 사항을 적을 것
③ 도내 府・牧・大都護府・郡・縣이 몇인지 적을 것
④ 도내 명산대천과 사방의 경계, 관방처 표시
⑤ 도의 常貢物을 적을 것
⑥ 도내 산성・읍성의 규모, 온천・소금생산지・목장・良馬소산지
⑦ 군사시설의 표시, 소속 군인 수 표시
⑧ 도내 水營과 都萬戶・萬戶・千戶의 표시와 소속된 군함 수
⑨ 본조의 선왕・선후의 왕릉과 단군・기자사당, 기자릉, 전조의 태조묘, 명현의 묘가 어느 읍의 어느 방향에 있는지 표기
⑩ 도내 토지의 비옥도, 기온의 차이, 풍속

8) 鄭杜熙, 앞의 글(1976a).

⑪ 도내 섬이 육지에서 얼마나 떨어져 있으며 그 섬에서 농사의 유무
⑫ 도내 조세를 운반하는 조운과 그 운반하는 육로
⑬ 도내 현재 살고 있는 호구
⑭ 도내의 풍속

〈《경상도지리지》의 일반군현 서술 규식〉

① 삼국시대 명칭, 고려시대 명칭, 본조의 명칭, 군현명칭이 升降改號한 시기를 기록할 것
② 소속된 향이 몇 개이고 소·부곡·역이 몇 개인지, 그 명칭을 적고 다른 군현과 이합이 있거든 어느 시기였는지 아울러 적을 것
③ 境內 명산대천과 사방의 경계, 산천의 里數, 犬牙相入處 및 越境處와 鎭山의 기록
④ 人戶와 人口가 얼마인지 기록
⑤ 그 지방출신으로 출세한 자가 어느 시대 누구인지 적고 옛날부터 전해오는 전설류도 같이 적을 것
⑥ 본읍의 성씨와 속현의 성씨는 무엇무엇인지 구분하여 적을 것
⑦ 常貢物은 무엇이며 所產物은 무엇인지 적으며, 토산물 중 금·은·동·철·주옥·납·주석·약재·도기와 자기 등도 적을 것
⑧ 界首官이 관할하는 군·현의 명칭을 적을 것
⑨ 소금생산지와 유명한 저수지를 적을 것
⑩ 봉화대 소재처를 적을 것
⑪ 사원 중에 혁파하지 않은 것
⑫ 수령이 제사하는 처소를 적을 것

위의 서술 규식을 살펴보면 《경상도지리지》가 어떠한 목적으로 편찬되었는지를 알 수 있다. 그리고 중앙에서 하달한 규식보다 감영에서 일반군현에 하달한 규식이 더욱 구체적임을 알 수 있다. 예를 들면 군현의 연혁을 감영에서 하달한 규식은 삼국시대에는 어떻게 불렀으며 고려시대에는 어떻게 불렀고, 본조에 와서는 어떠했는지를 조사하여 적으라고 구체적으로 지시하고 있다.

《경상도지리지》는 규식에 잘 나타나 있듯이, 국가를 통치하는 데 절실히 요구되는 정치·경제·군사 등 국가적인 현실을 정확히 파악하기 위하여 편찬된 것이고, 《세종실록지리지》의 기초자료로 편찬된 것이다.

(2) 《세종실록지리지》의 편찬

《세종실록지리지》는 《세종실록》이 편찬된 단종 2년(1454)에 만들어진 것으

로 알려져 있으나, 최근의 연구성과에 의하면 세종 14년(1432)에 편찬되었다.[9] 이러한 사실을 뒷받침하기 위해 《세종실록지리지》 내용을 검토해보면, 이 지리지가 세종대에 작성되었음을 쉽게 알 수 있다. 왜냐하면 태조부터 태종대까지의 사실들은 모두 廟號를 써서 적고 있지만 세종대의 사항들은 세종이라는 묘호를 쓰지 않고 모두 「今上」이라고 썼기 때문이다. 이 지리지가 단종대에 편찬되었다면, 세종 치세기간에 있었던 역사적 사실들도 당연히 「세종」이라는 묘호를 써야 하기 때문이다. 그러나 세종 치세기간에 있었던 다음 사실들은 모두 「금상」이라는 연대표기를 하였다.

㉮ 京都 漢城府
- ○文廟…섬학전을 1,035結 지급, 今上(세종) 13년 신해년에 965결을 더 주었다.
- ○慕華館…본명은 모화루인데 중국사신을 맞이하는 곳이며, 금상 12년 경술에 모화관으로 고쳐 지었다.

㉯ 江華都護府
- ○摩利山…매년 봄·가을에 代言을 파견하여 초제를 지냈는데 금상 12년 경술에 비로소 2품 이상의 관리를 파견하였다.

㉰ 全羅道
- ○茂珍郡…금상 12년 경술에 邑人 盧興俊이 本州牧使를 구타하였으므로 郡으로 강등하였다.
- ○沃溝縣…금상 5년 계유에 兵馬使를 僉節制使로 개칭하였다.

㉱ 慶尙道
- ○比安縣…금상 3년 신축에 安比縣으로 고치고 계유년에 또 比安縣으로 고쳤다.

㉲ 咸鏡道
- ○永興大都護府…금상 8년 병오(宣德 원년 2월)에 지금의 이름으로 고쳤다.
- ○定平都護府…금상 4년 임인(大明 永樂 20년)에 지금의 이름으로 고쳤다.

㉳ 平安道
- ○永柔郡…금상 5년 계유에 永柔縣으로 고쳤는데 이는 永寧殿의 이름을 피하기 위함이었다.
- ○寧邊大都護府…금상 11년 무신에 延山과 撫山을 합쳐 영변대도호부가 되었다.

위의 사료 ㉲항의 함경도 연혁 설명 중 '今上四年壬寅'이 '大明永樂二十年'

9) 鄭杜熙, 앞의 글(1976a).

에 해당한다고 적고 있거나, '今上八年丙午'가 '宣德元年'에 해당한다고 적은 사실은「금상」이 세종 치세임을 확실히 알려준다. 즉 영락 20년은 세종 4년(1422)이며, 선덕 원년은 세종 8년에 해당하기 때문이다. 그러므로《세종실록지리지》의「금상」기사는 세종의 치세이다. 그리고 사료 ㉮항이 文廟條 설명에서는, 문묘에 贍學田을 지급하였는데, 세종 13년에 문묘에 965결의 토지를 추가로 지급하여 유학을 진흥시키고자 하였음을 알 수 있다. 이 기사가「금상」이라는 연대를 사용한 마지막 기사이다. 이는《세종실록지리지》가 세종 14년에 편찬되었음을 뒷받침해 준다. 더욱이 領春秋館事 孟思誠, 監館事 權軫, 同知館事 尹淮·申檣 등이 新撰八道地理志를 올렸다는 세종 14년 정월의 기사를 보면, 춘추관이 중심이 되어 8도지리지를 새로이 편찬하였음을 알 수 있다.[10] 이는 세종 6년 변계량에게 지리지 편찬을 명한 지 8년 만의 결실이다. 그러므로 같은 세종 치세기간의 사실이라도 세종 14년 이후의 내용은「금상」이라는 연대를 쓰지 않고「세종」이라는 묘호를 사용하였다. 그런데 여기에도 예외적인 기사가 있다.

> 慈城郡…세종 6년에 小甫里 등 8곳의 居民들을 모아…세종 14년에 波猪江野人들이 몰래 침략해 들어와 주민들을 해쳤다(《世宗實錄地理志》권 148, 平安道 慈城郡 沿革).
>
> 茂昌郡…세종 12년에 堡의 위치가 여연군에 너무 떨어져 있어 도울 수가 없으므로 여연·손량·후주 등지의 주민들을 떼어내서 縣을 설치하였다가 세종 24년 郡으로 승격시켰다(《世宗實錄地理志》권 148, 平安道 茂昌郡 沿革).

즉 세종 즉위년부터 세종 13년까지의 기사는 모두「금상」이라고 적고 있는데, 위 사료는 세종 6년의 기사를 '今上六年'이라고 적지 않고 '世宗六年'이라는 묘호를 사용하였다. 그러나 이 기사는《세종실록지리지》의 서문을 참고하면 쉽게 이해된다.

> 세종대왕이 윤회·신장 등에게 명하여 州郡의 연혁을 고찰하여 편찬하게 하였는데, 이 책이 임자년(세종 14 ; 1432)에 완성되었다. 이후에도 군현의 이합이 있었는데, 특히 양계의 신설 州鎭은 그 도의 끝부분에 계속 덧붙인다고 하였다(《世宗實錄地理志》권 148, 序文).

---

10)《世宗實錄》권 55, 세종 14년 정월 기묘.

즉 세종 14년에 이 지리지를 편찬하였지만 주군의 연혁은 변화가 많고 또 특별히 양계인 함경도와 평안도의 연혁은 신설된 주군이 많기 때문에 세종 14년에 편찬된 신찬《8도지리지》의 뒷부분에 이들 주군을 덧붙여서 편찬했다고 밝히고 있다. 실제로《세종실록지리지》의 함경도 기사 중 慶源·會寧·鍾城·穩城·慶興·富寧의 6진과 三水郡 그리고 평안도의 慈城·茂昌·虞芮·渭原 등의 새로 신설된 군현들은 그 도의 말미에 수록되어 있으며, 그 군현들의 연혁을 설명할 때「금상」대신「세종」이라는 묘호를 썼다. 이러한 사실은 이들 군현에 관한 사항이《세종실록》을 편찬하던 단종 2년(1454)에 추가로 편찬되었음을 뒷받침해 준다.

《세종실록지리지》는 세종 6년(1424)에 변계량에게 지리지 편찬을 지시한 8년 후인 세종 14년에《8도지리지》가 편찬되었고, 그 후 단종 2년에《세종실록》을 편찬하면서 약간의 보완을 거쳐《세종실록지리지》로 수록되었다.《세종실록》에 지리지를 비롯하여 몇 편의「志」가 부록으로 수록된 것은 당시 실록의 편찬자였던 鄭麟趾 등의 주장 때문이었다. 그는 許詡와 함께 金銚·朴仲林 등의 반대에도 불구하고 세종대에 제정된 樂譜·五禮儀·七政算內篇·地理志 등을 실록의 부록으로 실을 것을 주장하여 이를 관철시켰나. 정인지 등은 세종대에는 制禮作樂한 것이 많으므로 이를 실록에 별도의「지」로서 넣어야 한다고 주장하였다. 그러나《세종실록》은 편년체이므로 부록으로「지」를 수록하게 되었다.《세종실록지리지》에는 京都漢城府를 비롯하여 경기·충청·경상·전라·황해·강원·평안·함길도 등 8도에 소속되어 있는 328개 군현에 관한 각종 인문지리적인 내용을 싣고 있는데, 그 편목을 살펴보면 대체로 다음과 같다.

① 官員	② 沿革	③ 郡縣	④ 山川	⑤ 鎭山
⑥ 四境	⑦ 戶口	⑧ 軍丁	⑨ 土姓	⑩ 來姓
⑪ 賜姓	⑫ 亡姓	⑬ 續姓	⑭ 投化姓	⑮ 歸化姓
⑯ 村姓	⑰ 土地肥瘠	⑱ 風氣寒暖	⑲ 俗尙	⑳ 墾田
㉑ 土宜	㉒ 土貢	㉓ 土産	㉔ 鹽所	㉕ 鐵場
㉖ 磁器所	㉗ 陶器所	㉘ 樓亭	㉙ 山城	㉚ 驛
㉛ 烽火	㉜ 大堤	㉝ 寺院	㉞ 人物	㉟ 津渡
㊱ 王陵	㊲ 廟祠	㊳ 魚梁	㊴ 古跡	㊵ 島嶼

㊶ 鄕所部曲 ㊷ 木柵 ㊸ 越境處 ㊹ 溫泉 ㊺ 靈異
㊻ 要害處

특히 호구·군정·공부·전결·토산·조운 등 조세 수취에 필요한 경제사항과 명산·대천·군영·역관·성곽·목장·봉수·관방 등 국방에 관한 사항과 성씨·인물 등 주민들의 신분구성에 관한 사항이 자세히 기록되어 있다. 이러한 점으로 미루어 《세종실록지리지》는 세종대에 국가의 통치자료를 수집하고 파악하기 위해 편찬되었음을 알 수 있다.[11] 이는 조선왕조의 새로운 정치·사회·경제적 기반을 확립하는 데 반드시 필요한 작업이었다.

(3) 《경상도속찬지리지》의 편찬

세조는 단종 원년에 癸酉靖難을 일으킨 후 사실상 정권을 장악하였다. 그는 단종 원년 10월에 정인지에게, 지리지를 편찬하고자 하는데 누가 그 일을 맡기에 적합하냐고 물었다. 정인지는 《高麗史》 지리지를 편찬한 경험이 있는 梁誠之를 추천하였고, 그가 이 일을 맡게 되었다.[12] 양성지는 단종 2년에 《京畿地理志》를 편찬하였고, 단종 3년에는 《平安道地理志》를 편찬하였다.[13] 이어 단종이 퇴위하고 세조가 즉위하자, 세조는 양성지에게 8도지리지 편찬을 다시 명하였다. 그러나 이 시기에 양성지는 8도지도를 만드는 일에 전념하고 있었기 때문에 지리지 편찬사업은 미루어졌다. 예종이 즉위하자 다시 양성지에게 8도지리지 편찬사업을 맡기고 전국 8도에 지리지 편찬에 필요한 자료를 제출하라고 명령하였다.

> 우리의 금상 전하가 즉위한 다음해인 기축년 정월 上澣에 특별히 각 도에 명령을 내려 前志를 속찬하되 빠진 부분과 소략한 부분을 보충하라고 하셨다(《慶尙道續撰地理志》 序文).

이와 같이 예종은 즉위 다음해인 원년(1469) 정월에 각 도에 명을 내려 前志를 보충하여 편찬하라고 하였다. 여기에서 전지는 《세종실록지리지》를 가리킨다. 왜냐하면 지리지 속찬사목에서는 "各州鎭 庚戌年以後 設立革罷等事"

11) 鄭杜熙, 앞의 글(1976a).
12) 《端宗實錄》 권 8, 단종 원년 10월 경자.
13) 梁誠之, 《訥齋集》 권 4, 〈進新撰地理志〉.

라고 적고 있기 때문이다. 경술년은 세종 12년(1430)이고, 《세종실록지리지》의 연혁변화 중 마지막 기준년도이다. 또 《경상도속찬지리지》의 연혁을 살펴보면 《세종실록지리지》 이후의 달라진 사항만을 적고 있기 때문이다.

이와 같이 《경상도속찬지리지》는 《세종실록지리지》를 보충하는 작업일 뿐이었으므로, 정월에 편찬을 지시하여 3월에 편찬이 완료되었다. 3개월의 짧은 기간 동안에 道志를 편찬한다는 것은 불가능하지만 《경상도속찬지리지》가 편찬된 것은 《세종실록지리지》 이후의 달라진 사항만을 보충 정리하였기 때문이다. 이 지리지는 경상도관찰사였던 金謙光의 지휘하에 金海府使 李孟夏, 慶州敎授 朱伯孫, 星州敎授 張繼弛, 安東敎授 趙昱 등이 편찬에 참여하였다. 한 질은 서울로 보내고, 이번에는 부본을 4질 만들어서 4곳의 界首官에 보관하여 후일에 참고가 되도록 하였다.[14)]

《경상도속찬지리지》의 속찬사목은 다음과 같이 모두 29개 항목으로 되어 있다.

① 각 州·鎭 연혁 중 경술년 이후 달라진 일
② 界首官이 관장하는 주·진
③ 屬縣이 來屬한 해
④ 향·소·부곡의 수
⑤ 貢稅의 경로
⑥ 제언과 관개면적
⑦ 鹽盆處
⑧ 講武場
⑨ 봉화시설
⑩ 역 참
⑪ 목 장
⑫ 전대의 陵寢과 명현의 祠墓
⑬ 유명한 嶺峴의 이름
⑭ 津 渡
⑮ 距京里數
⑯ 種養藥材
⑰ 어 량

14) 《慶尙道續撰地理志》 序文. 金謙光은 예종 즉위년(1468)부터 성종 즉위년(1469)까지 경상도관찰사로 근무하였음을 先生案을 통하여 확인할 수 있다. 그러므로 《경상도속찬지리지》는 그의 지휘하에 편찬되었음을 알 수 있다.

⑱ 도기소와 자기소
⑲ 금·은·동·철의 산출처
⑳ 읍성과 산성의 규모
㉑ 관 방
㉒ 유명한 樓臺 및 樓題
㉓ 僧 寺
㉔ 院 宇
㉕ 險阻要處
㉖ 緊關地名
㉗ 해도의 상황
㉘ 양계의 본영 건치연혁
㉙ 양계와 접하고 있는 야인의 대치상황

위의 29개 사목에서 알 수 있듯이, 《세종실록지리지》의 내용과 거의 비슷하다. 단지 양계지역의 여진족에 대해서 자세히 조사하도록 한 점이 다르다. 이는 세조대 李滿住가 지휘하는 야인들의 노략질을 겪었으므로 그에 대한 대비책이 시급했기 때문이다. 각 군현별로 29개의 사목 중 해당항목만 적고 해당사항이 없으면 그 항목을 생략하였다. 《세종실록지리지》와 특히 다른 항목은 ㉒의「樓題」이다. 이 항목은 후에 《東國輿地勝覽》에 확대 수록되었다.

(4) 《동국여지승람》의 편찬

《동국여지승람》의 편찬은 조선 초기의 지리지 편찬의 완결을 뜻한다. 앞에서 살펴보았듯이 조선 초기에는 세종 7년(1425)에 《경상도지리지》의 편찬을 비롯하여 세종 14년에는 《8도지리지》가 편찬되었고, 이를 보충하여 단종 2년(1454)에 《세종실록지리지》가 편찬되었다. 그 후 세조는 集賢殿 직제학 양성지에게 지도 제작과 지리지 편찬사업을 맡겼다. 양성지는 단종 2년에 《경기지리지》를 편찬하였고 단종 3년에는 《평안도지리지》를 편찬하였으나, 세조의 죽음으로 지리지 편찬사업도 일시 중단되었다. 예종 즉위년에 양성지는 다시 8도지리지 편찬의 명을 받고 지리지 편찬에 착수하였다. 그는 전국에 지리지 편찬에 필요한 자료를 제출하도록 요구하였는데, 그 작업의 일부로 현재 남아 있는 것이 《경상도속찬지리지》이다. 양성지는 10년간의 노력끝에 성종 9년(1478)에 《8도지리지》편찬을 완료하였다.[15] 그 전에 양성지는 세조

15) 《成宗實錄》 권 138, 세종 13년 2월 임자.

13년(1467)에 《海東姓氏錄》을 편찬하였으며,[16] 徐居正 등은 《東文選》을 편찬하였다.[17] 이러한 편찬작업의 기초 위에 《동국여지승람》이 성종 12년에 50권으로 편찬되었다.[18] 《동국여지승람》은 양성지의 《8도지리지》와 《해동성씨록》, 서거정 등이 편찬한 《동문선》 등을 종합하여 송나라 祝穆의 《方輿勝覽》 체재에 맞추어 편찬된 조선 초기의 지리지 편찬의 완결편이다.

이 때 편찬된 《동국여지승람》은 바로 간행되지 않고 초고본 상태로 보존되다가,[19] 성종 16년에 金宗直 등에게 명나라의 《大明一統志》 체재에 맞추어 개편하도록 지시하였다.

> 이 책은 축목의 책을 모방하여 중요한 사적을 들고 겸하여 시문을 널리 찾아 뽑아서 기록하였으니 국가에 진실로 유익한 문헌이나, 그 중에 산천과 옛날 사실이 더러 빠진 것이 있고 여러 사람이 지은 시문에는 지저분하고 혼잡스러운 것이 자못 있을까 염려되니 너희들은 마땅히 교열하고 수정하여 精하고 적당하도록 힘쓰되 그 범례는 한결같이 《대명일통지》를 법 삼으라(《東國輿地勝覽》 金宗直 跋).

위와 같이 성종의 지시내용은 첫째 편찬체재를 바꾸라는 것이었다. 종래 《동국여지승람》은 축목의 《방여승람》 체재인데 이를 《대명일통지》 체재로 개편하라는 것이다. 둘째 산천과 사적의 빠진 부분을 보완하고, 셋째 시문의 번잡을 피하여 가려 뽑으라는 내용이다. 이러한 성종의 지시를 받은 김종직 등은 경복궁의 홍문관에 局을 개설하고 개편작업에 착수하였다. 이 작업은 旱災 때문에 곧 중단되었다가, 그 이듬해인 성종 17년(1486) 8개월의 작업 끝에 끝났다. 산천·성곽·누대·사묘·사찰 등은 計吏와 邸主에게 물었고, 건치·풍속·인물·고적은 모든 史書와 문서·문집을 대조하여 그릇된 것은 바로잡고 빠진 것은 보충하여 첨가하였다. 이렇게 하여 삭제한 것도 한둘이 아니지만 보탠 것도 매우 많으므로 다시 개정하여 55권으로 만들었다.[20] 이 개편작업을 주관하였던 김종직도 "비록 감히 《일통지》에는 견주지 못하나 《방여승람》에 비교하면 실로 부끄러움이 없다"고 자부하면서 후세에 많은

---

16) 《世祖實錄》 권 41, 세종 13년 정월 임진.
17) 《成宗實錄》 권 55, 성종 6년 5월 을묘.
18) 《東國輿地勝覽》 徐居正 序.
19) 《成宗實錄》 권 139, 성종 13년 3월 갑오.
20) 《東國輿地勝覽》 金宗直 跋.

혜택을 주게 될 것이라고 하였다.[21] 이 때 김종직 등이 교정한 《동국여지승람》은 더욱 다듬어져 그 이듬해인 성종 18년 2월에 조정에 바쳐졌다.[22] 성종은 이 《동국여지승람》을 바로 刊印하도록 하명하였고, 인쇄본 《동국여지승람》은 성종 18년 2월에 초간되었다.[23]

그러나 2개월 후 김종직은 경연석상에서 《동국여지승람》 편찬의 문제점 두가지를 제시하였다. 첫째 산천의 위치에 대한 기록은 읍인들에게 물어서 기록한 것일 뿐 측량에 의한 것이 아니기 때문에 사실과 차이가 많다는 것이고, 둘째 토산물은 土貢과 밀접한 관련이 있기 때문에 읍인들이 꺼려서 실상을 말해주지 않아 실제와 많은 차이가 있다는 것이다. 이러한 보고를 받은 성종은 토산물은 중국과의 조공문제도 있기 때문에 소략해도 괜찮지만 산천의 위치가 잘못된 점은 반드시 고쳐야 하므로, 《동국여지승람》의 〈山川志〉를 각 도의 감사에게 베껴서 보낸 후 그 회답을 기다려 정확하게 개정하도록 지시하였다.[24] 그러나 이후의 기록은 찾아볼 수 없어 산천의 위치를 어떻게 바로잡았는지는 알 수 없다. 다만 연산군 3년(1497)에 成俔·李德崇·任士洪 등에게 《동국여지승람》의 개정을 명하였는데, 그 내용은 노정의 里數, 題詠의 정확, 산천과 사적의 빠진 것 등을 보충하는 것이었다. 성종대에 산천의 위치를 시정한 것이 연산군대에 개정하면서 보완된 듯하다. 이 개정작업은 2년 후인 연산군 5년에 끝났다. 2년이라는 기간이 소요된 것으로 미루어 상당부분 개정된 듯한데, 임사홍의 발문[25]을 제외하면 뚜렷한 기록이 없기 때문에 개정된 내용을 구체적으로 알 수 없다.

중종이 즉위한 후 연산군대의 잘못된 관제를 원래대로 되돌려 놓는 작업이 진행되었고, 지방 군현의 연혁에 변화가 많았으므로 《동국여지승람》의 개편작업이 자연스럽게 거론되었다. 중종은 23년(1528)에 李荇 등에게 연산군대의 관제를 경신하도록 하였다. 또 군현의 이동과 분할을 아직 개정하여 기록하지 못하였으며, 그 동안에 생긴 효자·열녀의 행실과 아름다운 시문을 새

21) 위와 같음.
22) 《成宗實錄》 권 200, 성종 18년 2월 무인.
23) 《成宗實錄》 권 200, 성종 18년 2월 경신.
24) 《成宗實錄》 권 202, 성종 18년 4월 신묘.
25) 《東國輿地勝覽》 任士洪 跋.

로 가려 기록하지 못한 것이 많으니, 그런 것을 상고하고 모아서 증보하여 바치도록 하였다.[26] 그후 校書館에 편찬청을 설치하고 자료를 모았으나 旱災 때문에 두 번 중지되었다가 중종 25년에 비로소 편집할 수 있었는데, 그 분량은 5권이었다.[27] 편집책임자였던 이행은 분량이 많지 않으므로 별도의 책을 만드는 것보다 이전에 편찬된 책에 새로 첨가하는 것이 좋겠다는 의견을 건의하였고 그대로 시행되었다. 특히 책을 따로 만든다면 계통과 두서가 없어지기 때문에 전에 만든 기록에 첨가해 넣어서 앞의 것을 좇아 계승하고 옛것에 따라 더함으로써, 한 시대에 편집한 것 같고 한 솜씨에서 나온 것 같도록 하였다.[28] 이 《신증동국여지승람》은 중종 25년에 개편작업이 완료된 후 중종 26년 6월에 간행되었다.[29] 이와 같이 3차의 인출을 거듭한 《동국여지승람》은 민간의 소장을 금했기 때문에 수효가 넉넉하지 못하였고, 임진왜란을 겪은 이후로는 더욱 희귀해져서, 광해군 3년(1611)에 중종대의 신증본을 그대로 복간하여 널리 보급시켰다.

《동국여지승람》의 편찬 필요성은 편목의 설명에 잘 나타나 있다. 연혁을 먼저 쓴 것은 한 고을의 흥폐를 먼저 알아야 하기 때문이며, 풍속은 한 고을을 유지하는 바이며, 形勝은 四境을 지탱하는 바이므로 명산대천으로 經緯를 삼고 높은 성과 큰 보루로 襟抱를 삼기 때문이다. 廟祀는 祖宗을 높이며 신기를 존경한 바이요, 궁실은 상하의 구분을 엄하게 하고 위엄과 무거움을 보이기 위함이며, 5部를 정한 것은 坊里를 구별한 것이며, 여러 관청을 설치한 것은 모두 사무를 보는 곳이기 때문이다. 능침은 조종을 깊이 편안하게 하는 땅이며, 祠와 壇은 국가의 중요한 전례이기 때문이며, 학교는 한 나라의 인재를 기르기 때문이며, 旌門은 3강의 근본을 표창하는 것이다. 사찰은 역대로 그 곳에서 복을 빌던 곳이며, 祠墓는 선현을 사모하여 추숭하는 곳이다. 토산은 貢賦가 나오는 바요, 창고는 공부를 저장하는 곳이다. 누대는 때에 따라 놀며 사신을 접대하는 곳이요, 院宇는 행려객들을 쉬게 하고 도적을 금하기 위함이며, 관방을 웅장하게 한 것은 暴客을 방비하기 위함이며, 站驛을

26) 《新增東國輿地勝覽》 洪彦弼 跋.
27) 위와 같음.
28) 《中宗實錄》 권 62, 중종 23년 8월 기유.
29) 《新增東國輿地勝覽》 洪彦弼 跋.

벌여 놓은 使命을 원활하게 전달하기 위함이며, 인물은 과거의 어진이를 기록한 것이요, 名宦은 장래에 잘 하기를 권장하기 위해서이다. 마지막으로 題詠 항목을 설정한 것은 物象을 읊조리며 王化를 노래하여 칭송함은 시와 문밖에 없기 때문이다.[30]

위와 같이 편찬된 《동국여지승람》은 8도의 지리가 마음과 눈에 환하여 문을 나가지 아니하고도 손바닥을 가리킴을 보는 것 같이 자세하여,[31] 반드시 장차 왕화가 만세토록 이어질 것이라고 자부심이 대단하였는데, 체재는 《大明一統志》대로 편찬하였다. 두 지리지의 편목을 비교하면 이러한 사실은 더욱 뚜렷해진다.

《동국여지승람》의 전체 편목은 31개이고 《대명일통지》는 19개인데, 이 가운데 두 지리지의 공통되는 편목이 16개나 되며 그 명칭도 동일하다. 그렇지만 《동국여지승람》이 《대명일통지》의 단순한 모방에 그친 것은 아니었다. 《동국여지승람》의 편찬자들은 어디까지나 자신들의 입장을 정당화하기 위한 한 방편으로 《대명일통지》의 체재를 원용한 것이다. 즉 《동국여지승람》의 총 편목 수가 《대명일통지》보다 12개가 더 많다거나, 《대명일통지》에서 도교와 불교를

〈표 1〉 《東國輿地勝覽》과 《大明一統志》의 編目比較

地理志 \ 編目	建置沿革	屬縣	鎭管	官員	土官	郡名	院宇	土産	倉庫	城郭	關梁			烽燧	驛	姓氏	風俗	宮室
											關防	橋梁	關梁					
東國輿地勝覽	○	○	○	○	○	○	○	○	○	○	○	○		○	○	○	○	○
大明一統志	○					○		○					○				○	○

地理志 \ 編目	樓亭	題詠	學校	書院	佛宇		祠廟	陵墓	古跡	名宦	人物	流寓	孝子	烈女	仙釋	山川	形勝
					佛宇	寺觀											
東國輿地勝覽	○	○	○		○		○	○	○	○	○	○	○	○		○	○
大明一統志			○	○		○	○	○	○	○	○	○		○	○	○	○

30) 《東國輿地勝覽》 徐居正 序.

31) 《新增東國輿地勝覽》 李荇 箋.

총칭하여 寺觀이라 한 것을《동국여지승람》에서는 불교에 국한시켜 佛宇라고 한 것, 성씨·역원·봉수항 등이《동국여지승람》에만 설치되어 있는 것 등은 편찬자들이 단순히《대명일통지》의 체재를 따르려고만 했던 것이 아니었던 것 같다(〈표 1〉 참조).[32)]

《동국여지승람》은 세종대 편찬된《8도지리지》와《세종실록지리지》, 성종대의《8도지리지》 등을 종합하고, 명의《대명일통지》의 영향을 받아 편찬된 조선 초기 지리서의 종합편이다. 이 지리서는 정치·경제·군사 등 국가의 통치에 필요한 사항들을 총망라했을 뿐 아니라 인물·시문 등을 수록하여 조선왕조의 역사적 정통성을 강조하고 왕화가 만세까지 이어지기를 바라는 의도에서 편찬된 것이다.

〈李相泰〉

2) 국내지도의 제작

(1) 조선 초기에 제작된 지도

우리 나라에서 本國地圖가 언제부터 그려지기 시작하였는지는 그 관계유물이나 정확한 기록이 없으므로 알 길이 막연하다. 그러나 삼국시대에 들어와서 국경이 확정된 후 영토에 대한 관심이 증대되었기 때문에 지도제작의 필요성이 일어났을 것이다.[1)]

먼저 고구려에 대해서는《舊唐書》에 고구려 영류왕 11년(628) 唐에 사신을 파견할 때 封域圖도 함께 보냈다는 기록이 있다. 이로 미루어 본다면 고구려에서는 그 이전부터 지도가 제작되었음을 알 수 있다. 실제로 고구려의 한 고분에 그려진 遼東城의 벽화는 이 사실을 잘 뒷받침하고 있다. 이 벽화지도에는 요동성 내외의 지형, 城市의 구조, 도로, 시설물 등이 그려져 있다. 그리고 건물은 기와집과 민가·누각 등이 유형에 따라 그려졌고, 하천과 개울·산 등이 적·청·백색 등을 써서 회화적 수법으로 묘사되었다.[2)] 이러한 기법은 조선시대 여러 성시의 회화적 지도와 매우 비슷하다. 이런 점으로 보

32) 鄭杜熙, 앞의 글(1976b).
1) 金良善,〈韓國 古地圖 硏究抄〉(《梅山國學散稿》, 崇田大 博物館, 1972).
2) 全相運,《韓國科學技術史》(正音社, 1979), 299쪽.

아 그림지도의 형식이 이미 4세기 무렵에 시작되었음을 알 수 있다.

백제에서의 지리에 대한 관심과 지식은 《三國遺事》의 관련기사를 통해 알 수 있다.

> 그 때 圖籍 안에 餘州 2字가 있었다. …여주는 지금의 扶餘郡이다. 百濟地理志에 말하기를…(《三國遺事》 권 2, 南夫餘).

위에서 「圖籍」이라고 한 것은 그 내용으로 보아 지도를 뜻하고 있음이 분명하다. 그리고 《삼국유사》를 집필할 때에는 《백제지리지》가 남아 있었음을 알 수 있다. 또 백제는 武王 때 일본에 역·천문·지리에 관한 서적을 전했다는 기록이 있다. 이 기록은 백제에 지리지가 있었음을 증명하는 것이다.

신라의 경우는 "고구려의 州郡縣 164곳이 있는데, 신라에서 고친 이름과 지금의 이름이 新羅志에 보인다"라는 기록으로부터 지리지의 편찬을 짐작할 수 있다.[3] 그리고 문무왕이 薛仁貴에게 보낸 답서에는 (咸亨 원년) 7월에 이르러 入朝使 金欽純 등이 와서 界地를 확정하려 할 때, 지도를 살펴 조사하여 백제의 옛 땅을 모두 나누어 돌려주려 하였다[4]는 기록을 보면 지도를 보고 백제의 옛 땅을 나누고자 했음을 알 수 있는데, 이는 지도를 실제 사용한 최초의 기록이다. 또 신라는 삼국을 통일한 후 9주를 설치했는데, 古山子 金正浩의 《靑邱圖》 부록에 삽입된 新羅九州郡縣總圖를 참고해 보면,[5] 신라에서도 9주의 강역을 나타내는 지도가 만들어졌을 가능성이 있다.

고려시대의 지도제작에 대해서는 여러 기록이 남아 있다. 《高麗史》에 의하면 목종 5년(1002)에 거란에 高麗地圖를 보낸 일이 있었으며,[6] 의종 2년(1148)에 李深·智之用 등이 宋人과 공모하여 고려지도를 송의 秦檜에게 보내려다가 들켜서 처벌당한 것을 보면,[7] 행정구역을 10도에서 현종대에 5도양계로 개편한 후 지도를 작성한 듯하다. 이 〈5도양계도〉는 조선 성종대 양성지의 상소문에 나타나듯이,[8] 여러 차례에 걸쳐서 그려지고 조선 초기의 지도 제작에 많은

---

3) 《三國史記》 권 37, 志 6, 地理 4, 고구려.
4) 《三國史記》 권 7, 新羅本紀 7, 문무왕 11년 7월 26일.
5) 金正浩, 《靑邱圖》 附錄 新羅九州郡縣總圖.
6) 《遼史》 권 11, 列傳 45, 外紀 高麗傳.
7) 《高麗史》 권 17, 世家 17, 의종 2년 10월 정묘.
8) 《成宗實錄》 권 138, 성종 13년 2월 임자.

영향을 준 듯하다. 또《청구도》범례에 의하면, 柳公植의 집에 지도가 있었으며 공민왕대 羅興儒가 고려지도를 만들어서 왕에게 바쳤다는 기록이 있다.[9] 고려말에 제작된 나홍유의 5도양계도는 조선 태조 5년(1396)에 李詹이 그린 三國圖나[10] 태종 2년(1402)에 李薈가 그린 八道圖의 바탕도가 되었을 것이며, 그 편린을 歷代帝王混一疆理圖의 조선도 부분에서 찾을 수 있다.

태조는 조선을 건국한 후 한양에 천도하고 행정구역 개편을 시도하였다. 이에 따라 고려시대의 5도양계가 8도로 개편되었고 여기에 알맞은 지도의 제작도 추진되었을 것이다. 이러한 결실이 태종 2년 5월 태종의 탄신일에 의정부에서 바친 本國地圖이다.[11] 이 지도는 조선이 건국된 후 10년 만에 제작된 지도이기 때문에 그 동안에 개편된 행정구역을 반영했을 것이며, 의정부 檢詳이었던 이회가 만들었을 것이다. 왜냐하면 동년 8월에 역대제왕혼일강리도가 만들어졌는데 그 하단에 기록된 權近의 발문에 이회가 이 지도 제작을 담당했음을 밝히고 있기 때문이다.[12] 그 후 태종 13년 8월에 의정부는 또 한 차례 본국지도를 태종에게 바쳤다.[13] 이는 태종 13년에 있었던 행정구역의 개편과 함께 전국 주현의 명칭 가운데 계수관을 제외하고는 「州」자를 모두 「川」자와 「山」자로 개명한 주현 명칭을 반영한 전국주현도가 필요했기 때문이었다.[14] 태종대에 만들어진 두 지도는 고려의 5도양계도의 전통을 이어 조선시대 행정구역을 반영하려 했을 것이다. 그러나 이 두 지도는 새롭게 달라진 조선시대 행정구역의 실정을 충분히 반영하지는 못했다.

그러므로 세종은 16년(1434)에 戶曹에 새로운 지도의 제작을 명하였다. 세종은 앞서 제작된 지도가 틀린 곳이 많아 새롭게 지도를 제작한다고 하였다.[15] 뿐만 아니라 새로이 제작할 지도에 필요한 사항을 전국 각 주현의 수령들에게 보내서 다음 사항들을 확인하여 올려보내도록 명령하였다. 즉 수령들은 경내의 관사배치, 산천의 형세, 도로의 원근과 이수, 그리고 인접한 군

---

9) 金正浩,《青邱圖》凡例.
10) 李 詹,〈三國圖後序〉(《東文選》권 92, 下).
11)《太宗實錄》권 3, 태종 2년 5월 무술.
12) 權 近,《陽村集》권 2, 歷代帝王混一疆理圖誌.
13)《太宗實錄》권 26, 태종 13년 8월 갑술.
14)《太宗實錄》권 26, 태종 13년 10월 신유.
15)《世宗實錄》권 64, 세종 16년 5월 경자.

현의 이름을 표시하여 감사에게 보고하고, 감사는 이를 취합하여 국가에 보내도록 하였다. 그리고 세종은 이에 만족하지 않고 전국을 量地하여 정확한 지도를 만들고자 하였다. 특히 새롭게 행정구역이 개편된 평안도와 함경도, 그리고 4군6진 지역을 자세히 조사할 필요가 있었다. 세종은 18년에 鄭陟에게 相地官과 畵工들을 데리고 함길도와 평안도 등을 자세히 살펴서 산천형세를 그려 오도록 하였다.[16] 이러한 노력으로 고려의 5도양계의 영역을 벗어나 압록강과 두만강 등의 유역과 4군6진 지역이 명확해졌다. 그 후 문종 즉위년(1450)에 각 주현과의 道里를 자세히 조사하여 올려보내도록 하였다. 이는 국가에서 유사시에 병력을 동원하려 해도 정확한 거리를 알지 못하여 병력동원에 어려움이 많았기 때문에 확실한 里程을 파악하려는 데 목적이 있었다.[17]

문종 원년에 정척은 양계지방을 그린 大圖와 小圖를 바쳤다.[18] 이는 그가 세종 18년에 왕의 특명을 받고 양계지방을 조사한 지 14년만에 맺은 결실이었다. 이 지도를 본 문종은 각 주현 간의 거리가 표시되지 않은 점, 동서남북의 4방위법에 의한 지형지물을 표시한 데서 오는 부정확한 점을 탈피하기 위하여 泛鐵을 이용한 12방위에 의한 방향표시의 필요성, 경내의 명산대천·大嶺·古關防·古邑 등이 상세히 묘사되지 않은 점 등을 지적하고, 양계의 각주현 수령에게 명하여 이를 보완하여 다시 양계도를 작성하도록 하였다.

조선 초기에 지도 제작에 남다른 관심을 기울인 왕은 세조이고 그를 도와 이러한 목적을 이룬 인물은 양성지이다. 양성지는 단종 원년(1453)에 首陽大君으로부터 조선전도·8도도·각주현도 등을 만들라는 지시를 받고,[19] 정척과 마찬가지로 화공과 상지관을 데리고 하3도의 산천형세를 조사하였다.[20] 그는 세조의 두터운 신임을 바탕으로 야심차게 이 사업을 추진한 듯하다. 그의 독주를 못마땅하게 여긴 사간원 등에서는 흉년을 명분으로 내세워 지도 제작사업은 급하지 않으니 중단시켜야 한다고 주청했지만[21] 세조의 후원으로 이 작업은 적극 추진되었다.

16) 《世宗實錄》 권 71, 세종 18년 3월 을축.
17) 《文宗實錄》 권 5, 문종 즉위년 12월 무술.
18) 《文宗實錄》 권 7, 문종 원년 5월 병인.
19) 《端宗實錄》 권 8, 단종 원년 10월 경자.
20) 《端宗實錄》 권 12, 단종 2년 10월 신묘 및 권 13, 단종 3년 2월 을유.
21) 《端宗實錄》 권 12, 단종 2년 10월 신묘.

세조는 즉위한 후 본격적으로 양성지에게 지리지 편찬과 지도 제작을 재차 명하였다.[22] 세조 9년(1463)에 양성지는 정척과 함께 東國地圖를 완성하였다.[23] 이는 그가 세조의 지시를 받은 후 10년만에 이룩한 업적이고, 정척이 세종의 명을 받고 산천형세를 살피기 시작한 지 27년만에 이루어진 지도이다. 이 동국지도는 고려시대의 5도양계도, 태종대 이회의 8도도, 세종대 정척의 8도도 등을 참고하였고, 또 정척이 이북 3도를, 양성지가 하3도의 산천형세를 조사한 결과를 종합하여 제작한 조선 초기 지도의 완성편이라고 할 수 있다. 그러므로 이 동국지도는 鄭尙驥의 東國大地圖가 제작될 때까지 조선 고지도의 표준지도 역할을 했을 것이다. 그러나 동국지도는 유감스럽게 현존하지 않는다. 그 계통을 잇는 지도가 朝鮮方域圖이다.[24]

이러한 전국도 이외에도 조선 초기에는 지역도가 여러 차례 제작되었다. 특히 북방지도가 집중적으로 만들어졌다. 정척의 兩界大圖와 兩界小圖 및 양성지의 閭延·茂昌·虞芮의 三邑圖, 沿邊城子圖, 兩界沿邊防圖, 濟州三邑圖 등이 있었다.[25] 또 安哲孫의 沿海漕運圖,[26] 魚有沼의 永安道沿邊圖,[27] 李淳淑의 平安道沿邊圖[28] 등도 있었다. 하3도에는 각 감영마다 그 도의 지도가 비치되어 있었고,[29] 《東國輿地勝覽》에는 東覽圖가 수록되어 있다. 이 동람도는 양성지가 제작한 지도로서,[30] 8도도·8도주현도·8도산천도를 말한다.

이외에도 단종 2년(1454)에 수양대군은 8도도와 京城圖를 만들고자 친히 鄭陟·姜希顔·梁誠之·安貴生·安孝禮·朴壽彌 등을 대동하고 三角山과 普賢峰에 올라가 도성의 山形水脈을 살펴서 경성도를 만들었다.[31] 이 경성도는 후에 수십차례에 걸쳐 제작되는 도성도의 기본이 되었을 것이다. 이 때에 동

22) 《世祖實錄》 권 2, 세조 원년 8월 을묘.
23) 《世祖實錄》 권 31, 세조 9년 12월 병인.
24) 朝鮮方域圖는 필자의 신청에 의하여 문화부 文化財管理局에서 국보 제 248호(1989. 8. 1)로 지정되었다.
25) 《成宗實錄》 권 138, 성종 13년 2월 임자.
26) 위와 같음.
27) 위와 같음.
28) 위와 같음.
29) 위와 같음.
30) 위와 같음.
31) 《端宗實錄》 권 11, 단종 2년 4월 무술.

행했던 정척은 산천형세를 잘 알고, 강희안은 그림을 잘 그렸으며, 양성지는 지도 제작을 잘하고, 안효례는 相地官으로 풍수지리의 대가이며, 박수미는 算士였다. 이와 같이 사계의 전문가가 총동원되어 제작한 지도가 경성도이다.

또 세조 원년(1455)에 우참찬 黃守身이 경상도지도와 熊川縣圖를 제작하였다.[32] 성종 12년(1481)에는 許琮이 平安道沿革圖[33]를 그렸으며, 성종 15년에 李封이 我國輿地圖를 진상하였고[34] 성종 19년 3월에는 成俊이 永安道沿邊圖를 제작하였다.[35] 같은 해 9월에는 柳子光이 義州와 東八站, 遼東·光寧 등의 산천·도로 등을 자세히 조사한 형세도를 바쳐 이 지역에 대한 지리적 관심을 증대시켰다.[36] 성종 22년에는 허종이 西北面沿邊圖를 진상했으며,[37] 성종 24년에는 平安道體察使 韓致亨이 義州地圖를 그려 바쳤다.[38] 연산군 3년(1497)에는 판중추부사 李克均이 慶尙右道圖를 그렸다.[39] 세조 원년에 황수신이 제작한 경상좌도 지도는 崇文殿 화재 때 소실되었으므로 이번에 경상우도지도를 제작한다고 하였다. 이극균은 연산군 7년에도 西北地圖를 만들었다.[40] 중종 8년(1513)에는 순변사였던 黃衡이 함경도지도를 조정에 바쳤고,[41] 중종 18년에는 평안절도사 李之芳이 여연과 무창 형세도를 그렸다.[42] 이 지도는 의정부에 비치하고 변방의 일을 의논할 때 참고하도록 하였다. 그 후 명종 17년(1562)에는 金澍·朴忠元 등이 成川·安邊·義州圖를 제작하였다.[43] 이와 같이 평안도와 함경도 지방은 고려시대의 5도 양계도에서 빠진 부분이었기 때문에, 그리고 4군과 6진을 새로이 개척하였으며 또 국경지역이었기 때문에 이곳의 실정을 파악하기 위하여 세종대에 만들어진 정척의 양계도를 비롯하여 여러 차례에 걸쳐 변방지도가 만들어졌다.

---

32) 《世祖實錄》 권 1, 세조 원년 7월 을미.
33) 《成宗實錄》 권 128, 성종 12년 4월 계해.
34) 《成宗實錄》 권 164, 성종 15년 3월 계묘.
35) 《成宗實錄》 권 214, 성종 19년 3월 신묘.
36) 《成宗實錄》 권 217, 성종 19년 6월 계묘.
37) 《成宗實錄》 권 258, 성종 22년 10월 정사.
38) 《成宗實錄》 권 281, 성종 24년 8월 경신.
39) 《燕山君日記》 권 28, 연산군 3년 11월 임자.
40) 《燕山君日記》 권 40, 연산군 7년 7월 갑신.
41) 《中宗實錄》 권 17, 중종 8년 2월 계미.
42) 《中宗實錄》 권 48, 중종 18년 5월 계미.
43) 《明宗實錄》 권 28, 명종 17년 11월 경인.

한편 외국지도는 역대제왕혼일강리도를 비롯하여 일본승 道安이 가져온 日本琉球國圖・大明天下圖 등이 있었고, 이 외에도 遼東圖・日本大明圖 등이 있었다.[44] 예종 원년(1469)에는 우리 나라에서 天下圖를 완성하였다.[45] 이 천하도는 역대제왕혼일강리도와 비슷하였을 것이다. 아마도 현존하는 혼일강리도는 이때에 만들어진 사본이 아닌가 생각된다. 왜냐하면 혼일강리도의 조선도 부분을 검토하면 4군이 폐지되어 폐4군으로 표기되어 있기 때문이다. 이 부분은 권근의 발문과 상치되는데 앞으로의 연구과제이다.

국내지도가 거의 완성된 중종 때에는 천하도에 대한 관심이 증대되었다. 중종 6년(1511)에 홍문관에서 天下輿地圖를 왕에게 진상하였다.[46] 이 천하도에 지대한 관심을 가진 중종은 의정부에 명하기를, 전에 홍문관에서 바친 천하도는 중국에서 가져왔을 터인데 그 동안 그 곳의 지리적 사정도 많이 달라졌을 것이므로, 聖節使로 하여금 새로운 천하도를 구해 오라고 하였다.[47] 의정부는 천하도에 대한 사항을 조사 보고하였는데, 전자의 천하도는 중국의 여염집에서 구해 왔기 때문에 그 제작연대나 출처를 알 수 없었지만, 題督主事 張鰲가 輿地圖에 관심이 많이 조선의 도로 원근까지 파악하여 제작한 천하도가 있으므로 우리 나라에서 그림 잘 그리는 사람을 파견하여 모사하면 하루 이틀 성도면 가능하다고 하였다. 또 중국 조정에서 제작한 천하도가 있는데 이는 금물이기 때문에 구하기가 어렵겠지만, 혹시 여염집에서 이것과 같은 천하도를 소유하고 있으면 대가를 지불하고 구해 오도록 하고, 이번 기회에 구해 올 수 없으면 다음 사행들이 구해 오도록 하자고 건의하였다. 이런 보고를 받은 중종은 적극 노력해서 구해 오도록 하였다. 그 다음해인 중종 32년에 중국 사신이 입국하자 왕은 이들에게 천하도를 구할 수 없느냐고 물었다. 그들은 자신들의 집에 천하도를 보유하고 있으므로, 이를 다음 사행 때 꼭 보내주겠다고 약속하였다.[48] 그들은 본국에 돌아간 후 성절사인 許實을 통해 천하도를 보내주었다. 그러나 이 때에 중국에서 들여왔던 천하도가 어떤 형태의 천하도였는

44) 《成宗實錄》 권 138, 성종 13년 2월 임자.
45) 《睿宗實錄》 권 6, 예종 원년 6월 계유.
46) 《中宗實錄》 권 14, 중종 6년 8월 기축.
47) 《中宗實錄》 권 81, 중종 31년 5월 갑자.
48) 《中宗實錄》 권 84, 중종 32년 3월 계사.

지 지금은 현물이 남아 있지 않기 때문에 알 수 없다.

(2) 동람도의 제작

東覽圖는 《동국여지승람》의 첫머리에 수록되어 있는 八道總圖와 八道州縣圖를 가리키는데 지도의 版心에 동람도라고 새겨져 있기 때문에 그렇게 부른다. 이 지도는 판각된 지도로는 가장 오래된 지도인데 지도의 정확성이나 정밀성 등을 살펴보면, 태종대에 만들어졌다고 전해지는 역대제왕혼일강리도의 조선도보다 훨씬 뒤떨어진다. 기록에 의하면 조선 초기에는 여러 차례에 걸쳐 지도가 만들어졌고, 정척과 양성지가 만든 동국지도는 상당한 수준의 지도였음을 짐작하게 하는데, 동람도가 그렇게 엉성하게 제작된 것은 무슨 까닭일까. 이는 지도의 제작기술이 후퇴했기 때문이 아니라 김종직이 《동국여지승람》의 발문에서 밝혔듯이, 동람도에서는 국가에서 제사지내는 嶽瀆과 명산대천, 그리고 각 주현의 鎭山만을 표기할 목적으로 제작하였기 때문이다.[49]

조선이 건국된 후 정치·경제·문화 등 여러 부문에서 새로운 제도를 마련하였는데, 산천신에 대한 제사문제는 태조 원년(1392)에 禮曹典書였던 趙璞이 제기하였다.[50] 그는 역대 국가에서 산천신에게 제사를 드렸으므로 국가에서 일정한 규범을 마련하고 해당 기관으로 하여금 제사지내도록 건의하였다. 그리하여 각 주현의 城隍神을 '某州某郡 城隍之神'이라는 위판을 마련하고 해당 고을의 수령이 봄·가을에 제사하도록 하였다.

태조 2년에 이조는 명산대천과 성황신·해도신에 봉작할 것을 건의하였다.[51] 松岳의 성황신은 鎭國公에, 和寧·安邊·故州의 성황신은 啓國伯에, 智異山·無等山·錦城山·鷄龍山·紺岳山·三角山·白嶽山의 신들은 護國伯에 봉작하고 나머지 명산대천의 신은 護國神에 봉작하였다. 이는 대사성이었던 劉敬의 건의를 받아들여 예조로 하여금 자세히 고증한 후에 조처한 것이다.

그후 태종 13년(1413)에 祀典을 정비하여 사직·종묘 등은 大祀를 드리고, 先農壇과 文宣王 등은 中祀를 드리도록 승격시켰다.[52] 山川祀典制가 확립된 것은 태종 14년 8월로, 唐의 《禮樂志》와 《文獻通考》 등을 참조하여 비로소

---

49) 《東國輿地勝覽》 金宗直 跋.
50) 《太祖實錄》 권 1, 태조 원년 8월 경신.
51) 《太祖實錄》 권 2, 태조 2년 2월 정묘.
52) 《太宗實錄》 권 25, 태종 13년 4월 신유.

제사 등급을 나누어 확정하였다.[53] 즉 海嶽瀆神은 중사, 산천신은 소사토록 하였다. 그리하여 경성의 삼각산신과 한강신, 경기도의 松嶽山神과 德津神, 충청도의 熊津神, 경상도의 伽倻津神, 전라도의 지리산신과 남해신, 강원도의 동해신, 풍해도의 서해신, 영길도의 鼻白山神, 평안도의 鴨綠江神과 平壤江神 등 13개소의 해악독신에 대해 중사를 드리도록 하였다. 그리고 경성의 木覓山神, 경기도의 五冠山神·감악산신·楊津神, 충청도의 계룡산신·竹嶺山神·楊津溟所神, 경상도의 于佛山神과 主屹山神, 전라도의 全州 城隍神과 錦城山神, 강원도의 雉嶽山神·義館嶺神·德津溟所神, 풍해도의 牛耳山神·長山串神·阿斯津神·松串神, 영길도의 永興城隍神·咸興城隍神·沸流水神, 평안도의 淸川江神·九津溺水神 등 23개소의 山林川澤神에 대해 소사를 드리도록 구분지었다. 이러한 중사와 소사는 해당 소재관이 주관하도록 하였다. 그 외에 경기도의 龍虎山·華嶽山, 경상도의 晋州城隍, 영길도의 顯德鎭·白頭山 등은 국가에서 지정하는 제사처는 아니지만 소재관이 스스로 제사지내도록 하였다. 그리고 고려시대에 제사지내던 永安城·貞州牧監·九龍山·因達巖 등은 모두 제사를 폐지하였다. 또 개성의 大井과 牛峯의 朴淵은 이미 명산대천에서 제외되었지만 화악산의 예에 따라 소재관이 스스로 제사시내도록 하였다. 이 때에 확립된 산천사전제가 상당 기간 계속된 듯하며 동람도에 그대로 반영되어 표기되었다.

그러나 이 때 제정된 산천사전제는 고려시대의 사전제를 거의 그대로 답습하였기 때문에 불합리한 점이 많았다. 예를 들면 개성을 중심으로 짠 사전제이기 때문에 서해신이 경기도에 있지 않고 풍해도에 있게 된다거나, 태조의 興運地인 함흥의 용흥강이 제사처에서 빠져 있거나, 방위가 한양을 중심으로 할 때 어긋난 점이 많았다. 이러한 모순을 해결하기 위하여 세조 2년(1456)에 양성지는 새로운 대안을 제시하였다.[54] 그는 한양을 중심으로 동·서·남·북·중의 岳·鎭·海·瀆을 정하자고 하였다. 즉 삼각산을 중악, 금강산을 동악, 구월산을 서악, 지리산을 남악, 장백산을 북악으로 하고, 白岳山을 중진, 태백산을 동진, 송악산을 서진, 錦城山을 남진, 묘향산을 북진으로 하며, 또

53) 《太宗實錄》 권 28, 태종 14년 8월 신유.
54) 《世祖實錄》 권 3, 세조 2년 3월 정유.

동해신을 江陵, 서해신을 仁川, 남해신을 順天, 북해신을 압록강 상류의 甲山으로 정하여 제사지내도록 하며, 龍津을 동독, 대동강을 서독, 한강을 남독, 두만강을 북독으로 정하고, 목멱산·감악산·오관산·계룡산·치악산·오대산·의관령·죽령을 명산처로, 웅진·臨津·菩堤津·龍興江·청천강·洛東江·蟾津江을 대천으로 삼아 제사지내도록 건의하였다. 그리고 그 중요성이 많이 감소된 楊津2處와 德津2處, 가야진·주흘산·우불산·우이산·비백산·장산곶·아사진·송곶·비류수·구진닉수 등은 제사처에서 제외시켜 사전을 바르게 하자고 하였다. 그는 고금에 걸쳐 제사지내는 곳이 34곳인데 예전대로 17곳은 남겨두고 13곳은 폐지시키며 13곳은 중요도에 따라 새로 추가하고 4곳은 제사처를 옮기는 것이 좋겠다고 하였다. 양성지의 이러한 주장은 상당히 합리적인 방안이며 국토를 균형있게 파악한 것이다. 그가 이러한 제안을 할 수 있었던 것은《고려사》지리지,《팔도지리지》,《동국여지승람》등의 지리지를 편찬하고 동국지도 등의 지도를 제작한 경험으로 인하여 전국의 명산대천을 소상히 파악하고 있었기 때문이다. 그러나 그의 건의는 정책에 반영되지 못하였다. 성종 13년(1482)에 올린 그의 상소문에 의하면,《동국여지승람》에 실려 있는 동람도는 그의 작품[55]임에도 불구하고 동람도에 표기된 산천신에 대한 제사처에는 그의 주장이 반영되지 못하였다. 이는 태종 14년(1414)에 확정된 산천사전제가 그대로 반영되어 있는 것으로 증명된다.

〈동람도〉에 나타난 특징은 다음의 몇 가지로 정리할 수 있다.

첫째, 동람도는 산천사전제에 의한 중사처와 소사처를 표기하기 위해 제작되었다. 8도총도에 기재된 내용은 이러한 제사처를 제외하고 표기된 곳이 없다. 단지 백두산만은 예외적이다. 이는 풍수지리적인 측면에서 백두산을 우리 나라의 祖山으로 보기 때문으로, 우리 나라 고지도에는 백두산이 반드시 그려져 있다. 둘째, 濟州道가 순천 밑에 판각된 것은 판각의 공간이 없었기 때문에 우측으로 옮겨 새긴 것이다. 셋째, 于山島가 울릉도의 안쪽으로 표기되어 있다. 여기에서 우산도는 독도를 뜻한다. 넷째, 바다를 파도무늬로 판각하였다. 이는 조선 초기 고지도의 독특한 표현양식이다. 다섯째, 두만강이 압록강보다 위도상으로 낮게 표기된 것은「8도총도」라는 제목의 판각 때문에

55)《成宗實錄》권 138, 성종 13년 2월 임자.

낮추어 그린 탓이다. 여섯째, 대마도를 반드시 명기한 점이다. 대마도에 대한 영토의식의 발로이다. 일곱째, 8도총도가 혼일강리역대국도지도의 조선도나 조선방역도 보다 매우 엉성하게 그려진 까닭은 양성지가 성종 13년에 올린 상소문에 자세히 나타나 있다. 그는 예로부터 지도는 국가기밀에 관한 내용이 적혀 있고 이를 한 눈에 파악할 수 있기 때문에 민간인의 소장을 금하고 춘추관 사고에 비장하여 유출시키지 말 것을 건의하였다.56) 그런데 《동국여지승람》은 刊印되어 널리 유포되었다.57) 그것은 국가기밀을 지키기 위하여 누구나 알 수 있는 정보인 중사처와 소사처를 표기하는 데 그쳤기 때문이다. 동람도보다 앞서 만들어진 혼일강리도의 조선도와 조선방역도를 동람도와 비교해 보면, 조선 초기의 지도 제작기술이 상당히 뛰어났음을 알 수 있다. 그런데도 동람도가 조잡하게 만들어진 것은 국가기밀 유지 때문이었다.

(3) 조선방역도

가. 제작시기

朝鮮方域圖는 정척과 양성지가 만든 東國地圖의 전통을 이어 명종 12년(1557)경에 濟用監에서 제작한 것으로 보인나. 세용감에서는 전국 8도의 진상품을 파악하기 위해 이 지도를 이용하였을 것이다. 이 지도는 임진왜란 때 왜군에 약탈되어 대마도 宗家에 소장되어 있었다. 1930년대 朝鮮史編修會에서는 조선사를 편찬하기 위하여 일본에 흩어져 있는 조선관련 사료를 수집하였다. 이 과정에서 대마도의 宗家文書도 덕혜옹주의 부군이었던 宗武志로부터 입수하였다. 이 지도는 대마도 종가문서와 함께 수집되었고 광복 이후 國史編纂委員會에서 소장 관리하고 있다.58)

이 지도는 상단에 「朝鮮方域之圖」라고 횡서되어 있고 중심부에 조선전도를 그렸으며 그 하단에는 제작자의 座目이 있다. 이러한 양식은 16세기 「契會

56) 《成宗實錄》 권 138, 성종 13년 2월 임자.

57) 《東國輿地勝覽》도 간행하여 관청에 비치하여 열람할 수는 있었으나 민간인이 소장하는 것은 역시 금하였다(《燕山君日記》 권 58, 연산군 11년 7월 무술.)

58) 1923년 朝鮮史編修委員이었던 栢原昌三의 對馬島史料採訪 復命書에 의하면, 대마도에는 朝鮮圖 1권, 東國地圖 1권, 江原·全羅·慶尙·京畿·黃海·咸鏡道 등의 地圖 6장, 朝鮮地圖 1권 등이 있다고 보고하였다. 맨 나중의 조선지도 1권은 彩色지도로서 萬曆 이전에 제작된 지도일 것이라고 추정하였다. 이 지도가 조선방역도를 지칭한 듯하다.

圖」의 전형적인 제작양식인데,[59] 고지도 중에 이런 양식으로 그려진 것은 조선방역도가 유일하다. 조선방역도의 제작자 좌목에 의하면, 이 지도의 제작관청은 정3품 아문임을 알 수 있다. 정3품 아문은 《경국대전》에 의하면 31개 관청이 있다.[60] 그러나 좌목에 나타난 숫자인 9명의 관원을 정원으로 삼고 있는 관청은 제용감과 繕工監 밖에 없다. 그런데 선공감은 前僉正이었던 朴蘋이 전출해 간 관청이므로, 이 지도는 제용감에서 전국의 공물진상 내용을 파악하기 위하여 제작되었다고 추정된다.

조선방역도는 8도의 주현을 표시한 8도주현도이다. 이 지도의 제작시기는 다음 세 가지의 역사적 사실로 미루어 볼 때 명종 12년(1557) 8월부터 명종 13년 2월 사이임을 알 수 있다.

첫째, 惟新縣의 置廢경위를 살펴보면 알 수 있다. 이 지도는 내용적으로 분류하면 8도주현도이므로, 전국의 주현명칭을 8도별로 색깔을 달리하여 圓으로 표시되었다. 즉 경상도는 적색, 전라도와 충청도는 황색, 강원도는 연록색, 경기도는 연황색, 황해도는 백색, 함경도는 청색, 평안도는 녹색 등으로 되어 있다. 그런데 이 지도에서 忠州가 유신현으로 표기되어 있다. 충주목이 유신현으로 강등되었던 시기는 명종 4년부터 선조 즉위년(1567)까지의 19년간이다. 충주목이 유신현으로 강등된 것은 李洪胤獄事 때문이었는데, 이 옥사는 이홍윤의 형인 李洪男의 고변으로 인하여 1개월간 계속되었다. 이 사건으로 忠淸道가 淸洪道로 개명되었으며, 충주목은 유신현으로 강등되었고, 李芑는 3년 후에 영의정으로 승차되었다.[61] 또 이홍남은 고변의 공으로 3년 후에 재등용되었다.[62] 그 후 선조가 즉위한 후 대신들의 주청에 따라 충주는 지역이 넓고 문물이 융성하여 현감이 통치하기에는 벅차다는 이유로 충주목으로 復號되었다.[63] 이와 같이 충주가 유신현으로 불리워진 기간은 명종 4년부터 선조 즉위년까지 19년 동안이다. 이 지도에서는 충주가 유신현으로 기록되어 있기 때문에 이 기간 안에 제작되었음을 알 수 있다.

---

59) 安輝濬, 《朝鮮繪畵史》(一志社, 1990), 143쪽.
60) 《經國大典》 권 1, 吏典, 京官職 正三品衙門.
61) 《明宗實錄》 권 9, 명종 4년 5월 경인.
62) 《明宗實錄》 권 9, 명종 4년 5월 임진.
63) 《宣祖實錄》 권 1, 선조 즉위년 10월 계사.

둘째, 花梁鎭에 신설된 京畿水營을 통해 알 수 있다. 조선방역도에는 경기수영이 남양만의 화량진에 표기되어 있다. 그런데 경기수영은 조선 초에 설치되었다가 성종 16년(1485)에 폐지되었다.[64] 그러나 삼포왜변을 비롯하여 사량진왜변 등 왜구가 다시 창궐하고 해안가를 노략질하므로, 조정에서는 다시 수군을 강화하고 군진을 보강하였다. 이러한 조처의 일환으로 명종 11년(1556)에 경기 수영을 남양만의 화량진에 신설하였다.[65] 조선방역도에 경기수영이 화량진에 표기된 것은 이 지도가 명종 11년 이후에 제작되었음을 알려주는 증거이다.

셋째, 좌목에 나타난 제작자들의 활동시기를 통해 알 수 있다. 이 좌목에는 제작자들의 이름이 나오는데, 이들 중 사서에서 확인할 수 있는 사람은 濟用監正 李頤, 副正 尹緯, 僉正 尹確, 前僉正 朴蘋, 前僉正 安士雄·柳智善을 들 수 있다.[66] 이이는 加平사람으로 그의 부친은 通訓大夫로 安陰縣監을 지낸 李長卿이다. 그는 주로 淸華要職인 홍문관·사간원·사헌부 등에서 활약하였다. 그는 중종 23년(1528)에 홍문관 著作郎에 임명되었으며, 중종 29년 2월에는 사간원 正言으로 승진되었고, 그 해 11월에는 사헌부 持平으로 다시 승진되었다. 다음해에는 奉正大夫로서 사헌부 掌令이 되었다. 중종 35년에는 외관인 丹陽郡守로 활약하였으나, 그 후의 행적은 알 수 없다. 여기 좌목에 나오는 대로 명종 12년경에는 제용감정으로서 이 지도를 만드는 책임자였음을 알 수 있다. 그 후의 행적은 《조선왕조실록》에서 찾을 수 없고, 또 그의 족보에 의하더라도 후손이 끊겼기 때문에 그 이상의 행적을 알 수는 없다. 안사웅은 廣州사람으로 그의 부친은 安子欽이다. 그는 문과에 급제하여, 명종 11년에 사헌부 장령이 되었다가 사간원 司諫에 임명되었다. 또 이 지도를 만들 때에는 봉정대부로서 內贍寺 副正이었다. 그러므로 이 지도는 명종 11년부터 명종 13년 2월 사이에 제작되었음을 알 수 있다. 그 후 그는 명종 14년에 사헌부 執義, 다음해에는 승정원 同副承旨, 명종 16년에는 兵曹參議가 되었다.

좌목에 기재된 사람들 가운데서 행적이 가장 뚜렷한 인물은 유지선이다. 그는 중종 30년에 홍문관 저작랑으로 임명되었으며, 33년에는 奉常寺 判官으로

---

64) 《成宗實錄》 권 185, 성종 16년 11월 을해.
65) 《明宗實錄》 권 20, 명종 11년 정월 갑자.
66) 李相泰, 《朝鮮時代 地圖硏究》(東國大 博士學位論文, 1991), 19~20쪽.

승차되었다. 중종 36년에는 弘文錄에 뽑혔고, 39년에는 문관으로는 드물게 鍾城府使가 되었다. 그 후 사간원 大司諫·승정원 同副承旨·의정부 參贊·승정원 都承旨·兵曹參議·兵曹參知를 거쳐 명종 10년(1555)에는 掌禮院 判決事, 12년에는 淸洪道觀察使가 되었다. 그가 이 지도의 좌목에 있는 刑曹參判에 임용된 것은 명종 12년 8월이다. 명종 15년 정월에는 경상도관찰사에 임명되었으나 사간원의 탄핵으로 부임하지 못하였다가, 명종 15년 7월에 황해도관찰사로 부임하였다. 이 때는 林巨正이 횡행하던 때인데 그를 체포하지 못하여 4개월 만인 그 해 11월에 교체되었다. 유지선은 선조 6년(1573)에 開城留守를 끝으로 관직에서 물러났다. 그러므로 그가 이 좌목에 나타난 대로 형조참판에 있었던 시기는 명종 12년 8월부터 명종 15년 7월까지의 3년간에 해당된다.

행적이 뚜렷한 인물인 안사웅과 유지선을 살펴보면, 유지선이 이 좌목에 있는 형조참판으로 재직하던 시기는 명종 12년부터 명종 15년까지의 3년간이다. 또 지도가 제작된 시기는 안사웅의 행적으로 더욱 좁힐 수 있다. 안사웅이 이 좌목에 나타난 대로 봉정대부로 있었던 시기는 명종 11년 5월부터 명종 13년 2월 사이이다. 이 두 사실을 종합하면 이 지도는 명종 12년 8월부터 명종 13년 2월 사이에 제작되었음을 확인할 수 있다.

나. 조선방역도의 특징

지도의 크기는 전체가 가로 63㎝, 세로 138㎝이다. 좌목을 제외한 조선전도 부분만은 가로가 63㎝이고 세로는 98.5㎝이다. 《경국대전》에 기록된 周尺이 21.04㎝였으므로,[67] 이 척도에 의하면 가로가 3자이고 세로가 4.5자 정도이다. 이 지도의 바탕은 비단이며 채색안료로 그려졌다. 평안도지방은 주현을 표기한 부분이 바래져서 그 명칭을 판독할 수 없으나, 《동국여지승람》을 참고하여 42개 주현의 이름을 알아낼 수 있다.

조선방역도의 제작목적은 8도주현과 우리 나라 전역의 산천형세를 정확히 파악하는 것이었다. 《조선왕조실록》에는 명종대의 국가적인 지원하에 대대적으로 지도 제작사업을 추진한 기록이 없는 점으로 미루어, 이 지도는 양성지와 정척이 합동으로 만든 동국지도를 기초로도 하여 제작된 듯하다.

---

67) 朴興秀, 〈李朝尺度에 關한 硏究〉(《大東文化硏究》 4, 成均館大 大東文化硏究院, 1967).

이 지도의 특징을 살펴보면 다음과 같다. 첫째, 조선방역도는 조선 전기에 제작된 지도 중 가장 정확한 지도이다. 동람도는 해악독신과 명산대천신들에게 제사지내는 34곳의 위치를 정확하게 표기하는 데 중점을 두고 있기 때문에 지도의 형태에는 그리 깊은 관심을 기울이지 않았다. 혼일강리도의 조선도는 고려시대의 5도양계도를 그대로 계승하였기 때문에 북방지역이 소략하다. 이에 비하여 조선방역도는 해안선이 현재의 해안선과 거의 일치할 정도로 정확성을 기하고 있다.

둘째, 두만강의 위치가 동람도와 조선도보다 위도상으로 북쪽에 표기되어 현재 지도에 보다 가깝게 그려져 있다. 셋째, 울릉도와 독도가 표기되지 않았다. 해안선 주위의 조그마한 섬들도 거의 표기하였는데 왜 울릉도와 독도의 표기가 빠져 있는지는 규명할 수 없다. 넷째, 조선방역도는 8도주현도인데 《동국여지승람》의 행정구역과 비교해 보면 빠진 데가 있다. 경기도 행정구역 중 水原과 龍仁이 원으로 그려져 있으나 행정구역 명칭은 표기되지 않았다. 경상도는 청도와 울산의 주현명칭이 표기되지 않았으며, 전라도에는 順天과 長興의 주현명칭이 보이지 않는다. 다만 興陽縣 쪽에 병영이 설치되어 있는데, 이는 명종 10년(1555) 을묘왜변 때 왜적을 방어하기 위하여 임시로 설치되었던 병영인 듯하다.

끝으로, 만주지역과 대마도가 표기된 점이다. 조선 전기까지는 대마도가 우리의 영토라는 영토의식이 있었다. 단지 바다 멀리 떨어져 있기 때문에 관리가 어려워 空島政策을 써서 비워 두었는데, 왜구들이 강점하였다고 여기고 있었다.[68] 그러므로 우리 나라 고지도에는 대마도가 예외 없이 표기되었다.

만주지역까지 포함하여 그린 이유는 두 가지로 해석할 수 있겠다. 그 하나는 국경선이 확정되지 않아 북방에 대한 지식이 불확실했기 때문일 것이며, 또 다른 이유는 만주가 고구려의 옛 땅이기 때문에 우리의 영토라는 강한 영토의식이 표출된 것으로 볼 수 있다. 당시 지리학의 제일인자였던 양성지는 압록강을 우리의 국경선이라고 생각하지 않았다. 그는 우리 나라를 '萬里의 나라'[69]라고 생각하고 《고려사》 지리지, 《訥齋集》 등에서 그렇게 표현하였다. 또

---

68) 《世宗實錄》 권 4, 세종 원년 6월 임오.
69) 《高麗史》 권 56, 志 10, 地理 1.

盧思愼도 《동국여지승람》 箋文에서 우리의 국토가 10,000리라는 표현을 썼다.[70] 또 徐居正도 《동국여지승람》 서문에서 고려는 서북지방으로 압록강을 못 넘었지만 동북지방으로는 先春嶺을 경계로 해서 고구려지역을 더 넘었다고[71] 표현하였다. 이와 같이 조선 초기에는 우리 나라의 영토가 만주까지 포함하는 10,000리라는 의식이 있었는데, 이를 반영한 것이 조선방역도이다.

조선방역도의 문화적 가치는 다음과 같다. 첫째, 이 지도는 조선 전기에 제작된 지도 중 유일하게 현존하는 원본지도이다. 이 지도의 제작시기가 명종 12년(1557)경으로 밝혀졌으므로, 이와 유사한 다른 지도들의 편년도 밝힐 수 있는 역할을 할 것이다. 둘째, 이 지도의 발견으로 정척과 양성지가 심혈을 기울여 제작한 동국지도의 윤곽을 어림할 수 있으며 조선 전기의 지도제작 수준이 상당하였음을 알 수 있다. 또 산천형세의 파악 등이 비교적 상세하였음을 알 수 있다. 셋째, 이 지도에서는 만주를 포함하여 그렸고 또 대마도를 명기하였는데, 이로 미루어 볼 때 이들 지역을 우리의 영토로 생각하였던 영토의식을 엿볼 수 있다. 넷째, 16세기 유행했던 「계회도」 형식으로 제작된 이 지도는 16세기의 회화사를 연구하는 데에도 귀중한 자료가 될 것이다.

〈李相泰〉

3) 세계지도의 제작

(1) 조선 전기의 세계지도

조선 전기는 여진족을 압록강 상류와 두만강 이북으로 몰아내어 북방영토를 확장하고 행정구역의 개편 등으로 새로운 지도의 작성이 요구되었다. 이러한 국내의 지도 제작사업에 힘쓰는 한편, 중국을 통해서 도입되는 중국 및 세계지도를 바탕으로 하여 새로운 세계지도의 편집제작에도 많은 성과를 남겼다. 그러나 임진왜란으로 조선 전기의 세계지도는 대부분 소실되었거나 일본으로 유출되었고, 현재 우리 나라에는 그 일부만이 전해지고 있다.

조선 초기에 작성된 대표적 세계지도는 태종 2년(1402)에 제작된 混一疆理歷代國都之圖이다. 원본은 전해지지 않으나 50여 년 후의 사본이 현재 일본

---

70) 《東國輿地勝覽》 盧思愼 箋.
71) 《東國輿地勝覽》 徐居正 序.

에 전해지고 있다. 이 지도는 인도·아프리카·유럽까지 포함하고 있는 지도로서 당시로는 동서양을 막론하고 가장 훌륭한 세계지도라는 평가를 받고 있다. 혼일강리역대국도지도가 작성된 약 150여 년 후에 混一歷代國都疆理地圖가 작성되었다. 이 지도는 중국과 우리 나라 및 일본을 포함하는 동양세계만을 그렸다는 점에서 앞의 혼일강리역대국도지도와 다르다. 그러나 중국에서 도입한 지도에 우리 나라와 일본을 추가했다는 점에서는 동일하다. 이 지도와 같은 유형의 지도는 비교적 많이 전해지고 있으며 우리 나라에도 2종이 소장되어 있다. 이외에도 중국에서 도입된 지도에 우리 나라와 일본을 보충해서 만든 堪輿圖 등이 있다.

가. 혼일강리역대국도지도(〈지도 1〉)

이 지도는 태종 2년에 우리 나라에서 제작된 지도이면서 현재 국내에 전해지는 것은 알려진 바 없다. 그러나 그 사본이 일본에 전해지고 있어서 내용을 알 수 있게 되었다. 이 지도는 轉寫과정에서 원래의 지도 발문이 있는 것과 없는 것, 그리고 지도 내용에 차이가 있는 사본 등이 전해지고 있다. 지도의 발문이 있는 것으로는 일본 京都에 있는 龍谷大學 소장본이 가장 잘 알려져 있고 비교적 많은 연구가 발표되었다.[1] 지도의 발문이 있는 것으로는 용곡대학 지도가 유일한 것으로 오랫동안 알려져 왔으나, 1988년 4월에 일본의 九州 島原市 本光寺에서 지도의 발문이 있는 같은 지도가 발견되었다. 龍谷圖와 本光寺圖의 차이점은 본광사도가 용곡도보다 약간 크고 題名의 끝 부분이 용곡도는 '之圖'인데 반하여 본광사도는 '墬圖' 즉 '地圖'로 쓰여 있는 것이다. 그리고 용곡도는 발문을 초서로 쓴 데 반하여 본광사도는 해서로 쓰여 있으며 내용의 일부에 차이를 발견할 수 있으나 전사과정의 차이에 불과하다. 권근의 발문이 결여되어 있으나 같은 계통의 지도로 일본 天理大學과 九州의 本妙寺 소장본인 大明國地圖가 있다.

가) 지도의 개관

용곡대 소장 混一疆理歷代國都之圖는 세로 171㎝, 가로 164㎝의 대형지도

1) 小川琢治, 《支那歷史地理硏究》(弘文堂書房, 1928), 59~66쪽에서 龍谷大의 混一疆理歷代國都之圖가 학계에 널리 소개되었다.

이며 비단 바탕에 그린 채색사본이다. 보존상태가 매우 좋으며 색채가 선명하다. 중국의 도시는 적색으로 채색하였고 省都名은 원형, 州縣名은 사각형으로 나타냈다. 하천과 담수호는 청색, 바다와 염분이 많은 호수(鹹湖)는 녹색으로 되어 있다. 이 채색방법은 아라비아의 地球儀[2] 착색법과 일치하고 있어서 아라비아계 지도의 영향을 받았음을 시사하고 있다.

지도의 상단에 크게 혼일강리역대국도지도라고 횡서되어 있고, 그 밑에 역대제왕의 국도를 종서로 열거하고 있다. 그리고 지도의 하단에 權近의 발문이 다음과 같이 적혀 있다.

> 천하는 아주 넓다. 안으로 중국에 밖으로 사해에 이르기까지 몇천만 리인지를 알 수 없다. 줄여서 이것을 數尺의 폭으로 된 지도로 만들면 상세히 하기가 어렵다. 그러므로 지도로 만들면 대부분 소략하게 된다.
>
> 오직 吳門 李澤民의 聲敎廣被圖는 매우 상세하고 역대제왕의 國都沿革은 天台僧淸濬의 混一疆理圖에 잘 갖추어 실려 있다. 建文 4년(1402) 여름에 左政丞 上洛 金公(金士衡)과 右政丞 丹陽 李公(李茂)이 국정의 여가에 이 지도를 參究하고, 檢詳 李薈에게 명하여 자세한 교정을 가해 합쳐서 1圖를 만들게 하였다. 遼水 동쪽과 본국(조선)의 강역은 澤民의 도에도 많이 소략하였다. 정연하고 보기에 좋아 門戶를 나가지 않아도 천하를 알 수 있게 되었다. 圖籍을 보고 지역의 원근을 아는 것은 治에 一助가 된다. 2公이 이 지도를 만드는 까닭은 그 규모와 국량이 큰 것을 알기 때문이다.
>
> 近(權近)은 不才하여 參贊을 맡아 2公의 뒤를 따랐는데, 이 지도가 이루어짐을 즐겨 바라보게 되니 매우 다행으로 여긴다. 내가 평일에 方冊을 강구하여 보고자 했던 뜻을 맛보았다. 또한 내가 훗날에 退處하여 자택에서 누워 노닐 수 있게 된 것을 기쁘게 여긴다. 따라서 이 지도의 밑에 써서 말한다. 이 해 가을 8월 양촌 권근이 誌하다.

위의 권근의 발문 내용에 의해 어떤 지도를 바탕으로 어떤 과정을 거쳐서 이 지도가 제작되었는지 비교적 상세히 알 수 있다. 즉 이 지도는 좌정승 金士衡과 우정승 李茂가 연구·계획하였고 실질적인 편집과 작성은 이회가 맡았을 것으로 사료되며, 권근은 전체적인 후원과 발문을 쓴 것으로 추정된다. 그러나 이 지도 제작에 참여한 인물이 모두 정부의 고관들이고 자료의 수집이 광범위한 것으로 보아 위에서 언급한 사람들의 순수한 개인적인 노력보다

2) 小川琢治, 위의 책, 6쪽.

〈지도 1〉 混一疆理歷代國都之圖

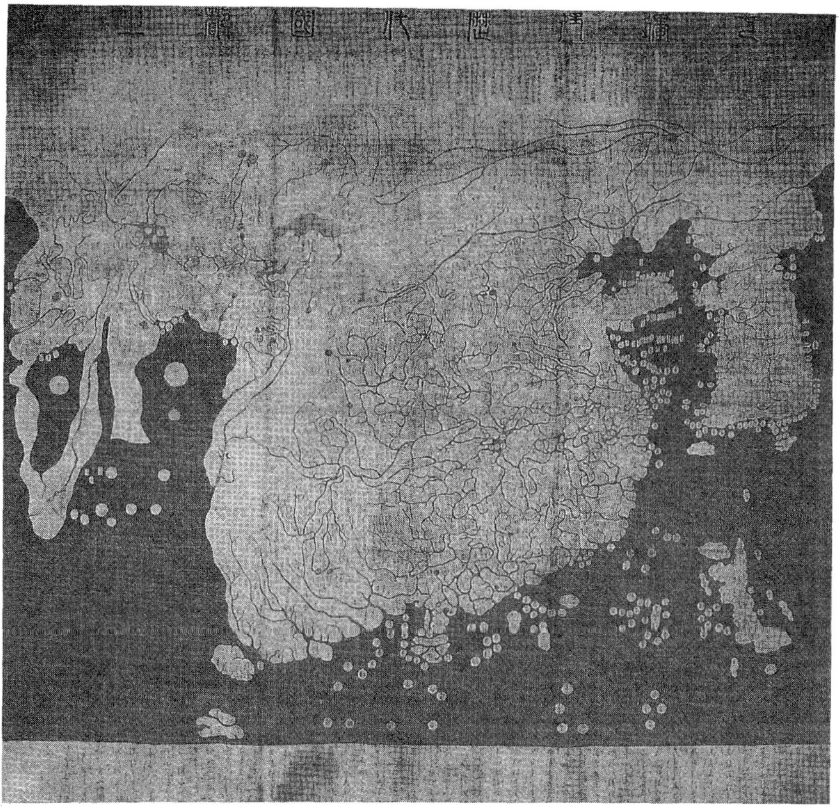

국가적인 지도 제작의 의지가 반영된 것으로 보인다. 권근의 발문은 그의 문집인 《陽村集》에도 실려 있다. 본문의 내용에는 큰 차이가 없으나 지도의 제명에 차이가 있다. 《양촌집》에는 歷代帝王混一疆理圖라고 되어 있다. 혼일강리역대국도지도는 疆理圖와 歷代國都에 대한 기록을 합쳐서 하나로 만들었다는 뜻이다. 《양촌집》의 圖誌도 그 순서를 바꾸었을 뿐이고 내용에 있어서는 차이가 없다. 즉 《양촌집》에서는 역대국도(역대제왕)를 먼저 가져오고 강리도를 뒤로 돌린 것이다. 혼일강리역대국도지도를 《양촌집》의 地圖誌에 따라서 〈역대제왕혼일강리도〉라고 부르기도 하나 역시 지도에 쓰여 있는 제명을 따르는 것이 타당하다고 본다. 《양촌집》의 지도지는 실제 지도가 작성된 후에 적은 것이고 또 현전하는 2개의 지도에 쓰여 있는 제명이 동일하기 때문이다.

나) 성교광피도와 혼일강리도

혼일강리역대국도지도는 중국·인도·아프리카·유럽·조선·일본 등을 포함하는 舊世界 전체를 포괄하는 지도이다. 권근의 발문에서 李澤民의 聲敎廣被圖는 지도로서 매우 상세하다고 말한 것으로 보아 우리 나라와 일본을 제외한 부분은 이택민의 성교광피도를 바탕으로 한 것이 분명하다. 성교광피도는 이슬람계통의 세계지도로 추정되고 있으며, 그 증거로 이슬람계의 세계지도와 아프리카 나일강 상류의 모양이 같으며 아랍어 지명을 증거로 들고 있다.[3] 그리고 혼일강리역대국도지도의 바다는 녹색, 하천은 청색, 염분이 있는 내륙의 함호는 바다와 같은 녹색으로 표현한 것은 이미 위에서 이슬람계통의 지구의에 사용한 착색법과 동일함을 언급한 바 있다. 따라서 이 지도의 바탕이 된 성교광피도는 중국에 도입된 이슬람계통의 영향을 받은 元代의 지도임을 알 수 있다. 그뿐 아니라 원의 朱思本의 지도를 바탕으로 明의 羅洪先이 만든 廣輿圖의 아프리카 부분도 혼일강리역대국도지도의 아프리카 부분과 유사한 것으로 보아 주사본의 지도도 중국 이외의 부분은 이슬람계의 지도를 참고로 하였음을 추정할 수 있다. 혼일강리역대국도지도에 인도가 반도로 표시되어 있지 않은 것은 그리스의 톨레미(Ptolemy)의 세계지도와 유사한 점이다. 실제로 그리스의 지리학이 중세에 아라비아에 전달되어 이슬람계통의 지리학이 꽃을 피우게 된 것을 생각하면 톨레미의 세계지도는 이슬람계통의 세계지도에 깊은 영향을 미쳤을 것이다. 즉 인도·아프리카·유럽 부분의 지도는 톨레미의 세계지도에서 이슬람계 세계지도로 이어지고, 다시 이택민의 성교광피도를 통해서 혼일강리역대국도지도에 영향을 주었다. 이른바 비단길을 통해서 동서문화의 교류가 가장 왕성했던 원대에 이슬람문화의 전파에 따라서 지리에 대한 지식과 지도가 중국에 들어온 것이다.

混一疆理圖는 역대제왕의 국도연혁이 상세하다고 기록한 것으로 보아 중국 재래의 중국 중심의 역사지도로 사료된다. 혼일강리역대국도지도의 상단에 열거하고 있는 역대제왕의 국도와 萬里長城 등은 淸濬의 지도에 근거한

3) 高橋 正, 〈東漸せる中世イスラム世界地圖〉(《龍谷大學論叢》 374, 1963), 77~95쪽.

것으로 보인다.

이택민의 성교광피도와 청준의 혼일강리도는 김사형에 의해서 중국에서 들여온 것으로 추정된다. 김사형은 정종 원년(1399) 정월에 明惠帝 즉위 때 賀使로 入朝하였다가 동년 6월에 귀경하였다.[4] 발문을 쓴 권근은 2차에 걸쳐 중국에 다녀온 기록이 있으나 발문의 내용으로 보아 김사형이 중국에서 2개의 지도를 들여왔을 것으로 추정된다. 중국의 이른바 天下圖 또는 華夷圖는 지도의 대부분이 중국이고 그 변두리에 간략하게 주변국들을 표시하거나 명칭만 기록하는 것이 상례이다. 이것은 주변지역의 정보가 확실하지 않았다는 이유도 있기는 하나 중국인들의 세계지도에 대한 전통적인 관념에 기인한 것으로 사료된다. 김사형이 중국에서 가지고 온 성교광피도는 이슬람 세계지도의 영향으로 아프리카·유럽·동남 아시아 부분이 상세하게 그려져 있었으나, 중국을 제외한 동부아시아는 여전히 소략하거나 결여된 상태의 지도였다고 사료된다.

다) 이회의 8도지도(〈지도 2〉)

위에서 언급한 우리 나라와 일본이 결여되었거나 혹은 들어 있어도 다른 부분과의 형평에 어긋난 세계지도에 우리 나라와 일본을 자세하게 추가한 사람은 李薈로 추정된다. 권근의 발문에 의하면 이회가 성교광피도와 혼일강리도를 합쳐서 하나로 만들었다고 했으나, 우리 나라와 일본지도를 추가한 것에 대해서는 언급이 없다. 그러나 문맥과 권근의 지위로 보아, 권근이 우리 나라와 일본지도를 추가했다고 볼 수는 없다. 따라서 당시 정부의 檢詳으로 있던 이회가 우리 나라와 일본의 지도를 추가하여 새로운 세계지도를 완성시킨 것으로 사료된다.

이 지도의 조선 부분은 현존하는 조선전도 중 가장 오래된 것으로 매우 중요한 지도이다. 이 지도는 세종대에 시작된 전국적인 지도 제작사업이 아직 시작되기 이전의 지도이므로, 고려시대 후기의 우리 나라 전도의 모습을 엿볼 수 있다. 이 조선지도의 원도에 대하여 살펴보면, "의정부에서 바친 本國地圖"(《太宗實錄》 권 3, 태종 2년 5월 무술)라는 기록이 있다. 여기에서 태종

4) 《定宗實錄》 권 1, 정종 원년 정월 계유·6월 병인.

2년(1402)은 바로 〈혼일강리역대국도지도〉의 발문을 쓴 建文 4년에 해당된다. 그리고 양성지의 上奏文에 의하면, "국초에 이회의 八道地圖가 있었다"(《成宗實錄》 권 138, 성종 13년 2월 임자)고 하였다. 양성지는 세조 9년(1463)에 정척과 같이 東國地圖를 찬진한 사람이다.[5] 국초에 이회의 8도지도가 있었다는 기록과 태종 2년 5월에 의정부에서 본국지도를 바쳤다는 기록으로 보아 이 본국지도는 양성지가 말하는 이회의 8도지도로 추정된다. 이회는 바로 혼일강리역대국도지도를 실제로 편집·제작한 사람이다. 따라서 혼일강리역대국도지도의 우리 나라 지도는 이회의 8도지도를 옮겨놓은 것이 거의 확실하다. 8도지도는 그 윤곽과 지도의 기법을 통해서 조선 초기의 지도학 발달을 알 수 있는 귀중한 지도이다. 그러나 일본의 용곡대학에 소장되어 있는 이 지도의 8도지도는 태종 2년에 작성된 원본은 아닌 것으로 판명되었다. 즉 이 지도에는 세조 원년(1455)에 폐군된 閭延·茂昌·虞芮에 '古'자를 붙여서 폐군된 것을 밝히고 있고, 세조 12년에 폐군된 隋川郡이 남아 있는 것으로 보아, 세조 원년에서 세조 12년 사이에 필사된 것으로 추정된다.[6]

라) 일본의 행기도

혼일강리역대국도지도의 일본국지도의 유래는《세종실록》에 일본에 통신관으로 건너간 朴敦之가 건문 3년(1401)에 일본의 備州守 源詳助로부터 日本國圖를 얻고 그 지도에 一岐와 對馬 두 섬이 결여되어 있는 것을 보충하여 예조판서 許稠에게 보냈다는 기록이 있다.[7] 이 기록으로 보아 일본국지도는 박돈지가 일본에서 가져와 예조에 보낸 것을 바탕으로 했을 것으로 추정된다. 박돈지가 일본국도를 구득한 해가 바로 혼일강리역대국도지도가 완성되기 1년 전이라는 것도 위의 추정을 뒷받침해주고 있다.

이 지도에 실려 있는 일본국지도는 일본의 고승 行基가 만들었다고 전하는 「行基圖」의 유형에 속한다. 일본의 고지도 전문가 秋岡의 분류에 의하면, 제Ⅱ형에 속하나 四國과 本州 사이에 있는 바다표시가 제작과정에서 빠진 것으로 보인다. 일본국지도에서 문제가 되는 점은 그 방위이다. 즉 일본국지도는

---

5)《世祖實錄》 권 31, 세조 9년 11월 병인.
6) 李 燦,《韓國의 古地圖》(범우사, 1991), 325쪽.
7)《世宗實錄》 권 80, 세종 20년 2월 계유.

〈지도 2〉 李薈의 八道地圖

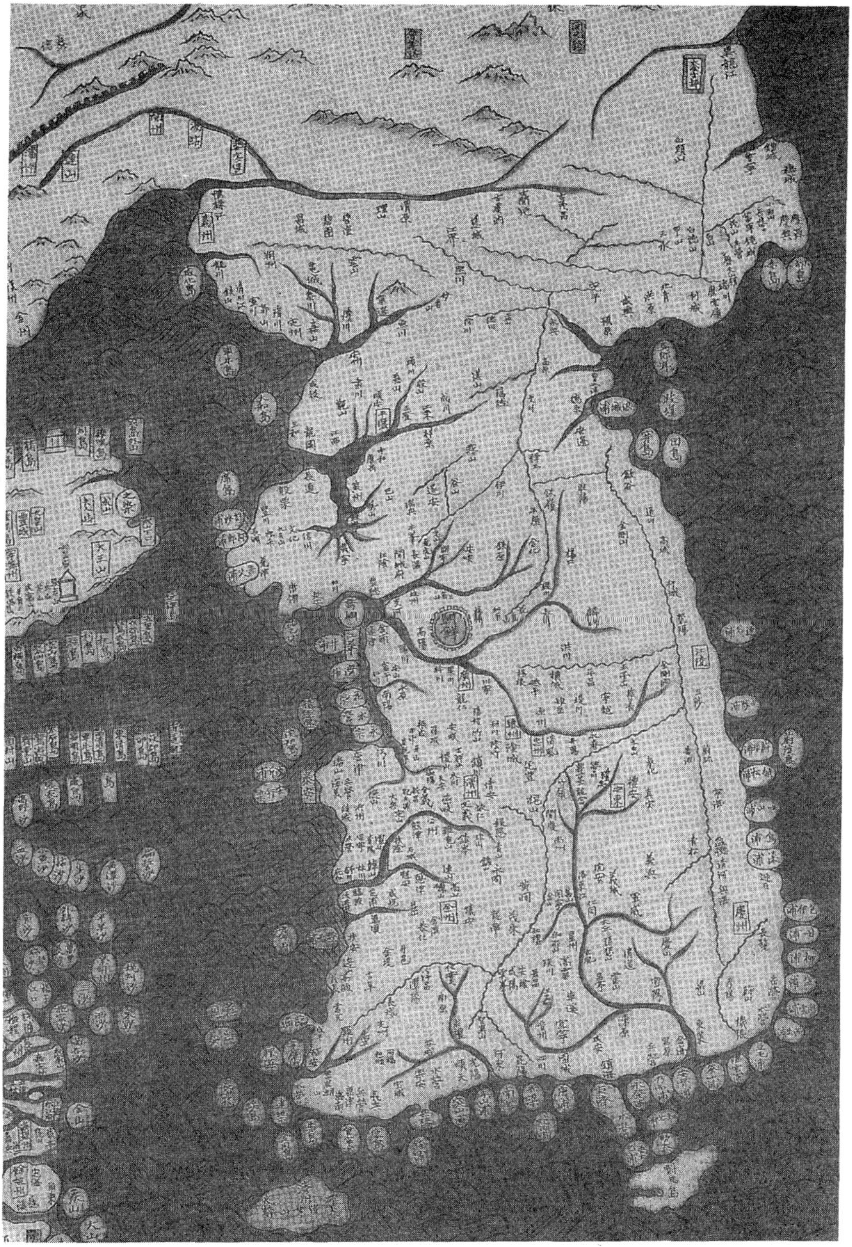

서쪽이 북쪽이 되도록 그려져 있다. 이러한 오류는 박돈지가 가져온 일본국도 자체가 서쪽이 지도의 상부로 되어 있는 西上方位의 행기도였기 때문으로 추정하고 있다. 고지도에는 대부분 방위표시가 없다. 이러한 관계로 일본국도를 혼일강리역대국도지도에 보충하는 과정에서 있는 그대로 추가했다고 가정하면 일본국도의 방위의 오류를 이해할 수 있을 것이다. 우리 나라의 고지도에서도 북상방위가 아닌 지도를 찾아볼 수 있다. 제주도와 울릉도 지도에서도 남상방위의 지도가 비교적 많다. 이러한 지도는 육지에서 섬을 바라보고 그린 지도로 생각하면 오히려 자연스러운 표현이다. 일본열도를 우리 나라에서 건너갔다고 생각하면 서상방위의 지도도 자연스럽게 느껴진다. 다만 지도 전체로 보면 방위상의 모순을 쉽게 찾아볼 수 있다.[8]

마) 천리대와 본묘사 소장 대명국도

권근의 발문이 결여되어 있는 같은 계통의 지도로 일본의 天理大學과 九州本妙寺에 소장되어 있는 大明國圖가 있다.[9] 여기에는 권근의 발문뿐 아니라 지도의 제명과 역대국도의 기록도 없다. 따라서 대명국도라고 부른 것은 지도자체에 쓰여 있는 지도의 명칭이 아니고 소장자가 붙인 명칭에 불과하다. 그러나 이 지도는 龍谷大 소장의 혼일강리역대국도지도와 전혀 별개의 지도로 보지 않고 같은 계통의 지도로 보고 있다.[10] 중국부분을 용곡도와 비교해 보면 河系網과 지명의 배열이 거의 일치하고 있으나, 원대 지명을 명대 지명으로 고쳤고 명대의 탐험 결과를 黃河源에 반영시켰다. 즉 만주지방의 지명도 용곡도와 거의 같으나 명대 지명이 보충되어 있고, 몽고지방의 지명은 용곡도와 동일하다고 말하고 있다.[11] 즉 명대의 지도를 기준으로 중국과 동북부지방 즉 만주지방의 지명이 수정 또는 보충되었으나, 명의 지배 밖에 있던 몽고지방의 지명은 그대로 남아 있게 되었다.

---

8) 李 燦, 앞의 책, 324쪽.

9) 混一疆理圖型에 속하는 지도 중 九州 島原市 本光寺 소장본은 龍谷圖와 큰 차이가 없는 것으로 생각되며 또 내용을 검토하지 못해서 이 글에서 따로 다루지 않는다. 그리고 北京 古宮博物館所藏 大明混一圖는 Walter Fuchs가 소개한 소형사진만 볼 수 있어서 개별적으로 다루지 못했다.

10) 海野一隆, 〈天理大所藏本大明國圖について〉(《大阪學藝大學紀要》 6, 1958), 60~67쪽.

11) 海野一隆, 위의 글.

일본과 琉球부분은 용곡도에서 범한 방위의 오류를 정정하였으며 지도의 윤곽이 많이 생략되기도 했으나, 申叔舟의《海東諸國紀》의 지도를 바탕으로 한 흔적이 뚜렷하다. 일본의 본주 모양은 매우 부정확하나 琉球圖는《해동제국기》의 지도와 별 차이가 없다. 그러나 유구국을 일본의 구주보다도 크게 그리는 오류를 범하였다. 일본 내부의 지명에서도 용곡도에는 봉건제하의 국명이 대부분 기재되어 있으나, 天理大圖에는 日本國都·鎌倉殿·富士山·畿內·七道名만이 기재되어 있을 정도이고 지방명의 기재는 일부에 한정되어 있다.

우리 나라 지도는 다른 부분보다도 훨씬 크게 그렸다는 점과 지도의 윤곽으로 보아 용곡도와 대부분이 동일하다. 그러나 차이점을 찾아보면 용곡도에서는 豆滿江이 하류에서 남류하는 유로가 표시되어 있지 않으나, 천리대도에서는 이 부분이 바르게 수정되었다. 산맥의 표시에서 용곡도에서는 굵은 선으로 표시하고 있으나, 천리대도에서는 산의 표시 ∧를 연속하는 방식을 택하고 있다. 산맥의 표시에서 선으로 표시하는 방법과 산의 표시를 연속해서 산맥을 표시하는 방법은 우리 나라에서 오래 전부터 병행되어 사용해 온 표시 방법이다. 천리대도에서는 용곡도에서 언급한 폐군된 군현의 이름이 없는 대신 명종 4년(1549)에서 선조 즉위년(1567) 사이에 개명 강등되었던 惟新縣(忠州)이 들어 있으므로, 천리대도의 작성연대가 16세기 중기임이 확인되었다. 따라서 천리대도는 태종 2년(1402)에 완성된 혼일강리역대국도지도의 원도보다 약 160년 후에, 그리고 용곡도보다 약 100년 후에 작성된 지도이다. 이러한 시대적인 차이에도 불구하고 산지와 바다의 녹색, 하천의 청색이 풍기는 강렬한 인상은 두 지도가 모두 같은 계통의 지도이고, 조선시대 화공들의 전통적인 地圖描法을 느끼게 하는 걸작품이다.

구주의 本妙寺圖는 천리대도를 필사한 것으로 보일 정도로 매우 유사한 지도이다. 천리대도와 본묘사도는 아시아·유럽·아프리카가 하나의 대륙으로 되어 있고 그 주위가 바다로 둘러싸여 있는 모습이 잘 나타났다. 그러나 두 지도는 각기 다른 지도에서 필사한 것으로, 두 지도가 서로 모사했을 가능성은 없다고 한다.[12] 본묘사도는 원색사진에 의하면 그 색감이 매우 엷으며 천리대도와 용곡도에서 느끼는 밝은 녹색을 느낄 수 없다. 본묘사도는 임진왜

12) 海野一隆, 위의 글.

란에 참전했던 加藤淸正이 豊臣秀吉에게서 받은 지도를 본묘사에 봉납했다고 전해오고 있으나 채색법으로 보아 일본에서 전사한 것이 아닌가 한다.

나. 혼일역대국도강리지도

가) 지도의 개관

이 지도는 그 제목으로 보아 전술한 혼일강리역대국도지도와 매우 유사한 명칭이다. 즉 '歷代國都'와 '疆理'의 순서를 바꾸어 놓았고 끝 부분의 '之圖'를 '地圖'로 고쳤을 뿐이다. 따라서 역대국도지도와 강리지도를 합쳐서 하나로 만든 지도라는 뜻에서 용곡대 소장본과 매우 유사한 명칭이다. 용곡도에서와 같이 지도제작 과정에 대한 자세한 설명은 없으나, 중국에서 중국과 그 주변의 지도를 도입한 후 우리 나라와 일본을 추가했다는 점에서 동일한 제작과정을 거친 지도이다. 용곡도를 대표로 하는 혼일강리역대국도지도가 전부 일본에 있는 것과 같이, 이 지도도 거의 전부가 일본에 소장되어 있다. 현재 알려진 것으로 일본의 京都 妙心寺 麟祥院, 동경 宮內廳 彰考館 소장본이 있고, 우리 나라에는 1980년대에 일본에서 구입해온 仁村紀念館 소장본과 지도의 명칭과 楊子器의 서문이 결여된 같은 유형의 지도가 奎章閣에 海東古地圖의 이름으로 소장되어 있다. 여기서는 우리 나라에 소장되어 있는 인촌기념관 소장본을 중심으로 살펴보기로 한다.

仁村圖(〈지도 3〉)는 세로 179㎝, 가로 198.5㎝의 대형지도이며 2폭의 가리개로 되어 있다. 지도의 상단에 '混一歷□□□疆理地圖'라고 예서로 지도의 명칭이 쓰여 있다. 그 중 '代國都' 3자는 파손되어 있다. 고지도의 명칭에서 '之圖' 또는 '地圖'의 2종류를 볼 수 있다. 이 경우에 '之圖'와 '地圖'에는 별다른 의미가 없으며 같은 지도에서도 필사자에 따라서 바꾸어 쓰는 일이 종종 있다. 인촌도의 전서로 된 '地'자는 墜理圖의 '墜'의 상부 우측의 '豕'의 전서체로 해석되고 있다.[13] 지도의 명칭 밑에는 역대제왕국도를 명대의 지명 밑에 옛 명칭을 밝히고 黃帝·堯·舜 등 역대제왕이 도읍했던 곳을 열거하고 있다. 이 역대제왕국도의 기록은 용곡도와 그 형식·순서·내용에 이르기까

13) 같은 전서체의 '地'자는 일본 九州 本光寺소장의 混一疆理歷代國都之圖와 高麗大學校 소장 海東八道烽火山岳地圖에서 찾아볼 수 있다.

지 전혀 차이를 발견할 수 없다. 지도부분은 중국을 중앙에 위치시키고 그 동쪽에 우리 나라를 다른 지역보다 상대적으로 훨씬 크게 그린 것이 특징이다. 용곡도에서는 위에서 살펴본 바와 같이 일본이 비교적 상세하게 그려져 있으나, 인촌도에서는 원형의 섬에 일본이라고 쓰여 있을 뿐이다. 지도 하단에는 명나라의 衛所名이 기록되어 있고 지도를 만들게 된 동기를 쓴 양자기의 발문이 있다. 그리고 비교적 자세한 범례가 있으며, 끝부분은 파손되어 해독이 불가능하나 같은 유형의 지도에서 嘉靖 5년(1526)의 刊記가 있었음을 알 수 있다. 인촌도는 양자기가 만든 大明國地圖에 우리 나라와 일본의 지도를 추가하고 중국의 역대제왕국도의 이름을 지도의 상단에 열거하여 완성한 지도이며, 우리 나라의 서울을 '京都'라고 표시한 것으로 보아 우리 나라에서 만든 사실이 확실한 지도이다.

나) 양자기의 대명국지도

인촌도의 중국부분은 楊子器의 대명국지도이다.[14] 이 지도는 우리 나라 부분을 제외하면 지도의 윤곽, 명의 위소, 발문, 범례 등이 인촌도의 중국부분과 별 차이가 없다. 그리고 범례의 말미에 "嘉靖 五年 歲次丙戌春二月吉□"[15]라고 쓰여 있는 것까지도 차이가 없다. 따라서 인촌도의 중국부분의 원도는 양자기의 대명국지도를 바탕으로 한 것이 틀림없다. 그러나 大連圖書館의 대명국지도에도 역대국도가 열거되지 않은 것으로 보아, 인촌도는 우리 나라에서 역대제왕의 국도를 추가한 것으로 보인다. 인촌도와 같은 유형인 경도의 妙心寺圖와 동경에 있는 궁내청 지도에도 역대국도 부분이 모두 포함되어 있지 않다. 고지도는 전사과정에서 제작자의 의도에 따라 수정·보충 또는 일부를 삭제하기도 한다. 혼일역대국도강리지도라는 지도의 명칭으로 보아 위에서 언급한 묘심사와 궁내청 지도의 원도에는 역대국도가 열거되어 있었던 것이 확실하다. 이런 점으로 미루어 보면 인촌도가 유일하게 지도의 명칭에 부합되며 원도에 가깝다고 볼 수 있다.

---

14) 靑山定雄, 〈古地誌地圖の調査〉(東京 ;《東方學報》第五冊 續篇, 1935), 147~152쪽에서 楊子器의 중국 지도에 대해 상세히 보고하고 있다.
15) 靑山定雄, 위의 글에는 "歲次丙戌春二月吉"이라고 되어 있다. 그러나 일본 宮內廳本에는 "二月吉州"로 되어 있어서 이 서문을 쓴 장소가 밝혀진 셈이다.

〈지도 3〉 混一歷代國都疆理地圖(仁村圖)의 주요 부분 필사도

대명국지도의 범례 말미에 「嘉靖 5년(1526)」이라고 적혀 있으나 원저자 양자기는[16] 이미 1513년에 사망하였다. 따라서 인촌도의 중국부분 원도로 추정되는 대련도서관의 대명국지도는 양자기 사후에 전사한 지도임을 알 수 있다. 그러나 지명의 변천을 바탕으로 살펴보면 양자기가 대명국지도를 작성한 시기는 늦어도 正德 7년(1512) 이전이라고 추정된다.[17]

양자기의 발문에 의하면 정치에 지도가 필요함을 인식하고 《太一統志》 즉 《大明一統志》 및 관제를 참고하여 이 지도를 만들었다고 하였다. 그러나 《대명일통지》에 삽입된 지도는 매우 간략하므로 당시의 여러 지도를 참고하였을 것으로 추정된다. 그러면 양자기의 대명국지도의 원본이 될 가능성이 있는 지도를 살펴보기로 한다. 명대의 대표적인 중국지도인 廣輿圖는 가정 20년경에 작성되었으므로 양자기의 중국지도가 광여도를 바탕으로 했을 리는 없다. 따라서 양자기의 중국지도는 원대의 어떤 지도를 바탕으로 하여 수정 보충한 것으로 사료된다. 원대의 지도로 잘 알려진 一統圖는 明一統圖와 같이 간략하여 양자기의 중국지도의 원도가 될 수는 없다. 따라서 양자기의 중국지도의 바탕이 된 지도는 광여도의 원본이 된 朱思本의 輿地圖 또는 같은 계통의 지도일 가능성이 높다. 실제로 양자기의 중국지도의 내용은 대명일통지도보다 광여도에 더 가깝다.

인촌도와 용곡대 소장 혼일강리역대국도지도를 비교하면 용곡도의 중앙아시아·인도·아프리카·유럽 등을 제외한 중국지도는 그 윤곽이 매우 비슷하다. 인촌도의 山東半島와 遼東半島는 용곡도의 그것보다 윤곽이 불확실하다. 그러나 黃河와 揚子江의 유로는 인촌도가 보다 정확하다. 용곡도와 인촌도의 비교에서 가장 뚜렷한 차이는 만리장성이다. 전자에서는 秦代의 장성에 속하며 宋代에 만든 墜(地)理圖[18]에 나타나는 장성과 매우 비슷하다. 淳祐 7

16) 楊子器의 諱는 子器이며 字는 名文, 浙江省 慈谿 사람이다. 成化 23년(1487)에 進士가 되고 崑山·高平의 知縣을 거쳐 1495년에 常熟知縣이 되어 水利를 講했으며 常熟縣志 4권을 편찬하였다. 河南左布政司로 正德 8年(1513)에 타계하였다. 양자기는 지리에 깊은 관심을 가졌으며 특히 水利에 깊은 관심을 가졌다(宮崎市定, 〈妙心寺麟祥院混一歷代國都彊理地圖について〉, 《神田博士還曆記念論集》, 1957, 577~582쪽).

17) 靑山定雄, 앞의 글, 147~152쪽.

18) 曹婉如 外編, 《中國古代地圖集 戰國~元》(北京 ; 文物出版社, 1990), 圖版 72, 墜理圖墨線圖.

년(1247)에 석각한 이 지도의 장성과 용곡도의 원도가 되는 李澤民의 聲教廣被圖의 장성이 같을 것이라는 추측을 가능하게 한다. 인촌도의 장성은 용곡도와 비슷하기는 하나 명대에 蘭州에서 북쪽으로 嘉峪關까지 연장시킨 부분이 나타나고 있어서 명대의 장성임을 확인할 수 있다.

인촌도와 용곡도의 또 다른 점은 전자는 모두 명대의 지명이고 후자는 상당한 수의 원대 지명을 그대로 남겨 놓고 있다. 인촌도에서는 지명의 표기와 범례에 새로운 방법을 도입하고 있다. 즉 범례에서 행정구역 단위의 고하에 따라 표시방법을 달리하고 있다. 예를 들면 "京師八其角以控八方也"라고 범례에 적혀 있고, 이 범례에 따라 北京과 南京을 2중의 8각형 테두리로 만들고 그 외부에 성벽표시를 하여 성곽으로 둘러싸였음을 알게 하고 그 내부에 北京 順天府와 南京 應天府라고 쓰고 있다. 省都·府·州·縣에 대해서도 각각 다른 부호를 쓰고 있다. 그리고 행정수도의 구별을 부호로 표시하는 대신에 ○○府 ○○州의 부와 주를 지명표기에서 생략하였다. 이러한 범례의 방법은 좁은 지면에 많은 정보를 전달하기 위한 방법으로 후대의 지도표기에 많은 영향을 주었다.

다) 조선지도

인촌도에 나타난 우리 나라 부분은 세조 9년(1463)에 정척과 양성지가 작성한 東國地圖型보다 이회의 八道地圖型에 더 가깝다. 인촌도는 제작년대를 보면 정척과 양성지의 동국지도보다 약 80년 후에 만들어졌으나, 태종 2년(1402) 이회의 8도지도형을 따르고 있다. 특히 두만강의 유로와 함경도의 윤곽은 인촌도의 우리 나라 부분과 이회의 8도지도가 동일계통임을 추정할 수 있게 한다.

지명에 있어서는 인촌도의 우리 나라 지명이 용곡도의 우리 나라 부분보다 상세하다. 그뿐 아니라 인촌도에서도 각 군현의 표시를 도별로 일정한 색으로 통일하고 있다. 즉 전라도는 紅, 경상도는 白, 강원도는 綠, 함경도는 靑, 경기도와 충청도는 黃, 황해도는 白, 평안도는 灰白色으로 구분하였다. 따라서 도계의 표시를 따로 하지 않아도 자연스럽게 도계를 알 수 있게 하였다. 인촌도의 이러한 방법은 이회의 8도지도에는 없었던 것으로, 양자기의 중국지도 범례에 자극받아 만들어진 표기법으로 추정된다. 군현명의 바탕색으로 도별을 표시하는 방법은 후대 8도지도의 군현표시 방법에 널리 이용되었다. 지형표시에서는 개개의 산이 아니고 산맥을 주로 표시하였다. 산맥의 모양과 내용은 용곡도에 나타난 이회의 8도지도의 내용과 유사하다.

우리 나라의 지명 변천을 통해서 본 인촌도의 제작 연대는 이미 언급한 바와 같이 중국지도의 원도가 제작된 嘉靖 5년(1526)에서 충주목이 유신현으로 강등된 명종 4년(1549) 사이로 추정된다.

(2)《해동제국기》의 일본 및 유구국지도

성종 2년(1471)에 왕명에 의하여 신숙주가 찬진한《해동제국기》에는 책머리에 海東諸國總圖, 日本本國之圖, 日本國西海道九州之圖, 日本國一岐島之圖, 日本國對馬島之圖, 琉球國之圖를 포함하는 7장의 지도가 포함되어 있다. 위의 지도 중 일본본국지도는 책 2쪽 크기의 2장으로 되어 있어서 실제로는 6장의 지도가 되는 셈이다. 일본본국지도를 제외하면 모두 2쪽 크기의 1장짜리 지도이다.《해동제국기》의 본문은 모두 鑄字本이고 지도만 목판본이다.《해동제국기》의 일본과 유구국지도는《新增東國輿地勝覽》의 東覽圖(1530)보다 약 60년 전에 판본으로 인쇄된 지도이다. 성종 12년에 완성된《동국여지승람》보다도 10년이나 앞서는 판본이다. 따라서《해동제국기》의 일본도는 우리 나라에서 만든 판본지도로서 현전하는 것 중에서 가장 오랜 지도이며, 독립된 일본지도로도 세계에서 가장 오래된 지도이다.《해동제국기》의 古刊本은 현재 4부가 알려져 있으며, 3부는 일본에 있고 1부만이 국사편찬위원회에 소장되어 있다. 국사편찬위원회 소장본은 對馬島 宗家의 소장본을 1930년대에 구입해 온 것이다.

《해동제국기》를 편찬한 신숙주는 세종대부터 성종대에 이르기까지 관직에 있었다. 특히 세조의 명에 따라 영의정으로 예조의 사무를 겸임하였으며 사대교린의 외교정책을 전담하였다. 특히 성종대에 이르러 해동제국 使人應接의 사례를 개정하는 등 외교상의 면목을 새롭게 하였다.《해동제국기》는 조선시대에 우리 나라에서 제작한 유일한 외국의 地誌書이며, 또 현지 자료를 직접 수집하고 일부이기는 하나 현지조사 자료가 첨가된 지도가 포함되어 있다. 태종 2년(1402)에 제작된 혼일강리역대국도지도에서는 일본의 위치를 우리 나라보다 훨씬 남쪽에 위치하는 것으로 알고 있었으며, 그 크기도 우리 나라의 1개道 정도의 크기로 알고 있었다. 신숙주는《해동제국기》서문에서 일본은 "黑龍江 북쪽에서 우리 나라 濟州의 남쪽에 이르며 琉球와 서로 접한다"라고 기록하고, 일본은 우리 나라의 남쪽에 위치하는 것이 아니고 동해에 위치하고 있음을 밝혔다. 신숙주가 실제로 일본에 왕래한 경험이 있다 해도 일본의 북단이 흑룡강 북쪽까지 미치고 있다는 사실을 알기는 어려웠을 것이다.《해동제국기》의 이러한 자세한 정보는 조선 초기 우리 나라의 동북부지방 개척에 따라서 그곳의 선원들을 통해서 얻은 지리적 지식의 축적을 바탕으로 한 것으로 추정된다.

지도 자체에 범례가 들어 있지는 않으나《해동제국기》목록 다음에 범례가 실려 있다. 범례에 의하면 "1圖中 黃畵은 道界, 墨畵은 州界, 紅畵는 道路"라고 적혀 있으며, 도로는 일본의 里數를 사용했으며 일본의 1리는 우리 나라의 10리에 준한다고 되어 있다. 이 범례로 보면 목판으로 지도를 인쇄한 후 도계와 주계를 각각 다른 색으로 구분하고 도로는 紅線으로 표시할 의도였음을 알 수 있다. 현재 국사편찬위원회에 소장되어 있는《해동제국기》에서는 도계와 도로의 표시가 없으나 찬진된 원본에는 판본 자체에서는 볼 수 없는 황색으로 도계, 홍색으로 도로가 채색되어 있었음을 알 수 있다.

가. 해동제국총도(〈지도 4〉)

지도의 명칭과 같이 해동제국 전체를 포함하는 지도이며, 현재 일본의 本州·四國·九州·一岐·對馬·琉球를 포함하는 지도이다. 섬과 섬들의 상대적인 거리와 방위는 정확하지 않으나 당시의 지도로서는 훌륭한 지도이다.

海東諸國總圖의 일기도·대마도·유구국도를 제외한 일본국도와 서해도구주도는 일본에서 가장 오래된 일본도인 소위「行基圖」라고 불리는 지도와 같은 유형에 속한다. 즉 일본의 각 주를 거북이 등의 무늬 모양이나 누에고치를 연결한 모양과 유사하게 그렸고, 일본 전체의 해안선도 현실적인 곡선이 아니고 도형에 가까운 곡선의 연결로 되어 있는 것이 특징이다. 행기도 계통의 일본도는 태종 2년에 우리 나라에서 만든 혼일강리역대국도지도의 일본국도에 나타난 것이 가장 오래된 것이고, 간본으로는《해동제국기》의 해동제국총도가 가장 오래된 것이다. 행기도는 초기의 것은 대부분이 필사본이고, 현전하는 것은 일본의 경도에 있는 仁和寺 소장본이 가장 오래된 필사본이다.[19]《해동제국기》와 혼일강리역대국도지도의 일본도는 한국식으로 고쳐 그리기는 하였으나, 그 모양으로 볼 때 행기도가 틀림없다고 생각된다.[20] 해동제국총도를 비롯한《해동제국기》에 첨부된 모든 지도는 독특한 한국식의 파도무늬가 바다에 그려져 있다. 혼일강리역대국도지도의 일본도와 해동제국총도를 비교해 보면, 전자에서는 四國과 淡路섬이 本州에 연속된 것 같이 그려져 있으나 해동제국총도에서는 이것이 고쳐졌다. 그리고 혼일강리역대국도지도에서는 志摩州가 본주의 육지에 접해 있으나 해동제국총도에서는 섬으로 되어 있다. 이러한 차이점으로 미루어 보면 일본에서 도입된 두 지도의 원도는 동일한 지도가 아니다. 그러나 두 지도가 모두 본주의 북쪽 바다에 見付島를 그려 넣었다. 일본의 행기도에서 견부도는 모두 본주의 태평양측에 그려져 있지 본주의 북측에 그리는 예는 없다고 한다. 이러한 점으로 보면 시대적으로 후에 만들어진 해동제국총도는 혼일강리역대국도지도의 일본도를 참고로 했을 가능성을 생각할 수 있다.

나. 일본본국지도·일본국서해도구주지도

이 두 지도는 해동제국총도와 별개의 지도가 아니고 그 내용을 나누어 확대한 지도이다. 日本本國之圖는 해동제국총도의 약 3배, 日本國西海道九州之圖는 약 2.5배의 크기로 확대되어 있다. 두 지도의 윤곽은 같으나 약간의 지명과 註記가 추가되어 있다. 이러한 추가는 행기도 이외의 자료를 이용한 것으로 생각되며 일본을 왕래하는 통신사를 통한 자료와 일본승 道安[21]이 들여 온 일본도를 참고했을 것으로 사료된다. 해동제국총도에서도 日本國都와 鎌倉殿을 각 주와는 별개로 표시하고 있으나, 일본본국지도에서는 한층 더 과장하였다.

---

19) 秋岡武次郎,《日本地圖作成史》(河出書房, 1971), 29쪽.

20) 秋岡武次郎, 위의 책, 30쪽.

21) 日本僧 道安은 琉球國使로 여러 차례 우리 나라에 왕래했다. 禮曹에서 도안이 가져온 일본과 琉球 兩國地圖를 4부 모사하여 地圖帖을 만들어 궁중에 1부, 나머지는 議政府·春秋館 그리고 예조에 나누어 소장할 것을 명하였다(《端宗實錄》권 7, 단종 원년 7월 4일).

〈지도 4〉 海東諸國總圖

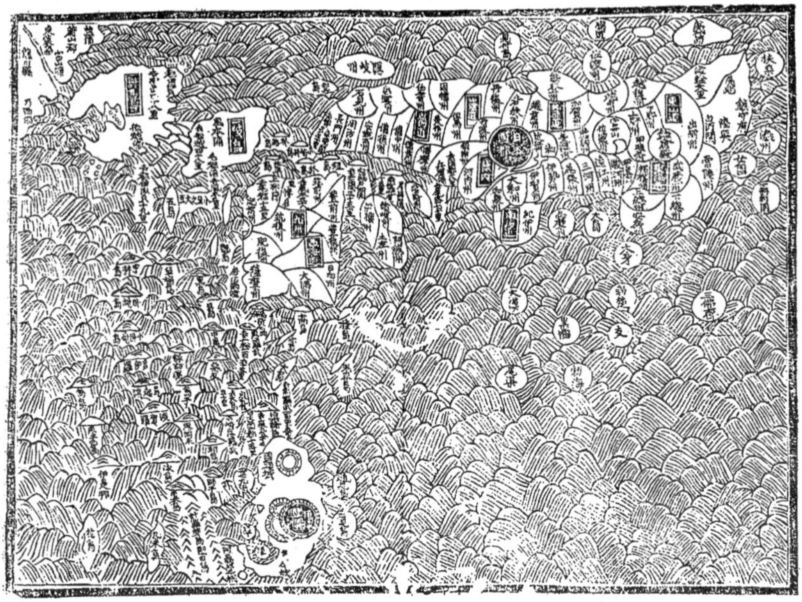

〈지도 5〉 琉球國地圖

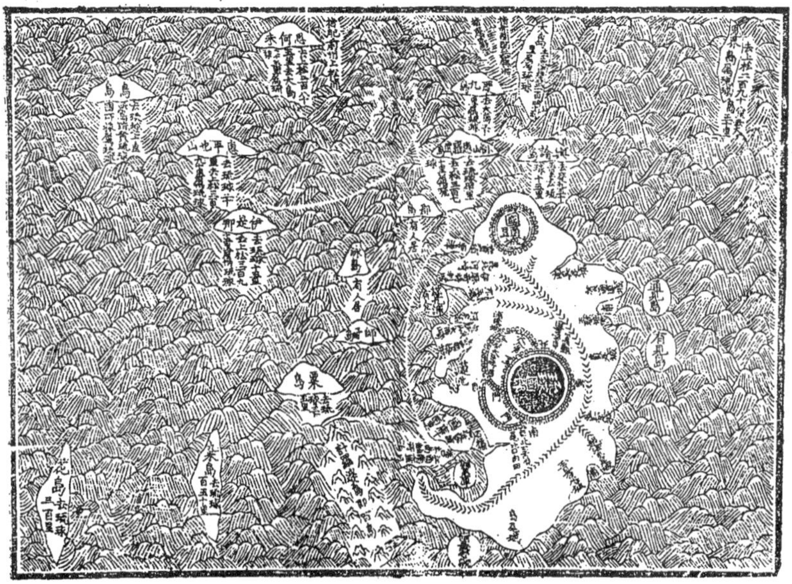

이러한 국도 또는 주현의 치소를 지도의 축척에 관계없이 확대하여 표시하는 기법은 행기도의 전통이 아니고 우리 나라 고지도에서 쉽게 볼 수 있는 기법이다. 그리고 해동제국총도에는 없는 해로의 표시가 있다. 우리 나라와의 왕래가 비교적 빈번한 일본국서해도구주지도에서는 전기의 일본본국지도보다도 해로의 표시가 상세하고 수로의 이정도 자세하게 기록되어 있는 것이 다른 점이다.

다. 유구국지도(〈지도 5〉)

이 지도도 위에서 언급한 행기도에는 없는 지도이며 일본승 道安이 들여온 지도로 추정된다. 위에서 언급한 바와 같이 도안은 일본국도와 유구국도를 우리 나라에 전했고, 그것을 다시 모사하여 정부기관과 궁중에 보관하게 한 기록이 있다. 이런 점으로 미루어보면 일본국도와 琉球國之圖는 우리 나라에서 매우 중요하게 생각하고 있었던 사실을 짐작할 수 있다. 일본본국지도와 구주지도에서는 전통적인 행기도를 따르고 있으며 지형의 표시가 전혀 없다. 유구국지도에서는 산맥과 灣入이 위에서 언급한 두 지도보다 훨씬 상세하며, 포구와 城도 자세하게 기록되었다. 유구(현재의 오끼나와)섬뿐 아니라 주위에 산재하는 약 20개의 섬을 포함하고 있으며 모두 유구에서의 거리를 里數로 기입하였다. 또 섬에 유인도임을 표시하기도 했다. 《해동제국기》의 유구국도는 전사과정에서 발생하는 오류를 제외하고는 거의 원형대로 조선 후기의 지도첩에 전해지고 있다.

일본국 一岐島之圖(〈지도 6〉)와 일본국 對馬島之圖(〈지도 7〉)는 유구국지도와 같이 일본의 행기도와 관련이 없는 지도이고, 순전히 우리 나라에서 자료를 모아 제작한 것으로 추정된다. 태종 2년에 제작된 혼일강리역대국도지도의 일본국도의 원본으로 추정되는 것은 朴敦之가 일본에서 들여온 지도인데, 그곳에도 일기도와 대마도가 빠져 있어서 일기도와 대마도를 보충하여 완성하였다고 기록되어 있다.[22] 그러나 일기도와 대마도의 지도는 박돈지가 들여온 일본도에 포함된 것으로 보기는 어렵다. 왜냐하면 박돈지의 지도를 원본으로 한 혼일강리역대국도지도의 일본국지도에 보이는 일기도와 대마도는 차이가

22) 《世宗實錄》 권 80, 세종 20년 2월 계유.

〈지도 6〉 一岐島之圖

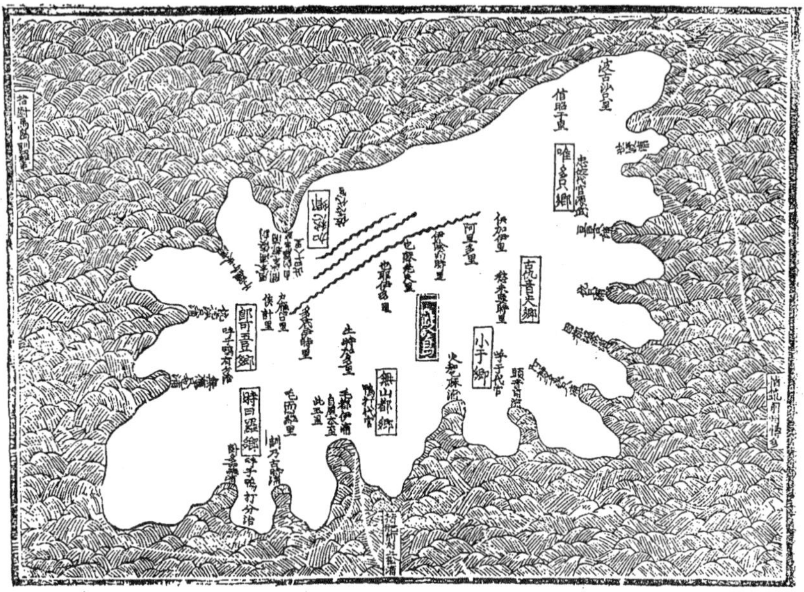

〈지도 7〉 對馬島地圖

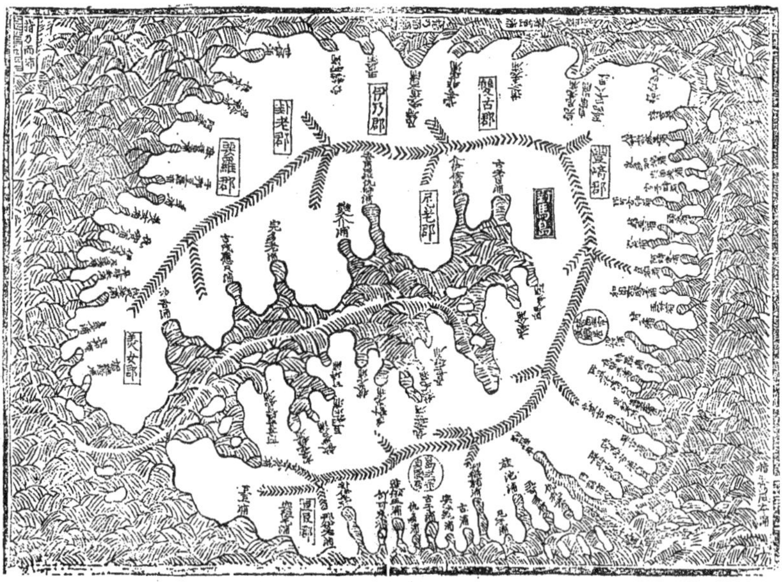

너무 크고, 박돈지의 지도는 우리 나라에 들여온 후 여러 차례에 걸쳐서 재모사하였다는 기록이 있기 때문이다. 즉 세종 2년(1420)과 세종 17년에도 예조에서 모사하였다.23) 지도에 대한 중요성은 어느 시대에나 강조되어 왔으나 왜구의 침략으로 곤란을 받고 있던 조선 초기에 일본지도의 중요성은 특별한 의미가 있었다. 그 중에도 일기도와 대마도는 우리 나라에 가까운 관계로 왜구의 근거지였다는 점을 생각하면, 이 두 섬의 지도에 대한 우리 나라의 관심이 특별하였다는 것을 추정하기는 어렵지 않다.

이러한 중요성을 가지고 있었던 만큼《해동제국기》의 6장의 지도 가운데 가장 상세한 지도가 일기도와 대마도지도이다. 일기도와 대마도지도의 가장 중요한 특징은 해안선과 지형이 자세하고 특히 灣入을 강조한 점이다. 왜구의 소탕을 고려한다면 가장 중요한 것이 그들의 근거지인 포구임은 당연한 일이다. 그리고 포구의 명칭을 모두 일본어 音을 우리 나라의 이두[吏讀]방식24)으로 기록한 점이 매우 특이하며, 이러한 표기가 우리 나라 사람들에 의한 직접 조사를 통해서 만들어진 지도임을 암시해 준다. 지도에 표기된 이두 지명을 일본지명과 비교해 보면 다음과 같다.

〈표 1〉 지도표기 지명과 현지명의 비교

海東諸國紀	對馬島現地名	海東諸國紀	對馬島現地名
訓 羅 串 浦	船越(Funkosi)	仇 時 老 浦	櫛 (Kusi)
豆 豆 浦	豆酘(Tsutsu)	多 計 老 浦	竹敷(Takesiki)
完 尼 老 浦	鰐浦(Waniura)	間 沙 毛 都 浦	風本(Kazemoto)
加 羅 愁 浦	唐洲(Karasu)		

*李炳銑,《韓國古代國名地名硏究》, 附錄 對馬島地名考를 참고하였음.

23) 위와 같음.
24) 포구의 지명이 원래 대마도 지명인지 또는 대마도 지명을 우리 나라 사람들이 알아보기 위하여 이두방식으로 고친 것인지는《해동제국기》본문과 지도에 나타나는 지명표기가 동일하지 않은 것으로 알 수 있다. 즉《해동제국기》의 道路里數條에는 "自我慶尙道東萊縣富山浦至對馬島之都伊沙只四十八里 自都伊沙只至船越浦十九里 自船越至一岐島風本浦四十八里"라고 기록되어 있다. 그러나 본문에서의 선월은 대마도 지도에서는 訓羅串으로 표기되어 있다. 그리고 一岐島의 풍본포에는 "風本浦倭訓間沙毛都浦"라고 기록되어 있다. 따라서 선월의 日本訓 Funakosi을 訓羅串으로 표기한 것이므로, 우리 한자음과 훈으로 일본 지명을 표기한 것이 확실하다.

「후나고시」(船越)라는 지명은 일본의 섬에 흔히 쓰이는 지명이다. 즉 좁은 地峽으로 灣과 灣이 나누어져 있을 때, 긴 해로를 돌아가지 않고 작은 배의 경우는 배를 들어올려 건너편에 있는 만으로 배를 넘긴다는 뜻이다. 즉 일어의 「후나고시」는 한자의 뜻과 같이 '배를 넘기는 곳'이라는 뜻이다. 대마도의 「후나고시」는 1672년에 동서를 연결하는 수로가 굴착되기 이전에는 좁은 지협을 육지로 넘어서 동서를 연결하던 곳이다. 일본의 遣唐使는 「후나고시」까지 작은 배로 와서 지협을 넘어서 큰배로 갈아타고 중국으로 항해했다고 한다.[25)]

끝으로 《해동제국기》에 삽입된 대마도의 모양이다. 첫째 대마도는 상하 2개의 섬인데 왜 하나로 되었는가 하는 의문인데, 1672년에 수로의 굴착으로 2개의 섬이 되었기 때문으로 이해할 수 있다. 둘째는 남북으로 긴 섬을 등을 구부린 새우 또는 말발굽 모양으로 남북보다도 오히려 동서를 길게 만든 데 대한 의문이다. 실제로 대마도는 남북의 길이가 약 82㎞이고 동서가 18㎞로 남북의 길이는 동서의 약 4.5배나 된다. 반대로 《해동제국기》의 대마도는 동서의 폭이 남북의 길이 보다 약 1.3배나 더 길다. 이러한 지도 모양의 변형은 《해동제국기》의 책의 판형에 맞추기 위한 것이다. 즉 지도의 방위를 무시하고 남북으로 긴 섬을 구부려 말발굽 모양으로 그린 것이다. 《해동제국기》의 대마도지도를 구부러진 중앙산맥을 따라서 섬 남북의 길이를 재고 지도의 폭을 재서 비교하면 남북으로 길게 뻗은 섬임을 잘 이해할 수 있다. 책의 판형 때문에 왜곡된 대마도의 형태는 조선시대 말까지 우리 나라 고지도에 계속 그대로 전사되었다.

〈李 燦〉

---

25) 金義煥, 《朝鮮通信使의 발자취》(正音文化社, 1985), 51쪽.

Ⅱ. 국가제사와 종교

1. 국가제사
2. 불　　교
3. 도　　교

Ⅱ. 국가제사와 종교

1. 국가제사

사회적 생산력이 상대적으로 저급하던 전근대 사회에서는 인간의 능력을 초월하는 여러 자연현상이라든가 역사현상에 대한 信仰의 관념이 매우 현저하였다는 것은 주지하는 사실이다. 초월적 존재에 대한 畏敬의 관념을 신앙의 형태로 표현하였던 것이다. 그것은 개인의 경우뿐만 아니라 국가의 경우도 마찬가지였는데, 국가라는 조직체는 그것을 각종의 祭儀 형태로 표현하였다. "국가의 大事가 제사와 군사에 있다"[1]느니, "무릇 治人의 道는 禮보다 급한 것이 없고 예에는 五禮가 있으되 祭禮보다 중한 것이 없다"[2]는 경전의 말에서도 살필 수 있듯이, 유교를 교학으로 신봉하는 국가에서는 특히 그것을 중요한 국가행사의 하나로 엄숙하게 거행하였다.

그런데 조선왕조에서는 그같은 국가제사에 매우 큰 변동이 있었다. 그 원인은 두 가지로 설명될 수 있다. 그 하나는 무엇보다도 조선왕조를 개창한 신진사류층이 자신의 신념대로 性理學을 유일한 國家敎學으로 수용하고 그 가치관·세계관에 따라 지배체제를 정립해가려고 하였다는 사실에서 찾아진다. 성리학은 전통 유교라든지 불교보다는 매우 배타적인 敎義로 되어 있으며, 무엇보다도 명분과 전통을 중시하였다. 그들은 전대부터 전승되어 오는 국가 祀典을 성리학적 명분론에 따라 대폭 정리하려고 시도하였다. 가령 유사이래 지속되어 온 국내의 명산대천에 대한 민간의 자의적인 숭앙을 극력 금압하는가 하면, 또한 고려시대부터 宗廟·社稷과 더불어 일등급의 국가제사, 즉 大祀로 받들어 온 祀天儀인 圓丘와 祭地儀인 方澤祭를 혁파해 버리기에 이르렀다.

---

1) 《春秋左氏傳》 成公 13년.
2) 《禮記》 祭統.

국가제사의 변화를 초래한 또 다른 요인은 생산력의 상대적 발전에 따른 정치의식과 역사의식의 성장에 있었던 것으로 보인다. 歲耕의 連作農法을 바탕으로 하여 성립된 조선왕조는 한편으로 자영농민의 정립을 크게 확대시켰으며, 다른 한편으로는 왕권의 강화를 성취시키게 되었다. 이제 왕권을 정점으로 하는 지배체제는 통치의 대상으로서의 농민층의 존재에 상대적으로 더 비중을 두어 인식하지 않을 수 없게 되었다. 그것은 농민층을 훈민적 통치의 대상으로 인식함으로써 농민층과 더불어 역사를 이루어간다는 자기 역사적 현실의 實在에 좀 더 접근하는 방향으로 역사의식의 발전을 성취하게 된 것이었다. 그래서 가령 자기 나라 언어에 맞는 독자적 문자를 창제하거나 혹은 여러 自然神의 실재에 대한 예우를 재정비하였고, 또한 고려시대에는 미진하였던 역대 왕조의 시조에 대한 국가제사의 형태를 구비하기에 이르렀다고 여겨진다. 그것은 이른바 위민정치·민본정치의 이념으로 표명되었는데 통치주체로서의 왕권의 존엄을 나타내는 길이기도 하였다. 여기에는 물론 모든 사물이 각기 理를 本有하고 있는 실재라고 인식하는 성리학적 본체론과 그 세계관이 동시에 상승적으로 작용하였음을 간과해서는 안될 것이다.

그렇다면 조선왕조를 개창하고 국가제사를 정비해 간 개혁파 사류의 기본적 祀神觀은 어떠한 형태로 나타나고 있었는가.

① 국가의 대사로는 祭祀가 중요한 것이니, 宗社를 받들고 神明과 교감하는 까닭이다. 반드시 안으로 誠敬을 간직하고 밖으로는 儀文을 구비한 뒤에라야 신명을 感格시킬 수 있다(鄭道傳, 《三峰集》 권 8, 〈朝鮮經國典〉 下, 憲典 祭祀).

② 귀신의 道는 선한 자에게는 복을 주고 淫한 자에게는 화를 준다. 사람이 덕을 닦지 아니하고 넘치는 제사를 지낸들 무슨 이로움이 있겠는가…원컨대 지금부터는 祀典에 실려 있는 바 이치상 마땅히 제사해야 할 대상 이외의 기타 淫祀는 일체 금단하고, 이를 常典으로 삼아 어기는 자는 통렬히 다스릴 것이다(《太祖實錄》 권 2, 태조 원년 9월 갑술).

③ 귀신에게 제사하는 일은 誠敬이 주가 된다. 음사에 넘치게 빠지는 것은 제사하지 않는 것만 못하다(《定宗實錄》 권 6, 정종 2년 12월 임자).

①은 조선왕조 개창의 주역 가운데 한 사람인 鄭道傳의 말이요, ②는 역시 그 주역의 한 사람 南在가 개국 직후 대사헌으로 있으면서 발의한 말이며,

③은 태종 즉위 직후 禮曹에서 올린 글이다. 무릇 제사라는 것은 국가의 중대사이지만, 그것은 인간의 마음이 精誠과 恭敬을 갖추어 도리에 맞게 받들어야만 하는 일이라고 그들은 하나같이 인식하고 있었다. 誠敬을 결여한 채 지나치게 귀신을 섬긴다고 해서 복을 받는 것이 아님은 물론, 도리어 어긋나서 넘치는 淫祀는 오히려 화를 자초하는 것임을 확신하고 있었다. 즉 국가의 제사를 두고 말하더라도 인간의 화복이 결코 神明의 자의에 맡겨진 것이 아니라 바로 인간 자신의 所爲로 말미암아 自取하는 것이라고 인식하고 있었던 것이다.

그런데 여기서 음사를 척결하는 한편 성경과 儀文을 갖추어 도리에 합당한 제사인지의 여부를 판별하는 기준은 무엇이었겠는가. 그것은 곧 유교경전에 근거한 주자학적 세계관 이외의 것일 수 없는 일이었다.

조선 초기 그같은 祀典의 개혁이 전래의 전통이나 인습을 완전히 떠나 성리학적 범주를 따라서만 이루어진 것은 아니었다. 그러나 그것은 주로《禮記》의 5례를 기준으로 하여 추진되었다. 그래서 세종대에는 5례에 관한 논의를 깊이 있게 진행시켜 사전의 정비를 일단락짓게 되었고,[3] 성종대에는《國朝五禮儀》라는 국가의례를 확립하여 공표하기에 이르렀으며,[4] 그 가운데 吉禮, 즉 여기서 검토하는 국가제사의 대상은《經國大典》禮典 祭禮條에 고쳐 실어 불변의 준칙으로 삼고자 하였다.[5]

그같은 변화와 그 역사적 의미를 살피기 위하여 우선《高麗史》禮志에 실

---

3)《世宗實錄》권 128, 五禮 吉禮, 辨祀條에 정리되어 있는 국가제사의 대상은 다음과 같은데, 고려시대의 경우에 비하여 크게 정비되었음을 알 수 있다.
大祀 : 社稷·宗廟.
中祀 : 風雲雷雨(山川 城隍 附)·岳·海·瀆·先農·先蠶·雩祀·文宣王·朝鮮檀君·後朝鮮始祖箕子·高麗始祖.
小祀 : 靈星·名山大川·司寒·馬祖·先牧·馬社·馬步·七祀·禜祭.

4)《國朝五禮儀》進箋에 의하면 성종 6년(1475)의 일이었다.《周禮》에서는 五禮를 吉·凶·軍·賓·嘉의 순서로 편찬하였는데, 이는《高麗史》禮志에서도 그대로 따랐다. 그런데 조선의《國朝五禮儀》는 吉·嘉·賓·軍·凶의 순서로 바뀌었다. 그것은《宋史》禮志의 편차를 따른 것으로, 性理學的 禮論이 수용된 결과라 할 것이다(李範稷,《韓國中世禮思想硏究》, 一潮閣, 1989, 391~392쪽 참조).

5)《經國大典》권 3, 禮典 祭禮條에는 小祀의 대상 가운데《國朝五禮儀》에 있는 禜祭(장마가 오래 갈 때 날이 개이기를 비는 제사), 酺祭(蝗螟의 災害가 있을 때 행하는 제사), 七祀(司命·戶·竈·門·厲·行·中霤의 7神에 대한 제사)가 제외되어 있다(《國朝五禮儀》권 1, 吉禮).

려 있는 고려시대의 각종 국가제사의 대상과 《경국대전》에 실려 있는 조선시대의 그것을 일별해 보면 다음과 같다.[6]

〈표 1〉 국가제사 종류와 대상 비교표

구분 제사종류	고려시대	조선시대
大 祀	圜丘 方澤 社稷 太廟 別廟 景靈殿 諸陵	宗廟 永寧殿 社稷
中 祀	籍田(先農) 先蠶 文宣王	風 雲 雷 雨 岳 海 瀆 先農 先蠶 雩祀 文宣王 歷代始祖
小 祀	風師 雨師 雷神 靈星 馬祖 先牧 馬社 馬步 司寒 諸州縣文宣王	馬祖 先牧 馬社 馬步 靈星 老人星 名山大川 司寒 禡祭 禜祭 厲祭
雜 祀	壓兵祭 紺岳神祠 西京木覓祠 醮祭 南海神 川上祭 老人星 城隍神祠 天祥祭 五瘟神 名山大川 箕子 東明聖帝祠 禖祭 無等山神 錦城山神 禜祭	

조선왕조도 고려와 마찬가지로 국가제사를 비중에 따라 대·중·소사로 나누고 차등을 두어 치제하였지만, 잡사를 아예 없애버리는 등 그 대상을 매우 간략하게 변화시켰다. 기복이라든가 치성의 잡다한 의례[7]를 많이 혁파하고 역사를 이루어 가는 왕권이나 국가의 존엄에 걸맞은 사전으로 정비하게 되었던 것이다. 여기서는 그것을 종묘와 사직, 여러 자연신, 문묘, 그리고 역대 시조로 구분하여 차례로 고찰하기로 한다.[8]

---

6) 고려시대의 雜祀는 '고려에만 있는 재래적인 諸神들'(李範稷, 앞의 책, 82쪽)에 대한 국가제사로서, 類別키 어려울 만큼 복잡한 구성을 보이고 있는데 여기서는 그 대강을 간추렸다. 잡사는 대개가 致誠의 행사, 특히 祈福의 행사로 거행되었는 바, 그 중에서도 주로 天上의 여러 별들을 대상으로 하는 醮祭가 가장 복잡 다양하였고, 또한 국왕 혹은 태자의 親臨下에 가장 빈번히 거행되었다.

7) 가령 고려시대 잡사 가운데의 壓兵祭는 路祭, 川上祭는 수재·한재가 있을 때 百神에 대한 祈晴·祈雨의 치성, 天祥祭는 災變에 대한 祈禳, 五瘟은 疫神, 禖祭는 求子의 祭儀 따위로 잡다하였다. 또 醮祭의 대상도 太一·三界靈祇·昊天五方帝 등 도교적·불교적·유교적 諸神으로 다양하였다.

8) 이 방면에 관한 연구는 매우 부진하여, 다만 다음의 연구를 참고할 수 있을 뿐이다.

1) 종묘와 사직

종묘는 先王의 神位를 봉안하는 왕실의 家廟로, 사직과 더불어 국가제사의 대종으로 간주되어 왔다. 국가의 중요한 일은 반드시 종묘에 먼저 고하는 의례 절차를 거친 다음에 의결되고 시행되었으며, 한발·홍수 등과 같은 국가적인 천변지재가 발생하였을 경우 先祖英靈의 陰佑를 기원하는 祈禳祭가 빈번하게 이곳에서 행하여졌다. 전근대사회의 가부장제적 조상숭배 사상에 연원을 두고 있는 이러한 종묘는, 왕권의 존엄성을 내외에 과시하고 통치체제를 공고히 다지며 지배이념을 재해석하는 등의 기능을 수행하는 상징적인 聖所였다고 할 수 있다.

우리 나라 종묘의 기원은, 사료상으로 확인할 수 있는 한에서는, 삼국시대부터 시작되었다 할 것이다. 《三國史記》를 보면 신라에서는 남해차차웅 3년(6)에 始祖廟를 건립하고, 고구려에서는 대무신왕 3년(20)에 시조인 東明王廟를, 백제에서도 온조왕 원년(B.C. 18)에 동명왕묘를 건립하였다는 기록이 실려 있다. 이는 모두 국가 형태를 수립한 초기에 왕권을 확인하고 과시하기 위하여 왕가의 선조를 제사하는 사당을 세운 일이었으므로, 곧 종묘에 해당하는 것으로 해석할 수 있을 것이다.

고려시대에는 일찍이 태조 2년(919)에 曾·祖·考 3대를 추존하여 각각 廟號를 제정한 바 있지만, 성종 8년(989)에 가서야 "비로소 大廟를 營建하기 시작했다"[9]는 사실로 보아 종묘제도를 후대의 그것과 비견할 수 있는 모습으로 정비한 것은 성종대에 이르러서였다. 그러나 고려시대의 종묘 제사는 「天子七廟」·「諸侯五廟」[10]라고 하는 유교경전의 의례와는 다소 다르게, 가령 昭穆의 次序를 고려 나름대로의 법식에 따른다든지 혹은 공덕이 큰 선왕의

金泰永, 〈朝鮮初期 祀典의 成立에 대하여〉(《歷史學報》 58, 1973).
韓㳓劤, 〈朝鮮王朝初期에 있어서의 儒敎理念의 實踐과 信仰宗敎〉(《韓國史論》 3, 서울大 國史學科, 1976).
李範稷, 앞의 책.
池斗煥, 〈朝鮮前期 文廟儀禮의 整備過程〉(《韓國史硏究》 75, 1991).

9) 《高麗史》 권 3, 世家 3, 성종 8년 4월 을축.
《高麗史節要》 권 2, 성종 8년 하4월.

10) 《禮記》 祭法.

신위를 그대로 두어 11室이 된다든지 하는 형태로 거행하였다. 이러한 사실은 고려 당대에도 여러 차례 논란의 대상이 되었고,[11] 후세에 와서도 누누히 지적되는 바였다.[12]

조선왕조의 개창과 함께 종묘는 당연히 새로 영조되었으며 그 祭儀 또한 큰 변화를 겪게 되었다. 성리학이라는 보다 이지적이고 보편적인 유교이념의 구현에 따라 어디까지나 禮에 의거하는 사전의 정립을 추구하게 되었기 때문이다. 그것은 구왕조의 몰락을 내외에 알리고 새로운 「天命」을 받들어 개창하게 된 새 왕권의 존엄성과 새 왕조의 정통성을 확립한다는 차원에서도 절실히 요구되는 일이었다.

1392년 7월에 조선왕조가 개창되자, 아직 '國號는 옛 것 그대로 高麗'로 한다고 발표하면서도 태조는 즉위교서의 첫 조목으로 우선 종묘·사직의 제도를 일신할 것을 말하였다.

> 천자 7묘, 제후 5묘와 左廟右社는 옛 제도이다. 前朝에서는 昭穆의 차서와 堂寢의 제도가 경전에 맞지 않았다…바라건대 禮曹에서 자세히 강구하여 의논을 내어 제정하도록 하라(《太祖實錄》 권 1, 태조 원년 7월 정미).

그리고 같은 해 8월에 태조는 전조의 태조를 麻田郡으로 移安하여 때로 치제하도록 명하였다. 이어서 고려 성종은 중국을 경모하여 문물을 일으켰으며, 문종은 훌륭한 치세를 이루었고, 공민왕은 홍건적을 섬멸하고 중국을 잘 섬겼으니, 모두가 東方에 공덕이 있다고 하고 각기 마전군에 있는 고려 태조묘에 附祭하도록 조처하였다.[13] 도성 안에 있는 전왕조의 태조 이하 종묘의 신위를 외방으로 옮기면서도, 그 가운데의 훌륭한 공덕을 평가함으로써 전왕조를 계승하여 일어난 새 왕조의 善治를 약속하는 방편으로 삼았던 것이다.

또 도성 안에는 吉地가 없다는 書雲觀의 계청에 따라 고려의 종묘를 헐어버리고 그 자리에 새 왕조의 종묘를 짓기로 하고 大廟造成都監을 설치하였으며, 장자인 鎭安君 芳雨를 시켜 태조의 선조 4대의 神主를 孝思觀에다 임

---

11) 《高麗史》 권 61, 志 15, 禮 3, 諸陵 정종 2년 12월·인종 2년 7월 및 공민왕 6년 8월 李齊賢 上議 등 참조.

12) 《太宗實錄》 권 29, 태종 15년 정월 을묘의 河崙 참조.

13) 《太祖實錄》 권 1, 태조 원년 8월 정사·신유.

시로 안치하였다.[14]

그런데 고려의 종묘를 헐고 그 옛 터에 새 종묘를 건립하고자 했던 당초의 구상은 태조 3년(1394) 8월 漢陽이 새 도읍지로 결정됨에 따라 자연히 무산되었다. 그리하여 그 해 9월 다시 新都宮闕造成都監을 설치하고 近臣들을 한양에 보내어 종묘와 사직·궁궐·朝市·도로 등의 터를 정하게 하였다.[15] 그리고 그 해 10월 개성에서 한양으로 도읍을 옮겼다.[16] 이 때 종묘와 사직은 「좌묘우사」의 원칙에 따라 종묘는 새 궁궐인 景福宮 동쪽의 蓮花坊에, 사직은 서쪽의 仁達坊으로 그 위치가 정하여졌다. 그래서 제도에 따라 종묘와 궁궐의 영건이 완공된 것은 태조 4년 9월이었고, 곧 개성에 있는 선대의 신주를 옮겨와 종묘에 안치하였다.[17] 이후 조선왕조의 종묘는 4대 이상 된 선왕의 신위를 祧遷하여 별묘로 이안하는 「제후5묘」의 원칙에 따라 운용되었다. 즉 不遷位인 태조와 현재의 왕으로부터 가까운 4대의 선왕인 二昭·二穆 이외의 신위는 永寧殿으로 옮겨 안치하는 제도로 운용되었다. 그리고 종묘의 제향은 四孟月 즉 1·4·7·10월의 上旬과 臘日에 거행하도록 규정하였다.[18]

이와 같이 종묘의 외관을 구비하는 한편, 그 제사의 내용도 점차 고려시대의 관행에서 벗어나 새로운 제도로 정비되어 갔다. 즉 역대의 군주들은 酌獻禮 행하기를 꺼려하여 혹 한 해에 한번 들어가거나 혹 평생토록 들어가지 않는 수도 있었으므로, 지금에 이르도록 종묘에 들어가는 것을 세상에 드문 盛典이라고 여겨 왔다.[19] 그러나 새 왕조에서는 이러한 관행에서 벗어나 정성과 공경을 다하여 국왕이 종묘의 四時祭享을 친행할 것이 강구되었다.

> 나라를 보유하는 典禮로는 제사가 큰 일입니다. 古人은 제사 때를 맞이하면 7일 동안 戒하고 3일동안 齊하므로 天神이 감동하고 人鬼가 흠향하게 되는 터이니, 모두 자기로 말미암아 그렇게 되는 것입니다…삼가 바라건대 전하께서는 종묘와 籍田의 제사에서는 반드시 7일 동안 계하고 3일 동안 제하며 친히 작헌례를 행함으로써 후세에 법을 전하고, 만약 유고시에는 세자로 하여금 이를 섭

14) 《太祖實錄》 권 2, 태조 원년 9월 무신 및 10월 정사·을축.
15) 《太祖實錄》 권 6, 태조 3년 9월 무술·병오.
16) 《太祖實錄》 권 6, 태조 3년 10월 신묘·갑오.
17) 《太祖實錄》 권 8, 태조 4년 9월 경신·윤9월 기축.
18) 《經國大典》 권 3, 禮典 祭禮.
19) 《太祖實錄》 권 29, 태종 15년 정월 을묘.

행케 할 것입니다(《太祖實錄》 권 3, 태조 2년 6월 임인).

도읍을 정한 시초에 먼저 종묘를 영건하여 時祀를 받들고 時物을 천신함은 報本의 정성이 지극하다 하지 않을 수 없습니다. 그러나 四時의 제향에 매양 대신에게 명하여 섭행케 하니, 원컨대 지금부터는 무상시로 천신하는 것을 제외하고 4시의 大享에는 반드시 친히 작헌하여 奉先의 예를 밝히고 보본의 정성을 다할 것입니다…임금이 기꺼이 시행토록 하였다(《太祖實錄》 권 11, 태조 6년 4월 정미).

그리하여 국왕의 親享禮度節次가 마련되고, 宗廟親享行事의 亞獻·終獻官 등의 집사관원이 규정되기도 하였다.[20] 그것은 모두 송대 이래 채용된 제도로서 초월적인 왕의 권위를 장엄하게 과시하려는 데서 만들어진 의식절차였다. 물론 그 절차가 마련된 이후에도 종묘 제향이 대신들에 의해 섭행되는 일이 많았지만 그것은 어디까지나 원칙이 아닌 임시병통의 운용이었다. 그리고 종묘를 관리하는 기관으로 宗廟署를 두었고, 그 관원으로는 종5품의 令 1인과 그 아래 直長·奉事·副奉事를 각 1인씩 두었다.

한편 종묘가 새로 건립된 후로 세월이 지나면서 그에 대한 보수 증축의 공사가 불가피하였지만, 그 중에서도 특기할 만한 일은 세종대 종묘의 別廟인 永寧殿이 영조되었다는 사실이다. 종묘는 처음 영건시에 정전인 大室 안에 同堂異室의 神室 5칸을 만들어 穆祖 이하의 追尊 4代의 신위를, 그리고 나중에는 태조의 신위를 안치하였으므로 그 이후의 역대 왕들의 신위를 봉안할 여지가 애초부터 마련되어 있지 않았다. 따라서 시일이 지남에 따라 신실의 부족 문제가 제기되지 않을 수 없었다. 이윽고 세종 원년(1419)에 정종이 죽고 그의 신위를 마련할 곳이 없게 되자, 이에 대한 대처방안이 구체적으로 논의되기 시작하였다. 이 논의는 결국 송의 옛 제도를 따라 별묘를 세워 추존 4대의 신위를 봉안한다는 것으로 수렴되어, 세종 3년에 종묘의 大室 서쪽에 별묘를 짓고 이를 영녕전으로 칭하게 되었다.[21] 이 때 지어진 영녕전은 본전 4칸에 동서로 협실 각 1칸씩을 두고 기타는 대개 종묘와 동일한 규모로 축조되었다. 영녕전의 제향은 봄과 가을의 첫달 상순에 거행하도록 규정하였다.

영녕전의 영건 이후 태조 이전의 4대의 신위가 차례로 종묘로부터 이곳으

20) 《太宗實錄》 권 34, 태종 17년 12월 을미.
《世宗實錄》 권 128, 五禮, 吉禮序例 獻官.

21) 《世宗實錄》 권 12, 세종 3년 7월 무진.

로 이안되었으며, 연산군대에는 정종의 신위가 옮겨졌다.[22] 그런데도 종묘의 신실 부족 문제는 어쩔 수 없는 과제로 남아 명종대에는 종묘의 대실을 4칸 늘리는 제도를 강구하게 되었다.[23] 그리고 임진왜란 이후로도 필요에 따라 증축과 수리를 계속하였다.

한편 토지신인 社와 곡물신인 稷에게 제사하는 단을 社稷壇이라고 하는데, 사단은 동쪽, 직단은 서쪽에 설치하였다. 토지와 곡식은 전근대 사회에서는 그 자체가 지배적인 생산수단과 그 생산물을 의미하였으므로, 토지신과 곡물신에 대한 숭앙은 이미 고대로부터 그 의미가 중시되어 개인적인 차원을 넘어선 국가제사로 정립되고 치제되어 왔다. 사직이 종묘와 더불어 국가제사의 대종을 이루어 온 것은 그러한 인식의 자연스러운 발현이었다 할 것이다.

우리 나라 역사에서 사직에 제사를 지낸 기원은 이미 삼국시대부터였던 것으로 확인된다.[24] 고려시대는 성종이 사직을 제도화 한[25] 이후로 고려 일대를 통하여 각종의 제의와 祈雨祭·祈穀祭 등을 여기에서 거행하였다.

조선왕조가 수립된 후, 태조 3년(1394) 11월에 경복궁의 서쪽 仁達坊으로 사직의 위치가 결정되고, 다음해 정월부터 사직단의 축조를 착수하기 시작하였다. 사직단의 축조는 정종대의 開京 환도로 공사가 일시 중단되었고, 또 종묘·궁궐·성곽 등 대규모 공역이 동시에 진행되는 관계로 백성들의 노동력 징발이 여의치 않아, 태종 7년(1407) 5월에 이르러서야 비로소 완성되었다.[26] 사직단이 완성되자 단 주위에 담장을 두르고 神室과 神門을 세웠다. 그리고 태종 16년에는 단 주변의 齋室을 마련하였는데,[27] 이는 사직에 재실을 두지 않았던 고려시대의 관행[28]과는 다른 일로, 종묘·사직의 제향에 국

---

22) 《燕山君日記》 권 12, 연산군 2년 정월 무술.
23) 《明宗實錄》 권 4, 명종 원년 9월 계미·갑신.
24) 《三國史記》 권 32, 志 1, 祭祀條를 보면 신라는 선덕왕대에 사직단을 세웠고, 또 고구려본기 6에 의하면 고구려는 고국양왕 9년에 유사에게 명하여 國社를 세우고 종묘를 수리하게 하였다.
25) 《高麗史》 권 59, 志 13, 禮 1, 吉禮大祀 社稷 성종 10년 윤 12월 敎에, '내가 듣건대 社는 토지의 主인데, 땅은 넓어서 다 공경할 수 없으므로 땅을 封하여 社로 삼아 功에 보답하고, 稷은 五穀의 長인데 穀이 많아 두루 제사할 수 없으므로 稷神을 세워 제사한다'고 하였다.
26) 《太宗實錄》 권 13, 태종 7년 5월 을해.
27) 《太宗實錄》 권 32, 태종 16년 9월 경자.
28) 明使 張溥 등이 社稷을 가서 보고 거기에 齋廬를 영건하지 아니한 것을 責하

왕이 친림한다는 새로운 사전의 원칙을 준수하기 위한 조처의 일환으로 여겨진다.

세종 8년(1426)에는 唐의 옛 제도에 의거하여 사직단을 社稷署로 승격시키고, 그 관원으로 태종대 이래 社稷壇直 2인만을 두어온 것을 확대 개편하여 壇直을 錄事로 삼고 그 위에 종7품의 丞 1인을 두었다. 그리고 이 사직서 승은 종묘서 승 아래에 서열시키고, 奉常寺 主簿로서 겸직하게 하였다.[29] 사직서의 직제는 이후 다시 고쳐져 종5품의 令 1인, 종9품의 參奉 2인을 그 관원으로 두게 되었다.[30]

사직단에는 仲春·仲秋의 첫 번째 '戊'字가 든 날과 臘日에 제향을 받들어 국가와 민생의 안전을 기원하였고, 정월에는 기곡제를, 그리고 가뭄·한발 등 천재지변이 일어날 때마다 祈雨·祈晴 등 祈禳祭를 가끔 행하였다.

2) 자연신

고려나 조선시대를 막론하고 국가제사의 대상으로는 天·地를 포함하여 風·雲·雷·雨라든가 명산이나 대천 등의 여러 자연신에 대한 것이 많은 비중을 차지하고 있었다. 사회적 생산력의 발전수준이 상대적으로 저급하여 생활수단의 대부분을 자연에 의존해야 했던 전근대사회에서는 자연현상 자체가 곧 인간의 생존을 좌우하는 외경스러운 존재였으므로, 그에 대한 숭앙은 필연적인 일이었다. 특히 농업을 주업으로 하고 있던 지역에서는 각별한 관심을 기울여 왔다.

그런데 많은 내우외환의 시련을 겪고 수립된 조선왕조에서는 그러한 자연신의 숭앙의례에도 큰 변화가 일어나게 되었다. 즉 잡다한 자연현상에 대한 이른바 淫祀를 대폭 정리하여 사전에서 아예 제거시키는 한편, 나머지 자연신에 대해서도 유교적 예제에 따라 그 등급과 서열 및 致祭의 형식을 많이 조정하기에 이르렀다.

게 여겼다는 기사가 보인다(《高麗史》 권 135, 列傳 48, 우왕 11년 9월).
韓沽劤, 앞의 글, 157쪽 참조.

29) 《世宗實錄》 권 32, 세종 8년 6월 신미.

30) 《經國大典》 권 1, 吏典 京官職.

고려시대에 정립된 전통적 祀天·祭地의 의례인 圓丘·方澤祭는 이 때에 와서 폐지되었으며, 風·雲·雷·雨·岳·海·瀆이라든가 先農·先蠶·雩祀와 같이 인간의 일상생활이나 농사와 깊은 관련이 있는 것으로 생각되는 자연신들은 일괄 격상시켜 中祀로 받들고, 나머지 자연신에 대해서는 小祀로 일괄 정립하되 도교 혹은 불교와 결부된 민속적 祈禳祭를 대폭 정리하기에 이르렀다. 전반적으로 보아 고려시대의 다양한 국가제사 규모에 비하여 훨씬 간략하게 정비된 편이었다. 여기서는 제례의 치폐를 두고 많은 논란을 벌였던 圓丘祭와 여타 자연신[31]의 두 가지로 나누어 고찰하기로 한다.

(1) 원구제

제천의 의례는 원시 이래의 오랜 신앙이었던 것으로 판명되거니와, 우리나라에서도 유교적으로 제도화하기 이전부터 이미 국가 단위로 그것을 거행하고 있었다. 《삼국사기》가 인용한 古記의 제례기사 가운데 고구려·백제가 각기 "하늘 및 산천에 제사하였다", "단을 쌓고 하늘과 땅에 제사하였다"고 전하는 기록[32]이 곧 그것을 말해준다.

고려시대에는 일찍부터 당·송의 제도를 수용하여 지배체제의 제도화를 시도하였거니와, 그 일환으로써 제천의 의례 또한 유교적으로 제도화하였다. 원구제의 채택이 곧 그것이다.

> 성종 2년(983) 봄 정월 신미에 왕이 圓丘에서 祈穀하고 태조를 배향하였다. 을해에는 籍田을 躬耕하고 神農을 제사하며 后稷을 배향하였다. 기곡·적전의 예가 이에서 시작되었다(《高麗史》 권 3, 世家 3, 성종 2년 정월 신미·을해).

고려시대에 제도화된 원구제는 실로 천자국의 그것과 다름이 없었다. 고려의 원구단에서는 어느 일방의 天神만이 아니라, 각기 동·남·중·서·북방을 주재한다는 5방의 천신인 청제·적제·황제·백제·흑제 모두와 그 전체 위에 군림한다는 昊天上帝까지를 치제하였다.[33] 그러한 전통은 계속 이어져, 고려왕조가

---

31) 조선왕조 祀典의 中祀·小祀에 오른 여러 제사 가운데 文宣王과 역대 시조 및 국왕 이외의 나머지는 가령 先農·馬祖와 같이 人神 혹은 獸神으로 분류할 수 있는 것도 있지만, 여기서는 편의상 일괄 자연신으로 다루기로 한다.

32) 《三國史記》 권 32, 志 1, 祭祀.

33) 《高麗史》 권 59, 志 13, 禮 1, 吉禮大祀 圓丘. 여기 昊天上帝는 전체적인 천제요, 5帝는 각기 1方을 지배하는 천신이며, 전자가 천자의 지위라면 후자는 각

그 후기에 이르러 원의 직접적인 압제를 받으면서도, 이른바 천자국만이 행한다는 제천의례의 혁파론을 제기한 적이 없었다. 오히려 충렬·충선·충숙·공민왕대에 계속하여 종묘사직과 아울러 원구에 대한 제례를 단속적으로 거행하였다.

수백 년 동안 지속되어 온 고려왕조의 원구제에 대한 폐지론이 대두하게 된 것은 고려 말기의 배원친명정책 이후의 일이었다. 주지하듯이 고려 말기 사류층의 배원친명정책은 밖으로는 당시의 국제적인 세력관계의 추이에 따라 추진된 것이었지만, 그 정책의 이론적 근거는 그들이 기본 교학으로 수용하였던 성리학적 화이론·명분론·정통론 등이었다. 가령 당시의 대표적 사류의 한 사람인 鄭夢周가 "大明이 龍興하여 四海를 다 차지하게 되자 돌아가신 임금(공민왕)이 천명을 밝히 알아 表文을 받들어 신하를 칭하니, 명의 황제가 가상히 여겨 王爵을 封하였다"[34]고 한 말에 나타난 그대로 그들의 세계관은 성리학적 명분론에 따라 이제 명은 천자국이요, 고려는 그로부터 왕작을 받는 것이 당연한 「天命」인 것으로 인식하기에 이르렀다. 그러한 형세 하에서 明使가 고려에 나와 제천례의 혁파를 종용하게 되었는데 그것은 우왕 때의 일이었다.

> 周卓이 使命을 받들고 나와[35] 우리 나라 사람에게 이르기를, '듣건대 귀국에서는 제천을 한다 하니 그러한가'하여, '그렇다'고 대답하였다. 그러자 주탁이 말하기를 '人事를 두고 말하자면 귀국에서 饗禮를 베풀고 (明의) 조정에 청한다면 재상은 혹 참여할 이치가 있겠지만 천자는 비록 정성을 다하여 청하더라도 어찌 귀국에 降臨할 것인가'하였다. 이에 비로소 제천례를 폐지하였다(《世宗實錄》 권 1, 세종 원년 6월 경진).

즉 친명정책을 추진한 이후 고려는 국가적인 의례가 이른바 천자국인 명과는 도저히 대비될 수 없으며 천자국의 재상이나 그에 상당하는 제후의 예에 준해야 한다는 明使의 종용이 있었으므로 제천례를 폐지하게 되었다는 것이다.

물론 고려말의 원구제 폐지가 명나라 사신의 용훼 한 마디에 따라 일어난 것이었다고는 생각되지 않는다. 다음에 살피는 바와 같이, 실제로는 그 뒤 조선왕

기 제후의 지위에 해당한다는 것이었다(《文獻通考》 권 68, 郊祀考).

34) 《高麗史》 권 117, 列傳 30, 鄭夢周.

35) 周卓이 고려에 사신으로 온 것은 우왕 11년(1385) 9월의 일이었다(《高麗史》 권 135, 列傳 48, 우왕 11년 9월 참조).

조에 들어온 후에도 제천례는 한동안 '해마다 하는 常禮'로서 계속되고 있었다.

그러나 원을 이은 명의 고려에 대한 자세가 원 이상으로 고압적이었으며 그러한 정세 하에서 고려 말기의 사류층이 배원친명의 정책을 폈고, 뒤이어 조선왕조를 개창하게 되면서 그 정책의 기조로 표방한 이론이 성리학적 명분론·정통론이었다는 사실은 이미 원구제라는 국가제사에도 변동을 초래할 수밖에 없는 형세를 조성하였다.

개혁파 사류는 조선왕조 개국의 다음달부터 명분에 맞는 국가사전의 정비를 발의하면서 원구제의 혁파를 주장하고 나섰다.

> 禮曹典書 趙璞 등이 글을 올려 '臣 등이 엎드려 역대의 사전을 살피건대 宗廟·籍田·社稷·山川·城隍과 文宣王 釋奠祭는 고금에 통행하는 국가의 常典이요…圜丘는 천자의 제천례이니 청컨대 이를 파하소서'라고 하였다(《太祖實錄》 권 1, 태조 원년 8월 경신).
>
> 대사헌 南在 등이 아뢰었다…'옛 법에 천자는 천지에 제사하고 제후는 산천에 제사하며 대부는 五祀에 제사하고 士庶人은 각기 그 조부를 제사한다 하였으니, 각기 마땅히 제사드릴 바를 제사하는 것입니다. 어찌 스스로 선을 행하지 않고 오로지 귀신을 섬김으로써 복을 받는다 할 것입니까. 원컨대 이제부터는 사전에 등재된 바 이치상 마땅히 제사드릴 대상 이외에는 일체 금단하여 이를 常典으로 삼고, 어기는 자는 통렬히 다스리도록 하소서'(《太祖實錄》 권 2, 태조 원년 9월 갑술).

즉 이들은 개국초에 새 왕조의 제도를 정비하면서 무엇보다도 명분에 맞는 사전의 정리를 발의하였다. 요컨대 조선왕조는 천자국이 아니므로 원구제는 명분상 혁파할 수밖에 없는 것으로 확실히 인식하고 있었다.

그러나 제천의례는 유구한 역사 속에 존치해 온 국가적 제례이며 신앙이었다. 고려시대의 예로 보더라도 그것은 祈穀 즉 풍년을 기원하는 가장 현실적인 요청과 결부되어 지켜져 온 국가제사였다. 유교경전에서도 "元日에 上帝에게 기곡한다"고 되어 있는 것이다.[36] 비록 조선왕조 초기의 지배층이 중국 천자를 의식하여 제후국으로서의 명분을 지켜야 한다는 인식을 가지게 되었다 하더라도, 현실적 요청에서 거행되어 온 역사적인 제례와 신앙을 하루아침에 말소할 수는 없었다. 그들은 또 한편으로 제천례의 존치를 발의하기도 하였다.

36) 《禮記》 月令.

예조에서 '우리 동방은 삼국 이래 圓丘에서 祀天하고 기곡·기우를 행하여 온 지가 이미 오래 되었으니 가벼이 폐해서는 안됩니다. 청컨대 사전에 등재하여 그 舊制를 회복하되, 칭호를 圓壇이라 하소서'라고 아뢰자, (임금이) 이에 따랐다(《太祖實錄》 권 6, 태조 3년 8월 무자).

비록 명분에 맞지는 않을지라도 또한 새 왕조의 가장 시급한 문제인 풍년을 기원하는 의례야말로 유구한 역사를 통하여 섬겨온 천제를 상대로 하지 않으면 안된다는 현실적 요청으로 인하여, 조선왕조는 개국 후 한동안 원단제를 계속하였다. 태종 4년(1404)의 "祈穀 원단제를 漢京에서 행하니 곧 해마다 하는 상례이다"[37]라고 한 사실이 그것을 말해준다. 그리고 태종 11년에는 새로운 수도인 한양의 南郊에 다시 원단을 축설하였다.[38] 제천례를 정규의 국가제사로 규정하고, 그 제도를 갖추기로 하였던 것이다.

그런데 농업국가의 절실한 현실적 필요에서 원단제를 거행하면서도 새로운 왕조의 제도를 정비해가고 있던 당시의 지배층으로서는 역시 성리학적 명분론을 떨쳐 버릴 수가 없었다. 그것은 곧 역사적 실재와 가치론적 명분과의 사이에서 야기되는 필연적인 갈등으로 그들에게 절실한 문제였다. 그래서 새로이 원단을 축설하여 제천례를 제도화하기로 하면서도 한편으로는 그것의 변통을 논의하게 되었다.

영의정부사 河崙과 예조참의 許稠가 단지 동방의 靑帝에게만 致祭하기를 청하되, '제후국으로서 祀天한다는 것은 예에 합당치 않으니, 청컨대 단지 청제에게만 치제하소서'라 하니, 임금(태종)이 '우리 동방에서는 圓壇에 치제해 온 지 이미 오래되었다. 卿 등의 논의가 옳기는 하다. 그러나 만약 수재나 한재가 일어날 것 같으면 이에 원단에 제사하지 않은 소치라고 말하지는 않을 것인가'라고 하였다(《太宗實錄》 권 22, 태종 11년 12월 임진).

즉 조선 초기의 지배층은 우리 나라가 제후국이라는 의식을 결코 떨쳐버릴 수 없었으며, 그에 따라 이제 만방을 주재하는 昊天上帝에 대한 치제는 포기하고 다만 우리 나라가 위치한 동방만을 주재한다는 청제에 대해서만 제사하자고 발의하기에 이르렀던 것이다. 또 한편으로는 그 같은 명분론의

37) 《太宗實錄》 권 7, 태종 4년 정월 신해.
38) 《太宗實錄》 권 22, 태종 11년 11월 을묘.

타당성을 시인하기는 하면서도 전통적 祀天禱雨의 실제적인 요청을 거부하기가 어렵다는 현실적인 갈등 속에 빠져 있었다. 그러면서도 세종대 이후로는 국가제도의 정비와 함께 전통의 제천례 또한 명분론에 따라 정리될 수밖에 없게 되었다. 다음의 기사가 그것을 전한다.

> (卞季良이 말하기를) '前朝 2천 년 동안 서로 이어받아 온 祀天을 지금 폐해서는 안됩니다. 하물며 우리 나라는 땅이 4방 수천 리로서 옛날의 백리 제후국과는 비할 바가 아니니, 사천하는 데 무슨 혐의가 있을 것입니까'라고 하자, 임금이 '제후가 사천할 수 없음은 예에 있어서 진실로 그러한 것이다. 어찌 땅이 수천 리 된다고 해서 드디어 천자의 예를 僭越할 것인가'라고 하였다(《世宗實錄》 권 1, 세종 원년 6월 경진).

명분과 실제를 일치시키기 어려운 이율배반의 현실 속에서 조선 초기의 사류정권은 원단제의 치폐를 반복하였다. 그러나 그 대체적 경향은 점차 常祭로 거행함은 불가하지만, 일이 있어서 행하는 것은 오히려 가하다는 것으로 귀결되었다. 즉 세종대 이후 제천례는 폐지하는 것이 常道요, 그것의 설행은 혹심한 한발이 있을 때에나 행하는 임시의 방편이라는 것으로 귀착되었던 것이다. 그리하여 결국 원구제는 국가사전의 정식 치제대상에서는 사라지게 되었다.[39]

원구제는 그 뒤 세조 2년(1456)에 갑자기 활발하게 논의되기 시작하여 다음 해에는 정식으로 昊天上帝 등에 치제하는 圜丘祭라는 제도로 부활되었고, 세조 10년까지 지속되다 그쳤다. 생각건대 세조대의 환구제는 불의로 왕권을 찬탈하고 많은 신료를 죽인 국왕이 자신의 초월적인 왕권을 과시하려는 욕구에서 실현하였다가, 자신의 왕위가 안정됨에 따라 그같은 요청이 줄어들자 그만 두었던 것으로 이해된다. 그것은 국가사전의 정비와 같은 역사적 제도의 수립과는 다소 다른 형태의 일시적 제천의례에 불과하였던 것이다.[40]

---

39) 《世宗實錄》 권 128, 五禮 辨祀條나 《經國大典》 권 3, 禮典 祭禮條에 제천의례에 관한 기록이 전혀 없는 것으로 보아, 이는 國家祀典에서 사라진 것이다.

40) 金泰永, 〈圜丘壇〉(《서울六百年史》, 文化史蹟篇, 1987) 제2장 제3절 참조. 그리고 圜丘祭는 19세기 말 朝鮮의 大韓帝國으로, 高宗이 皇帝로 형식적 승격을 보인 光武 원년(1897)에 「天子祭天之禮」로 다시 부활되기에 이르렀다는 사실은 주지하는 바와 같다.

(2) 자연신

자연현상에 대한 국가적인 제례도 고려시대까지는 그 대상이 매우 잡다하여, 불교적·도교적 民俗神들이 그 小祀·雜祀의 대상으로 많이 나열되어 있는 편이었다. 뿐만 아니라 고려 후기에는 충렬왕이 원 세조의 딸과 결혼함에 따라 중국의 남쪽에 있으면서 水道를 주재한다는 三聖神과 그 북방에 있다는 大國神을 청하여 제사하게 되었는데, 이것들이 모두 고려의 사전에 올라 있었다.[41]

그런데 조선 초기 지배층의 祀神觀은 앞서 살핀 바 誠과 敬이라고 하는 인간의 소행을 위주로 하는 것이었으므로, 잡다한 국가제사의 대상을 개혁하여 예에 의거하는 일정한 질서를 부여하지 않으면 안되었다. 그것은 또한 새 왕조의 왕권이 자기 나름대로 그 경내의 자연현상에 대하여 일정한 예우의 질서를 부여할 필요성을 절감함에 따른 것이기도 하였다.

조선왕조가 개국한 다음달에 예조전서 趙璞 등은 국가제사의 정비를 주장하는 상소에서, 원구제의 폐지와 함께 諸神廟 및 각 주군의 城隍國祭所는 다만 '某州某郡城隍之神'이라고만 칭하고 位板을 설치하여 그 수령이 봄·가을로만 제사지내도록 허용하고, 그 奠物·祭器·酌獻禮는 일체 조정(明)의 예제를 따르도록 하자고 하여 자연신에 대한 정리도 함께 건의하였다.[42] 이는 물론 조선왕조 개국 직후 사전의 정비 과정에서 유교적 예제에 따라 당연히 정리해야 할 것을 말한 것에 불과하다. 그런데 기실 자연신에 대한 국가제사의 정비에 관한 사항은 이미 고려 공민왕 19년(1370)에 명의 사신이 가지고 온 明帝의 詔書에 피력되어 있었다. 즉 岳·鎭·海·瀆이라든가 각 주현 성황의 神號에 대해서 加封한 德號 따위를 모두 혁거하고, 그 本號대로 칭할 것 등을 종용하고 있었다는 사실이 주목된다.[43]

그런데 조선왕조의 개국초에는 유교적 예제에 따른 사전의 정비를 진행하면서도, 한편으로는 국내의 자연신에 대하여 독자적으로 칭호를 가봉하는 일

41) 《太宗實錄》 권 22, 태종 11년 7월 갑술.
42) 《太祖實錄》 권 1, 태조 원년 8월 경신. 이와 함께 道·佛流의 春·秋藏經百高座法席과 七所親幸道場, 諸道殿 神祠·醮祭 등은 前朝의 군왕들이 각기 私願으로 그 때마다 설치한 것인데 후세 자손이 그대로 따라 개혁하지 못하였으니, 청컨대 모두 혁거하기를 주장하였다. 자연신과 함께 도·불류의 諸神에 대한 잡다한 제례를 대폭 정리하고자 발의한 것이었다.
43) 《高麗史》 권 42, 世家 42, 공민왕 19년 7월 임인.

도 실행하고 있었다. 물론 고려시대에도 국내의 명산대천에 대한 德號의 加上을 더러 실행한 적이 있었다. 가령 妙淸이 西京 천도운동을 일으키면서 八聖堂을 설치하여 그 첫째로 白頭山을 높여서 '護國白頭嶽太白山人實德文殊師利菩薩'이라고 하였고,[44] 충렬왕대에 원에 보내는 助征軍에 대한 陰助를 기원하면서, '紺嶽山 第二子를 都萬戶로 封하였다'[45]는 사실 따위가 그같은 사례에 속한다. 고려시대의 사례는 당해 자연현상에 대한 의존적 신앙의 의식을 아직 벗어나지 못한 범주에 속하는 것으로 이해된다. 그런데 조선왕조 초기에 경내의 자연신을 분봉한 것은 그 자연현상에 의존하고 기도하려는 특수한 목적에서가 아니라, 전 국토를 지배하는 왕권이 경내의 자연신을 優遇한다는 보편적 의례로써 실행한 것이었다.

> 吏曹에서 경내의 명산대천·성황해도신을 분봉하도록 청하매, 松嶽성황을 鎭國公이라 하고, 和寧·安邊·完山성황을 啓國伯이라 하고, 智異·無等·錦城·鷄龍·三角·白岳 등의 여러 산과 晉州성황을 護國伯이라 하며, 그 나머지는 모두 호국지신이라 하였다. 대개 大司成 劉敬의 陳言에 따라 예조에 명하여 詳定케 한 것이다(《太祖實錄》 권 3, 태조 2년 정월 정묘).[46]

화령·안변·완산은 조선왕조의 발상과 관련된 곳이며, 나머지는 수도의 鎭山이거나 혹은 전통적으로 五嶽 등과 관련된 명산승지였다. 따라서 이들의 분봉은 모두 그 소재와 역사적 기능이 일정하게 관련된 의미를 지닌 것이었다. 즉 왕권이 그 자신의 왕토 내의 명산경승에 대하여 그 존재에 걸맞는 역사적 역할을 부여하는 의례로서의 분봉을 실현하고 있었던 것이다. 그것은 전통적으로 자연에 몰입해 온, 자연에 대한 신앙의식을 지양하여 왕권이 그 지배하의 자연을 파악해 가는 적극적 자세의 표현이었던 것으로 해석된다.[47]

한편 우리 나라에서는 전통적으로 명산대천에 대한 제사를 재상으로부터 서인에 이르기까지 누구나 시행해오고 있었다. 그러나 그것은 제후라야만 그 경내의 명산대천에 제사지낼 수 있다는 禮文에 어긋나는 관행이므로, 국가에

---

44) 《高麗史》 권 127, 列傳 40, 叛逆 1, 妙淸.
45) 《高麗史》 권 30, 世家 30, 충렬왕 12년 6월 기묘.
46) 또 吏曹에 명하여 東山을 護國之神으로 봉하게 하였다(《太祖實錄》 권 8, 태조 4년 9월 병신).
47) 金泰永, 앞의 글, 122~124쪽.

서는 중국의 예제를 따라 각 군현에는 社稷壇을 세워 봄·가을로 제사를 거행케 하는 한편, 서민들은 그 소재의 里에 里社를 세우고 거기에 제사하도록 한다는 법제를 세우기도 하였다.[48] 그러나 오랜 전통을 지닌 산천에 대한 민간의 祈福祭儀가 그 같은 법령 하나로 갑자기 달라질 수는 없는 일이었다. 그 뒤로도 여전히 "귀신은 속일 수 없으며 산천은 제사할 수 없는 대상이라는 것을 알지 못하고 어지러이 부쫓아 습속을 이루어, 나라의 진산으로부터 군현의 명산대천에 이르기까지 瀆祀하지 않은 것이 없는"[49] 형세가 계속되었다.

민간신앙으로서의 산천제는 국가로서도 갑자기 변화시키는 것이 쉬운 일은 아니었지만, 국가 자체의 사전은 정비해가지 않을 수 없는 일이었다. 그리하여 태종대에는 오랜 논의 끝에, 고려의 《詳定古今禮》에 실린 중사·소사의 내용을 고전을 참작하여 다소 정리하게 되었다.[50]

> 첫째, 風師·雨師·雷師는 唐代 이래 中祀로 승격되었으며 명의 洪武禮制에는 雲師까지 더하여 풍·운·뢰·우의 신이라 하여 산천·성황과 한 단에서 함께 제사하니, 이제 풍·운·뢰·우의 신을 중사로 올리고 산천·성황을 여기에 함께 제사하기로 한다.
>
> 둘째, 文宣王은 국학에서는 중사로 받들지만 주현에서는 소사로 하니 의리상 어긋나므로 송의 제도를 참작하여 주현에서도 중사로 승격한다.
>
> 셋째, 그 나머지 여러 제사의 等第는 일체 前朝의 詳定禮를 따른다.

이 가운데 첫째 항목에 대해서는 세종대에 논란이 일어났다. 그러나 풍·운·뢰·우는 천신의 붙이이며 산천·성황은 地祇의 붙이로서 서로 성격이 다른 것이므로 따로 제사함이 마땅하지만, 한 단에 合祀하는 것이 祖宗朝의 成憲이며 동시에 이른바 「時王之制」라 하여 그대로 따르기로 하였다.[51]

그리고는 당·송·명 등의 예제를 참작하여 국내의 저명한 악·해·독 등은 중사로, 여타의 명산대천은 소사로 제사한다는 것을 논의 결정하고[52] 이

---

48) 《太宗實錄》 권 11, 태종 6년 6월 계해.
49) 《太宗實錄》 권 24, 태종 12년 10월 경신.
50) 《太宗實錄》 권 25, 태종 13년 4월 신유.
51) 《世宗實錄》 권 47, 세종 12년 2월 경인. 세조대 이후 제천례가 없어지고 "圜壇을 고쳐 南壇이라 하였는데…그 主壇은 風雲雷雨이니 神位가 가운데에서 南面하고 있으며…山川·城隍의 位板을 좌우에 配享하는데 모두 남면하고 있다" (《正祖實錄》 권 35, 정조 16년 8월 무인)는 기사를 보면, 조선 초기 제천례가 정식으로 혁파된 후로 풍운뢰우제가 그것을 대신하였던 것으로 이해된다.
52) 《太宗實錄》 권 25, 태종 13년 6월 을묘.

어서 새 왕조의 수도를 중심으로 하는 중사의 대상인 악·해·독·성황과 소사의 대상인 명산대천을 배열하였는데,[53] 이는 세종대에 다소의 변경을 거쳐 다음과 같이 규정되었다.[54]

① 中祀(嶽·海·瀆) ; 악으로는 남쪽의 智異山(남원), 중앙의 三角山(한성부), 서쪽의 松嶽山(개성), 북쪽의 鼻白山(정평)이 있고, 해로는 東海(양양) 南海(나주) 西海(풍천)가 있으며, 독으로는 남쪽의 熊津(공주) 伽倻津(양산), 중앙의 漢江, 서쪽의 德津(임진) 平壤江(평양부) 鴨綠江(의주), 북쪽의 豆滿江(경원)이 있다.
② 小祀(명산대천·성황) ; 雉岳山(원주) 鷄龍山(공주) 竹嶺山(단양) 亏弗山(울산) 主屹山(문경) 全州城隍(전주) 錦城山(나주) 木覓(한성부) 五冠山(개성) 牛耳山(해주) 紺嶽山(적성) 義館嶺(회양) 永興城隍(함길도) 楊津溟所(충주) 楊津(양주) 長山串(장연) 阿斯津 松串(안악) 淸川江(안주) 九津 溺水(평양) 德津溟所(회양) 沸流水(영흥)

또 저명한 산악·성황신에 대하여 봉작을 더해 온 관행이 예제와 맞지 않는다는 비판이 일어나, 이의 개정도 단행되었다. 즉 전조 이래 경내 산천에 각기 봉작을 더하고 혹은 처첩·자녀·생질의 像을 설치하여 제사하고, 혹은 太王·太后·太子·太孫妃를 칭하여 미신적 祀神을 설행해 온 것이 많았었다. 그런데 이제부터는 어느 신이거나 그 처첩 이하 잡신의 이름은 물론 그 신상 따위도 모두 철거하여 主神 일위만 남겨 놓을 뿐 아니라, 종래 거기에 덧붙여 온 봉작 또한 제거하여 다만 '某州某城隍之神'이라거나 '某海某山川之神'이라고 개칭함으로써 사전을 바로잡는 개혁운동이 거듭 일어난 끝에 세종 19년(1437)에 가서야 그 결실을 보게 되었다.[55]

한편 자연신에 대한 신앙적인 사신이 이제 제도적·사회적인 사신으로 변천해감에 따라, 그 의례에 있어서도 변화가 일어났다. 대체로 민간신앙으로서의 자연신에 대한 치성은「百人百祀」의 행태를 지속해 온 것이 오히려 당

53) 《太宗實錄》 권 28, 태종 14년 8월 신유.
54) 《世宗實錄》 권 128, 五禮, 吉禮 辨祀.
55) 《太宗實錄》 권 25, 태종 13년 6월 을묘.
《世宗實錄》 권 23, 세종 6년 2월 정사·권 49, 세종 12년 8월 계유 및 권 76, 세종 19년 3월 계묘 참조. 전통적으로 돌이나 나무로 만들어 모셔온 神像과 그 붙이들을 철거하는 대신 문자로 쓴 主神 一位의 위패만을 안치하고, 또 태조대에 지리산을「護國伯」따위로 봉작한 것도 이 때 와서는 혁파하고,「智異山之神」이라고만 쓰도록 제도화하였다.

연하다고 하겠거니와, 국가적 사신에 있어서도 여말선초까지는 그 의식이 잡다하였다. 즉 巫女·宦侍·司鑰輩 등에게 이를 전담시켜 오고 있었다는 사실이 그것을 말한다. 조선 초기의 사류정권은 이것을 일괄 정리하고 나섰으니 곧 다음의 기사에서 알 수 있다.

> 禮曹에서 '또한 祀神은 誠敬을 위주로 하는데 淫祀를 함부로 행하는 것은 제사를 지내지 아니함만 못합니다…가령 國巫堂과 紺嶽·德積같은 곳은 무녀와 사약을 보내어 아무 때나 제사를 지내고 있으니, 일체 금단하소서'라고 아뢰었다(《定宗實錄》 권 6, 정종 2년 12월 임자).
>
> 예조에 명하여 德積·甘嶽·開城大井의 제례를 정하게 하였다. 이에 앞서 국가에서 전조의 잘못을 이어받아 덕적·白岳·송악·목멱·감악·개성대정·三聖·朱雀 등지에 봄·가을로 祈恩하였는데, 매번 환시·무녀·사약으로 하여금 제사를 지내게 하고 또한 女樂을 베풀게 하였다. 이 때에 이르러 임금이 '신은 예가 아닌 것을 흠향하지 않는다'하고, 禮官으로 하여금 널리 고전을 상고하여 모두 파하게 하고, 內侍別監으로 하여금 香을 받들고 나가 제사지내게 하였다(《太宗實錄》 권 22, 태종 11년 7월 갑술).

즉 조선 초기에는 아직도 전대 이래의 전통적인 관행에 따라 이들 자연신에 대한 국가제사에 무녀 등이 제주로 나아가 기녀의 奏樂 속에서 치제해 오고 있었으니, 이는 곧 그 신에 몰입적으로 祈求하는 諂祀의 형태로서 무당의 굿이나 다름이 없었다. 그러나 '祀神은 성경이 위주'라는 입장에서 인간을 위주로 제신을 파악하고자 하는 사류정권은 이 전통적인 양식의 자연신앙을 전면 개혁하여, 무녀 등에게 전담시켜온 사신행태를 아주 폐하고 국왕을 직접 시어하는 別監, 즉 王臣이 직접 나아가 焚香祭를 지내도록 제도화하였다.

제례에서 무녀 등이 직업적인 제주로 행세하면서 이에 여악을 동반하고 있었다는 사실은, 역사적으로 보면 비록 의제상으로 나마 정권과는 대조적인 祭權의 독자적 잔존형태인 것 같아서 자못 흥미로운 바 있다. 그러한 고유한 전통은 여말선초까지 상당히 온존해 오고 있었던 것으로 보이는데, 다른 사례를 들면 巫覡의 의제적인 관할 하에 있던 馬牧神에 대한 치제가 태종대에 이르러 혁파된 다음과 같은 경우이다.

예조에서…'司僕寺는 巫覡으로 하여금 馬神을 제사지내게 하는데, 淫祀입니다. 청컨대 지금부터 馬祖·馬步·馬社·先牧의 신을 제사함에는 司僕官으로 하여금 香을 받아 제사하게 하소서'라고 아뢰자, (임금이) 이에 따랐다(《太宗實錄》 권 26, 태종 13년 11월 경진).

즉 전통적으로 무격이 관장해온 여러 마목신에 대한 제사를, 이제 왕의 신하로서의 사복관이 향을 받들고 나아가 첨사가 아닌 치제의 의례를 행하도록 일원화하였다는 것이다. 비록 의제상의 잔형에 지나지 않지만, 자체의 고유한 전통을 지녀온 무격의 마목신에 대한 제권이 이제 완전히 왕권 속에 흡수되었다는 사실을 전하고 있다.

이러한 과정을 거쳐 조선왕조 초기 국가제사의 대상으로 정립된 여러 자연신과 그 祭日은 다음과 같다. 즉 우선 중사의 대상으로 풍·운·뢰·우와 악·해·독은 이미 살핀대로 天神·地祇의 종류로서 춘·추의 중월 상순에 제사하는데 그 단은 南郊에 있고 거기에는 성황도 함께 제사하였다. 先農壇은 東郊에 있으며 전설적 농사신인 神農氏·后稷氏를 대상으로 경칩 후 첫 亥日에 제사하며, 先蠶壇은 東小門 밖에 있는데 蠶神인 西陵氏를 季春의 첫 巳日에 제사하였다. 또 동대문 밖에 雩祀壇을 설치하여 孟夏 상순에 정기적으로 기우제를 지냈는데, 木神인 句芒氏·火神인 祝融氏·土神인 后土氏·金神인 蓐收氏·水神인 玄冥氏, 그리고 후직씨 등을 함께 향사하였다.

또한 소사로서의 馬祖는 馬神인 天駟星이며, 先牧은 맨 처음 말을 기른 자이고 馬社는 맨 처음 말을 탄자, 馬步는 말을 해치는 신이라는 것인데, 각기 仲春·仲夏·仲秋·仲冬의 중간 절후를 지낸 후 剛日에 제사하였다. 또 靈星은 풍년을 맡은 天田星이니 입춘 후 辰日에, 老人星은 壽星으로서 추분날에, 명산대천은 춘·추의 중월에, 司寒은 수신인 현명씨를 제사하는데 季冬에 얼음을 저장할 때와 춘분날 氷庫의 문을 열 때 제사하였다. 禡祭는 兵亂을 맡은 蚩尤神을 향사하는 것이니 講武 하루 전에 행하고, 纛祭는 軍旗에 대한 제사로 경칩과 상강날에, 그리고 厲祭는 의탁할 데 없는 여러 귀신들에 대한 제사로서 청명날과 여름의 7월 15일 및 가을의 10월 초하루에 행하는데 여기에는 성황신을 함께 향사하였다.

이 밖에도 현실상의 요청에 직면할 때마다 여러 형태의 기우제 따위는 공공연한 국가적 행사로 계속 거행되었다. 또 가령 수륙의 모든 餓鬼들에게 齋

食을 공양함으로써 王家의 안녕을 기원하는 이른바 「國行水陸齋」는 사실상 국가적으로 공인된 왕가의 제례이며, 그 항구적 실행을 위해 國行水陸田이라는 분급수조지로서의 특수 사원전을 주고 《經國大典》에도 이를 無稅地로 규정하였다.[56] 특히 이전부터의 관행으로서 이른바 「國巫堂」이라는 것을 설치해 두고 왕가에서 무당을 파견하여 수시로 산천에 복을 비는 민속적 제의 또한 좀처럼 사라지지 않고 그 나름대로 운용되고 있었다. 왕실뿐 아니라 사대부가에서 서민에 이르기까지 무당 따위를 통하여 祈恩·祈福하는 행사는 좀처럼 단절되는 일이 없는 하나의 전통적 민속으로서 존속하였던 것이다.

그러나 그러한 의례들은 조선왕조의 사류정권이 공식적으로 추구하는 성리학적 祀神觀에 입각한 국가사전과는 별개의 것으로 설행되는 것이었다. 그것이 비록 국가의 사실상의 공인하에 왕가에서 설행하는 일이었다 할지라도 이제는 국가의 정규행사로 거행하는 것이 아닌, 하나의 사적인 일에 속하는 것이었다. 가령 국행수륙전의 경우도, 그것이 비록 국가 공전인 민전의 수조권을 절급한 것이지만, 국용과 왕가의 용도를 확연히 구분하기 어려운 당시의 국가재정이었던 만큼 그것은 국가를 대표하는 왕가의 사적 祭儀의 운용을 위한 재원으로써 설정되었던 것이다. 이러한 기복·기은 따위의 행사는 조선왕조의 국가사전에서는 사라졌다.

요컨대 조선왕조의 자연신에 대한 국가제사는 실로 당의 《禮樂志》와 송의 《文獻通考》, 그리고 명의 《洪武禮制》를 비롯한 역대 중국의 유교적 국가제사 관계 예제를 면밀히 검토하고, 한편으로는 전통적 제례들을 참작하여 祭樂·壇祠·祝式·奠物 따위를 일일이 점검함으로써 정비해간 것이었다.[57] 거기에는 특히 성리학의 理知的 가치관과 그 인본주의적 세계관이 주요한 기준으로 작용하였다. 그래서 그 전대에 비하여, 잡다한 자연신에 대한 몰입적 신앙의 관념을 어느 정도 지양하여 그 왕토 위에 존재하는 모든 자연현상을 어루만지고 예우하는 치제 관념의 표현형태로 제도화되었다. 가령 전대에는 없었던 厲祭라는 것을 신설하여 의탁할 데 없는 百神에 대한 제사를 제도화

56) 《世宗實錄》 권 24, 세종 6년 4월 경술.
《經國大典》 권 2, 戶典 諸田.
金泰永, 《朝鮮前期 土地制度史硏究》(知識産業社, 1983), 118~121쪽.

57) 《世宗實錄》 권 47, 세종 12년 2월 경인.

하게 되었다는 사실도 그같은 사례에 속하는 것이다. 여제가 언제부터 거행되었는지는 기록상 자세하지 않지만, 태종 원년(1401)에 《홍무예제》를 따라 이를 설행할 것이 건의되었으며,[58] 세종 12년(1430)의 壇祠・祝式 논의에서는 이미 성황단과 동시에 설행하는 여제단의 제도가 논의되었다. 즉 고려시대에는 도교・불교류의 여러 잡사를 통하여 임시로 그같은 원혼을 달래는 관행을 지속해 왔으나, 조선 초기에는 여제를 소사로 규정하여 정식 사전에 등재하고 정기적으로 향사하도록 하였다.

특히 조선왕조에서는 사직단・성황단・여단을 중앙은 물론 지방 각 군현에서도 이른바 「三壇」이라 하여 정기적으로 치제하도록 제도화하였다. 토지신・곡신・국토수호신뿐 아니라 왕토 안의 어떠한 無主百神도 국가제사에서 빠지는 일이 없도록 전국적으로 제도화하기에 이르렀다.

3) 문 묘

文廟는 孔子 즉 文宣王을 향사하는 사당을 가리킨다. 국가제사의 하나로서 문묘의 위상과 그 제례의 변천과정은 유학에 대한 국가의 존숭 여부와 밀접히 관련된다. 특히 성리학이 배타적 국가교학으로 정립되는 사실과 밀접한 연관하에서 이루어졌다. 또 문묘에는 공자 외에도 이른바 10哲・72賢 등 공자의 여러 제자들 및 중국과 우리 나라의 역대 유현들을 배향하였던 바, 그 의례의 내용과 성격은 당대에 있어서의 이른바 유학의 학통 정립 문제와 밀접한 관련 속에 운용되는 것이기도 하였다.

조선왕조의 개창과 함께 문묘는 이제 사류정권의 성리학적 이념을 수렴하고 이를 총체적으로 상징하는 정신적 본산으로 정립되어 갔다.[59] 성리학은 인간이 본래 지닌 理의 능력을 긍정하며, 국가의 통치형태로서도 맹목적 지배가 아닌 교화에 의한 정치를 중시하는 편이었다. 그러므로 중앙의 성균관을 「首善之地」라 하여 온갖 교화의 원천인 곳으로 중요시할 뿐 아니라, 지방 각 군현마다 반드시 향교를 설립하고 이른바 「守令七事」 가운데에도 학교의 교육을 부과하여 교화에 의한 치민을 강조하게 하였다. 그리고 성균관과 향

58) 《太宗實錄》 권 1, 태종 원년 정월 갑술.
59) 池斗煥, 앞의 글.

교에는 반드시 문묘를 두어 공자 이하 선현들을 향사하도록 제도화하였다.

조선왕조의 문묘 의례는 무엇보다도 성리학의 명분론적·전통론적 가치관에 따라 이른바 道統 중심으로 정비되어 갔다는 데 특색이 있다.[60] 우선 태종대에는 曾子와 子思를 顔子·孟子와 같이 공자의 配享位로 올려 이른바 4聖의 도통을 확립하였으며,[61] 적어도 원칙상으로는 문묘의 釋奠禮와 朔望祭에 국왕이 친행하는 것이 바람직한 일인 것으로 인식되어갔다.[62]

한편 세종 14년(1432)에는 국왕이 성균관에서 거행하는 養老宴儀를 제정하고, 이에 준해서 지방 군현에서도 거행하도록 하는 養老宴儀式을 제정하였다.[63] 비록 국왕의 양로연은 그 후 성균관 대신 궁중에서 거행되었지만, 그같은 양로연 의례는 모든 교화의 근원이 학교교육에서 비롯된다는 교화중심의 정치의식을 반영한 것으로, 그것을 국왕이 솔선해서 실현하고자 하였던 일이라고 해석된다.

그런데 세종대에는, 이전까지 유사로 하여금 설행케 하던 석전례 중심의 문묘의례를 이제 국왕이 친행하여 諸生의 講學을 살피는 視學儀를 중시하는 내용으로 강화하면서 도통중심의 문묘의례를 정비해 갔다.

문묘의 제례에 양로례·시학의 등의 의례를 결부시킴으로써 그 자체를 하나의 성대한 유교적 행사로 발전시키고자 한 세종대의 노력은, 성종대에 이르러 거기에 大射禮·臨雍拜老 등의 행사를 도입하는 것으로 이어지게 되었다.

대사례는 국왕이 백관을 거느리고 문묘에서 활쏘기를 행하는 의례이다. 이것은 당시 신진 사림을 중심으로 각지에서 운용되고 있던 鄕射禮와 대응하면서 성리학적 예교질서를 중외에 정착시키고자 하는 운동의 하나였다.

임옹배로는 주나라 때 임금이 태학에 나아가 大儒인 三老五更에게 배례한다는 옛 제도에서 비롯된 것이었다. 세종대의 양로례가 長幼의 도를 구현하는 것이었다면, 임옹배로는 거기에서 더 나아가 이른바 3로5경으로 칭송되는 대

60) 池斗煥, 위의 글은 3개 節의 제목이 '도통중심'으로 되어 있다. 이하 문묘의례의 정비과정은 이 논문을 많이 참고하였다.

61) 《太宗實錄》 권 7, 태종 4년 2월 정축.

62) 그러한 사실은 明의 사신 일행이 문묘에 배알하고 釋奠과 朔望祭를 누가 주재하느냐고 묻자, 국왕이 주재한다고 館伴이 대답하고 있는 기사로 미루어 알 수 있다(《太宗實錄》 권 2, 태종 2년 10월 을축 참조).

63) 《太宗實錄》 권 55, 태종 14년 정월 정묘·병자.

유에게 국왕이 직접 배례함으로써 군신관계를 넘어서 사제관계로서 존숭한다는 것을 뜻하는 일이다. 이는 공자만이 만왕의 스승으로 존숭되던 지금까지의 관행에서 더 나아가 공자의 학통을 잇고 이를 발전시켜 온 대유에게까지 그 존숭의 예를 확대한다는 것으로, 3강을 기본으로 하여 운용하던 수직적 군신관계의 덕목으로부터 양로례·임옹배로례가 행하여짐으로써 5륜의 수평적 長幼師弟 관계의 덕목에까지 도덕적 바탕이 확대되는 변화를 뜻하는 일이다.[64] 그것은 또한 사림층의 성장에 따라 성리학이 조선 전기 사회의 지배적 이념으로 더욱 심화되고, 조선사회 나름으로 그 도덕이 재해석되고 있음을 반영하는 일이기도 하였다.

그리고 중종대에는 성리학적 節義論에 입각하여 사육신에 대한 재평가가 진행됨과 동시에 「東方 理學의 祖」로 칭송되던 鄭夢周를 문묘에 종사하자는 주장과 사림세력의 대표격으로 주목되고 있던 金宏弼을 정몽주와 아울러 종사하자는 주장이 대두되었다. 논의 끝에 드디어 정몽주의 종사가 이루어지는 것으로 결정되지만,[65] 김굉필은 鄭汝昌과 더불어 문묘에 종사하는 대신 별도로 祀宇를 건립하여 관에서 제사지내도록 하는 것으로 일단 결정되기에 이르렀다.

중종대에 전개된 이러한 논의를 통하여 사림세력은 金宗直·김굉필·정여창·趙光祖·李彦迪으로 이어지는 자파의 학문계통을 올바른 도통으로 확립할 수 있게 되었으며, 이후 이들이 문묘에 정식으로 종사[66]하게 되는 현실적 기반을 마련하게 되었다.[67]

일반적으로 고려시대까지의 문묘 제례는 공자라는 한 사람의 성현에 대한 존숭의례에 불과하였지만, 조선왕조에 이르러 그것은 공자를 만왕의 왕으로, 堯·舜보다 훌륭한 성인으로 대우하는 의례로 정립되었다. 그리고 성균관을

---

64) 金勳埴, 〈16세기 《二倫行實圖》 보급의 사회사적 고찰〉(《歷史學報》 107, 1985), 107쪽.

65) 《中宗實錄》 권 29, 중종 12년 9월 경신.

66) 광해군 2년(1610) 성균관 유생 등의 啓請으로 김굉필·정여창·조광조·이언적·이황 등 이른바 士林五賢이 문묘에 종사되었다.

67) 조선 후기 정조대에 확정된 규정에 의하면, 문묘에 配享·從享한 이로는 동·서를 합해 공자의 72제자 등 漢·唐·宋·元대의 儒賢이 94位요, 신라 이래의 우리 나라의 유현이 18位이다(《太學志》).

중심으로 유학자를 존숭하며 도통을 중시하는 의례를 양로연·대사례·임옹배로·문묘종사 등의 여러 형태로 구현함으로써, 성리학을 유일의 교학으로 운용하던 조선사회 나름대로의 도덕적 가치질서를 정립하는 데에도 기여할 수 있었다. 그것은 현실의 수직적 정치 지배권력만이 중심되는 가치를 가지는 것이 아니라, 학문이라든가 명분·절의와 같은 성리학적 덕목을 상대적으로 좀더 사회 저변으로까지 확산시킴으로써 수평적 사회관계와 그 가치관의 성장에 크게 기능하였으리라고 이해된다.

4) 역대시조

전근대사회에서 전대 왕조의 역사를 긍정적으로 평가하게 되는 것은 일반적으로 역사의 연속성에 대한 인식이 어느 정도 보편화하는 단계에 들어서의 일이었다. 전대 왕조도 자기 왕조와 마찬가지로 역사를 이루어가는 하나의 주체였다는 인식은, 먼저 자신이 역사를 이룩해 나가는 주체라고 하는 인식이 성립하고 나서야 비로소 가능한 일이기 때문이다. 자신의 직접 조상이 아닌 보편적인 역대 왕조의 시조들을 역사의 한 시대를 주도했던 주체로 인식하고 그에 대하여 국가의 이름으로 제례를 베푸는 일은 훨씬 후대에 와서의 일이었다.

기록상으로는 고구려가 箕子神에게 제사하였다는[68] 것이 우리 나라 역사에서 전대 왕조의 시조에 대한 제례의 시초를 이루는 것이라고 보이지만, 자세한 내용은 알 수 없다. 그런데 국가적으로 불교를 크게 숭상하고 있던 고려왕조에서도 한편으로 그 정치체제에서는 유교이념을 수용하고 있었으므로, 그같은 유교적 교화의 근원을 기자에서 찾아 일찍부터 기자를 숭앙하기 시작하였다.

> (숙종 7년) 10월 임자 초하루에 예부에서 아뢰어 청하기를 '우리 나라 禮義의 교화가 箕子로부터 비롯하였는데도 祀典에는 실려있지 않습니다. 그 墳塋을 구하여 祀宇를 세우고 致祭하소서'라 하니, (임금이) 이에 따랐다(《高麗史》 권 63, 志 17, 禮 5, 雜祀).

즉 예의의 교화가 역사적으로 箕子에게서 비롯되었다는 인식에서 숙종 7년(1102)에는 그 사우를 세우고 제사하기 시작하였다는 것이다. 여기에서 말

---

68) 《舊唐書》 권 199, 列傳 上, 東夷 高麗.

하는 예의란 곧 유교적인 도덕규범을 뜻하는 것으로 생각되는데, 그것은 실제 교화가 기자에게서 비롯하였다는 사실에서라기보다는 오히려 유교적 교화 즉 문명과 문화의 역사가 기자로부터 비롯하였다고 인식하는 고려 귀족정권의 가치지향을 반영하는 처사였던 것으로 풀이된다. 그것은 고려 후기 충숙왕대에 국가사전의 정비를 말하면서, "기자는 비로소 本國을 受封하였고, 예악의 교화가 이로부터 행하여졌으니, 마땅히 平壤府로 하여금 사우를 세워 치제토록 한다"[69]고 한 조처에서도 짐작이 가는 바이다. 기자의 분봉에서 비롯된 유교적 예의의 교화야말로 우리 나라 문명사의 시작을 이루는 획기적 사실로 인식되었던 것이다. 그래서 고려왕조에서는 기자에 대한 제사를 제도적으로 계속하였다. 기자의 사우가 있는 西京에 先聖 즉 기자의 油香田으로 公廨田 50결을 절급했다는 사실[70]이 곧 그것을 말한다.

한편 고려왕조는 고구려의 시조인 동명왕에 대해서도 국가적으로 치제하였다. 동명왕에 대한 제례를 언제부터 시작하였는지는 자세하지 않지만, 이미 현종 2년(1011)에 平壤木覓神 등과 함께 동명왕신에 대해서도 勳號를 더하였다는 기록[71]이 보인다. 고려는 일찍부터 고구려를 계승한 나라로 자처하였거니와, 따라서 동명왕에 대한 제사도 일찍 제도화하였을 것으로 보인다. 西京의 仁里坊에는 동명왕의 사우가 있는데 고려에서 때맞추어 御押을 내려 보내어 제사를 행하고, 초하루와 보름에는 또 그 고을에서 제사를 행하였으며,[72] 때로는 사신을 보내어 東明聖帝祠에 衣幣를 바치는 일도 있었다.[73]

물론 고려도 그 이전의 신라나 백제의 역사를 부정하는 편은 아니었다. 현종대에 고구려·신라·백제의 왕릉과 묘에 대하여 그 소재지 주현으로 하여금 修治하도록 하고 樵採를 금하며 지나가는 자는 말에서 내리도록 조처한 일도 있었다.[74] 그러나 신라와 백제의 왕릉·묘에 대한 이러한 관심은 더 이상의 보편적·제도적 조처로 구현되지는 않았다. 그것은 아마도 어떤 계기

---

69) 《高麗史》 권 35, 世家 35, 충숙왕 12년 10월 을미.
70) 《高麗史》 권 78, 志 32, 食貨 1, 田制 公廨田.
71) 《高麗史》 권 4, 世家 4, 현종 2년 5월 을해.
72) 《高麗史》 권 58, 志 12, 地理 3, 西京 東明王廟.
73) 《高麗史》 권 63, 志 17, 禮 5, 雜祀.
74) 《高麗史》 권 4, 世家 4, 현종 8년 12월.

에서 촉발된 일시적 예우에 불과한 일이었던 것으로 이해된다.

고려왕조 전시기를 통하여 역대 시조로서 국가제사의 대상이 되었던 것은 오직 기자와 동명왕뿐이었다. 이른바 三韓을 통합한 고려왕조가 전대 왕국의 시조로서 기자와 동명왕만을 사전에 올려 받들었다는 것은 그 지배층이 자국 역사의 궁극적 근원이라든가 구체적 전개의 실상에 대해서는 아직도 극히 관념적인 차원의 이해에 머물러 있었다는 사실을 나타내는 터이라고 해석된다. 뿐만 아니라 기자와 동명왕이 비록 제도적으로 국가제사의 대상이 되어 있었다 하더라도, 그것이 국가사전에서 소사로, 그 중에서도 잡사로 일괄 취급되고 있었다는 사실로 볼 때, 고려 지배층의 전대 왕조의 시조에 대한 관심의 비중은 그리 대단하지 않았음을 알 수 있다. 先農·先蠶 따위의 자연을 대상으로 하는 제사는 중사로 예우하였음에도 불구하고 전대 왕조의 역사시조를 잡사로 취급하였다는 사실은 고려 지배층의 역사의식의 한계를 드러내 보이는 사례라고 하지 않을 수 없다.

그런데 고려 지배층의 몰각 여하에 관계없이 기자 이전의 역사시조로서의 단군에 관한 인식은 혹은 역사기록으로 혹은 민간신앙의 형태로 오래 전부터 전승되어 오고 있었다. 그리고 그것은 몽고의 침략이라는 전에 없던 큰 시련을 겪으면서 드디어 《三國遺事》·《帝王韻紀》 등에서 敍事化하기에 이르렀다.[75] 그리고 그 새로운 인식은 고려 후기에 계기적으로 성장하고 있던 신진 사류층에 의하여 구체화되기 시작하였다. 가령 그 사류 가운데 한 사람인 白文寶는 홍건적이 휩쓸고 지나간 난세의 수습을 공민왕에게 진언하면서 다음과 같이 말하였다.

> 天數는 순환하여 다시 시작하는데 700년이 하나의 小元이고 쌓여서 3,600년이 하나의 大周元이 됩니다. 이것이 황제와 王者·覇者의 理亂과 興衰의 주기입니다. 우리 동방은 檀君으로부터 지금에 이르기까지 이미 3,600년이니, 곧 周元의 會運을 맞았습니다(《高麗史》 권 112, 列傳 25, 白文寶).

---

75) 그 중 특히 《帝王韻紀》의 단군에 대한 인식의 進境은 대단하여, 우리 나라 역사의 廣範性·悠遠性·多樣性의 모든 출발을 민족 시조인 단군에게로 귀일시키게 되었다고 한다(李佑成, 〈高麗 中期의 民族敍事詩〉(《成均館大 論文集》 7, 1962 ; 《韓國中世社會硏究》, 一潮閣, 1991).

즉 백문보에 의하면 우리 나라의 역사는 분명히 단군으로부터 起算한다는 檀君紀元의 역사의식이 나타나기에 이르렀던 것이다.

그래서 신진 사류세력이 성장하여 조선왕조를 개창하게 되자, 그들은 지금까지 사적으로 전승해오던 국조에 숭앙관념의 현실화를 시도하기에 이르렀다. 그들은 개국한 바로 다음달에 국가사전의 정비를 처음으로 발의하면서 단군에 대한 국가제사를 요청하였다.

> 예조전서 趙璞 등이 상서하여 '…조선 단군은 동방에서 처음으로 천명을 받은 임금이고, 기자는 처음으로 교화를 일으킨 임금입니다. 평양부로 하여금 때에 맞추어 제사 드리도록 하소서'라고 하였다(《太祖實錄》 권 1, 태조 원년 8월 경신).

즉 기자에 이르러 비로소 교화가 시작되었다고는 하나, 보다 앞서 단군은 천명을 받아 동방의 역사를 창시한 역사의 시조이니, 이에 마땅히 국가에서 공적으로 제사하는 의례가 있어야 한다는 내용이다. 그런데 이 주장은, 앞서 살펴 본 '天子祭天之禮'라는 圜丘의 혁파 주장과 같은 대목에서 일괄하여 제기한 것이었다는 사실을 주의할 필요가 있다. 즉 한편으로는 제후국의 명분을 스스로 지켜야 한다는 성리학적 이념의 강조와 또 한편으로는 자국의 역사에 관한 독자적인 천명의식의 강조가 동시에 드러나고 있었던 것이다.

이 두 가지 주장은 조선 초기 지배층의 명분관념과 자기 역사의 독자적 실재에 대한 긍정의 관념이라고 하는 二元的 지향을 나타내 보이는 처사였던 것으로 이해된다. 명분을 지키는 것은 사류정권이 자기 존립을 위한 외적인 보장과 내적인 일원화를 도모하려는 성향이 나타난 것이고, 자국의 역사 시조로서의 단군의 受命을 강조한 것은 새로운 천명을 받아 새 왕조를 개창하기에 이르렀다는 사실을 확신하는 사류정권 자신의 국가의식의 투영에 다름없었던 것이다.

그런데 단군에 대한 숭앙의 의례가 실현되는 데에는 아직도 좀 더 논의를 기다려야만 하였다. 우선 개국 초기에는 유교적 문화질서에 대한 지향이 더욱 컸던 것 같으며, 태종 11년(1411) 5월에는 기자에 대한 치제만이 먼저 결의되었다.[76] 그리고 뒤이어 다음해에 단군에 대한 치제도 제도화되었지만,

76) 조선 초기 기자에 대한 치제를 최초로 결정한 것은 태종대였다. 즉 예조참의

여기에는 아직도 기자 우위의 관념이 크게 작용하고 있었다.

> 예조참의 許稠가 상서하여 '신이 생각하건대 본국에 기자가 있음은 중국에 堯임금이 있는 것과 같으니, (중국) 조정에서 요임금에게 제사하는 예에 의거하여 기자의 廟에 제사지내소서'하니, 임금이 이를 예조에 하명하였다. 河崙이 또한 일찍이 '청컨대 조선 단군에게 제사지내소서'라고 건의하였다. 예조에서 (두 가지를) 참작하여 아뢰기를, '기자의 제사는 마땅히 사전에 올려 봄·가을로 치제하여 숭덕의 뜻을 밝힐 일이요, 또한 단군은 실로 우리 동방의 시조이니 마땅히 기자와 더불어 같은 묘에서 아울러 제사하도록 하소서'라고 하니, (임금이) 이에 따랐다(《太宗實錄》 권 23, 태종 12년 6월 기미).

즉 우리 나라에서 기자는 중국의 요임금과 마찬가지로 역사와 문화의 元祖의 지위를 가진 자로서 파악되고 있으며, 단군은 다만 우리 동방의 시조라는 막연한 지위를 가진 자로 인식되었다. 이에 기자를 主享으로 하고 단군은 거기에 배향하는 형식의 祭儀를 이루게 되었던 것이다. 단군에 대한 치제가 제도화되기는 이것이 처음이었다. 그러나 이 역사 시조에 대한 숭앙이 유교적인 교화시조로서의 기자의 우위성을 전제한 것이었다는 사실은 주목할 만하다. 성리학적 지배질서의 실현에 급급하고 있던 의식의 소치였다 할 것이다.

그러나 이같은 질서의 한 핵심을 이루는 명분의 관념에 비추어 보더라도 立國世系의 선후관계는 크나큰 문제가 아닐 수 없었다. 하물며 우리 나라 역사에서 처음으로 천명을 받은 국가시조로서의 단군은 중국에서 역사의 원조로 숭앙하는 요임금과 동시대의 대등한 천명을 받은 군주라는 인식이야말로 고려 후기 이래 사류층 자신이 체득하고 또한 전승해 온 역사의식의 기본이었던 것이다.

> 敬承府 小尹 卞季良이 상서하여 '…우리 동방은 단군이 시조입니다. (단군은) 하늘로부터 내려왔지 천자가 분봉하지는 않았습니다. 단군이 내려온 것은 요임금의 무진년이니 지금까지 삼천여 년이 되었습니다'라고 하였다(《太宗實錄》 권 31, 태종 16년 6월 신유).

즉 단군은 天과 직결되어 요와 같은 시대에 독립 대등한 동방의 역사를

許稠가 기자에게 제사할 것을 청하자, 임금이 "기자만 못한 자에게도 오히려 모두 치제하는데 유독 기자같은 성인에게 제사하지 않는 것은 무슨 까닭인가. 지금부터는 마땅히 제사를 지낼 것이다"라고 하였다(《太宗實錄》 권 21, 태종 11년 5월 정사).

개창한 시조로 인식되고 있었던 것이다. 더구나 여기에는 단군이 중국 천자의 분봉을 받은 군주가 아닐뿐더러 그 자신 또한 天으로부터 내려온 天帝의 아들이었다는 인식이 강조되고 있는 듯하여 흥미롭다.

태종 12년(1412) 6월에 단군과 기자의 제향을 제도화한 후, 그 다음에 11월에는 다시 예조의 건의로 사전의 몇 가지 조항이 정리되었는데, 여기에 단군에 대한 예우문제가 포함되어 있다.

> 一. 삼가 당의 禮樂志를 살펴보니 옛 제왕들은 모두 中祀에 배열하였고, 國朝에서도 先農·先蠶·文宣王을 中祀에 배열하였으니, 단군·기자·전조의 태조도 중사에 승격함이 마땅합니다.
> 一. 종묘의 奉祀는 5室에 그치는데, 전조의 임금들은 그 봉사하는 것이 8위에 이르니 예에 합당하지 않는 듯합니다. 태조 이하 7위 가운데 현종은 遼賊을 이겨내어 民害를 제거하였고, 공민왕은 명을 섬겨 민생을 편안히 하여 동방에 공이 있으니, 의리상 둘 다 제사하는 것이 마땅합니다. 그 나머지 5위는 혁거하도록 하소서.
> 一. 삼가 校書館 祝板式을 보니 단군과 기자에 대해서는 국왕이라 칭하고 전조의 태조에 대해서는 조선국왕이라고 칭하는데, 이치에 맞지 않은 듯합니다. 단군과 기자에 대해서도 조선국왕이라 칭하도록 허락하소서 라고 하니, (임금이)이에 따랐다(《太宗實錄》 권 26, 태종 13년 11월 경진).

우선 전통적으로 중사의 제례로 우대해 온 선농·선잠 및 공자와 마찬가지로 이제 단군·기자·고려 태조를 중사로 승격시켜 제향한다고 하였다. 이것은 자연신이나 교화신 못지 않게 국가와 정치에 비중을 두는 역사의식의 반영이었다. 그리고 「제후5묘」의 성리학적 명분에 맞는 제의를 따르기로 하면서도 고려 태조와 함께 특히 거란을 격퇴한 현종과 또 처음으로 반원친명의 정책을 내세운 공민왕을 봉사하자는 제안은 조선 초기 사류정권의 보다 실제적인 역사의식의 반영이었다는 것으로 해석할 수 있다. 나아가 제사드릴 때의 祝文式에서 단군·기자 앞에는 '국왕', 고려 태조 앞에는 '조선국왕'이라고 다르게 써 오던 국왕의 호칭을 이제 다 같이 '조선국왕'으로 통칭하자고 주장하였다. 이것은 비록 지금까지 숭앙은 해왔으나 좀 막연한 왕조의 시조로 생각해 온 단군·기자를 이제 고려 태조에 대비되는 확실한 왕조의 시조로 그 객관적 실재를 확인하고 그 역사성을 공인한다는 의식의 반영이었다.

그러한 의식의 출현은 바로 자국 역사의 실재에 대한 인식이 그만큼 구체적으로 진척되고 있었다는 사실을 뜻하는 것이다.

이와 같이 조선 초기 사류정권에서 살펴볼 수 있는 보다 역사위주·국가위주의 역사의식의 발전은 이에 필연적으로 단군에 대한 인식의 발전을 동반하기 마련이었다. 따라서 기자에 못지 않게 단군의 역사적 실재에 관한 인식의 비중이 커지지 않을 수 없었다. 국정운영상의 제도 일반을 종합적으로 검토·정리한 세종대에 이르러, 기자의 主祀에 단군을 배향시켜 온 종래의 관행을 고쳐서, 단군을 正坐 南向의 독립 주사로 모시기에 이르렀다.

> (儀禮詳定別監을 맡고 있는) 司醞主簿 鄭陟이 상서하기를 '…단군은 요임금과 더불어 竝立하여 조선이라고 自號한 자이며, 기자는 武王의 명을 받아 조선에 봉해진 자입니다. 제왕의 歷年의 수로 볼 때 요임금으로부터 무왕에 이르기까지는 무릇 천이백 삼십여 년이 됩니다. 그런즉 기자의 신위를 북쪽에 앉히고 단군을 동쪽에 배향하는 것은 실로 立國 傳世의 선후와 어긋나는 일입니다. … 또 듣건대 기자는 祭田이 있는데 단군은 없는 까닭에 기자는 초하루·보름 때마다 奠禮를 드리지만 단군은 다만 봄·가을에만 제사를 지낸다고 합니다. 지금 이미 단군을 기자에 배향하여 두 신위가 한 당에 앉아 있는데, 홀로 (단군은) 초하루·보름에 전례가 없으니, 역시 미안한 듯 합니다. 신이 생각하건대, 단군의 사당을 별도로 세워서 그 신위를 남향하게 하고 봉사한다면 대개 예의에 맞을 것입니다'라고 하니, 임금이 예조에 하명하여 상서한 대로 시행케 하였다(《世宗實錄》 권 29, 세종 7년 9월 신유).

즉 여기에는 중국의 역사를 개창했다고 하는 요임금으로부터 1,230여 년 후에, 그것도 무왕의 명에 의하여 분봉을 받은 기자에 비하여, 그 요와 같은 시대에 나란히 자주의 역사를 개창하여 스스로 조선의 시조로 군림한 단군의 실재를 인정하지 않으면 안된다는 강한 긍정의식이 나타나 있었다. 그것은 곧 자국역사의 유원성과 독자성에 대한 긍지이며, 그 모든 것이 현존할 수 있는 계기를 이룬 역사시조로서의 단군에 대한 긍정의 인식이었다. 그리고 그것은 곧 조선왕조라는 새로운 역사의 개창과 수성을 자임하고 있던 사류정권 자신의 긍정적인 역사의식의 투영과 밀접한 관련을 가졌던 것으로 해석할 수 있다.

그래서 세종 7년(1425)부터는 기자묘에 단군을 배향시켜 오던 관행을 고쳐 그 故地인 평양에 단군묘와 기자묘를 별도로 건립하여 국가사전에 따른 제사를 받들게 되었을 것으로 생각되거니와, 세종 12년에는 各道 山川壇廟 巡

審別監의 조사보고를 받아 예조가 다시 건의한 대로 단군의 신위는 '朝鮮檀君'으로, 기자의 신위는 '後朝鮮始祖箕子'로 각각 고쳐쓰도록 정리하였다.[77]

한편 자국의 역사시조로서 단군에 대한 사전이 정비되어 가는 것과 더불어 삼국의 시조와 고려 시조에 대한 제례도 마련되어 갔다. 먼저 새로이 왕권을 장악한 조선 태조는 그 즉위 다음달에 前朝의 태조를 麻田郡으로 이안하여 때맞추어 치제하도록 명하였다.[78] 비록 새로 왕권을 차지하게 되었지만 아직 고려의 수도였던 開京에서 고려 태조 이하 역대의 신위를 모신 종묘를 그대로 두고 편안히 지내기는 거북하였을 터이므로, 고려 태조의 신주를 가까운 마전으로 옮겨가게 하였던 것이다. 그리고 민심의 수습을 위해, 고려 성종은 중화를 경모하여 문물을 일으켰으며, 문종은 昇平의 치세를 이룩하여 민생을 편하게 하였고, 공민왕은 홍건적을 섬멸하여 삼한을 부흥하고 明을 잘 섬겼다는 이유로 각기 마전의 태조묘에 附祭하도록 조처하였다.[79] 문물의 흥기, 민생의 안정, 그리고 외적의 토벌 등은 곧 새 왕조의 통치공약으로 거론된 것이었다고 해석된다.

그런데 이 때의 「태조묘」라는 것은 기실 사당의 형태를 갖춘 것이라기 보다는 임시 가설된 것에 불과하였다고 보인다. 실제로는 태조 6년(1397)에 가서야 京畿右道 都觀察使로 하여금 麻田縣 부근의 인부를 동원하여 전조의 태조묘를 영건하도록 하였다.[80] 이어서 정종은 즉위 직후 마전현에 廟宇를 세워서 전조의 태조 및 혜종·성종·현종·문종·충렬왕·공민왕 등 7王을 제사하도록 하니, 모두 다 공덕이 있기 때문이라 하였다.[81] 그리고 태종대는 전조의 태조릉에 3호, 나머지 7왕의 능에 각기 2호씩의 수호인을 두어 每戶

---

77) 이전까지는 '朝鮮侯檀君之位' 및 '朝鮮侯箕子之位'라고 동일하게 '조선후'로 칭해오던 것을 이 때 와서 고쳐 썼다는 것이다(《世宗實錄》 권 49, 세종 12년 8월 계유). 그 뒤 세종 19년 다시 전국의 壇廟 및 神牌制度를 詳定하면서 각기 '朝鮮檀君' 및 '朝鮮始祖箕子'로 개칭하게 되었는데(《世宗實錄》 권 76, 세종 19년 3월 계묘), 칭호로써만 말하자면 단군에 대한 역사시조로서의 인식은 아직도 좀 막연하였음을 반영한 것으로 생각된다. 그리고 그 뒤 세조대에 가서 다시 '朝鮮始祖檀君之位', '後朝鮮始祖箕子之位'로 각각 고쳐 쓰게 되었다(《世祖實錄》 권 4, 세조 2년 7월 무진).

78) 《太祖實錄》 권 1, 태조 원년 8월 정사.

79) 《太祖實錄》 권 1, 태조 원년 8월 신유.

80) 《太祖實錄》 권 12, 태조 6년 11월 갑진.

81) 《定宗實錄》 권 1, 정종 원년 4월 정묘.

에 토지 1결씩을 지급하였다.[82)]

그런데 앞서 살펴보았듯이 유교적 예제에 따라 국가사전을 정비해 가고 있던 조선 초기 사류정권으로서는 이른바 「제후5묘」의 원칙과 어긋나는 제례를 운용할 수는 없는 일이었다. 새 왕조 개창 초기에 아마도 민심 수습책으로 이른바 공덕이 있는 전왕조의 왕들을 태조 이하 8위나 치제하도록 하였지만, 그것은 주로 새로 등극한 국왕의 뜻이었을 뿐이었고, 신료인 사류는 그같은 濫祀를 일찍부터 반대하는 편이었다.[83)] 그러므로 세종 7년(1425)에는 드디어 議政府·六曹·春秋館의 의논에 따라 전조의 태조·현종·문종·원종만을 사전에 남겨 그대로 치제하고 나머지는 혁파하도록 하였다.[84)]

한편 삼국 시조의 치제에 관한 논의는 민심의 향배가 크게 주목되는 바로 전 왕조인 고려의 경우보다도 훨씬 늦게, 국정운영의 문물법제를 정비해 가고있던 세종대에 이루어진 것이다. 앞서 살핀 바 세종 7년 9월 단군을 기자와는 별도의 독립 주사로 치제한다는 결정이 있은 뒤 곧 이어 삼국 시조에 대한 국가제사가 논의되었다.

> 임금이 일찍이 예조에 명하여 삼국의 시조묘를 세우도록 하였는데, 이에 이르러 判書 申商이 아뢰기를 '주나라 말기에 7국이 爭雄하여 일정한 統紀가 없었는데, 우리 동방도 통합되기 전에는 곧 7국의 때와 유사하지 않았습니까'라고 하였다. 이에 임금이 '그렇지 않다. 옛날을 상고해보면 우리 동방은 삼국 시조 이전에는 12韓이니 9한이니 하여 강역이 분분하였다. 그러므로 삼국 시조가 (강역을) 자못 합쳐낸 공로는 진실로 적지 않다. 마땅히 義祠를 세워 그 공로에 보답해야 할 것이다'라고 하였다(《世宗實錄》 권 34, 세종 8년 11월 갑오).

즉 삼국의 시조는 오랫동안 통합된 국가형태를 갖추지 못하고 분열해 있던 잡다한 부족제 사회들을 일정한 규모로 통합하여 국가형태를 갖추어 냄으로써 민생을 안정시키는 데 큰 공로를 세웠으며, 따라서 당연히 국가사전

---

82) 《太宗實錄》 권 11, 태종 6년 4월 갑인.

83) 태종 13년에도 예조의 진언으로 그같은 결정이 내려진 바 있었음은 이미 본문에서 살펴본 바와 같다(《太宗實錄》 권 26, 태종 13년 11월 경진). 또 예조는 고려 태조 이하 현종·공민왕의 3위만 제사하자고 주장한데 반하여, 태종은 태조 이하 8왕이 모두 백성에게 공덕이 있다고 하면서 그대로 다 제사하도록 지시한 사실도 참조된다(《太宗實錄》 권 31, 태종 16년 5월 갑인).

84) 《世宗實錄》 권 29, 세종 7년 9월 계축.

에 올려 숭앙해야 한다는 것이었다. 그것은 곧 국왕인 세종 자신의 국가관을 피력한 듯하여 자못 흥미롭다. 그리고 세종은 다시 예조에 傳旨하여 단군·기자의 묘제를 다시 의논하도록 하고, 신라·백제·고구려 시조의 입묘 치제에 관한 일도 모두 옛 제도를 참고하여 詳定해 보고하도록 하였다.[85] 아마도 역대 시조 전체의 묘제를 다시 검토하여 옛 제도를 근거로 하여 확고한 사전을 정비하려 했던 것으로 이해된다.

그래서 세종 11년(1429)에는 삼국의 시조 가운데 백제 시조묘가 먼저 稷山縣에 세워지자 箕子殿의 예에 따라 그 고을의 노비 각 2인을 정하여 이를 지키도록 하는 조처를 내렸다.[86] 또 같은 해에 삼국 시조의 廟宇가 모두 다 건립되자 곧 이를 사전에 등재하고 치제하는 조처를 취하였다.[87] 그리고 세종 13년에는 호조의 계청에 따라 충청도의 백제 시조, 경상도의 신라 시조 그리고 평안도의 고구려 시조에 대한 祭田을 각기 2결씩 절급하기에 이르렀다.[88] 결국 삼국의 시조묘에 대한 제사도 다른 역대 시조묘와 마찬가지로 봄·가을의 중월에 향사하도록 제도화하였다.[89]

단군·기자와 함께 고려 태조 등 역대 시조의 제사가 중사로 승격된 것은 태종 13년(1413)의 일이었는데, 이제 삼국의 시조에 대해서도 동일한 예우를 갖추어야 할 것은 당연한 일이었다. 그런데 단군 이하 역대 시조 전체의 사전을 구비하면서, 조선왕조는 중사에 올라 있는 여타의 자연신보다 이들 歷史神에 대한 예우를 한층 더 넉넉히 갖추었다는 사실이 흥미롭다.

> 호조에서 '사전에 실려있는 각 도의 산천·성황아의 神祠位田으로서 중사는 2결, 소사는 1결 50부씩을 절급하기로 하되, 평양에 있는 단군·기자의 중사위전은 각각 3결을 절급하고, 마전현에 있는 고려 시조 이하 4위의 위전도 역시 삼국 시조의 예에 의거하여 1위마다 3결씩을 절급하고, 그 나머지는 모두 軍資田으로 귀속하게 하소서'라고 아뢰니, (임금이) 이에 따랐다(《世宗實錄》 권 51, 세종 13년 3월 경오).

---

85) 《世宗實錄》 권 37, 세종 9년 8월 병자.
86) 《世宗實錄》 권 44, 세종 11년 5월 임자.
87) 《世宗實錄》 권 45, 세종 11년 7월 무신.
88) 《世宗實錄》 권 51, 세종 13년 정월 을해. 고구려 시조묘는 평양의 단군묘와 함께, 백제 시조묘는 익산(나중에는 남한산성)에, 신라 시조묘는 경주에 각각 세웠다(李肯翊, 《燃黎室記述 別集》 권 4, 祀典典故 諸祀).
89) 《經國大典》 권 3, 禮典 祭禮.

즉 단군·기자·삼국의 시조, 그리고 고려 시조 이하 4위의 역사신에 대해서는 다같이 3결씩의 祭位田을 절급하는 것으로 제도화하였는데, 그것은 국가사전에 동일한 등급으로 올라 있는 산천·성황 등 여타 자연신의 중사위전에 비하여 훨씬 넉넉한 규모로 책정되었던 것이다.

이 사실은 고려시대의 국가제사제도에 비하여 커다란 차이를 보인 것으로 판명된다. 고려시대에는 역대의 시조 가운데 기자와 동명성왕만이 소사로, 그것도 잡사로 설정되어 있었음은 앞서 살펴본 그대로다. 이제 조선왕조에서는 기자 이전의 단군으로부터 고구려·백제·신라의 시조는 물론 고려 태조 이하 소위 「공덕」이 있는 4왕에 이르기까지, 즉 우리 나라 역사상 국가를 개창한 역대 시조 전체와 또한 전대 왕조의 치적이 큰 국왕들에 대해서까지도 다른 자연신보다 훨씬 넉넉한 예우를 갖추어 국가사전에 정식으로 모셔 정기적으로 치사하게 되었다. 그것은 자국 역사의 상한이 그만큼 구원한다는 것과 공간적으로도 광범하다는 사실을 다 포괄하는 인식의 확대에서 비롯된 것이다. 따라서 자연보다 인위가 주도한다고 생각하여 인간의 역사를 더 중시하게 된 세계관의 진전으로 인하여 성취된 일인 것이다. 그리고 이러한 사실은 어쩌면 고려 귀족지배층의 경우보다 조선왕조 지배층의 자국의 역사와 동족에 대한 인식의 폭과 깊이가 역사적으로 한걸음 진전하고 있었음을 보여주는 사례라고도 해석된다.

〈金泰永〉

2. 불 교

1) 억불정책과 교단의 존폐

(1) 억불정책의 전개

왕실의 지나친 崇佛과 그 폐단을 지적하고 규탄하는 소리는 고려 말기에 이르러 儒者들 사이에 상당히 노골화되었다. 성리학자들인 그들 대부분은 조정의 정책보다도 불교 그 자체를 비판하고 僧團을 질타하여 승려들의 제거를 주장하였다. 그러한 척불세력이 새로운 왕조를 이룩한 개국공신들 중에서 무시못할 비중을 차지하고 있었으므로, 조선왕조의 출범과 때를 같이하여 불교 교단의 불운도 이미 예견되었던 일이었다.

가. 개국과 억불

실제로 개국 벽두부터 朝臣들은 승려들의 제거를 건의했다. 즉 고려의 마지막 임금인 공양왕 4년(1392)에 새 나라를 세운 李成桂는 그 해 7월 17일에 壽昌宮에서 등극하였는데, 바로 그 사흘 뒤인 20일에 司憲府에서는 승려의 제거를 요청하는 글을 올렸다. 모두 10조로 된 사헌부 上書의 제7조 일부와 제9조에서 그들의 주장을 드러내었다.[1)]

7조에서는 부처를 섬기고 귀신을 섬기는데 쓰인 비용이 이루 다 기록할 수 없을 만큼 많으므로, 긴요하지도 않은 佛神 섬기는 비용들을 모두 고쳐서 폐단을 없애야 한다고 건의하였다. 또 제9조에서는 보다 본격적으로 승려 도태의 문제를 제기하고 있으니, 아예 '汰僧尼'를 주제로 삼아 그 머리에 내세우고 있다. 즉 불교란 오랑캐의 한 법일 뿐이므로, 그 무리들을 모아 學行을 자세히 고찰하여 학문이 익숙하고 道行을 닦는 이는 그 뜻을 이루게 하고, 그 나머지는 모두 머리를 기르게 하여 각기 그 생업에 종사케 하도록 건의하였다. 그러나 태조는 宦官과 僧尼를 내치고 도태시키는 일을 개국 초부터 시행할 수는 없다고 거절하였다.

그 뒤 태조 2년(1393) 정월에 大司憲 南在가 불교의 폐단을 극력 진언하였으며,[2)] 7년에도 조신들은 불교가 治國에 해롭다고 하였다. 또 寺社의 補修와 像塔 조성의 폐단을 지적하였다.[3)] 그러나 태조는 교단을 억제하거나 승려를 제거한 일은 없었고, 다만 당시 승려들 사이에 행해지던 나쁜 풍습의 폐단을 고치고자 하는 적극적인 자세를 보여 주었다.[4)]

태조를 이은 정종도 숭불의 왕이었으므로 부왕의 信佛을 그대로 답습하였다. 그러나 태종이 즉위하면서 그 양상이 달라졌다.

---

1) 《太祖實錄》 권 1, 태조 원년 7월 기해.
2) 《太祖實錄》 권 3, 태조 2년 정월 임술.
3) 《太祖實錄》 권 14, 태조 7년 윤 5월 신묘 · 11월 계미.
4) 《太祖實錄》 권 12, 태조 6년 7월 갑인.

나. 태종의 억승척불

태종은 정종 2년(1400) 11월에 즉위하면서 곧바로 환관들의 願佛이었던 궁중의 仁王像을 대궐 밖으로 옮겨놓게 하고,[5] 또 다음달에는 중외의 사사에서 행하던 道場法席 등의 모든 불사를 폐지시켜[6] 排佛의 뜻을 드러내기 시작하였다.

태종 원년(1401) 정월에 門下府郎舍에서 상소하여, 당시 불교 교단인 五敎兩宗을 혁파하고 그에 속한 각 사사의 전토와 노비를 국가공용으로 몰수할 것을 청하였다.[7] 그 해 윤 3월에도 대사헌 柳觀 등이 승도를 물리치고 5교양종을 혁파할 것을 청하는 상소를 올렸다.[8] 그러한 척불의 건의들에 대하여 태종은 자신도 불교의 옳지 않음을 알고 있어 혁파할 생각이 간절하나, 太上王(태조)께서 불사를 좋아하므로 차마 혁파를 서두를 수가 없다고 하였다.[9]

그러면서도 태종은 서서히 억불의 시책을 펴기 시작하였다. 태종 2년 4월에 書雲觀의 상서에 따라 密記付 외의 寺社田을 軍資에 소속시켰다.[10] 그러자 그 해 8월에 태상왕은 비록 밀기부 외의 사사라도 그 전토를 모두 되돌려 주고, 승려들의 度牒을 거두어들이지 말 것이며, 부녀들이 절에 가는 것과 造佛·造塔을 금하지 말 것 등을 태종에게 요구하였다. 태종은 태상왕의 건강을 위해 肉食할 것을 조건으로 그 요청을 들어주기로 하였다.[11]

그로부터 얼마동안은 잠잠했으나 그 이듬해 6월에 다시 司諫院에 의해 사사와 전지의 혁거문제가 거론되었다.[12] 이는 곧 그 전해 8월에 태조의 요구로 사사 전토노비의 몰수 및 국가적인 抑僧策이 중지되었으므로, 태조와의 약속을 철회하여 다시금 抑僧革寺의 시책을 실행하도록 촉구한 것이다. 또 사간원에서는 태종 4년 12월에 時務數條를 왕에게 올렸는데, 그 가운데에 부녀들이 절에 가는 것을 금지하는 건이 들어 있었으므로, 왕은 그 건의를 승

5) 《定宗實錄》 권 6, 정종 2년 11월 계유.
6) 《定宗實錄》 권 6, 정종 2년 12월 임자.
7) 《太宗實錄》 권 1, 태종 원년 정월 갑술.
8) 《太宗實錄》 권 1, 태종 원년 윤3월 신해.
9) 《太宗實錄》 권 1, 태종 원년 윤3월 임자.
10) 《太宗實錄》 권 3, 태종 2년 4월 갑술.
11) 《太宗實錄》 권 4, 태종 2년 8월 을묘.
12) 《太宗實錄》 권 5, 태종 3년 6월 임자.

락하였다.[13]

그리고 태종 5년 8월에는 忠淸道觀察使의 건의에 따라 전국의 廢寺 전답과 노비를 모두 국가의 공용에 귀속하도록 하였다.[14] 또 같은 해 11월에는 議政府의 요청에 의하여 寺社의 전토와 노비를 혁파하였다. 실은 그 때 지방의 두어 군데 절에서 주지가 비행을 저지른 것을 계기로 하여 의정부에서 글을 올려 신랄하게 비난함과 아울러 그와 같은 요청을 해왔던 것이다. 태종은 그 청에 따라 密記付의 裨補寺社 중에서 개경과 新京(한양)의 각각 한 宗(당시 11宗이었음)에 1寺, 각 道의 府에는 禪과 敎 계통의 종에 각기 1사, 郡縣에는 전 종단 합쳐서 1사씩에 한해서 노비의 수를 정하여 해당 절의 10리 밖에서 농사짓고 살며 매년 윤번으로 교대해서 절 일을 맡도록 하고, 여자 종은 절 경내 및 승려와의 왕래 접촉을 못하게 하였으며 그 나머지 절들의 노비는 모두 국가에 예속시켰다.[15]

그리하여 태종은 즉위 초부터 나타내기 시작했던 배불의 의지를 ① 출가의 억제 ② 婦女上寺의 금단 ③ 寺社田民의 革除屬公이라는 방법으로 실현해 갔다. 태조에 의해 억불시책이 일시적이나마 제지당하자 한 때 부왕의 비위를 맞추기도 하였으나, 오래지 않아 신하들의 상서·계청이라는 형식을 빌려서 다시금 서서히 억불의 시책을 펴나갔다.

태종이 그와 같이 사사의 전토와 노비를 혁파하여 국가에 예속시킨 3개월 뒤인 6년 2월에 曹溪宗 승려 省敏[16]이 승려 수백 명을 이끌고 궐문으로 가서 申聞鼓를 쳤다. 그 때 성민 등은 사사의 수를 줄이고 절의 전토와 노비를 몰수한 조정의 처사를 철회하여 줄 것을 촉구하였으나, 아무런 응답이 없었으므로 수백 명의 승려를 이끌고 가서 신문고를 쳤던 것인데, 태종은 끝내 그들의 청을 들어주지 않았다.[17]

그 후 태종은 한 걸음 더 나아가 당시 교단내의 諸宗이 남겨야 할 사사와

13) 《太宗實錄》 권 8, 태종 4년 12월 을해.
14) 《太宗實錄》 권 10, 태종 5년 8월 임진.
15) 《太宗實錄》 권 10, 태종 5년 11월 계축.
16) 省敏은 고려말 王師였던 大智國師 粲英의 門徒로 이름이 보이며, 태종이 태조의 陵에 세운 開慶寺의 住持가 되어 慶州 栢栗寺의 旃檀觀音像을 개경사에 이안토록 아뢴 사실이 있다.
17) 《太宗實錄》 권 11, 태종 6년 2월 정해.

居僧 · 노비 · 전답의 수량을 확정하고 또 종단마저도 축소시켰다. 태종 6년 3월의 의정부 계청에 의하여, 왕은 한양과 개경에는 5교양종에서 각 종단(11宗)마다 1寺씩, 지방의 牧과 府에는 선종계통과 교종계통에서 각기 1사씩, 군 · 현에는 선 · 교종 통털어서 1사씩만을 남기게 하였다. 그리하여 그 남겨진 절들 중에서 신구 兩都에 선종계통과 교종계통의 절 각 한 곳에만 전토 200結과 노비 100口를 예속시켜 승려 100員을 常養토록 하고 그 나머지 9개의 절에는 전토 100결과 노비 50구로 승려 50명이 생활하게 하였다. 또 각 道廳 소재지에는 禪 · 敎 중의 절 하나에만 屬田 100결과 노비 50구로 50명의 승려를 있게 하고, 각 고을 안의 資福寺에는 給田 20결과 노비 10구로 10명의 승려를, 邑 밖에 남겨진 각 전에는 급전 60결과 노비 30구로 30명의 승려를 머물게 하였다. 고려왕조 밀기부의 각 절에 소속된 전답과 노비들을 신도의 5교양종 중 전답과 노비가 없는 각 질에 나누어주고 또 定數 외의 사사와 전답 · 노비는 정수 내의 각 절에 옮겨 주고 그 나머지는 모두 국가에서 몰수케 하였다.

그리하여 결국은 曹溪宗과 摠持宗을 합쳐서 70寺, 天台疏字宗과 法事宗을 합쳐서 43사, 華嚴宗과 道門宗을 합쳐서 43사, 慈恩宗은 36사, 中道宗과 神印宗을 합쳐 30사, 南山宗과 始興宗은 각각 10사씩만을 남기게 하였다. 그리고 태종은 특별히 檜巖寺에는 道에 뜻이 있는 승려들이 모이므로 예외로 하여 전지 100결과 노비 50구를 더 주게 하였으며, 表訓寺와 楡岾寺 또한 회암사의 예에 따라 그 원래 속해 있던 전답과 노비를 종전의 수에서 줄이지 말고 정수 외의 사사에도 柴地 1~2결씩을 나누어주게 하였다.[18] 또 그 나흘 뒤인 4월 초하루에는 후속조치로 정액 외의 寺社田口를 각 官司에 나누어 예속시켰다. 이 역시 의정부의 계청에 의한 것으로 정수 외의 사사 전답은 모두 軍資에 속하게 하였고 그 노비는 모두 典農寺에 예속시켜 軍器監 · 內資 · 內膽 · 禮賓寺 · 福興庫 등에서 각기 옛날에 살던 곳을 중심으로 사역에 종사토록 하였다.[19]

태종의 그와 같은 결단에 의하여 조선왕조가 시작된 이래 그토록 조신과 유

18) 《太宗實錄》 권 11, 태종 6년 3월 정사.
19) 《太宗實錄》 권 11, 태종 6년 4월 신유.

자들이 갈망했던 斥佛抑僧의 정책이 일단은 실현되었다고 할 수 있다. 그 결과 전국에 남겨진 사원의 총수는 당시 11宗 모두 합해 242寺가 되었는데, 이 범위 안에서 한양·개경이나 각 도와 군현에 남겨질 절들이 배정되었던 것이다.

전국에 242사만이 남게 되고 얼마 지나지 않아서 11종이던 종단마저 7종으로 축소되기에 이르렀다. 태종 6년 3월의 의정부 계정에서는 분명히 전체 종단이 11종이었는데, 《태종실록》(태종 7년 12월)의 기사에는 당시의 종파 이름이 조계종·천태종·화엄종·자은종·中神宗·摠南宗·始興宗 7종으로 나타났다. 이 종명으로 보아 소자종과 법사종을 합쳐서 천태종으로 하고, 중도·신인 두 종을 합쳐 중신종으로, 총지종과 남산종을 총남종으로 합친 것임을 쉽게 알 수 있으나 여기에 오직 도문종의 이름이 빠지게 되는 셈인데 이는 아마 화엄종 속에 합쳐진 듯하다.

그러나 11종을 7종으로 축소시킨 그 정확한 시기는 실록에 밝혀져 있지 않아서 알 수 없다. 다만 11종이 분명히 열거되어 있는 태종 6년 3월에서 7종의 이름이 명시된 7년 12월의 사이에 확정된 것은 틀림이 없다고 하겠다. 그런데 《慵齋叢話》에서는 국초에 12종이었던 것을 태종이 혁파하여 양종만을 두었다고 하였으나,[20] 이는 정확한 기록이라고 할 수 없다. 즉 태종 당시에는 분명히 11종이었고 또 양종 아닌 7종으로 감축시켰으며 양종으로 폐합된 것은 세종대의 일이다.

다. 종단 폐합과 승록사 폐지

태종의 뒤를 이은 세종 또한 부왕의 억불책을 그대로 답습하였는데, 그 즉위 초에 몇몇 승려가 중국으로 숨어들어가 明의 成祖에게 국내의 심한 불교박해 사정을 호소한 일이 생겼다.[21]

명 성조가 독실한 奉佛者였기 때문에 세종은 그 환심을 사기 위하여 잠시 억불을 늦추고 회유책을 쓰기도 하였다. 그러나 세종은 곧 태종대에 마무리 짓지 못했던 寺社田民의 나머지 문제들을 모두 처리하는 한편, 4년(1422)에는 고려왕조로부터 해마다 봄과 가을의 두 차례에 걸쳐 연례행사로 삼아왔던

20) 成俔, 《慵齋叢話》 권 8.
21) 《世宗實錄》 권 6, 세종 원년 12월 경진 및 권 12, 세종 3년 5월 경진.

도성 안의 徑行(街巷轉經巡行法會)을 폐지시켰다.[22]

그리고 세종은 더욱 박차를 가하여 그 6년(1424)에는 태종대의 7宗을 선·교의 2종으로 폐합하고, 또 교단 통제기구였던 僧錄司마저 없애버렸다. 즉 같은 해 4월 5일에 禮曹의 계청을 받아들여 지금까지의 조계·천태·총남의 3종을 하나로 합쳐서 선종으로 삼고, 화엄·자은·중신·시흥의 4종을 합쳐 교종으로 통일하였다. 처음에 11종이 7종으로 되었다가 드디어 이 때에 선종과 교종의 둘로 묶여버렸는데, 선종·교종에 각각 18寺씩 배정하여 전국에 모두 36개 사원만을 남겨 놓았다. 이리하여 선종 18사에는 전답 4,250결에 승려 1,970명을 살게 하고, 교종 18사에는 전답 3,700결에 승려 1,800명을 머물게 하였다. 결국 종을 다 합해서 전국에 36사, 전토 7,950결, 승려 총 3,770명으로 제한한 것으로, 그 나머지는 모두 없애거나 국가에서 몰수하도록 조처하였다.

그리고 이 때 고려시대부터 줄곧 불교 전체 교단의 최고 통제기구의 역할을 해왔던 승록사를 폐지하였다. 그리하여 서울 안의 興天寺를 선종의 都會所(總宗務本社)로 하고 興德寺를 교종의 도회소로 삼아서, 나이가 많고 덕행이 높은 승려로 하여금 양종 각각의 제반업무를 관장하게 하였다.[23] 지금까지 승록사가 총괄하던 교단통제 업무의 기능을 박탈하여 두 종단에서 따로따로 그 사무를 맡아보게 함으로써 통제적 기능을 분산 약화시켰다.

세종은 그 뒤에도 선·교 양종에 종사하거나 도성 안에서 營繕 등의 역무로 거주하는 승려 외에는 도성내의 출입을 금하는 등 억불시책을 늦추지 않았으나,[24] 그 개인으로는 중년 이후 불교를 신봉하였다.

(2) 양종과 승과의 폐지

세종이 불교를 믿게 된 영향으로 억불책이 조금 누그러지다가 세조대에 이르러서는 매우 적극적인 崇佛護法의 시대가 전개되었다. 그러나 성종이 즉위하면서부터 斥佛抑僧의 기세는 다시 고개를 들게 되었고, 연산군은 불교를

---

22) 《世宗實錄》 권 15, 세종 4년 2월 병오.

23) 《世宗實錄》 권 24, 세종 6년 4월 경술.

24) 《世宗實錄》 권 49, 세종 12년 9월 기해·권 77, 세종 19년 5월 정미 및 권 81, 세종 20년 4월 계유.

외면하였으며, 중종은 드디어 양종과 승과를 폐지함으로써 불교교단의 존재를 없애버렸다.

가. 성종의 억불척승과 연산군의 폐사축승

13세의 어린 나이에 즉위한 성종은 2년(1471) 6월에 도성 안의 念佛所를 금지하고,[25] 12월에는 그 조부 세조가 설치하였던 刊經都監을 폐지하였다.[26] 4년 8월에는 양반가의 부녀가 머리를 깎고 출가하는 것을 금하였으며,[27] 6년 5월에는 도성 내외의 比丘尼 절을 헐어버리게 하였다.[28] 또 23년 2월에는 度牒의 법을 정지시켰으며,[29] 도첩이 없는 승려는 모두 軍丁으로 충당시키게 하였다.

이와 같이 성종은 도첩의 발급을 중지하여 승려되는 것을 금지하고, 도첩 없는 승려를 환속시키고 군역에 충당하게 하는 등 抑僧策을 시행하였으므로, 도성 안에 승려가 드물고 지방의 절들도 텅텅 비는 경우가 많았다고 한다.[30]

성종의 뒤를 이은 연산군은 荒淫無道하여 당시 崇儒의 권위적 상징이기도 하였던 成均館을 妓樂의 장소로 삼고 양종의 本寺였던 흥천사와 흥덕사는 물론 세조가 세운 大圓覺寺까지도 公廨로 삼아서 佛寺로서의 기능을 완전히 박탈해 버렸다. 그러므로 寺社의 토지가 국가에 몰수당한 것은 말할 것도 없고 승려들을 환속시켜 官房의 노비로 삼았으며,[31] 선종·교종의 몇몇 승려들이 廣州 淸溪寺에서 실속없는 양종의 이름만을 붙들고 있었으나 度僧도 僧選도 전혀 불가능하였으므로 사실상 연산군에 의해 양종과 승과제도가 없어지게 된 셈이었다.[32]

---

25) 《成宗實錄》 권 10, 성종 2년 6월 기유.
26) 《成宗實錄》 권 13, 성종 2년 12월 임신.
27) 《成宗實錄》 권 33, 성종 4년 8월 계해.
28) 《成宗實錄》 권 55, 성종 6년 5월 갑술.
29) 《成宗實錄》 권 262, 성종 23년 2월 갑진.
30) 成俔, 《慵齋叢話》 권 8.
許筠, 《海東野言》 권 2.
31) 《燕山君日記》 권 61, 연산군 12년 3월 계묘.
32) 李能和, 《朝鮮佛敎通史》 上(新文館, 1918), 448쪽.

나. 중종의 폐종

중종이 즉위하자 그 생모 貞顯王后 尹氏는 연산군에 의해 팽개쳐졌던 불교의 위상을 만회하고자, 철폐한 절들을 복구할 것과 몰수한 절의 노비 및 토지를 되돌려 줄 것을 주장하였다. 왕도 처음에는 모후의 뜻을 따르고자 하였으나, 원래 나약한 성품인데다가 반정공신들의 반대로 그 뜻을 관철하지 못하였다.

중종 2년(1507) 정묘의 식년에 僧試를 시행하지 않음으로써 연산군에 의해 중단되었던 僧科는 되살아나지 못하고 그대로 폐지되었다. 중종 5년에는 각 지방에서 혁파한 절들의 전토를 향교에 소속시켰고,[33] 7년에는 홍천사와 홍덕사의 큰 종을 녹여 銃筒을 만들게 하였다.[34] 그리고 중종 초부터 여러 차례 조신들의 요청이 있었으나 허락하지 않았던 《경국대전》에서의 度僧條[35]를 삭제하게 하였다.[36]

《경국대전》의 도승조에는 승려가 된 사람에게 도첩을 발급하는 일과 3년마다 시행하는 승과와 諸寺의 주지에 관한 문제 등의 세 가지가 다루어져 있기 때문에 이 세 가지 규정을 없애는 것은 국가에서 불교를 폐기한다는 뜻이 된다. 그러나 실은 당시의 불교 교단인 양종과 도승이 진작부터 폐기된 상태였으니, 중종이 "이 법(도승법)이 폐기된 지는 이미 오래이며 이 뒤에도 또한 다시 쓰지 않을 것이다"라고 하였고,[37] 사헌부에서도 계를 올려 "선·교 양종이 혁파된 지 이미 오래 되었다"라고 한 사실[38] 등에서 알 수 있다. 또 중종 11년에 僧徒의 推刷와 사찰을 불태워 없애는 일에 관해 논의하게 되었을 때, 領事 鄭光弼은 지금 양종과 그 승도가 이미 없어져서 다시는 興行하지 못할 것이며 불교의 쇠퇴함이 극에 이르렀다고 할 수 있는데 굳이 절을 태울 필요는 없다고 할 정도였다.[39] 이는 당시의 불교가 국가로부터 어떠한 대우를 받고 있었는가를 보여주는 단적인 사례이다.

---

33) 《中宗實錄》 권 10, 중종 5년 3월 임신.
34) 《中宗實錄》 권 16, 중종 7년 윤6월 을축.
35) 《經國大典》 권 3, 禮典 度僧.
36) 《中宗實錄》 권 27, 중종 11년 12월 임술.
37) 《中宗實錄》 권 9, 중종 4년 윤 9월 경신.
38) 《中宗實錄》 권 21, 중종 10년 3월 무인.
39) 《中宗實錄》 권 25, 중종 11년 7월 갑진.

한 마디로 말해서 연산군에 의해 버림받았던 불교는 중종에 의해 《경국대전》의 관계조항마저 삭제됨으로써 합법적으로 그 교단(양종)이 없어지기에 이른 것이다.

2) 도첩제와 부역승

度牒은 '許度僧給牒'을 줄인 말로 승려가 되는 것을 국가에서 허가하고 또 그 신분을 인정·보장하여 발급하는 증명서이다. 이 제도는 고려시대부터 시행되었으며, 중종이 《경국대전》에서 도승조를 삭제하게 하였을 때까지는 합법성을 띠고 있었다.

그리고 赴役僧의 문제는 불교를 처음 받아들인 삼국시대 이래로 조선시대의 僧政史에서만 보이는 특이한 현상이다. 도승을 억제하는 당시 국가 공공의 事役에 자원 또는 동원되어 노동하는 승려들에게 그 노동의 대가로 도첩을 발급하여 승려의 자격을 인정해 주었다. 승려가 공공의 役場에서 노동력을 제공하는 노동자가 되고 그 대가로 도첩을 발급 받았다는 사실에서 당시 승려 신분의 하락과 불교 교단이 처해 있었던 위상을 알 수 있다.

(1) 도첩제의 강화와 폐지

가. 태조 이후의 도첩 강화

조선왕조가 시작되는 태조 원년부터 개국공신이기도 한 조신들은 승려의 출가와 그에 따른 도첩 발급 문제를 거론하고 나왔다. 이 무렵에 都評議使 裵克廉·趙浚 등은 22조의 上言을 올렸는데 제18조에서 양반의 자제 중 승려가 되려는 사람은 五升布 100필, 서인은 150필, 천인은 200필을 소재지의 官司에 바쳐야만 도첩을 발급하여 출가를 허가하고, 제 마음대로 출가하는 자를 엄하게 다스려야 한다고 하였다.[40] 이 건의는 태조의 승인으로 곧 시행되었는데 그 액수(度牒錢)가 지나치게 많았기 때문에 실제적으로는 문제가 적지 않았다.

조정에서 도첩제를 엄하게 하여 출가를 억제하려고 한 데에는 대체적으로 두 가지의 이유가 있었다. 첫째는 고려왕조에 승려가 너무 많아 국정이나 사

40) 《太祖實錄》 권 2, 태조 원년 9월 임인.

회기풍을 문란시키는 요인이 되었기 때문에 그 수를 대폭 줄여서 질적인 향상을 꾀한다는 표면상의 구실을 들 수가 있다. 둘째는 당시 승려들은 병역이 면제되고 조세와 노동력 징발에서 벗어나 있었으므로 승려가 되는 것을 억제하여 국가의 군사력과 생산력의 감손을 방지하기 위해서이다. 그리하여 도첩제를 강화하여 전대로부터의 僧弊를 방지하고 국가의 경제와 병력면에 이익을 가져오면서 한편으로는 승려세력을 약화시키고자 하였다. 그러나 현실적으로는 그 부담이 너무 커서 합법적으로 도첩전을 바치고 승려가 되는 경우는 드물고 오히려 그러한 절차를 밟지 않고 비공식적으로 승려가 되는 소위 無度牒僧의 수가 많아졌다. 그래서 실질적으로 그 제도는 유명무실하였다.

억불책을 감행한 태종은 그 문제를 그냥 두지 않았다. 태종 16년(1416) 8월 예조에 명하여 도첩 발급에 관한 문제를 재정리하도록 하였다. 이에 예조에서는 그 해 7월 이후에 승려가 되려는 자는 태조 원년에 정한 도첩제에 의해 양반은 布 100필, 서민은 150필, 천민은 200필의 丁錢을 바쳐야 도첩을 발급하되, 7월 이전에 출가한 각 종파의 大選(僧科 合格者) 외의 승려는 다음해 3월 그믐날까지 한정하여 종전 도첩의 유무를 막론하고 정전 없이도 도첩을 발급해 주게 하였다. 4월 초하루 이후에는 도첩이 없는 승려들을 소재지의 관청에서 잡아들여 律에 의해 죄를 다스리게 하였다.[41] 이 때 70세 이상의 승려는 여기에서 제외시켰는데 그들은 이미 노년이므로 도첩제를 적용시킬 필요가 없었기 때문이다.

이 때부터 도첩이 없는 승려는 행세할 수 없었다. 또 丁布(도첩전)의 부담이 워낙 컸기 때문에 드러내놓고 승려가 될 수 없었다. 이에 결과적으로 출가가 억제되었고 승려의 수는 급격히 줄어들었다. 게다가 세종 6년(1424)에 교단의 규모가 양종 36사로 줄어들면서 전국 승려의 총수는 3,770명으로 제한되었다. 그 뒤 조정에서는 국가 공공의 제반 工役에 승려들의 노동력을 이용하는 대가로 도첩을 발급해 주었다.

세종은 태조의 願刹인 興天寺의 舍利殿과 鍾樓를 修葺하면서 거기에 동원된 役僧들에게 도첩을 주도록 한 것[42]을 비롯하여, 太平館의 造營[43] 등 노역

41) 《太宗實錄》 권 32, 태종 16년 8월 신유.
42) 《世宗實錄》 권 43, 세종 11년 2월 을묘·신사.
43) 《世宗實錄》 권 43, 세종 11년 3월 무진.

에 동원된 승려들에게도 도첩을 발급해 주도록 하였다. 그리고 세종 14년에는 본래 도첩이 없거나 도첩을 위조하여 사용한 자 가운데서 46세 이상은 정전을 징수하여 승려가 되게 하며, 45세 이하는 죄를 다스려서 환속시키고, 위조한 도첩을 바쳐 환속할 것을 자원하는 자에게는 죄를 묻지 않도록 하였다.[44] 이러한 조치들은 승려가 되고자 하는 사람들은 매우 많으나 5승포 100필(양반출신) 내지는 200필(천민출신)이라는 과중한 정전을 낼 수 없어서 불법으로 승려가 된 사람들을 구제하기 위한 방편이었다.

문종도 재위기간은 비록 2년에 불과하였으나 그 동안에 승려의 도첩문제에 관한 상당한 관심을 보였다. 문종은 원년(1451)에 기한을 엄격히 정하여 기한 내에 정전을 납부하면 도첩을 발급해 주고, 그 기한을 넘기거나 스스로 머리를 깎는 자는 법에 의해 처리하도록 하였다.[45] 또 그 때 잡아가둔 도첩이 없는 승려들을 모두 환속시키도록 하였는데, 그 가운데에서 정전을 내고 환속을 원하지 않는 자에게는 도첩을 주도록 하였다.[46]

나. 세조대의 재정비

세조대에 이르러 興佛의 기운과 더불어 도첩의 발급도 승려의 자질향상과 실행성 위주면에서 재조정되기에 이르렀다. 세조 3년(1457) 3월에 예조에 내린 교지 가운데서 직접 도첩에 관한 부분은 다음과 같다.

> 一. 이미 禪師와 大禪師의 官敎를 받은 승려에게는 도첩의 유무를 다시 묻지 말 것.
> 一. 정축(세조 3년) 10월 1일 이후부터는 승려가 된 지 만 3개월이 되도록 도첩을 내지 않았을 경우에는 본인이거나 그 친척 및 가까운 이웃 중에서 도첩을 내지 못한 사유를 관에 알려야 하며, 신고하지 않으면 그 가족과 친척이 죄를 받게 된다. 만 3개월마다 반드시 신고하되 1년이 지나도록 도첩을 내지 못한 자는 환속시킬 것(《世祖實錄》 권 7, 세조 3년 3월 병술).

지금까지 강압 일변도의 度僧策에서 벗어나 도첩문제를 조금 완화시킴으로써 승려들에게 잠시 숨돌릴 여유를 주었다. 그러나 세조의 조처는 무조건 도

---

44) 《世宗實錄》 권 57, 세종 14년 9월 병진.
45) 《文宗實錄》 권 7, 문종 원년 4월 계미.
46) 《文宗實錄》 권 7, 문종 원년 4월 병술.

승을 허용하거나 도첩제를 완화하려던 것이 아니라 그 자질과 실질적인 편의에 중점을 두고자 한 것이었다. 세조 7년 3월에는 형조의 상계에 의해 공사의 노비로서 승려가 될 경우에 갖추어야 할 조건을 다음과 같이 정하였다.

> 一. 公賤(官奴)으로서 승려가 되려면 宗門에 신고해야 한다. 종문에서 金剛經·心經·薩怛陁(楞嚴呪)를 능히 암송하고 僧行이 가능한 자를 뽑아서 예조에 보고 하면, 예조에서 정전을 받아들여 도첩을 주고 그 이름과 主司의 이름을 형조에 이첩한다. 형조에서는 여러 衙門의 案籍에 그 사유를 기록하게 한다. 공천(官婢)으로 비구니가 되려는 자 또한 이 예에 의한다. 다만 尼僧은 본래 도첩이 없으므로 정전을 거둘 필요가 없다.
>
> 一. 종문에서 選試할 때 하나의 경전도 암송하지 못하면 승려가 되는 것을 허용하지 않으며, 이를 예조에 보고하고 형조에 이첩하여 소속 아문에 알게 한다.
>
> 一. 私處의 노비(私賤)로서 본래 주인의 情願에 따라 승니가 되려는 자는 그 주인이 종문에 알리고 공천의 예에 의해 선발하되 본 주인의 使喚이 허용되지 않는다.
>
> 一. 공천으로 승려가 된 자는 석달이 되도록 도첩을 내지 못하면 본인이나 가족 및 친척 중에서 그 사유를 관에 알려야 하며, 알리지 않을 경우에는 가족과 친척들이 죄를 받게 된다. 석달이 되었을 때마다 반드시 신고해야 하며, 1년이 지나도 도첩을 내지 못한 자는 환속시킨다(《世祖實錄》 권 23, 세조 7년 3월 경술).

승려가 되기 위해 노비가 내야 할 정전의 액수에 관해서는 전혀 언급이 없으나, 위와 비슷한 내용이 간략하게 정리되어 있는 《경국대전》에는 정전이 正布(5升布) 30필로 되어 있다.[47]

앞에서 본 형조 상계의 경우는 공천과 사천의 출가 및 도첩 발급에 대해서만 언급하고 있을 뿐, 양반이나 평민에 관해서는 전혀 언급이 없었다. 그런데 《경국대전》에서는 양천의 구별없이 규정하면서 단지 사천만을 割註로 표시하고 있는 것으로 미루어 양반이나 서민도 공천의 경우와 같음을 짐작할 수 있다. 그러므로 《경국대전》의 정전 30필도 양반·서민·천민의 차별없이 모두 똑같은 액수였다고 보아야 할 것이다. 태조 이후 양반은 정포 100필, 서민은 150필, 천인은 200필의 정전을 내야 한다고 규정하여 각각 그 차등이 심하였는데, 이제 세조대에 이르러 모두 정포 30필로 정전을 통일하였

47) 朝鮮總督府中樞院에서 간행한 《經國大典》에 '丁錢'을 '正布二十匹'로 되어 있으며, 그 윗부분에 二十의 二를 '壤本 藝本 通編 會通 作三'이라고 註記하고 있어서 20필과 30필의 두 가지로 되어 있음을 알게 된다. 그러나 여기에서는 《成宗實錄》 권 4, 성종 원년 4월 을유조에 있는 '正布三十匹'에 따르기로 한다.

다면 그 부담이 매우 감소되었다고 할 수 있을 것이다.

양반 자제가 정포 100필을 바치고 당시 이단으로 지탄받고 배척 당하던 불문에 출가한다는 것도 실제 어려운 일이지만, 가난한 서민이나 사유재산이 없는 노비가 각각 정포 150·200필을 바친다는 것은 거의 불가능한 일이었다. 따라서 이러한 조처는 승려가 되는 길을 국법으로 막으려던 방편이었다. 이러한 과중한 부담이 세조대에 대폭 줄어들면서 승려가 되려는 자들이 늘어나게 되었다.

도첩제가 이와 같이 완화된 탓에 승려의 수가 매우 많아진 때문인지, 예종대에는 度僧의 조건을 다시 강화하려는 움직임이 표면화되었다. 예종은 불과 일년 남짓 왕위에 있었지만 그 원년(1469) 10월에 韓明澮와 崔恒에게 명하여 「禁僧條件」을 초안하도록 하였다.

이들은 도첩의 법이 《경국대전》에 실려 있으나 그 가운데 鄕吏·驛子·官奴婢 등이 公役을 피하여 법을 어기고 삭발하는 자가 매우 많으므로, 이로부터 향리 등이 승려가 되려고 하면 그 읍에 신고하여 관찰사에게 보고하고 예조에 移文하여서 兩宗으로 하여금 《心經》·《金剛經》·《薩怛陁》·《法華經》을 시험하여 합격자를 상계하고, 정포 50필을 정전으로 거둔 후에 도첩을 수도록 건의하였다. 또 이것을 어기는 자는 處斬하고 그 가족과 친지들이 알고도 신고하지 않은 자는 杖 백대를 치며, 검거하지 않은 수령은 파면 조치하도록 했다. 그러나 이 법을 정하기 이전에 승려가 된 자로 50세 이하는 명년 정월 그믐날까지 스스로 관에 신고하면 그 신분을 허용하도록 안을 올렸다. 그러나 왕은 이 초안이 너무 지나치다고 하여 여러 원로 대신들에게 의논하게 하고는 도첩법을 어기는 자를 참하지 말고 장 백대를 쳐서 환속시키도록 하였다.[48]

여기에서 세조가 완화시킨 도첩제를 그 사후에 다시 강화해 갔음을 보게 된다. 곧 誦經 시험에도 부피가 적은 종전의 세 가지에서 분량이 많은 《法華經》을 더 넣었으며, 30필의 정전포를 50필로 올렸다는 사실을 알 수 있다.

다. 도첩제의 정지와 폐지

성종 원년(1470) 3월에는 예종 원년의 도첩제를 개정하여 강화된 부분을

48) 《睿宗實錄》 권 8, 예종 원년 10월 정축.

다시 고쳐서 종전대로 환원시키도록 하였다. 즉 그 때 院相과 承政院에서 논의하여, 예종 원년에 度僧試經과목으로《법화경》을 새로 추가하고 정전을 20필이나 더 올렸는데, 실제 양민이 승려가 되는 데에는 50필의 정전이 너무 벅차며 또《법화경》도 그 분량이 많으므로,《경국대전》에 의한 종전의 규정대로 시행하는 것이 편리하다고 아뢰었던 것이다.[49]

왕의 조모인 貞熹大妃에 의해 도첩제가 처음의 규정대로 완화되었으나, 그대로 시행되지는 않았다. 도승의 법을 강화하지 않으면 안된다[50]고 주장하는 조신들의 의견에 따라 성종은 軍案을 작성하는 기간에는 도승을 허가하지 않도록 하였으며,[51] 또 각 도의 관찰사들에게 엄명을 내려 도첩이 없는 승려들을 모두 색출해 내어 역을 피하기 위해 출가한 자들을 철저히 방지하도록 하였다.[52] 그러면서도 성종 14년 무렵부터는 궁궐 등의 보수공사에 동원된 승려들에게 도첩을 발급하였는데, 그 수가 무려 수천 명에 이르렀다고 한다.[53] 그래서 사헌부와 사간원 등에서 여러 차례 役僧들에게 도첩을 주는 것은 옳지 않다고 상계 하였으나 왕은 이를 듣지 않았다.[54]

승려들에게 도첩을 주지 말고 불교를 아예 없애야 한다는 주장에 대해 성종은 選僧과 度僧이 비록 正道는 아니지만 祖宗朝로부터 오랫동안 행하였으므로 없앨 수가 없으며, 자신이 숭불하지 않으므로 이 법을 고치지 않더라도 승려들이 저절로 없어질 것이라고 하였다.[55] 그러나 얼마 후 도승의 주무처인 예조에서「禁僧節目」을 상계하였으므로 성종은 軍額이 줄어든다는 이유로, 도첩제를 정지[姑停]하였다.[56]

이러한 조처는 성종 22년(1491)에 북녘의 兀狄哈이 침범하자 許琮을 都元帥로 삼아 北征케 한 사실과 관련이 있다. 요컨대 이 서북정벌로 병력이 많이 필요한 데다가 또 군역을 피하여 머리를 깎고 출가하는 자가 많았으므로 그 군

49)《成宗實錄》권 4, 성종 원년 3월 을유.
50)《成宗實錄》권 55, 성종 6년 5월 을해.
51)《成宗實錄》권 72, 성종 7년 10월 임오.
52)《成宗實錄》권 77, 성종 8년 윤2월 신유・임술.
53)《成宗實錄》권 162, 성종 15년 정월 병진・정사 및 권 163, 성종 15년 2월 경신.
54)《成宗實錄》권 163, 성종 15년 2월 기미・병인.
55)《成宗實錄》권 261, 성종 23년 정월 경인.
56)《成宗實錄》권 262, 성종 23년 2월 갑진.

사력 확보를 위한 방편으로 도첩발급을 정지하였다는 것이다. 이 사실을《연산군일기》나《攷事撮要》등에서 "성종이 度僧法을 파하였다"고 표현하였기 때문인지 근래의 논저들에서는 성종이 도첩제를 폐지한 것으로 설명하고 있다.[57] 그러나 성종 자신이 밝히고 있는 것처럼「姑停」은 임시 방편적인 정지이지 결코 완전히 폐지한다는 뜻은 아니었다. 그렇기 때문에 성종은《경국대전》에 있는 그 조항을 삭제하지 않고 그대로 두었던 것이며, 그 스스로도 도첩을 금지한 것은 군인의 수효가 많지 않기 때문이라고 하였던 것이다. 그러나 성종은 그 이후《경국대전》에 명시된 도첩을 행하지 않았기 때문에 비록 본래는「姑停」(또는 停·禁)이라고 하였으나 나중에는「罷」라고 표기하였던 듯하다.

연산군은 성종이 도첩제를 중지한 것은 군병의 수효가 많지 않았기 때문이므로 도승을 금하지 않겠다고 밝히고, 1년에 10인에게 도첩을 주면 어떤지 승정원에 묻기도 하였다.[58]

그러한 연산군도 나중에는 정치부재의 상태에 빠지게 되어 양종과 도승을 염두에 두지 않았으므로 자연히 도첩제는 폐지된 것과 다름이 없었다. 그러다가 중종 11년(1516) 12월에는 그나마 명목만이라도 남아 있던《경국대전》의 도승조가 삭제되기에 이르렀으므로,[59] 명종 5년(1550)에 일시석이나마 양종과 도승제가 부활될 때까지 도첩제는 완전히 폐지되었다.

(2) 승려의 부역과 그 신분 하락

삼국시대 이래로 승려들은 道人·和上(上人)으로 존경받아 왔다. 특히 신라에서는 그 이름 밑에「師」자를 붙여서 스승으로 공경하였고, 또 고려에서는「福田」이라 불렀다. 조선시대에 들어와 승려들은 국가 工役에 동원되어 막노동하는 승려(赴役僧)로까지 전락하였다.

개국 초부터 부역승의 존재가 확인된다. 태조 2년(1393) 11월에 新都의 경영을 위해 놀고 있는 승려들을 부역승으로 모집한 사실[60]이다. 그 이듬해 한

---

57) 高橋亨,《李朝佛敎》(寶文館, 1929), 234쪽.
安啓賢,〈佛敎 抑制策과 佛敎界의 動向〉(《한국사》11, 국사편찬위원회, 1974), 159쪽.

58)《燕山君日記》권 25, 연산군 3년 7월 경자·8월 을해.

59)《中宗實錄》권 27, 중종 11년 12월 임술.

60)《太祖實錄》권 4, 태조 2년 11월 경신.

양으로 도읍을 옮기고 새로이 景福宮을 짓는 공사에 많은 승려들을 모집하여 역승으로 동원하였다.[61] 그 때 대궐을 짓는 공사에 동원된 백성들의 노고를 덜기 위해 전국 각지에서 모은 일꾼(丁夫)들을 돌려보내고 승려들로 대신하게 하였는데, 그 이유를 다음과 같이 들고 있다.

첫째, 工匠卒徒가 수만 명이나 소요되는 국가의 큰 공사에 농민들만으로 다 충당한다면 농사일을 그르칠 우려가 있을 뿐만 아니라, 그 때문에 일도 오래 걸리며 또 건축기술이 없어서 일솜씨가 서툴다. 반면에 농사일도 없고, 가정도 없는 승려들 중에는 전문적 기능과 일솜씨를 지닌 자들이 많으므로 그들을 모집하여 일을 시킨다면 일도 능률적이고 농사일도 그르치지 않게 된다는 것이다.

둘째, 개국 초에 처음 도승의 기준을 정하지 않아서 승려의 수가 전체 백성의 10분의 3이나 되며 그 중에서 부역에 가능한 자가 또한 3분의 2나 된다. 특히 승려에는 세 종류가 있는데, 먹는 것에 신경 쓰지 않고 無常한 곳에 머물러 僧堂에서 마음을 닦는 이가 최상이며, 법문이나 강설하며 말을 타고 다니는 승려는 중간이고, 齋를 올리는 데나 초상난 곳에 다니며 옷과 밥을 얻는 자는 하류이다. 그러한 하류의 승려들을 국역에 동원시킨다는 것이다.[62]

여기에서 승려를 세 가지 유형으로 나누고 있는 것은 물론 고려시대에서 조선 개국초인 당시에까지 해당이 된다. 新宮 조성 때의 동원 이후에는 한참동안 부역승에 관한 기록이 《조선왕조실록》에서 보이지 않다가 태종 중반 이후에야 보이기 시작했다. 태종 12년(1412) 5월에 도성의 좌우 행랑과 창고 등을 조성할 때, 놀고 있던 승려들을 부역에 동원하였다.[63] 그리고 이듬해인 13년 6월에는 동서 別窯와 행랑공사에 참여했던 부역승들을 돌려보냈다고 하였다.[64] 동별요와 서별요의 事役에 관해서는 자세한 것을 알 수가 없으나, 행랑공사와 비슷한 시기에 기와굽는 일에도 승려들이 동원되었던 것으로 짐작된다. 그러나 그 내용이 너무 간단해서 역승들에게 어떠한 대가를 지불하였는지는 자세히 알 수 없다. 고려시대에는 각 절에 소속된 노비들이 절 안팎의 모든 노역을 담당하였기

---

61) 《太祖實錄》 권 6, 태조 3년 12월 을사 및 권 7, 태조 4년 2월 을축.
62) 《太祖實錄》 권 7, 태조 4년 2월 계미.
63) 《太宗實錄》 권 23, 태종 12년 5월 을사.
64) 《太宗實錄》 권 25, 태종 13년 6월 무신.

때문에 승려들이 직접 힘든 노동을 하지는 않았다. 그러나 조선 개국 초에는 遊手僧을 포함한 승려들이, 또 태종대에는 유수승도가 국역에 동원되었던 것이다. 이들은 일정한 寺籍이나 소임도 없이 떠돌아다니며 승려로서의 行儀에 충실하지 못하였기 때문에 놀고먹는 승려라는 뜻으로 「유수승」이라 하였는지도 모르겠다.

그리고 태종 당시에 서울과 지방의 각 官司에서 營繕할 일이 있으면 언제나 승도들을 징발하여 일을 시켰는데 이들을 「請衆」 또는 「請僧」이라고 하였다. 여기에는 도첩을 주거나 승직을 주는 조건과 같은 것은 전혀 없었던 듯하다. 태종은 17년(1417) 11월에 예조에 교지를 내려 전국의 모든 관사로 하여금 청승의 법을 일제히 금하게 하였는데, 별요에서 청승들에게 기와굽는 일도 시키지 못하게 하였다.[65]

그 뒤 세종대에 이르면 이 부역승은 매우 빈번히 동원되고 그 노역의 대가로 양식을 받거나 도첩 및 직첩을 발급 받기도 하였다. 세종 8년(1426) 2월에는 지방 승려들이 징발되어 별요에서 기와굽는 일을 도와 옷과 양식을 받았으며,[66] 11년 3월에는 太平館의 역사에 동원된 승려들에게 도첩을 주도록 하였다.[67] 15년 2월에는 각 도의 승군 1,000명을 징발하여 태평관의 역사에 일하게 하였고,[68] 17년 5월에 興天寺 舍利塔新殿을 공사할 때에 역승 동원의 일을 繕工監에게 맡겼다.[69] 20년 2월에는 홍천사 舍利閣의 공사에 역승군 600명을 동원하였다. 이 때 자원한 역승에게는 30일을 채우면 도첩을 주고, 자신이 양식을 가지고 와서 일하는 자는 15일이 차면 도첩을 주었으므로 사방에서 승려들이 모여들어 문제를 일으키기도 하였다.[70]

그 밖에도 세종은 지방 군사도로의 확장 및 院館의 건립공사 등에도 승려들을 동원하였으며,[71] 山陵의 역사에 도첩 없는 승려들을 모아 일을 시켜 도첩과 직위를 주기도 하였다.[72]

---

65) 《太宗實錄》 권 34, 태종 17년 11월 임자.
66) 《世宗實錄》 권 31, 세종 8년 2월 계미.
67) 《世宗實錄》 권 43, 세종 11년 3월 무진.
68) 《世宗實錄》 권 59, 세종 15년 2월 을해.
69) 《世宗實錄》 권 68, 세종 17년 5월 임진.
70) 《世宗實錄》 권 80, 세종 20년 2월 계유.
71) 《世宗實錄》 권 91, 세종 22년 11월 계축.
72) 《世宗實錄》 권 111, 세종 28년 3월 을미.

한편 불교를 신봉하던 세조는 4년(1458) 8월부터 楡岾寺 등 여러 곳에 부역승 46,598명을 동원하였는데, 그 중에 43,894명에게 도첩을 주었으며, 懿墓와 刊經都監의 역사에서 도첩을 받은 자는 셀 수 없었다. 또 檜巖寺의 중수 때에는 17,080명의 역승 중 15,274명에게 도첩을 주었으므로 그 후 무식한 무리들이 서로 다투어 머리를 깎아 그 폐단이 말할 수 없을 지경에 이르렀다. 그래서 세조 8년 4월에 예조에서 부역승에게 도첩을 주지 말 것을 아뢰자 왕은 그에 따랐다.[73)]

숭유배불에 철저하였던 성종도 부역승을 많이 동원하여 그 노동의 대가로 도첩을 주었다. 성종 14년(1483) 3월에서 15년 9월 사이에 있었던 昌慶宮 건립공사에 4,000여 명의 부역승을 동원하고 그들에게 도첩을 주었는데, 14년에 3,000명의 승려가 동원되었고, 15년에는 1,000여 명의 승려가 부역하였다.[74)] 이 때 조신들로부터 많은 반대와 항의를 받았으나, 성종은 백성들의 농사일에 지장을 주지 않고 국가에 이익이 된다는 구실로 그 밖의 공사에도 승려들을 동원하였다.

《경국대전》에서 度僧條를 삭제하여 선·교 양종이라 일컬어지던 당시 불교의 존립 근거를 없앤 중종도 부역승을 적지 않게 동원하였다. 중종 30년(1535)에 계획을 세운 安行梁(충남 태안반도 서쪽) 運河공사의 試行工役으로 한강 상류의 犬項 防塞공사를 시작하여 동왕 31년 7월 준공하였는데, 거기에 동원된 3,000여 명의 부역승들에게 號(戶)牌를 주었다.[75)] 호패는 국민의 신분증이었으므로 승려에게는 도첩을 주어야 하는데 당시는 이미 《경국대전》에 도승조가 삭제되어 승려이면서도 도첩을 지닐 수 없었으므로, 신분상 국가로부터 보장받을 근거가 없어진 승려들에게 도첩 대신에 노역의 대가로 호패를 주었다.

불교 말살론을 주장하는 朝臣과 儒士들이 역승에게 호패를 지급하는 일에 대해 묵과할 리가 없었다. 더구나 견항역사에서 호패를 받지 못한 승려 1,500여 명과 또 新川에 공사가 있다 하여 모여든 1,300여 명이 길을 막고 울부짖으며 호소하였으므로, 관리들이 내쫓으면 10여 리 사이에서 서로 아우

73) 《世祖實錄》 권 28, 세조 8년 4월 기사.
74) 《成宗實錄》 권 163, 성종 15년 2월 경신·계해·을축.
75) 《中宗實錄》 권 82, 중종 31년 6월 갑오·8월 신묘.

성치며 엉켜 늘어졌다.[76] 그러한 작폐까지 겹쳐 역승의 호패문제가 조야에 큰 논란을 불러 일으켰으므로, 왕은 안행량의 공사를 중단하려고까지 하였다. 그러나 중종 32년 2월에 착공하여 7월에 마쳤는데, 물론 거기에도 수천 명의 승려를 동원하였고 그들에게도 호패를 주었다. 공사 시작 이전부터 논란이 분분하였던 僧給牌의 문제는 그 공사가 끝나자 다시 제기되어 견항과 蟻項의 공사에서 역승에게 준 호패를 몰수해야 한다는 주장이 빗발치듯 하였다. 그 때 중종은 "역승의 근본 뜻은 오직 抑僧에 있으며, 호패를 주는 것은 억승의 규모이다"[77]라고 변명하였으며, 영의정을 비롯한 원로 대신들의 논의에 따라 이미 준 호패는 몰수하지 않고 그들이 쌓은 제방과 뚫은 運路를 영구히 수축하도록 하되 거기에 응하지 않는 자는 호패를 몰수하고 호패가 없거나 공사를 피해 도망간 자는 색출해내어 군인으로 충당시키도록 하였다.[78]

이와 같이 불교를 억제하던 시대에는 승려가 되기 위해 부역에 동원되어 도첩을 얻었고, 廢佛의 때에는 노역에 나아감으로써 도첩이 아닌 호패를 얻을 수 있었다. 그러나 그 후부터는 노역에 동원되어도 호패조차 얻지 못하는 처지가 되었다.

3) 왕실의 불교숭신과 불교행사

조선왕조를 전반적으로 「儒教至上主義時代」라고 일컫는 이면에는 排佛抑僧의 정책이 필연적으로 내포되었음이 암시되어 있다. 중종대까지를 조선 초기 불교의 시대범주로 본다면, 이 시기에는 억불정책을 시행한 것만이 아니고 폐불정책까지도 행하였다.

그러나 왕조를 새로 세운 태조를 비롯하여 독실하게 불교를 신앙한 국왕이 없지 않았다. 또 불교를 이단이라 하여 그 뿌리마저 송두리째 뽑아버려야 한다고 주장하는 신하들과 더불어 억불과 폐불을 결행하였던 왕들의 재위기간에도 왕실에서는 불교행사가 행해지기도 하였다.

---

76) 《中宗實錄》 권 81, 중종 31년 5월 갑자.
77) 《中宗實錄》 권 83, 중종 32년 2월 기묘.
78) 《中宗實錄》 권 88, 중종 33년 9월 무술.

(1) 숭불의 왕과 그 불사

가. 태조의 숭불과 중요 불사

왕위에 오르기 전부터 불교와 인연이 깊었다고 전해지는 태조는 그 개국 원년(1392)에 自超를 王師로 삼고, 궁중에서 200명의 승려에게 飯食 공양하였다.[79] 태조 2년에는 僧錄司의 건의에 따라 고려왕조에서 매년 3월에 행하였던 그대로 禪敎의 福田(승려)을 모아 성중의 거리에서 諷經하는 經行을 하게 하였으며, 演福寺塔의 낙성에 文殊會를 베풀게 하고 국왕이 친히 행차하여 설법을 들었다.[80] 또 태조는 그 부모의 제삿날에 대궐 안에서 승려들에게 誦經하게 하고 廣明寺에서 500명을 飯僧하였다.[81]

3년에는 天台宗 승려 祖丘를 국사로 삼았으며,[82] 《法華經》 3부를 금글씨로 써서 고려 王氏宗族의 명복을 빌어주게 하였다.[83] 5년 12월에는 興天寺를 세우게 하였으며,[84] 7년에는 강화도 禪源寺에서 大藏經板을 支天寺로 옮겼다.[85] 이 밖에도 태조는 建國慶讚사업으로 대장경을 인간하고 金銀字寫經 등을 행하였는데, 재위 7년 동안 《조선왕조실록》에 전하는 불교행사만도 大藏印經 12회, 消災會 14회, 佛事法席 35회, 飯僧 9회 등에 이른다. 왕위에 있으면서 松軒居士라 自號하였던 태조는 念佛三昧로 그 말년을 보낸 숭불의 왕이었다.

나. 세종의 신불과 불전·찬불곡 간행

세종은 7宗이던 교단을 선·교의 양종으로 폐합하고, 전국에 36寺와 3,770명의 승려만을 남게 하여 오히려 그 부왕보다 더 심한 억불책을 시행했다. 그러면서도 원년(1419)에 老上王 정종이 세상을 떠났을 때 興德寺·興福寺·興天寺·藏義寺·津寬寺·開慶寺 등에서 7齋를 베풀었다.[86] 또 모후의 병환에는 개경사에서 觀音祈禱와 반승 및 藥師祈禱를 행하게 하였고, 왕은 친히

79) 《太祖實錄》 권 2, 태조 원년 10월 정사·기미.
80) 《太祖實錄》 권 3, 태조 2년 3월 정사·계유.
81) 《太祖實錄》 권 3, 태조 2년 4월 갑진 및 권 4, 태조 2년 7월 병인.
82) 《太祖實錄》 권 6, 태조 3년 9월 을사.
83) 權 近, 〈別願法華經跋語〉(《陽村集》 및 《東文選》 권 103, 跋).
84) 《太祖實錄》 권 10, 태조 5년 12월 병술.
85) 《太祖實錄》 권 14, 태조 7년 5월 병진.
86) 《世宗實錄》 권 5, 세종 원년 10월 경진·11월 을묘.

개경사에 행하여 藥師精勤의 불공을 행하고 반승하였다.[87] 그 모후의 사후에는 홍덕사·홍복사·大慈庵·홍천사·개경사·회암사 등에서 7재를 베푸는 등, 종래 왕실의 관례적인 設齋, 法席 등의 불사를 행하였다.

그러나 세종은 해마다 두 번에 걸쳐서 행해지던 都城經行을 폐지하고, 성 밖 승려의 도성안 출입과 연소자의 출가를 금하는 등 배불책을 늦추지 않았다. 그러한 세종도 중년 이후로는 경전을 가까이 하고 불사를 일으켰다. 조신과 유신들 및 成均館 학생들의 거센 반대가 있었으나, 세종은 그 말년에 더욱 불교에 심취하여 대궐 안에 불당을 세웠으며,[88] 또 佛傳인 《釋譜詳節》을 편찬하게 하고 스스로도 讚佛의 歌頌 《月印千江之曲》을 지었다. 즉 세종은 28년에 왕비(昭憲王后)가 세상을 떠나자 그 명복을 빌기 위해 둘째 아들 首陽大君을 시켜서 불전을 편찬하게 하였으므로, 수양이 金守溫 등의 도움을 받아 梁僧祐의 《釋迦譜》와 唐 道宣의 《釋迦氏譜》를 중심으로 여러 경전들을 참고하여 훈민정음으로 大佛陀傳을 편찬하여 29년(1447) 7월에 완성한 것이 곧 《석보상절》 24권이다.[89] 그리고 《석보상절》이 완성되자 세종이 이를 보고 불덕을 찬송하여 3권의 책으로 간행한 것이 《월인천강지곡》이다.[90]

당시 배불시대의 왕으로서 불타의 전기를 훈민정음으로 집성하고 장편의 서사시로 불덕을 읊어 우리 글로 엮어서 간행하였다는 것은 문화사적으로도 의의가 큰 불사였다고 할 수가 있다.

다. 세조의 홍불과 불교 문화사업

조선 초기 억불시대에 불교를 부흥시켰던 세조는 즉위 이전부터 불교와는 인연이 깊었던 듯하다. 그가 부왕의 명으로 《석보상절》을 편찬하였기 때문인지는 모르나 일찍이 석가와 공자의 도에 대하여 그 우열을 언급하는 자리에

87) 《世宗實錄》 권 8, 세종 2년 5월 병신 및 6월 무술·계묘.

88) 《世宗實錄》 권 121, 세종 30년 7월 신축·31년 정월 기해.

89) 《釋譜詳節》은 세종 29년 銅鑄字로 간행되었다. 세조 5년(1459)에는 《月印千江之曲》과 합책하여 《月印釋譜》로 만들었다. 《석보상절》은 24권 중 현재 8권 쯤이 전해지고 있으며, 《월인석보》는 15권 쯤이 현존한다.

90) 《月印千江之曲》은 上·中·下 3권이었으나 현재 상권만이 남아 있으며, 《月印釋譜》의 23권에 제500~519章이 수록되어 있는 점으로 미루어 모두 550장이 넘었던 것으로 보인다. 초간본의 정확한 연대는 알 수 없다.

서 "釋氏의 道는 孔氏의 도보다 나을 뿐만 아니라 하늘과 땅의 차이이다"[91] 라고 할 정도였다. 따라서 왕위에 오르자 곧 불교를 신봉하고 보호하는 정책을 펴나갔을 것은 당연하다고 하겠다.

세조 3년(1457)에 왕은 세자의 구병을 위해 21명의 승려를 모아 慶會樓 아래에서 밤새워 孔雀齋를 作法하게 하고, 의정부 당상 및 6조판서 이상과 승지를 齋所에 들어가 기도하도록 하였다.[92] 9월에 세자가 죽자 왕은《大藏經》과《華嚴經》을 각 한 질씩,《法華經》·《楞嚴經》·《翻譯名義集》각각 100질,《地藏經》과《懺法》을 각각 14질씩을 간인하게 하고, 또《법화경》·《지장경》·《大乘起信論》·《梵網經》·《行願品》각 한 질씩을 필사하게 하였다. 특히《금강경》과《법화경》을 왕이 손수 베껴 썼고,《金剛經五家解說誼》와《校定永嘉集說誼》및《證道歌集註》등의 불서를 각각 100질씩 간행하게 하였다.[93]

세조가 재위한 14년간에 있었던 그 많은 숭불호법의 행사들은 낱낱이 다 들기 어려울 정도인데, 그가 행하였던 중요 불사를 다음의 세 가지로 크게 묶을 수 있다. 첫째는 승려의 권익을 옹호하여 불교의 위치를 보장한 것이며, 둘째는 사원을 세우거나 중수하고 三寶를 숭봉하는 등의 불사를 일으킨 것이고, 셋째는 불전을 국어로 번역하여 간행하고 대장경 등 불교전적을 간인하며 또한 불교음악·무용 등의 불교문화사업을 크게 일으킨 일들이다.

세조 3년에 예조에 傳旨하여, 관원이나 유생은 절에 올라가지 말 것, 죄를 지은 승려가 있어서 그 죄를 심문해야 할 경우에는 반드시 왕에게 아뢴 다음에 관원이 절에 올라가야 하며, 죄를 지은 승려가 있으면 도첩을 상고하여 상계하고 허락이 있은 다음에 죄를 다스릴 것, 절들에 부과된 부역 외의 모든 노역은 일체 없앨 것 등의 조례를 시행하게 하였다.[94] 그리고 이미 살펴본 바와 같이 세조는 度僧과 選試의 법을 정해《경국대전》에 싣고 후대 왕들로 하여금 준거토록 하였으므로, 그의 재위기간 동안에 불교의 위치가 보장되고 승려의 권익이 옹호되었던 것만은 틀림없는 사실이었다.

세조의 대표적인 불사의 하나로 大圓覺寺의 창건을 들 수 있다. 이 절은

91)《世宗實錄》권 122, 세종 30년 12월 정사.
92)《世祖實錄》권 8, 세조 3년 7월 기축.
93)《金剛經五家解》(雲興寺板) 御製跋文.
94)《世祖實錄》권 7, 세조 3년 3월 병술.

동왕 10년 5월에 착수되어 그 이듬해 4월에 완공되었고,[95] 여기에는 큰 불상과 종이 안치되었다. 또 세조 13년에는 석탑을 세웠는데 지금도 그 터(鐘路 탑골공원)에 남아 있다. 이 밖에도 세조는 正因寺를 세우고 海印寺·上院寺·月精寺·檜巖寺·靑鶴寺·道岬寺·神勒寺·表訓寺 등 많은 절의 보수와 중수를 도왔으며, 俗離山 福泉寺와 襄陽 洛山寺 및 五臺山과 金剛山의 여러 절들을 찾아 三寶에 공양하는 등 불법의 外護에 힘썼다.

그러나 세조대의 불사 가운데 무엇보다도 역사에 길이 남을 대불사는 한문경전 뿐이었던 당시에 불경을 우리 글로 번역하여 간행한 일이었다. 세조는 동왕 5년에 《月印釋譜》를 간행하였고, 7년 6월에 刊經都監을 설치하여[96] 많은 불교전적을 우리글로 번역하여 간행토록 하였다. 그 이듬해에는 《楞嚴經諺解》를 완성한 것을 비롯하여 《법화경》·《금강경》·《心經》·《圓覺經》·《永嘉集》 등을 계속해서 국역으로 간행하였다. 이 때 간행된 불전들이 우리의 글자에 의해 처음으로 불교경전이 번역되었다는 사실과, 거기에 쓰인 글자와 말들이 오늘날 우리 국어 연구에 귀중한 보배구실을 하고 있다는 점 등에서 그 민족문화사적 가치와 의의가 매우 크다고 하지 않을 수 없다.

그리고 세조 6년에는 〈靈山會上曲〉(靈山會相이라고도 함)과 蓮花臺舞를 제작하여 正雅樂으로 삼았다. 〈영산회상곡〉은 세종대의 廟庭正樂인 〈鳳凰吟〉을 확대하여 편제한 大合奏樂으로서 '靈山會上佛菩薩'을 창하는 데에서 붙여진 곡명이다. 연화대무는 신라 이래의 處容戱를 받아들여 연화대를 중심으로 〈영산회상곡〉을 연주하면서 處容舞와 花舞를 추고 彌陀讚·本師讚·觀音讚을 和唱하는 불교 가무극이라 할 수 있다.[97]

(2) 척불정책 하에서의 왕실불사

태종은 즉위하면서 종전의 國行佛事를 폐지하였으나 그 원년(1401) 정월에 왕실에서는 여전히 乾聖寺에서 帝席禮懺을 베풀고, 津寬寺와 觀音窟에서 水陸齋를 베풀었다. 이 일에 대해 태종은 궁중의 부녀들이 자손의 수명연장을 바라고 행하므로, 그것을 금하고자 하나 아직 금하지 못하고 있다고 변명하

95) 《世祖實錄》 권 33, 세조 10년 5월 을묘·11년 4월 계미.
96) 《世祖實錄》 권 24, 세조 7년 6월 을유.
97) 《慵齋叢話》 권 1.
李能和, 앞의 책, 410~411·641~650쪽.

였다.98) 부왕인 태조에 의해 행하여졌던 국행불사를 폐지한 태종도 직접 자신의 자손을 위해 왕비가 베푼 佛事法席은 금하지 않고 그대로 두었다.

태종은 부왕의 구병을 위하여서 또는 자신이나 처자 권속들을 위한 불사법석을 많이 베풀었다. 특히 부왕 태조가 세상을 떠났을 때에는 불교의식에 의한 49재와 여러 가지의 법석을 베풀고 그 山陵에는 開慶寺를 세워 齋宮으로 삼았다.99) 또 태종은 개경사를 창건한 이듬해인 9년 8월에 그 모후의 齊陵에 세워져 있던 衍慶寺를 개창하게 하여 그 이듬해 4월에 완공하였는데, 왕은 사재로 法衣와 法鉢을 갖추고 法華經法會를 베풀어 낙성하였다.100) 그리고 태종은 자신이 젊었을 때 공부하며 머물었던 원주 覺林寺를 중창하게 하였으며101) 그의 넷째 아들 誠寧大君이 14세에 요절하자 그 무덤 가까이에 大慈庵을 세워 명복을 빌도록 하였다.102)

이 밖에도 태조의 원찰인 흥덕사 창건을 도우고 흥천사 전탑을 중수하는 등의 불사를 행하였다. 그러나 태종은 불사를 행하면서도 언제나 자신은 불교를 싫어한다는 뜻을 신하들에게 밝히고 그 입장을 변명하였다. 그 한 예로 태종은 왕후의 병이 위독하여 본궁에서 藥師精勤을 베풀고 100명의 승려에게 경회루에서 독경하게 하고 스스로는 여러 아들들과 燃臂까지 하였는데 그 때 불교가 허탄한 것임을 알지만 왕비가 불교를 믿기 때문에 빌어보는 것이라고 하였던 사실103)을 들 수 있다.

태종보다 더 심한 억불의 왕이라 할 수 있는 성종이나, 기불 및 폐불의 군주라 불리우는 연산군과 중종대에도 왕실에서 불사가 전혀 없었던 것은 아니었다. 그러나 그러한 불사들은 거의 대부분이 대비나 중궁이 행한 경우들이었다.

성종은 즉위하면서 전왕 예종의 7재를 진관사·奉先寺·藏義寺 등에서 지냈으며, 또 百齋와 小祥齋를 정인사에서 베풀었다. 성종 5년(1474) 4월에 왕비가 세상

---

98) 《太宗實錄》 권 1, 태종 원년 정월 정축.
99) 《太宗實錄》 권 16, 태종 8년 7월 을해.
100) 《太宗實錄》 권 18, 태종 9년 8월 신해 및 권 19, 태종 10년 4월 임인.
101) 《太宗實錄》 권 33, 태종 17년 9월 정묘.
102) 《太宗實錄》 권 35, 태종 18년 4월 갑신.
103) 《太宗實錄》 권 25, 태종 13년 5월 갑신.

을 떠났을 때에도 장의사·진관사·정인사 등에서 7재를 베풀었으며, 가뭄이 심한 때에는 절에서 기우하게 하였는데, 그 당시는 대비가 섭정을 하던 시기였다.

불교를 배척했던 성종의 뒤를 이은 연산군은 부왕을 위해 7재와 수륙재 등의 불사를 베풀었는데, 그 역시 두 대비의 영향에 의한 것이었다. 도승조를 《경국대전》에서 삭제하고 선교양종과 승과제도를 모두 폐지해 버린 중종도 그 즉위 초에 연산군대 몰수당한 모든 水陸·陵寢寺刹의 位田을 돌려주고 또 연산군에 의해 폐사가 된 淨業院 등의 절을 다시 세우도록 하였는데, 이것 역시 대비의 뜻을 따른 것이었다.

4) 민간의 불교신앙

조선 초기에 행하여졌던 민간의 불교신앙에 관한 자료는 오늘날 거의 찾아보기가 어렵다. 그러나 고려시대에 민간에서 행해졌던 불교신앙은 왕조의 바뀜과는 상관없이 그대로 조선시대의 백성들에게도 이어졌을 것이다. 다만 억불과 배불 내지는 폐불이라는 국가의 시책에 의해 차단 당하였으므로 민간의 불교신앙은 점점 약화되어 갔다고 할 수 있다.

삼국시대에 불교를 받아들인 이후 신라 통일기에 이르는 동안 불교신앙형태는 어느 정도 정착되어 있었다. 고려시대에 들어와서도 祈福攘災的인 면과 密敎的 의식의 경향이 좀더 짙은 편이기는 하였으나, 그 신앙형태에는 별로 변한 것이 없었다. 현실적 고난을 구제하는 관음신앙, 현세는 물론 내세의 안락을 희구하는 미타(정토왕생)신앙, 燃燈讚仰하고 大雄(靈山)寶殿에 봉안 공양하여 구복하는 석가불신앙, 고통을 제거하고 병을 낫게 하는 약사여래신앙, 그리고 彌勒·地藏·文殊·普賢·帝釋·諸天·神衆·七星 등의 신앙이 조선왕조의 초기에도 여전히 민간 깊숙히 자리잡고 있었을 것으로 보인다.

(1) 관음신앙

태조는 그 원년(1392) 11월에 관음굴에서 승려들에게 반식공양을 하였는데, 그 뒤에도 왕은 관음굴에 여러 차례 행차하였으며 또 수륙재 등 불사를 베풀었다.[104] 물론 태조는 다른 절이나 道場에도 자주 행차하고 많은 불사법석

104) 《太祖實錄》 권 2, 태조 원년 11월 임진 및 권 9, 태조 5년 2월 정유.

을 베풀었기 때문에 관음굴의 경우도 그러한 사례의 하나로 볼 수 있겠으나, 사실은 태조 스스로 뿐만 아니라 그 증조부 때부터 독실한 관음신앙과의 인연이 있었다. 태조의 증조부로서 翼祖로 追尊된 李行里가 아들을 얻기 위해 부인과 함께 洛山 관음굴로 가서 기도하자, 꿈에 나타난 한 스님이 "반드시 귀한 자식이 태어날 것이니 이름을 善來라 하라"고 한 말에 따라 아들을 낳고 선래라 이름하였는데, 그가 태조의 조부였다는 것이다.[105]

그리고 태조는 일찍이 觀音畵像을 조성하여 불교를 싫어하는 아들 태종에게 준 일이 있었는데, 태종은 그 관음상을 잘 간직하고 있다가 그 12년에 부왕의 원찰인 개경사에 작은 전당을 세워 모셨다. 또 태종은 慶州 栢栗寺의 旃檀관음상을 개경사에 옮겨 모시게 하였다.[106] 그리고 태종 13년 5월에는 이들을 봉안한 개경사의 관음전에서 법석을 베풀었다.[107] 불교를 싫어한다고 하였던[108] 태종이 그 부왕으로부터 받은 관음화상을 고이 간직하였다가 관음전을 세워, 수백년간 신봉 받아온 백률사의 관음상과 함께 봉안하고 법석을 베풀어 개경사를 관음도량화하였던 것이다. 이로 볼 때 태조는 말할 것도 없고 태종까지도 관음신앙자였다고 할 수 있을 것이다.

세종도 그 초년에 모후의 병을 치유하기 위해 개경사의 관음에 기도하고 반승하게 하였으며, 그 아들 세조는 특히 관음보살이 몸을 나툰 상서로운 모습을 직접 목격하였다고 한다. 즉 세조는 8년(1462) 10월에 중궁·세자와 함께 신하들을 거느리고 京畿道 砥平縣 彌智山 上元寺(孝寧大君 補의 願刹)에 행차하였을 때, 그 절 위의 공중에서 상서로운 구름이 솟아올라 白衣의 관세음보살이 몸을 나투어 찬란한 빛을 비추었으므로, 거기에 있던 사람들은 물론이고 멀리에서까지 모두 우러러보았다는 것이다. 그 때 百官이 경하하였고 왕은 대궐로 돌아와 관음상을 조성하도록 하였고, 이를 봉안할 전당을 짓도록 하였다. 그리고 관음의 나툰 모습을 그리도록 분부하였는데, 이러한 사실을 현장에서 목격하고 쓴《觀音現相記》가 지금도 남아 있다.[109]

---

105)《太祖實錄》권 2, 태조 원년 8월 경신.
106)《太宗實錄》권 24, 태종 12년 9월 갑오·10월 경오.
107)《太宗實錄》권 25, 태종 13년 5월 정유.
108)《世宗實錄》권 8, 세종 2년 7월 계미.
109) 崔 恒,《觀音現相記》, 刊記 미상의 별책 간본.

이상의 경우는 모두 국왕과 관련된 사례들이므로 사실 그대로가 민간의 관음신앙이라고 하기는 어렵다. 그러나 태조의 증조부와 조부는 분명히 고려의 백성이었으므로, 그들의 신앙은 곧 당시 민간에 행해졌던 관음신앙의 일부임에 틀림없다. 또한 국왕과 왕실의 信佛경향은 바로 백성들에게 영향을 주었을 뿐 아니라 그 자체가 민간신앙을 반영한 것이라고도 할 수 있다.

(2) 미타신앙

阿彌陀佛은 뜻으로 옮겨서 無量壽如來라고도 한다. 彌陀라 약칭되는 이 如來(佛)는 10劫 이전에 성불하여 현재 이 세계에서 10만억 국토를 지난 서쪽에 자리하고 있는 극락세계(安樂·安養國)의 主佛이다. 이 미타불의 이름을 지극히 稱念하면, 현재 세상에서도 편안하고 죽은 뒤에는 극락세계에 태어나게 된다는 것이다. 극락은 죽음·아픔·괴로움·슬픔·가난·굶주림이 없는 절대 안락만이 있는 淨土이므로, 그곳에 태어나기를 希願하는 신앙을 정토신앙이라 하며 아미타불을 칭념하기 때문에 미타신앙이라고도 한다.

이 신앙은 죽은 뒤의 정토왕생을 주로 기원하고 있기 때문인지 국왕을 비롯한 왕실의 불교행사에서는 찾아보기가 어렵다. 다만 국왕과 왕비의 사후에 절에서 7재를 베푸는 등 불교의식으로 명복을 비는 행사가 없지는 않으나, 정토신앙이 표면으로 드러난 경우는 거의 보이지 않는다. 이는 祈福攘災的인 고려의 신앙풍습을 그대로 답습한 때문이다.

그러나 일반 백성들의 경우는 현실의 불행과 빈곤을 벗어나 내세에는 안락한 생활을 누리고자 하는 정토신앙을 큰 희망으로 의지하였다. 그래서 민간에는 미타염불의 정토신앙이 오랫동안 자리를 잡아 왔으므로, 조선 초기에도 여전히 서민계층에 퍼져있었을 것이다. 이 시대의 미타신앙을 이해할 만한 직접적인 자료는 찾아보기 어렵다. 다만《조선왕조실록》에 두 건의 사례가 있을 뿐이다.

세종 5년(1423)에 충주에 사는 船軍 李龍의 妖言이 보고되었는데, 그 내용은 대략 다음과 같다. 즉 이룡은 항상 미타불을 칭념하였는데 하루는 陰城땅의 迦葉寺 골에 이르러 큰 소리로 염불을 하였더니 갑자기 공중에서 무슨

한편 觀音現相事實은《世祖實錄》권 29, 세조 8년 11월 을미조에도 있다.

소리가 들렸으므로 걸음을 멈추고 서서 자세히 들어보니 작은 목소리로, "너는 무슨 소원이 있어서 이와 같이 염불을 하는가"라고 하였다. 그가 공중을 쳐다보니 노랗고 희고 검은 세 빛깔의 구름 가운데에 둥근 구멍이 나 있고 그 안에 세 부처가 함께 앉았는데 모두가 흰색이었다. 깜짝 놀라 꿇어앉아 정신없이 합장하고 3佛의 물음에, "집안이 몹쓸 전염병을 만나 부모를 잃고 가난하여 걸식하므로 해마다 풍년이 들어 國泰民安하도록 소원하여 염불하는 것입니다"라고 대답하였다는 것이다.[110)]

당시 조정에서는 이룡의 말을 요언이라 하였으나, 이 이야기를 통하여 가난한 서민층에서 염불하는 사람들이 있었다는 사실과 그 염불의 목적이 극락세계에 왕생하고자 했던 것이 아니고, 현재의 풍년과 국태민안을 기원하는 데 있었다는 점도 알 수 있다. 물론 이 사례는 가난한 선군 한 사람에 국한된 이야기이므로 당시 서민층 전부에 해당시킬 수는 없으나, 그의 염불과 소원은 당시 서민들의 염불과 그 염원을 반영한 것으로 볼 수 있는 것이다. 또 하나의 사례는 성종 2년(1471) 5월에 司憲府 持平 金首孫이, 社長 등이 僧尼들을 불러 모아 여염에서 염불을 일삼아 범패 소리가 나라 안에 넘치며, 남녀들이 분주하게 모여들고 있다고 보고한 사실이다.[111)] 또 같은 해 6월에 사헌부 대사헌 韓致亨 등이 상소한 건도 같은 사례이다.

> 아미타불을 칭념하면 불도를 이룰 수 있고 죄악을 없앨 수 있다하여 大都의 여염 가운데, 創社하여 念佛所라 일컬으며, 할 일 없이 분잡스레 무리지어 모여서 검은 옷에 검은 관을 쓰고 남자는 동쪽이며 여자는 서쪽이니, 그 모양은 승려도 아니고 속인도 아니며 그 거처하는 곳은 절도 아니고 집도 아닙니다. 아침에는 市利를 속이고 저녁에는 佛에 귀의하며, 기이하고 괴상한 모양새로 뒤섞여 둘레를 돌면서 징을 울리고 북을 치며 뛰놀면서 춤을 추므로 거리의 아이들과 마을의 아낙네들이 둘러서서 흠모하듯 봅니다(《成宗實錄》 권 10, 성종 2년 6월 기유).

이 상소를 통해 당시의 염불소의 실상을 어느 정도 알 수 있다. 이것은 미타염불신앙이 변형된 것이다. 민간에 널리 전파된 '禮念彌陀 往生淨土'의 신앙은 염불소라는 「社」를 중심으로 승니와 속인이 뒤섞여서 염불하고 범패를 하며 북치고 징울리며 뛰고 춤을 추었다는 것이다. 요컨대 미타불의 자비

110) 《世宗實錄》 권 19, 세종 5년 정월 갑오.
111) 《成宗實錄》 권 10, 성종 2년 5월 계유.

원력에 힘입어서 현세에 편안하고 사후에는 극락정토에 왕생하려는 아미타불 신앙은, 여염의 골목을 휩쓸고 떠도는 염불패로 전락하고 놀이패처럼 속화되기에 이르렀다.

(3) 불탄일 연등과 수륙재

가. 4월 8일의 연등요복

등불을 밝혀서 불덕을 찬양하고 복을 얻고자 했던 燃燈佛事는 민간의 신앙행사로서 신라시대부터 행해져 왔다. 처음에는 八關會와 더불어 국가적인 행사로 운영되었으나, 연등불사는 민간에 널리 확산되어 고려말에서 조선 초기에 걸쳐 佛誕日인 4월 초파일에 집집마다 등불을 화려하게 달았으며, 나중에는 觀燈놀이라는 민속행사가 되기까지 이르렀다.

연등법회는 특히 고려시대에 왕실을 중심으로 하는 국가적인 행사로 해마다 上元節인 정월 15일에 거행되었으나 경우에 따라서는 2월에 행해지기도 하다가, 고려말에 와서 4월 8일에 불탄 경축행사와 함께 행하여지게 되었다. 이 연등행사는 그 후 사월 초파일의 봉축불사로 정착되었고 아울러 서민층에도 자리잡아 일종의 명절 민속행사로 일반화되기에 이르렀는데, 그 대표적인 행사가 관등놀이와 홋기놀이(呼旗戲)이다.

홋기놀이는 고려시대부터 행하여졌으며 공민왕은 대궐 뜰에서 홋기놀이를 하게 하여 직접 관람하고 상을 내렸다고 한다.[112] 조선시대의 연등행사는 계속되는 폐지건의 속에서도 답습되었다. 즉 태조가 즉위한(1392) 바로 다음달인 8월 초에 都堂에서 팔관회와 연등을 폐지할 것을 청했으며, 태종과 세종대에도 연등을 금지해야 한다는 건의와 상소가 있었다. 그러나 4월 8일의 연등행사는 여전했고 홋기놀이와 관등놀이도 계속되었다.[113]

성종대 禮曹判書 등을 역임한 成俔도 홋기와 관등에 관하여 간략하게 당시의 풍모를 전하고 있다.

---

112) 《高麗史》 권 40, 世家 40, 공민왕 13년 4월 신축.

113) 《世宗實錄》 권 39, 세종 10년 3월 갑진조에 의하면, 左司諫 金孝貞은 "복을 맞아들이려는 무리들이 밤새워 관등하고 논다"고 하고, 또 "무뢰한들이 옛 습속을 버리지 않고 旗를 잡고 북을 치며 떼를 지어 외치고 다니며 연등의 비용을 마을사람들로부터 구걸한다"고 하며 연등행사를 금할 것을 청했다.

> 釋迦如來가 탄생한 날인 4월 8일에 연등한다. 봄이 되면 아이들이 종이를 오려서 旗를 만들고 생선 껍질로 북을 만들어 무리를 지어 마을을 돌아다니며 연등에 필요한 물건을 구걸한다. 이를 호기라 이름한다.
>
> 이 날이 되면 집집마다 나무 장대에 등을 단다. 잘 사는 부자는 크게 彩棚을 설치하여 층층으로 만개의 등잔(萬盞)에 불을 켜므로, 마치 별이 하늘에서 내려와 배열한 것 같다. 도성 사람들은 밤새도록 노닐며 구경한다. 짓궂은 소년들은 쳐다보거나 지탄하면서 즐긴다. 지금은 불교를 숭상하지 않으므로 비록 연등은 하여도 옛날처럼 성황을 이루지는 않는다(成俔, 《慵齋叢話》 권 2).

여기에서 앞 부분은 호기놀이를 설명한 것이고, 뒷부분은 관등놀이에 대한 언급이다. 이 기사를 보면 조선 초기에 이미 연등은 민속행사로 일반화되어 있었음을 알 수 있다.

나. 수륙재회

悲齋會라고도 일컫는 이 水陸齋는 물과 뭍에 음식을 흩어서 수륙의 孤魂과 모든 귀신들의 고통을 구제하는 법회의식이다. 역시 고려로부터 물려받은 이 불교의 齋儀는 태조를 비롯한 역대 왕실에서 주로 행하였던 불교행사의 하나였다.

고려 왕씨의 영혼을 달래기 위해 수륙재를 베푼 일도 있었지만, 그보다도 왕실에서는 국왕이나 왕비, 왕자 등의 救病과 상왕이나 대비 등의 명복을 빌기 위해 많이 베풀어졌다. 《조선왕조실록》에는 수륙재회 관련기사가 자주 등장하는데 그 대부분의 경우가 왕실 환자의 병을 고치기 위해 藥師法席과 더불어 베풀어졌으며, 특히 수륙재는 名刹 靈場에서 거행되었다. 그러므로 왕실에서 주로 행한 수륙재는 민간에서의 신앙행사가 아니므로 서민층에서도 그대로 행하여졌는지는 알기 어렵다.

그런데 수륙재가 민간에서도 행해졌을 것으로 짐작할 수 있는 사례가 《성종실록》에 보인다. 성종 2년(1471)에 황해도에서 악성 전염병이 만연하였으므로 그곳 관찰사에게 글을 내려 의원으로 하여금 약을 가져가 치료하게 하고, 또 鳳山의 成佛庵에서 戒行이 청정한 승려를 가리어 수륙재를 베풀게 하였다.[114] 이 때의 수륙재는 물론 나라에서 지방의 관찰사에게 명하여 행해진

114) 《成宗實錄》 권 13, 성종 2년 11월 병오.

것이지만, 지방에서 전염병을 물리치기 위해 베푼 것이므로 일반 서민들 사이에도 그러한 성격의 수륙재를 행하였을 것으로 짐작할 수 있는 것이다.

지금도 신도들은 절에 가서 救病施食 및 設齋施食을 행하고 있으며, 지방에 따라서는 시골 아낙네들이 물가나 산기슭에 음식을 놓고 불을 밝혀 액운을 막고 복을 비는 풍습이 남아 있다. 이는 심한 억불과 폐불로 인해 불교 신앙행위가 금지된 뒤에도[115] 민간의 저변에 수륙재의 유풍이 그러한 형태로 남아 전하는 것이다.

5) 사찰재산과 승려의 경제활동

본래 印度의 승려들은 다른 종교의 출가 수행자들과 마찬가지로 숲 속이나 나무 밑을 수행의 근거지로 삼았으며, 때가 되면 하루에 한번씩 밥그릇을 들고 마을로 들어가 음식을 얻어와서 식사를 하였고, 헌 천이나 걸레 조각을 주워서 깨끗이 씻어 말려서 스스로 꿰매어 옷을 만들어 입었다. 그렇게 의식주를 해결하였기 때문에 재산이 필요 없기도 하였지만 일체 소유욕을 마음에 두어서도 안 되었다.

오래지 않아 일정한 주거지인 園과 寺院이 생기면서 조금씩 달라졌으나 무소유의 정신만은 변하지 않았는데, 여러 지방으로 불교가 전파되고 시대가 바뀌는 동안 많은 변화를 가져왔다. 우리 나라의 경우는 삼국시대부터 국가에서 절을 세웠고, 또 귀족 부호가들이 절을 짓고 전답을 희사하였기 때문에 사원들은 경제적으로 매우 윤택하였다. 신라에서는 큰 절마다 寺成典이라는 국가적인 기구가 있어서 그 사원을 관리하였는데, 법당에 안치된 존상과 건물 등의 개수와 사찰운영의 경제적인 업무를 주로 담당하였다.

고려시대에도 국가적인 사원이 많이 세워지고, 왕족이나 고관들은 願刹을 다투어 건립하였고 또 노비나 전답을 많이 희사하였다. 따라서 절들은 매우 많은 재산을 소유하였으며 승려들은 상당한 부를 누리게 되었다. 그처럼 경제적인 여유가 지나쳤기 때문에 오히려 僧風이 문란하고 교단이 사회교화의

---

115) 《世宗實錄》 권 59, 세종 15년 2월 경자. 知申事 安崇善은 "우리 나라는 불법을 숭상하지 않으며, 또 民間佛事를 금하여 이미 법이 이루어져 있다"고 아뢰었다. 이를 보면 국가에서 민간의 불사를 일찍부터 금하려 했음을 알 수 있다.

역할을 다하지 못하였다. 조선의 개국과 동시에 儒士와 朝臣들이 승풍을 바로 잡는다는 구실로 寺社정비와 교단개혁을 주장하였던 것도 실은 사원 경제력을 제거하는데 일차적 목적이 있었다고 할 수 있다.

(1) 사찰재산

고려시대 이래 조선 초기까지 사찰이 소유한 재산은 실로 엄청난 것이다. 당시의 사찰재산이란 말할 것도 없이 동산으로서의 노비와 부동산으로서의 전토가 그 중심이다. 국가에서 사원의 노비나 전답을 거두어 가기 이전의 그 규모가 어느 정도였는지 정확한 수치는 알 수 없다. 다만 태종의 억불책에 의해 사찰의 재산이 공권력으로 확정될 당시의 상황으로 미루어 짐작할 수 있을 뿐이다. 태종 6년(1406)에 조정에서는 남겨 둘 사원의 수와 전답·노비를 정하였다. 곧 개성과 한양의 兩京에는 선종과 교종 계통의 각 1寺에 한해서 200結의 전답과 100명의 노비를 두어 100명의 승려가 살 수 있게 하고, 그 밖의 京內 각 절에는 전답 100결에 노비 50명을 두어 50명의 승려를 살게 하였다. 그리고 각 道廳의 소재지에는 선종과 교종 중에서 1사에 한하여 100결의 전답과 50명의 노비·50명의 승려를, 각 官邑 내의 資福寺에는 20결의 전답과 노비 10명에 승려 10명, 읍 밖의 각 절에는 전답 60결과 노비 30명에 30명의 승려로 한정하였다. 이것은 曹溪宗·摠持宗을 합쳐 70사, 天台疏字宗·法事宗 43사, 華嚴宗·道門宗 43사, 慈恩宗 36사, 中道宗·神印宗 30사, 南山宗과 始興宗에 각각 10사, 즉 전체 합쳐서 242사만을 남기게 된 그 범위 안에서 그렇게 배정한 것이다.[116]

물론 이상에서 정한 절 외에는 모두 없애도록 하였으므로, 배당된 전답과 노비를 제외하고는 모두 국가에서 몰수하였다. 전국에 11종의 소속 사찰 모두를 합쳐 242사만을 남기면서 양경과 각 지방에 제한한 그 비율을 살펴볼 때, 최고의 배정액이 1사당 전답 200결과 노비 100명이며, 최하가 전답 20결과 노비 10명이었으니, 본래의 사찰 전답과 노비가 얼마나 많았는지를 짐작할 수 있을 것이다.

국가에서는 여기에 그치지 않고 교단의 규모를 11종에서 7종으로 축소시

116) 《太宗實錄》 권 11, 태종 6년 3월 정사.

켰으며, 세종 6년(1424)에는 그나마 선종과 교종의 둘로 합쳐버렸다. 따라서 전국에 36사(선종 18사, 교종 18사)만을 남기고 모든 절을 없애도록 하였고, 아울러 사찰의 재산도 거기에 맞추어 선종에 4,250결의 전답과 교종에 3,700결의 전답만을 남기도록 하였다.[117] 결국은 전국의 사찰에 남게 된 전답이 7,950결뿐인 셈인데, 그 밖의 전답은 국가에서 모두 몰수하였다. 이 세종 6년의 기사에서는 사찰재산의 일부인 노비가 보이지 않아 그 자세한 것은 알 수 없으나 노비도 일정한 수가 남아 있었을 것이다.[118]

세조대에는 불교가 부흥되면서 비록 교단은 선·교 양종 그대로였으나 절들이 다시 중수 복구되고 새로 창건되었다. 따라서 승려의 수도 무제한으로 늘어났고 아울러 사원의 재산도 많이 불어났다. 그러다가 성종의 억불로 교단이 위축되면서 그 재산도 축소되었다. 연산군과 중종대에는 불교 자체를 폐기하였으므로, 사원의 재산들은 자연히 국가에 귀속되었다. 중종 즉위초에 대비는 사원의 재산을 되돌려주도록 하였으나 실현되지 않았으며, 중종 11년에 《경국대전》에서 度僧條를 삭제하도록 한 후로는 절과 재산을 모두 잃은 승려들이 산속의 기존 사찰에서 국가가 배정한 전토와 노비가 전혀 없는 상황에서 새로운 경제구조를 구축해 나가지 않을 수 없게 되었다.

(2) 승려들의 경제활동

승려들은 원래가 무욕청정한 생활을 실천해야 하므로 자신의 재산을 축적하는 경제활동과는 거리가 멀다.

청정한 계율을 지키는 승려는 판매나 무역을 해서는 안되며, 전답과 가옥을 갖지 않으며 노비나 가축을 두지 않고 오직 옷 한 벌과 바리때 하나로 생활하는 것으로 되어 있다. 수행하는 육신을 보존하기 위하여 식사 때에 마을로 가서 걸식하는 것을 불교에서는 「淸淨自活」이라고 하였다. 시대와 지역에 따라 생활양식이 달랐으므로 승려들의 청정자활의 생활방법도 외형적으로는 적지 않게 변화가 있었으나, 그 내면의 생활정신에는 변함이 없었다고 할 수 있다.

---

117) 《世宗實錄》 권 24, 세종 6년 4월 경술.

118) 태종 6년의 예를 따른다면 노비의 수가 田結의 반수인 3,975명이라고 추정해 볼 수도 있다. 그러나 그 때에 승려 3,770명이 남아 있었다는 점을 감안한다면 노비의 수가 전답의 반수를 취했는지, 승려의 수를 취했는지, 또는 그보다 더 적은 인원으로 줄였는지는 알 수 없다.

그러한 청정자활의 정신에서 본다면 고려나 조선 초기 승려들의 생활자세에는 상당히 변화된 모습을 볼 수 있다. 조선 초기에도 고려시대와 마찬가지로 승려들은 사찰의 전답과 노비 또는 佛供設齋 등에 의존하여 대부분이 부유한 생활을 누리고 있었다. 그 가운데에는 일정한 소임도 거처도 없이 이 절 저 절을 다니면서 재를 올리거나 초상난 곳에 가서 의식을 얻어 생활하는 「遊手僧」[119]들은 국가의 공사장에 부역승으로 동원되어 음식과 의류를 제공받기도 하였다.

그러나 일반 승려들은 사원생활이 비교적 풍족하고 절에 예속된 노비들이 있었기 때문에 노동을 하거나 생산성 있는 경제활동에는 별로 참여하지 않았던 것으로 보인다. 그러나 세조의 尊信을 받은 3和尙 중의 한 명인 學悅의 경우처럼 재물 늘리는 일에만 힘을 써서 민간에 피해를 심하게 끼친 사례도 있다.[120] 특히 학열이 세조 13년(1467)에 洛山寺 중수를 감독하였을 때 일꾼 중에 도망자가 생기면, 그는 언제나 그 죄 값으로 물건을 징수하였는데 바가지나 솥까지도 가져갔으므로 백성들의 원성이 자자하였다는 것이다. 또 3화상 중의 한 명이며 학열과 동문인 學祖도 나중에 金泉 直指寺에 은퇴해 있으면서 산업을 크게 경영하여 백성들에게 많은 피해를 입혔다고 하는데,[121] 그 산업의 내용이 무엇인지는 밝혀지지 않았다. 또 학열·학조와 같이 信眉의 제자였던 津寬寺의 幹事僧 覺頓은 전라도 각 관청의 田稅紙와 草芚을 대납하고 그 대가로 쌀 1,150섬을 싣고 오는 등[122] 지방 여러 고을의 공납을 청부받아 대납하여 상당한 수익을 올렸다. 태종과 세종대의 억불이 좀 누그러지고, 국왕이 숭불하게 되는 세종 말기에서 세조대에 이르는 동안 승려들 중에는 각돈·雪正 등과 같이 공납청부를 전문적으로 행하면서 경제적 이득을 보았던 경우가 더러 있었다.

이상에서 본 학열의 殖貨나 학조의 산업경영 및 각돈 등의 공납청부업은 분명히 승려들의 경제활동이기는 하나, 그것이 당시 승려들의 일반적인 경제활동

---

119) 《太祖實錄》 권 7, 태조 4년 2월 계미조에서는 새로운 도성을 건설하기 위해 승려들을 동원하는 이유를 들고 있는데, 그 속에서 승려들을 上·中·下品 세 종류로 구분하여 이들을 하품으로 분류하였다. 자세한 내용은 2)의 (2) 승려의 부역과 그 신분하락 참조.

120) 《睿宗實錄》 권 3, 예종 원년 2월 을묘 및 권 4, 예종 원년 3월 정해.

121) 《成宗實錄》 권 161, 성종 14년 12월 무자.

122) 《文宗實錄》 권 1, 문종 즉위년 3월 임신.

이라고는 할 수 없다. 《조선왕조실록》등 사료에는 위의 승려들의 경제활동에 대한 기록뿐이므로 또 다른 승려들이 그 밖의 방법으로 경제적 이득을 올리고 있었는지는 자세히 알 수 없다. 이들 승려들 또한 모두가 세종과 세조의 존경과 신망을 받은 慧覺尊者 신미의 문하들이었고, 학조와 학열은 세조의 존경을 받은 승려들이었다. 그러므로 국왕이나 왕실과 가까웠던 몇몇 승려들의 이재활동을 당시 승려 일반의 경제활동이라고 하기는 어려운 일이라 하겠다.

태종 이전의 국초에는 불교계의 경제구조가 고려말의 상황을 그대로 답습하였기 때문에 사찰 소유의 전토와 노비가 풍족하였다. 따라서 승려들은 경제(생산)활동의 필요성을 별로 느끼지 않았을 것이다. 그러나 태종과 세종초의 억불책에 의해 절과 승려의 수가 제한되고 그 재산의 대부분이 국가에 몰수당한 후부터 승려들의 이재에 대한 의식이 새롭게 변화한 것으로 여겨진다. 왜냐하면 각돈·설정은 세종말에서 문종대, 학열은 세조에서 예종대, 학조는 성종대에 각각 활동하고 있었기 때문이다.

그러나 성종에서 중종에 이르는 시기의 억불과 폐불책을 거치면서 寺社의 재산은 모두 국가에 몰수당하고, 조정으로부터 그 지위도 인정받지 못했던 승려들은 산 속의 절을 중심으로 선납도 일구고 노역도 하며, 간혹 탁발과 佛供齋費의 수익 등으로 山中僧團 나름의 새로운 경제구조를 형성해 갔다.

6) 당시의 고승들

태조대부터 중종대에 이르는 시기의 대표적인 고승이라고 할 때, 조선왕조 전체를 통해서 오직 한 명뿐이었던 國師 祖丘를 빼놓을 수 없다. 그러나 조구에 대해서는 태조 3년에 국사가 된 천태종 승려였다는 사실 외에는 전혀 그 행적을 알 도리가 없다. 따라서 비문이나 행장이 남아있는 승려들을 중심으로 살펴보되, 세종과 세조대에 활약한 명승들은 주로 《조선왕조실록》에 의존하여 살펴보겠다.

(1) 자초와 기화

가. 조선왕조 유일의 왕사 자초

自超는 고려 충숙왕 14년(1327)에 三岐郡(지금 慶南 陜川郡 三嘉)의 朴씨집안

에서 태어나 18세에 출가하였다. 그는 법명이 自超이며 호는 無學이고 室號가 溪月軒이다. 그는 일찍이 慧明國師와 法藏國師 등의 고승에게서 배우고 공부하다가 원에 들어가 燕京에서 인도 고승 指空을 만났으며, 다시 고려승 懶翁 慧勤을 만났는데 그 뒤 귀국하여 혜근의 법을 이은 제자가 되었다.

태조가 조선을 건국하여 왕위에 오르는 데에 자초의 영향이 적지 않았다고 하며, 태조는 즉위년(1392) 10월에 자초를 왕사로 삼았는데, 그것이 조선왕조 최초이자 마지막이었다. 그는 태조가 새 도읍터를 정하고 한양으로 도읍을 옮기는 일과 건국 초창기의 여러 가지 일을 돕다가 태종 5년(1405)에 79세로 세상을 떠났다.[123] 그의 문하에는 己和를 비롯하여 珍山·莊休·祖琳 등이 배출되었으며, 그 밖의 제자도 많다.

나. 정론을 펼친 기화

자초의 제자인 己和는 우왕 2년(1376)에 忠州의 劉씨 집안에서 태어났다. 그는 호가 得通이며 室號는 涵虛堂이다. 그 이전의 법명은 守伊이고 호는 無準이었다. 그는 일찍이 성균관에 들어가 공부하였는데 21세 때 성균관에 있던 친구의 죽음을 보고 세상의 무상함을 느껴 출가하였다. 회암사에 가서 자초에게 法要를 듣고 다시 여러 명찰을 두루 다니며 수행하였고, 세종 2년(1420)에 왕이 그의 道風을 듣고 개성 大慈庵에 머물도록 하였다. 그곳에서 대비의 追薦大法會를 베풀었을 때 그는 높은 자리에 올라 설법하여 왕자와 종실의 모든 사람들을 염불케 하였다. 대자암에서 4년을 지낸 뒤 여러 산으로 다니며 가르침을 펴다가 曦陽山 鳳岩寺에 가서 절을 중수하여 머물다가 세종 15년에 세상을 떠났다.[124]

그는 《圓覺經疏》 3권, 《金剛經五家解說誼》 2권, 《船若懺文》 2帙, 《綸貫》 1권, 《涵虛堂語錄》 1권, 《顯正論》 1권, 《永嘉集說誼》 1권 등을 저술하였다. 《현정론》은 제목 그대로 그가 당시 유사들의 배불론을 논파하고 불교의 바른 뜻을 드러내고자 지은 글이다. 기화는 종단 폐합과 사사 철거 및 사전노비 몰수 등 태종과 세종초의 억불책이 극에 이르렀던 시기를 몸소 겪고 보았다.

---

123) 卞季良, 〈朝鮮國王師大曹溪宗師妙嚴尊者塔銘〉(李能和 編, 《朝鮮佛教通史》 上), 377~382쪽.

124) 埜 夫, 〈涵虛堂得通和尙行狀〉(《涵虛堂語錄》) 등.

따라서 기화는 이 글을 통해 불교의 中正한 도와 그 올바름을 밝히고 역설하였다. 그리하여 걷잡을수 없는 배불의 기세에 맞서 불교의 참모습을 현실적으로 밝히고자 하였던 것이다.

그 밖에 《儒釋質疑論》(2권)은 저자 미상이나 기화의 저술일 것으로 추정되고 있는데, 《현정론》보다 부피도 많고 그 내용도 풍부하며 구체적으로 서술되어 있다. 그리고 당시 유자들의 불교에 대한 비방과 잘못된 견해들을 친절히 설명하고 바로잡는 것을 내용으로 하고 있기 때문에 흡사 《현정론》에서 다 못한 설명을 더 보완한 글인 것 같다.

(2) 세종대의 명승들

가. 천태종 행호

세종 6년에 7宗을 선종과 교종으로 폐합하였는데, 그 이전의 천태종 승려였던 行乎에 대한 전기는 따로 전하는 것이 없으므로 그 자세한 행적은 알 수 없다. 그는 세종 12년에서 18년 사이에 전라도 康津 高德山의 白蓮寺를 중건하였으며,[125] 그 뒤 咸陽으로 가 머물다가 세종 20년 8월에 상경하여 왕명으로 홍천사에 머물면서 종친사족들의 흠앙을 받았다. 이에 성균관 학생 李永山 등 648명은 상소하여 행호를 규탄하면서 그의 머리를 베어 邪妄의 뿌리를 아주 끊어 없애야 한다고 극언하였다.[126]

행호는 세종 21년 5월에 서울을 떠나 산사로 돌아갔는데, 그 때 왕은 행호가 돌아가는 연도의 수령들과 驛丞들에게 前判禪宗事행호가 가는 길을 정성스럽게 잘 보살피라고 명하였으며, 또 전라도 관찰사에게 영을 내려 쌀과 소금 각 10섬을 주도록 하였다.[127] 행호가 선종판사를 지냈다는 사실을 여기에서 알 수 있으며, 그가 돌아간 산사는 만덕산 백련사였을 것으로 짐작할 수 있다.

나. 《천봉집》을 남긴 만우

卍雨는 고려 공민왕 6년(1357)에 태어나 조선 세종대에도 활동하였는데, 成

125) 趙宗著, 〈萬德山白蓮寺事蹟碑〉(《朝鮮金石總覽》 下, 朝鮮總督府, 1919), 959쪽.
126) 《世宗實錄》 권 82, 세종 20년 8월 경자 및 권 85, 세종 21년 4월 을미.
127) 《世宗實錄》 권 85, 세종 21년 5월 기미.

俔이 90세가 넘은 그를 보았을 때도 강건했다고 하나[128] 언제까지 생존했는지는 정확하지 않다.

세종은 25년 4월에 회암사 주지 만우를 홍천사로 옮겨 머물게 하고 옷을 내려 우대하였다. 만우가 시학에 조예가 깊었기 때문에 그 때 주석하려던 杜詩에 관해서 질의하기 위해서 였다. 또 왕은 그에게 鞍馬와 4領의 의복을 내렸다고 한다.[129]

《용재총화》에 의하면 만우는 호가 千峰으로 幻庵 混修의 제자였는데,[130] 어려서부터 학문에 힘써서 내외의 경전을 탐구하지 않음이 없었고 시를 또한 잘하여 牧隱과 陶隱 등의 대가들과도 서로 어울렸다. 특히 조선시대에 들어와서는 書文에 능한 승려가 많지 않았으므로 그는 더욱 유명해져서 사방의 학자들이 구름처럼 모여들었다. 集賢殿의 학사가 그의 榻下에서 물었고, 그는 儒釋과 사림의 師表가 되어 모두들로부터 존경을 받았다.

일세에 떨쳤던 그의 시문을 모은《千峰集》이 있었으나, 지금은 전해지지 않는다.《增補文獻備考》권 250에서는 만우를 고려승이라 언급하고 있지만, 그가 세종대에 회암사 주지를 지내고 또 두시에 관한 왕의 질의에 응하는 등 조선 초기에까지 활동하였던 시문의 대가였다.

다. 비구니 사실

師室은 비구니로서 경전에도 조예가 깊었고, 사람들의 깊은 귀의를 받았다. 세종 23년에 성균관 생원 柳貽 등은 상소하여, 사실이라는 늙은 비구니가 문자를 조금 이해하는 것을 가지고 幻化의 설을 지어서 무식한 부녀들을 우롱하고 탄망의 경계에 들어가게 하므로, 士男·士女들이 정신없이 歸依한다고 하였다.[131] 즉 사람들은 모두 효령대군은 생불이고 尼僧 사실도 생불이라고 하면서, 남자는 승려되기를 원하고 여인은 비구니가 되기를 원한다고

128) 成 俔,《慵齋叢話》권 6에 의하면, 성현(1439~1504)은 자신의 伯兄(成任)과 仲兄(成侃)이 檜巖寺에서 독서하고 있을 때 만우를 보았는데, 나이 90세가 넘었는데도 용모가 맑고 깨끗하며 기력이 강건했다고 한다.

129)《世宗實錄》권 100, 세종 25년 4월 임자·6월 을유 및 권 104, 세종 26년 5월 신미.

130) 獅岩 采永 編,〈西域中華海東佛祖源流〉1에서는 卍雨를 幻庵의 제자인 龜谷 覺雲의 제자라 하였다.

131)《世宗實錄》권 94, 세종 23년 윤11월 정해.

하였다. 따라서 사실이라는 노비구니가 경전의 이해도 깊을 뿐 아니고, 듣는 이로 하여금 감동케 하는 감화력도 뛰어났던 것으로 볼 수 있다. 그 설법을 듣는 이는 누구나 귀의하게 되어 그를 생불로 받들고 다투어 출가하기를 원했을 만큼 상당한 영향력이 있었던 것이다.

또 당시 知中樞院事 鄭麟趾 등은 상소하여 姓이 丘인 비구니가 문자를 섞어가며 변설로 부녀들을 현혹시켜, 궁궐까지 손을 뻗쳐 懿嬪들까지 출가하기에 이르렀으니, 그 비구니를 쫓아내도록 건의하였다.[132] 그 때도 세종 23년이므로 사실이 바로 丘씨 성의 비구니라고 짐작된다.

당시 태종을 이어 억불책을 강행하였던 세종이 중년 이후에 불교를 좋아하기 시작하였으므로 배불정책을 유지하려는 유생과 조신들의 눈에는 비구니 사실이 요물로 보였을 수도 있었을 것이다. 그러한 시대사정과 상소의 내용을 감안할 때 사실은 학식과 辯才를 갖추고 많은 사람에게 감화를 주었던 당대의 걸출한 비구니였다고 할 수 있다.

(3) 세조대의 고승들[133]

가. 혜각존자 신미

信眉는 세조의 홍불사업을 도운 총신이었던 金守溫의 친형이다. 신미의 이름이 기록에 처음 보이는 것은 세종 29년(1447) 6월의 기록이다. 이 기록에 의하면 首陽大君 瑈와 安平大君 瑢이 혹신하여 신미를 높은 자리에 앉히고 그 앞에 무릎을 꿇고 절하며 예의를 다하여 공양하였다고 한다.[134] 이로 볼 때 세조는 이미 수양대군 시절부터 신미를 존신하였음을 알 수 있다. 그런데 바로 그 이듬해인 세종 30년에 유생 兪尙諧 등은 상소하여, 요승 신미가 嬌詐함이 이루 셀 수 없고 스스로 생불이라 하며, 겉으로는 修善의 방법을 행하고 속으로는 寄生의 꾀를 품어서 사람의 마음을 현혹하고 聖學을 황폐케 하므로 목베어 요망함을 근절하도록 촉구하였다.[135] 이를 통해 볼 때 신미를

132) 《世宗實錄》 권 94, 세종 23년 12월 신축.
133) 信眉와 守眉도 세종의 존숭을 받았던 고승이지만, 세조의 尊信을 받고 그 때까지 활동하였으므로 세종대의 명승들과 구별하여 다루었다. 또 梅月堂 雪岑도 여기에서 다루겠다.
134) 《世宗實錄》 권 116, 세종 29년 6월 병인.
135) 《世宗實錄》 권 121, 세종 30년 7월 경술.

추종하는 세력이 많았음을 알 수 있다.

그러나 이러한 유생들의 반대에도 왕실의 신미에 대한 존숭은 계속되었다. 즉 세종 32년 정월에 왕은 병이 들자 불사를 크게 일으키고 신미를 寢殿으로 맞아들여 설법하게 하고 존중의 예로 대접하였다.[136] 세종이 그해 2월에 세상을 떠나고 뒤를 이어 즉위한 문종은 부왕의 뜻을 받들어 신미에게 '禪敎宗都摠攝密傳正法悲智雙運祐國利世圓融無碍慧覺尊者'라는 존호를 주었으며,[137] 원년(1451) 9월에는 신미의 주처인 俗離山 福泉寺에 안평대군을 보내어 세종에 의해 시작되어 완공을 보게 된 重創佛事를 살펴보게 하였다. 세조는 등극한 이후 더욱 신미를 敬信하였다. 세조 10년(1464)에 왕은 속리산 복천사로 가서 신미를 만났으며, 철 5,000근과 쌀 500섬, 綿布와 正布 각 500필을 하사하였고, 또 신미는 왕을 위하여 五臺山 上院寺를 중창하였다.[138]

그러나 세조가 세상을 떠난 후에는 신미가 국왕으로부터 종전처럼 대접받지는 못한 듯하다. 예종 원년에 승려들에게 《금강경》과 《법화경》의 講을 시험보여서 강의를 못하는 승려를 환속시키려 하였는데, 그 소식을 들은 신미가 왕에게 승려 중에는 강의에 능한 자가 많지 않으므로 講經 대신에 誦經으로 바꾸어 試僧해 줄 것을 은밀히 간청하였다. 그 때 왕은 아직 확정하지도 않은 일을 어떻게 알았는지 묻고는 廣平大君의 집에 연금하도록 하였다.[139] 신미가 왕으로부터 선왕대와는 달리 제대로 예우를 받지 못하게 되자, 사간원에서는 그의 행차에 驛馬를 주라는 왕명을 취소하도록 청하였다. 그러나 뒤를 이는 성종은 선왕이 예우하였던 승려이므로 역마의 편의만은 제공해 주도록 하였다.

신미는 세조의 印經佛事와 刊經都監 설치 및 그 후의 불전 국역에 큰 힘이 되었으며, 그 밖의 불교 문화사업에도 많은 도움을 주었다. 그는 세종과 문종 및 세조에 의해 존숭을 받으며 활동하였다. 그에 대한 기록이 《成宗實錄》의 성종 4년(1473) 기사에서도 보이는 것으로 미루어 장수하였던 듯하나, 그 후의 행적은 자세히 알 수 없다.

---

136) 《世宗實錄》 권 127, 세종 32년 정월 임인.
137) 《文宗實錄》 권 2, 문종 즉위년 7월 무신.
138) 《世祖實錄》 권 32, 세조 10년 2월 경술·신해·권 34, 세조 10년 12월 신축 및 권 35, 세조 11년 2월 정유. 〈五臺山上院寺重創勸善文〉(月精寺 所藏).
139) 《睿宗實錄》 권 6, 예종 원년 6월 기묘.

나. 선종판사 수미

守眉는 세종 및 세조대에 걸쳐 활동한 고승 중에서 유일하게 비문이 남아 있다. 수미는 성이 崔씨이며 13세에 月出山 道岬寺에서 출가하였다. 그 뒤 俗離山 法住寺에서 동갑인 신미를 만나게 되었는데, 그들이 道名을 떨치자 당시 학자들은 그 둘을 일컬어 「二甘露門」이라고 하였다. 뒤에 수미는 禪宗判事가 되었으며 다시 故山 도갑사로 돌아가 교화에 힘쓰다가 63세에 세상을 떠났는데, 연대는 알 수 없다.140)

세조는 10년(1464) 4월에 전라도관찰사 成任에게 다음과 같은 내용의 글을 보냈다.

> 前禪宗判事 수미는 내가 潛邸에 있을 때의 옛 친구이다. 영화를 싫어하여 조용한 곳으로 간 이후 音信이 서로 끊겼다. 지금 듣건대 도갑사를 중수하여 이번 夏安居에 慶讚會를 갖는다고 하니, 자신은 비록 말을 하지 않으나 어찌 어렵지 않겠는가. 옛정을 생각하니 감개가 더 깊어지므로 監司도 나를 따라 緣化를 돕도록 하라. 요즘 머리 깎은 무리들이 연화한다고 떠들어 민간을 크게 어지럽히고 있는데, 모양만 승려 모습일 뿐 마음은 실로 그러하지 않아 공사간에 금지하기 어렵다. 수미가 선종판사를 하면서 그것을 금지하고 방비하는 방법을 개진하여 상서하였으나 아직 시행치 못하고 미루어져 있다. 그가 병을 핑계하여 도갑사로 돌아갔으니 가히 승려 중에는 操行이 있는 이라 할 수 있을 것이다(《世祖實錄》 권 33, 세조 10년 4월 을미).

이 글을 통하여 수미의 인품과 그 모범적인 조행을 알 수 있다. 또 그가 선종판사로 있으면서 민간에 폐해를 끼치는 승려들의 募緣 즉 불사를 위한 일종의 모금행위를 근절하는 방안을 왕에게 건의하였다는 사실도 알 수 있다. 그는 뜻을 관철하기 위하여 세조 14년에도 왕에게 글을 올려 당시 승려들이 모연을 핑계로 하여 여러 고을과 민간에 폐를 끼침이 크다고 아뢰어 그 폐단을 근절하도록 하였다.141)

그런데 그의 비문에는 세조로부터 왕사로 책봉되었다고 하였으나, 태조 원년에 自超를 왕사로 삼은 이래 조선시대에는 아무도 왕사가 된 일이 없는 것으로 전해지고 있다. 설령 세조가 홍불정책을 추진하면서 왕사제도가 부활되었다고 한다면 《조선왕조실록》에 한 마디의 언급도 없을 리가 없으며, 앞

140) 性 聰, 〈道岬寺 妙覺和尙碑〉(《朝鮮金石總覽》 下), 856~857쪽.
141) 《世祖實錄》 권 46, 세조 14년 5월 계해.

에서 본 전라도관찰사에게 보낸 세조의 글에서도 전혀 그런 기미를 엿볼 수 없으므로 수미의 왕사설은 와전인 것으로 보인다.

다. 학 조

學祖는 신미·학열과 더불어 세조대에 3和尙으로 불리웠다. 세조는 이들을 매우 존경하였는데,[142] 이 중에서 신미가 스승이고 두 사람은 그의 제자이다. 학조는 字가 燈谷인데, 생몰년대는 알 수 없다. 학조는 세조 13년(1467)에 왕명으로 금강산 楡岾寺를 중창한 것으로부터 중종 15년(1520) 봄에 海印寺 대장경 일부를 인간한 일에 이르기까지 무려 50여 년에 걸쳐서 《조선왕조실록》에 그 이름이 나타난다. 즉 왕실을 중심으로 하는 많은 불사에 관여하였다. 그러한 까닭으로 유신들의 눈총을 많이 받아 왕의 총애를 받으면서 친척들을 벼슬하도록 했고 여러 대비의 존신을 받아 한마디 보고도 없이 마음대로 騶從을 거느리고 다닌다고 비판받았다.[143] 또 直指寺에 퇴거하여 산업을 크게 경영함으로써 백성들에게 많은 폐를 끼쳤다고 평가되기에 이르렀다.[144]

이러한 비판은 모두 '史臣曰'이라 하여 實錄 纂者가 제기한 것인데, 불교를 싫어하는 성종이 학조의 요청대로 給馬를 허락하고 또 학조의 병에 특명으로 內醫를 보내는 등 호의를 보이자 그와 같이 기록한 것이다. 또 학조가 성종 20년(1489)에 해인사를 중수하고 있을 때 유신들은 그가 해인사를 중수함으로써 도민에게 폐를 끼치고 있으므로 죄를 다스릴 것을 청하였다.[145] 그리고 학조의 해인사 修葺의 사유를 요승의 사설이라고까지 하였다.

라. 산승 설잠

속명은 金時習이며 승려가 된 후의 법명이 雪岑이다. 字는 悅卿이며, 호는 東峯·淸寒子·碧山淸隱·贅世翁·梅月堂 등으로 많았다.

세종 17년(1435)에 태어나서 어릴 적부터 神童으로 소문이 났던 그는 21세 때 출가하여 승려가 되었다. 그로부터 그는 楊州 水落寺와 慶州의 金鰲山 茸長寺 등에 주로 머물렀으며, 그의 높은 학식이 널리 알려져 道俗 중에 배움

---

142) 《成宗實錄》 권 161, 성종 14년 12월 무자.
143) 《成宗實錄》 권 155, 성종 14년 6월 정축.
144) 《成宗實錄》 권 161, 성종 14년 12월 무자.
145) 《成宗實錄》 권 229, 성종 20년 6월 병인 및 권 231, 성종 20년 8월 임자.

을 받고자 하는 자가 많았다. 그러나 그는 狂態로서 제자를 대하였으므로 그의 밑에서 오래 견디는 사람이 거의 없었다. 오직 沙門 善行이 모든 것을 참고 견디었다고 한다. 나중에 환속하여 장가들었으나 곧 아내가 죽자 다시 산으로 돌아가 頭陀行을 하다가, 성종 24년(1493)에 鴻山縣 無量寺에서 59세로 山僧의 생애를 마쳤다. 화장하지 말라는 그의 유언에 따라 그대로 두었는데, 3년이 지나도 얼굴 빛이 생시와 같았다고 한다.[146]

현존하는 설잠의 전기와 시문이 주로 유사들에 의해 편찬되었기 때문에 매월당 김시습으로 많이 알려져 있으며, 산승 또는 선사로서의 설잠은 제대로 드러나 있지 않은 편이다. 그러나 실은 59세의 그 생애에 있어서 35년이 넘는 동안을 산승으로 살았던 셈이 된다.

세종 후기에서 중종대에 이르기까지 불교계에서 저술이 거의 이루어지지 않던 당시의 僧界에 유일하다고 할만큼 설잠은 많은 불교관계의 저술을 남겼다. 즉, 《法華經別讚》·《華嚴釋題》·《大華嚴法界圖註》·《十玄談要解》·《曹洞五位要解》·《雜著十章文》 등이다. 또한 그의 시문집인 《梅月堂集》에는 불교관계의 시문이 적지 않다. 오직 그러한 설잠의 저술을 통해서 그 자신의 教學과 禪觀은 말할 것도 없고, 그 시대의 禪과 敎를 조금이라도 엿볼 수 있다.

〈金煐泰〉

3. 도 교

조선 초기에도 도교는 고려시대와 마찬가지로 교단조직을 갖추지 못하였다. 또 도교기관도 다양하고 도교의례인 齋醮의 거행도 빈번했던 고려시대에 비해, 조선 초기에는 도교기관이 昭格署로 단일화되고 재초도 빈도와 규모 등에 있어 크게 축소되었다. 그 대신 불우한 지식인들 사이에서 엄격한 자기 수련을 통해 인간의 내적 생명력(元氣)을 길러 신선이 되는 것을 이상으로 하는 수련적 도교(內丹學)가 발전하였다. 따라서 한국도교사에서 조선 초기는

146) 尹春年, 〈梅月堂先生傳〉(《梅月堂集》).
李 耔, 〈金時習傳〉(위의 책).

도교의 중심이 科儀에서 內丹으로 바뀌어 가는 시기라 할 수 있다.

1) 소격서 중심의 과의적 도교

조선왕조는 성리학을 기조로 한 유교를 통치이념으로 했던 만큼, 유교에 입각하여 문물 제도의 정비를 추진하였으며, 이를 위해 과거의 문화전통 가운데 유교와 배치되는 요소들을 청산하고자 했다. 도교도 이러한 것의 하나였는데, 도교의 정비는 고려시대 왕실을 중심으로 한 재초의 번잡함과 이를 주관하는 도교기관의 잡다함을 정리하는 방향으로 추진되었다.

이에 대한 논의는 고려말 鄭道傳이 공양왕에게 올린 상소에서 이미 지적된 바 있었지만[1] 조선왕조 건국 직후부터 구체화되었다. 즉 태조 원년(1392) 8월 禮曹典書 趙璞 등은 국가의 祀典을 유교이념에 맞게 고칠 것을 건의하면서, 그 일환으로 고려 때 설치되었던 여러 道殿과 神祠의 재초를 모두 폐지하자고 했다.[2] 그리고 3개월 뒤에는 예조에서 다시 星醮를 하는 장소가 많으면 오히려 불경한 것이 된다 하여 福源宮·神格殿·九曜堂·燒錢色·大淸觀·淸溪拜星所 등의 도교기관을 모두 없애고, 昭格殿 한 곳만 존속시키자고 건의했다.[3]

이 중에서 태조는 조박 등의 도교기관 및 재초의 전폐 주장에 대해서는 반응을 보이지 않았다. 그것은 태조가 즉위하기 전 함흥 남쪽 都連浦에 祭星壇을 쌓고 太白金星에 제사한 적이 있었고,[4] 즉위 후에는 여러 勳臣들과 더불어 도교의 풍습인 守庚申을 거행했던 점[5] 등으로 미루어, 개인적으로는 도교에 대한 믿음을 가지고 있었기 때문으로 생각된다. 그러나 여기서 한걸음 후퇴한 예조의 건의는 받아들였다.

이로써 고려시대에 남설되었던 도교기관이 정리되어 소격전과 대청관만이 남게 되었다.[6] 그러나 대청관은 한양천도 후에도 개성에 남아 있다가 세종

---

1) 《高麗史節要》 권 35, 공양왕 3년 3월.
2) 《太祖實錄》 권 1, 태조 원년 8월 경신.
3) 《太祖實錄》 권 1, 태조 원년 11월 무인.
4) 《增補文獻備考》 권 61, 禮考 8, 祭壇.
5) 《龍飛御天歌》 권 9, 제78장 大注. 守庚申이란 사람 몸속에 있는 三尸蟲이 하늘로 올라가 사람의 잘못을 보고하는 것을 막기 위해 경신일에 밤잠을 자지 않고 지키는 행사를 말한다.
6) 《太宗實錄》 권 7, 태종 2년 4월 신묘의 金瞻의 상소.

4년(1422)에 폐지되고 말았다.[7] 따라서 조선시대에 공식적인 도교기관으로서 각종 재초를 주관한 것은 소격전이라고 할 수 있다.[8]

앞서 언급한 바와 같이 태조는 도교에 대한 믿음을 가지고 있어서, 재위기간 동안 소격전에 대해서도 각별한 관심을 보였다. 이곳에서 時令의 조화를 비는 太一醮를 거행했다든지,[9] 한양천도라는 국가 중대사의 가부를 점쳤다는 것은[10] 이러한 사실을 반영한다. 그래서 한양으로 천도하여 新都를 경영할 때에도 지금의 서울 삼청동 부근에 소격전을 새로 조영했다.[11]

한편 태종대에는 소격전 등에서 행해지는 재초의 제반 규정을 詳定하고자 했다. 태종은 공양왕대 密直司 代言으로서 강화도 摩利山에서 재초를 주관한 적도 있었지만,[12] 유교적 소양을 가졌기 때문에 부왕인 태조와는 달리 재초에 대해서는 회의적이었다. 그러나 태종은 중국의 역대 왕조나 고려에서 재초를 거행했으므로 이를 답습한다는 입장을 취하여,[13] 2년(1402)에는 개성에 다시 소격전을 건립했으며[14] 재위 18년간 20회에 걸쳐 각종 재초를 설행했다. 그러므로 태종은 재초를 계속하기 위해서는 이에 관한 제반 규정의 정비가 필요하다고 보았던 것 같다.

태종 4년에는 우선 국가의 제례에 관한 해박한 지식을 가져 조선왕조의 제례 정비에 깊이 관여하고 있던 金瞻에게 星宿醮禮를 상정케 했는데,[15] 이때에는 한 차례 물의가 있었다. 그것은 김첨이 평소 불교와 도교를 신봉하고

7) 《世宗實錄》 권 18, 세종 4년 11월 경오.
8) 소격서에 대해서는 다음과 같은 연구가 있다.
李鍾殷, 〈昭格署관계 역사자료 檢討〉(韓國道敎思想硏究會 編, 《道敎와 韓國文化》, 亞細亞文化社, 1988).
李秉烋, 〈昭格署의 革罷論議와 士林派〉(《嶠南史學》 1, 1985).
9) 《太祖實錄》 권 4, 태조 2년 11월 신유.
10) 《太祖實錄》 권 6, 태조 3년 8월 기묘.
11) 《太祖實錄》 권 9, 태조 5년 정월 기사.
12) 《世宗實錄地理志》 권 148, 京畿 江華都護府.
13) 이러한 사실은 태종 17년 11월 예조참판 許稠가 소격전 改營을 주청했을 때, 태종이 天皇과 星辰에 초례를 드리는 일의 실제 이치는 모르지만, 중국의 역대 왕조와 고려에서 모두 초례를 지냈으므로 이를 답습할 수밖에 없다고 한 데서 짐작할 수 있다(《太宗實錄》 권 34, 태종 17년 11월 무진).
14) 《太宗實錄》 권 3, 태종 2년 2월 경술. 당시는 「제1차 왕자의 난」 이후 개성으로 환도한 상태였다.
15) 《太宗實錄》 권 7, 태종 4년 2월 신묘.

있어,[16] 이 기회에 대청관을 수리하여 천황대제를 제사하자고 하는 등 도교의 위치를 국가적인 종교로 끌어올리려 한 데 대하여 權近·河崙 등이 강력히 반대함으로써 빗어진 것이었다.

한편 태종 8년에는 소격전 提調로서 수련적 도교에 조예가 깊은 孔俯를 중국에 파견하여 道家醮祀之法을 배워오게 했다.[17] 이 밖에 《太宗實錄》에 나오는 중요한 도교 관련 행사의 정비사실을 들면 다음과 같다.

태종 8년(1408) 정월 기사 ; 本命醮 폐지
9년(1409) 12월 경자 ; 太一醮의 祭日을 三元과 四立日로 정례화
12년(1412) 3월 병신 ; 鎭兵醮禮를 古制에 맞추어 개정
13년(1413) 3월 경진 ; 眞武醮를 거행하는 시간을 《眞武經》에 의거해서 5更 초로 개정

제초의 상정과 함께 소격서 직제의 정비도 이루어졌는데, 태종 5년에는 소격서가 예조에 소속되었으며,[18] 세종대에는 그 구성원의 숫자에 상당한 변화가 있었다. 즉 세종 5년(1423)에는 3명이던 提調와 提擧를 1명씩 줄이고, 1명이던 別坐를 1명 더 증원했다.[19] 그리고 세종 16년에는 書題職을 혁파하고 소격전에 소속된 道流들로 하여금 서제의 임무를 담당하게 했으며,[20] 20년에는 副提調를 한 명 줄였다.[21] 따라서 세종대의 소격전 직제 조정의 전체적인 방향은 소속 관원의 정원을 줄여나가는 것이었다. 또 세조는 6년(1460)에 임기에 구애됨이 없이 근무하는 久任官員의 정원을 정했고,[22] 12년에는 소격전을 昭格署로 개칭했다.[23]

이러한 과정을 거치면서 완성된 소격서의 직제가 《經國大典》에 수록되었다. 이에 의하면 소격서는 從五品衙門으로서 제조 1명, 令 1명(종5품), 別提 2명(정6품, 종6품 각 1인), 참봉 2명(종9품)이 있었으며, 잡직으로는 도류 15명이 있어

16) 《太宗實錄》 권 35, 태종 18년 5월 계축의 金瞻의 卒記 참조.
17) 《太宗實錄》 권 16, 태종 8년 10월 경진.
18) 《太宗實錄》 권 9, 태종 5년 3월 병신.
19) 《世宗實錄》 권 19, 세종 5년 2월 경신.
20) 《世宗實錄》 권 65, 세종 16년 9월 을해.
21) 《世宗實錄》 권 80, 세종 20년 3월 병신.
22) 《世祖實錄》 권 21, 세조 6년 8월 기미.
23) 《世祖實錄》 권 38, 세조 12년 정월 무오.

尙道(종8품)와 志道(종9품)에 差任되었다.[24] 그리고 잡학의 하나로 도류를 양성하는 道學이 있었고,[25] 도류를 선발하는 취재에서는 禁壇(재초때 독송하던 도가의 術書)을 외우게 하고《靈寶經》을 읽게 하며,《延生經》·《太一經》·《玉樞經》·《眞武經》·《龍王經》 중에서 3가지를 골라 해석하도록 했다고 한다.[26]

소격서에는 三淸殿·太一殿·十一曜殿·直宿殿 등의 건물이 있어,[27] 여러 신들을 모셨는데, 이에 대해서는 성종대의 인물인 成俔의《慵齋叢話》에 자세한 기록이 보인다. 즉 태일전에서는 七星과 여러 별을 제사했는데, 그 像은 모두 머리를 풀어헤친 여자의 모양이었고, 삼청전에서는 玉皇上帝·太上老君·普化天尊·梓潼帝君 등 10여 위를 제사지냈는데 모두 남자의 상이었다. 그리고 이 밖에 내외의 여러 단에는 四海龍王·神將·冥府十王·水府의 모든 신들을 모셨는데, 위패에 이름을 쓴 것이 무려 수백이었다고 한다.[28] 이 중 옥황상제는 도교의 최고신, 태상로군은 老子, 보화천존(九天應元雷聲普化天尊)은 玉淸經에 거주하는 雷神으로 인류 및 만물의 생사여탈권을 가졌으며, 재동제군은 도교에서 문장과 학문의 신으로 받드는 文昌帝君의 다른 이름이다.[29] 따라서 소격서에서는 각종 도교신을 화상 또는 위패의 형태로 모셨다고 할 수 있다.

이러한 신들은 三檀으로 나누어 모셔졌는데, 기록에 따라서는 상단에서 노자를, 중단에서 星辰을, 하단에서는 閻羅를 제사했다고 하고,[30] 또는 상단에 옥황상제, 중단에 노자, 하단에 염라왕을 모셨다고도 한다.[31] 그렇다면 전자에서는 노자가, 후자에서는 옥황상제가 최고신이 되는데, 이 중에서는 후자가 옳을 것 같다. 왜냐하면《東文選》권 115에는 재초 때 사용하는 축문인 靑詞가 수록되어 있으며, 이 가운데 조선 초기의 것이 10여 종인데, 이들에

24)《經國大典》권 1, 吏典 京官職·雜職.
25)《經國大典》권 3, 禮典 生徒.
26)《經國大典》권 3, 禮典 取才.
27) 李能和,《朝鮮道教史》(李鍾殷 譯, 普成文化社, 1977), 148쪽.
28) 成 俔,《慵齋叢話》권 2.
29) 窪德忠,《道教諸神》(蕭坤華 譯, 四川人民出版社, 1986) 참조.
30)《中宗實錄》권 13, 중종 6년 5월 병인의 朝講에서 知事 金應箕의 말.
31)《明宗實錄》권 5, 명종 2년 5월 병사의 夕講에서 特進官 崔演의 말.

서 기원의 대상이 되는 최고신을 上帝라 했기 때문이다.[32] 그럼에도 불구하고 노자를 최고신인 것처럼 기술한 것은 소격서의 이단적 성격을 부각시키려는 의도에서 비롯된 것으로 추정된다.[33] 따라서 소격서에서 신앙되는 신들은 옥황상제를 최고로 한 서열을 이루고 있었던 것이라 할 수 있다.

소격서에서는 이들 여러 신에 대해 실로 다양한 종류의 재초가 거행되었으니, 이들은 재초의 대상이나 기원 목적에 따라 명칭을 달리했다. 즉 太一醮·北斗醮·太陽獨醮·太陰獨醮·火星獨醮·金星獨醮·六丁神醮·三元醮·三界醮·祈雨醮·祈晴醮·禱病醮·鎭兵醮·開福神醮(왕자의 장수를 기원하는 재초)·捲草禮(왕자 탄생일에 災禍가 없는 대신으로 하여금 3일간 소격전에서 올리게 하는 재초) 등이 그것이다. 이러한 재초는 국왕과 왕실의 장수, 평안 및 治病, 그리고 외적의 침입이나 천재지변(星變·우박·가뭄·홍수·산사태)의 祈禳을 위해 설행되었는데, 그 중에서 기우초의 빈도가 가장 높았다. 따라서 재초는 왕실 내지 국가 차원의 의례로서 國泰安民을 기원하는 것이 목적이었다고 하겠다.

이러한 재초는 원칙적으로 왕의 이름으로 거행되었으나, 실제로는 대신을 파견하여 소격서 관원과 함께 거행하게 했다. 이 때 왕은 문신으로 하여금 왕을 대신하여 축문을 짓게 했는데,[34] 이 축문은 青藤紙라는 푸른 종이에 붉은 글씨로 축원의 내용을 기록했기 때문에 青詞라 했다.

재초의 절차에 대해서는 성현의 《용재총화》 권 2에 언급이 보이는데, 이에 의하면 獻官과 소격서의 관원은 제사 3일 전부터 모두 흰 옷에 검은 두건을 쓰고 齋戒했다. 또 제사 때에는 관을 쓰고 笏을 들고 예복을 입었으며, 여러 가지 과일·떡·차·과자·술 등을 차려놓고 焚香百拜했다. 그리고 道流는 머리에 逍遙冠을 쓰고 몸에는 얼룩얼룩한 검은 옷을 입었는데, 경쇠를 24번 울리고 난 뒤에 두 사람이 道經을 읽고 청사를 태웠다고 한다.

재초는 소격서 이외에 지방의 태일전과 강화도 摩利山 塹城(星)壇에서도 거행되었다. 지방의 태일전이란 太一星이 하늘에 있는 宮을 45년마다 옮겨

32) 金勝惠, 〈東文選 醮禮青詞에 대한 宗教學的 考察〉(韓國道教思想硏究會 編, 《道教와 韓國思想》, 汎洋社出版部, 1987), 114~115쪽에서는 《동문선》에 수록된 초례청사를 분석하여, 초례에서 마지막 기원의 대상이 되는 최고신은 상제라 했다.

33) 李鍾殷, 앞의 글. 99쪽.

34) 원래는 藝文官 參外官이 지었으나, 세종 25년 이후는 知製教로 하여금 청사를 짓게 했다(《世宗實錄》 권 99, 세종 25년 7월 경오).

다닌다고 여겨 태일성이 머무는 지역에 건립한 것인데, 세종 16년(1434)에는 경상도 義城縣 氷山에 두어 정월 보름날 중앙에서 향을 내려보내 제사했고, 성종 10년(1479) 이후 충청도 泰安郡 白華山으로 옮겼다.[35]

단군이 祭天하던 곳으로 전해지는 참성단에서는 고려시대부터 재초가 행해졌는데, 조선시대에는 춘추 정기적으로, 또는 특별한 일이 있을 때 行香使[36]와 소격서의 관원을 파견하여 옥황상제·노자·28宿를 비롯한 星神·염라왕 등의 지방을 상하 2단으로 벌여놓고 재초를 올렸다.[37]

이렇듯 소격서는 각종의 재초를 주관하는 관청으로는 유일한 것이었지만, 사림파가 등장하고 유교정치가 진전되는 성종대 무렵부터 이를 혁파하자는 논의가 일어났다. 그것은 성종 자신이 발의한 것이었는데, 이 때는 혁파까지 가지는 않았고 제사상의 미비점을 보완하는 선에서 논의가 마무리되었다.[38] 그리고 연산군 10년(1504)에는 소격서를 종실 安陽君의 집으로 옮기는 조치가 취해졌는데,[39] 이것은 사실상 국가기관으로서의 소격서가 혁파되었음을 의미한다.

그러나 중종은 즉위 다음 달인 원년(1506) 10월에 원래의 소격서를 급히 수리하게 하여 관원을 새로 임명함으로써, 안양군의 사가로 옮겨졌던 소격서를 부활시켰다.[40] 이후 소격서의 혁파를 둘러싸고 중종과 신하들간의 논쟁이 거듭되었는데, 중종 6년 5월부터 6월까지 한 차례 있었고, 11년 10월부터 12년 2월까지 또 한 차례 있었다. 이 때 신하들이 주장한 혁파 이유는 크게 두 가지로 나누어 볼 수 있다. 하나는 소격서가 이단인 도교에 근거를 두고 있다는 것이며, 다른 하나는 하늘에 제사하는 것은 천자만이 할 수 있는데 제후의 나라인 조선에서 제천함은 유교적 명분론에 맞지 않는다는 것이었다.

---

35) 《成宗實錄》 권 77, 성종 8년 윤 2월 병진.
李圭景, 《五洲衍文長箋散稿》 권 39, 道敎仙書道經辨證說.

36) 처음에는 代言이 파견되었으나, 세종 12년(1430) 이후로 그 격을 높여 2품 이상의 관리를 파견했다(《世宗實錄地理志》 권 148, 京畿 江華都護府).

37) 徐永大, 〈崔錫恒의 塹城壇改築記에 대하여〉(《博物館紀要》 1, 仁荷大 博物館, 1995) 참조.

38) 《成宗實錄》 권 162, 성종 15년 정월 갑진.

39) 《燕山君日記》 권 54, 연산군 10년 7월 신해.

40) 《中宗實錄》 권 1, 중종 원년 10월 무신.

이에 대해 중종은 조종조부터 있던 유래가 오래된 것이므로 쉽게 없앨 수는 없는 것이라 하여, 소격서의 혁파를 허락하지 않았다.

이때 왕의 태도가 워낙 완강했으므로 혁파 주장은 수그러들고 말았지만, 중종 13년 8월 초하루 신진사류를 대표하는 趙光祖의 소격서 폐지 상소를 계기로[41] 이에 대한 논의가 재연되었다. 그런데 이 때는 신하들의 태도도 강경하여 혁파 건의가 받아들여지지 않자 臺諫들이 일제히 사퇴하여 곧 시행될 과거에 지장을 주었으며, 조광조 등도 대궐에서 물러가지 않고 밤을 세워 혁파를 주청하였다. 이에 중종도 결국 굴복하여, 마침내 9월 3일에는 소격서 혁파결정을 내렸다. 그리고 이 때 충청도 태안의 태일전을 철거한다는 결정도 함께 내렸다.[42]

그러나 중종은 기묘사화로 말미암아 조광조 등이 죽임을 당한 후, 소격서를 다시 세우게 되었다. 우선 소격서 복립에 대한 대신들의 의향을 타진하다가,[43] 마침내 17년 병환 중의 慈殿, 즉 어머니께서 소격서의 복설을 희망한다는 것을 구실삼아 소격서를 다시 세웠다.[44] 물론 이 때에도 신하들의 반대가 거세었으나, 중종은 자전에 대한 효성을 내세워 자신의 뜻을 굽히지 않았다.

이로써 소격서는 혁파된 지 3년 만에 복설되었는데, 그렇다면 중종은 소격서 혁파에 왜 그렇게 반대했을까가 궁금해진다. 물론 중종은 혁파를 반대하는 이유로 잘못된 것인 줄 알지만 오래되었기 때문에, 또 소격서를 없애지 않았던 조상들의 허물을 드러내는 것이 되기 때문이라는 점을 내세웠다. 그러나 중종은 즉위하면서 바로 소격서를 복설할 정도로 소격서에 대한 관심이 각별했음을 생각할 때, 혁파 반대에는 또다른 이유가 있지 않을까 생각된다. 이 문제에 대해서는 소격서를 존속시킴으로써 왕권강화의 의지를 상징적으로 드러내려 한 것으로 보는 견해가 있다.[45] 즉 소격서의 재초를 통해 상제와 직접 연결됨으로써, 왕권이 天으로부터 주어진 것임을 나타내기 위한 것이 아니었을까라는 것이다.

소격서는 임진왜란 후 없어졌고, 이후 소격서를 복립하자는 주장이 제기되

---

41) 《中宗實錄》 권 34, 중종 13년 8월 무진.
42) 《中宗實錄》 권 34, 중종 13년 9월 경자.
43) 《中宗實錄》 권 40, 중종 15년 정월 경술.
44) 《中宗實錄》 권 46, 중종 17년 12월 병술.
45) 李鍾殷, 앞의 글, 111쪽.

었으나,[46] 실현되지는 못했다. 그 결과 조선시대 과의적 도교의 전통은 소격서의 폐지와 함께 중단되고 말았다.

2) 수련적 도교의 발전

조선 초기 도교에는 齋醮라는 주술적 의례를 통하여 消災度厄하려는 측면이 있었지만, 이와는 달리 엄격한 자기 수련을 통해 元氣를 길러 登仙하는 것을 이상으로 하는 수련적 도교, 즉 內丹學이란 측면도 있었다.

광해군 2년(1610)에 韓無畏가 지었다는《海東傳道錄》은 이러한 수련적 계보를 제시하고 있는데,[47] 이에 의하면 한국의 道脈은 신라말 渡唐遊學生인 崔承祐·金可紀, 승려 慈惠에서 시작되었다고 한다. 이들은 당 開元년간(713~741)에 終南山 廣法寺로 天師 申元之를 찾아갔다가 거기서 鍾離權을 만나 도법을 전수받고 내단을 수련했다고 한다. 그러나 최승우·김가기·자혜의 생존 시기가 다르므로, 이 기록을 그대로 믿기는 어렵다. 그런데 종리권은 중국 金代에 성립된 全眞敎에서 七代祖師로 받드는 전설적인 도사이며, 종리권에게서 한국의 도맥이 시작된다는 기록은 許筠의〈南宮先生傳〉에도 보이고 있다.[48] 따라서 이러한 기록을 통해 한국의 수련적 도교는 중국의 전진교를 계승했다는 인식이 조선시대에 있었음을 짐작할 수 있다.[49]

또《해동전도록》은 자혜 등에서 시작된 한국의 도맥이 權淸과 원나라 사람 偰賢을 거쳐 金時習(1435~1493)에게로 이어졌고, 김시습이 洪裕孫에게「天遁劍法鍊磨眞訣」을, 鄭希亮(良)에게는「玉函記 內丹要法」을, 尹君平에게는「參同契龍虎秘旨」를 전수했다고 한다. 그리고 이들 3인에게서 많은 수련도교자들이 배출되었다고 했다. 이를 알기 쉽게 정리하면〈표 1〉과 같다.

---

46)《仁祖實錄》권 23, 인조 8년 8월 기유.

47) 金侖壽,〈東國傳道秘記와 海東傳道錄〉(韓國道敎思想硏究會 編,《韓國道敎의 現代的 照明》), 亞細亞文化社, 1992)에 의하면, 한국 최초의 道史는 인조 21년(1643)에 저술된 金誼의《東國傳道秘記》이며,《海東傳道錄》은 이것과 내용은 같지만, 영조 무렵에 만들어진 위서라고 한다. 그러나《해동전도록》이 위서라 하더라도 도맥의 서술에는《동국전도비기》와 차이가 없으므로, 자료로 이용한다.

48) 許 筠,《惺所覆瓿藁》권 7, 文部 4.

49) 金洛必,〈海東傳道錄에 나타난 道敎思想〉(韓國道敎思想硏究會 編, 앞의 책, 1987), 129쪽.

〈표 1〉 〈海東傳道錄〉에 보이는 한국의 道脈

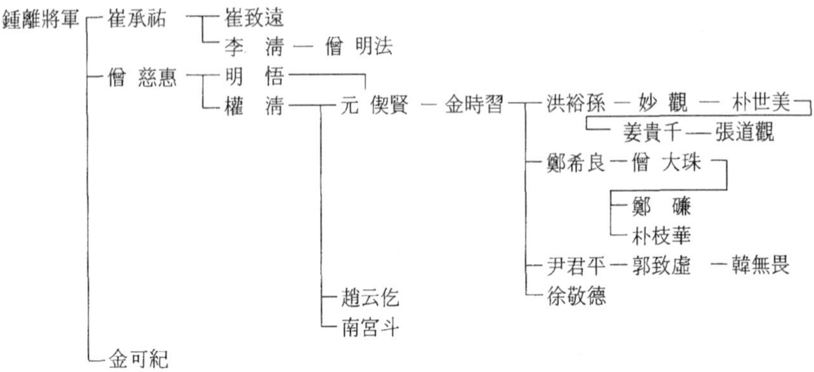

그러나 이 계보도 그대로 믿기 어려운 점이 있다. 왜냐하면 김시습에 비해 근 100년 뒤의 인물인 남궁두[50]를 김시습보다 한 세대 앞선 것으로 했기 때문이다. 또 윤군평은 김시습으로부터 도맥을 전수 받은 것이 아니라 중국에 사신으로 갔다가 異人으로부터 《黃庭經》을 전수 받아 수련법을 익혔다는 설도 있다.[51] 그렇지만 이를 통해 조선시대의 단학인들 사이에서는 김시습이 수련적 도교의 중흥조로 여겨졌음을 알 수 있다.

사실 김시습은 유가의 집안에서 태어나 어려서는 유교를 공부했고, 세조의 왕위 찬탈에 비분강개하여 불교에 투신하기도 했지만, 도교에 대해서도 상당한 이해를 가지고 있었다.[52] 그는 老莊思想과 주술적 도교에 대해서는 비판적이지만, 도교의 양생술에 대해서는 깊은 관심을 가지고 있었다. 여기에는 그의 체질이 병약했던 것도 작용했다고 생각되는데, 이것을 그는 승려 생활을 하는 동안 西菴이라는 암자에서 어떤 노인, 또는 關西의 한 백발노인으로부터 전수받았다고 한다.[53] 이들 가운데 《해동전도록》에 보이는 원나라 사

---

50) 許 筠, 《惺所覆瓿藁》 권 7, 文部 4에 수록된 〈남궁선생전〉에 의하면, 명종 10년(1555)에 司馬試에 합격했는데, 그 때 나이가 30세였다고 한다.

51) 李睟光, 《芝峯類說》 下 권 18, 外道部 仙道.

52) 김시습의 도교 이해에 대해서는 다음과 같은 연구가 있다.
裵宗鎬, 〈金時習의 道敎觀〉(《東洋學》 15, 檀國大 東洋學硏究所, 1985).
梁銀容, 〈淸寒子 金時習의 丹學修練과 道家思想〉(韓國道敎思想硏究會 編, 앞의 책, 1988).

53) 《梅月堂集》 권 7, 醫藥, 學餌黃精 및 권 9, 遊關西錄, 老翁授我道德經一部.

람 설현과 동일인이 있는지는 알 수 없으나, 김시습은 이들로부터 배운 도교적 양생법을 실천에 옮겼으며, 또 《修眞》·《服氣》·《龍虎》 등 이 방면에 관한 저술을 남기기도 했다.[54] 이들 저술은 엄격한 자기 수련으로 몸 안에 음양조화를 이루어 장생불사하려는 자력적인 內丹에 관한 것으로, 내단의 원리와 단을 이루는 방법 등을 설명한 것이지만, 한편으로 김시습은 선약을 복용함으로써 불로장생을 이루려는 타력적 外丹의 방법도 병행했다.

그렇지만 김시습은 도교의 양생술이 자기 한 몸만 보존하는 것일 뿐 세상에는 아무런 이익이 없는 것이라고 하여, 수련적 도교의 한계도 분명히 인식하고 있었다. 그럼에도 불구하고 김시습은 단학을 수련했다고 하여, 도술을 부리는 능력까지 있는 것으로 신비화되기도 했다.[55]

이러한 김시습에 대해 홍유손은「從遊之士」였다고 하고[56] 또 산수를 함께 방랑했다고 하므로[57] 홍유손이 김시습의 수련적 도교를 전수 받았을 가능성은 충분히 있다. 따라서 김시습을 조선시대 도교의 중흥조라 한 것은 타당성을 가질 수 있다고 하겠다.

《해동전도록》에서 김시습의 도맥을 직접·간접으로 계승했다는 인물들은 신분적 한계가 있거나 불우한 생활을 한 사람들이었다. 홍유손은 향리가문 출신이었고,[58] 윤군평은 무인 출신이었으며, 守庵 朴枝華[59]는 서얼 출신이었다. 그리고 신선술 연마법인 《龍虎訣》을 저술한 北窓 鄭𥖝은[60] 아버지 鄭順朋이 관직을 삭탈당하는 바람에 宦路가 막혔고, 또 정순붕이 복직해서는 乙巳士禍를 일으킨 데 대해 괴로워했다. 또 鄭希良은[61] 사족 집안 출신으로 자신도 과거를 통해 관계에 진출했으나, 戊午士禍 때 유배를 당했다. 따라서

---

54) 이상의 저술은 《梅月堂集》 권 17, 雜著에 수록되어 있다.

55) 尹春年, 〈梅月堂先生傳〉(《梅月堂集》 卷首).
崔三龍, 〈金時習思想의 道敎的 측면〉(《韓國文學과 道敎思想》, 새문社, 1990), 144~145쪽.

56) 尹春年, 위의 책.

57) 洪萬宗, 《海東異蹟》, 洪裕孫.

58) 南孝溫, 《師友名行錄》.

59) 박지화에 대해서는 孫燦植, 〈守庵 朴枝華의 道家的 面貌〉(韓國道敎思想硏究會 編, 《韓國 道敎思想의 理解》, 亞細亞文化社, 1990) 참조.

60) 정렴에 대해서는 孫燦植, 〈北窓 鄭𥖝의 現實的 不和와 道家的 克服〉(韓國道敎思想硏究會 編, 《道敎思想의 韓國的 展開》, 亞細亞文化社, 1989) 참조.

61) 정희량에 대해서는 《國朝人物考》 권 44, 燕山朝罹禍人 鄭希良 참조.

이들이 수련적 도교에 기울게 된 것도 현실에서의 좌절을 도교적 은둔생활을 통해 극복하려 한 때문이었다고 할 수 있다.

《해동전도록》에 전하는 수련적 도교의 계보에는 慈惠를 비롯하여 明法·明悟·大珠 등 승려가 상당수를 차지하고 있다. 이러한 사실은 승려들 사이에서 수행의 방편으로 도교적 수련이 행해졌음을 반영하는 것이며, 나아가 한국의 설화에서 승려가 도술을 부리는 것도 이러한 각도에서 이해될 수 있다. 그러므로 조선시대의 수련적 도교, 즉 내단학은 불우한 지식인이나 승려층을 통하여 전승되고 있었다 할 수 있다.

한편 趙汝籍이 찬술한《青鶴集》도 조선 전기 수련적 도교의 도인들의 행적을 보여주는 것인데, 이것은 조여적이 선조 21년(1588) 과거에 낙방하고, 스승인 片雲子 李思淵을 만나 60년간 따라다니면서 견문한 내용을 적은 것이다. 그리고 책명을《청학집》이라 한 것은 조여적이 스승의 스승인 青鶴上人 魏漢祚의 사적을 적는다는 의미에서 붙인 것이다.

이에 의하면 청학상인 위한조의 제자로는 편운자(이사연)·金蟬子(李彦休)·彩霞子·翠窟子·鵝藥子·桂葉子·花塢子·碧落子 등이 있는데, 이들은 산수를 유람하며 시문을 짓기도 하고 역사와 앞으로 일어날 일을 논하기도 하면서, 세속과 초연한 생활을 했다고 한다. 이들은《해동전도록》에 나오는 도인들과 비교할 때 거의가 지방 출신이고, 사회적 신분도 떨어지는 것 같다. 그러나 임진왜란을 예언했으며, 중국 도인들과의 교류를 통해 만주족의 홍기도 예감하였다.《청학집》을 통하여 중앙에서뿐만 아니라 지방에서도 도교수련에 종사하는 사람들이 있었음을 알 수 있다.

〈徐永大〉

집 필 자

개 요 ………………………………………………………… 김태영

I. 학문의 발전

1. 성리학의 보급
   1) 성리학의 역할 ………………………………………… 이범직
   2) 5례 · 4례의 정비 ………………………………………… 이범직
   3) 문묘제도의 정비 ………………………………………… 김용곤
   4) 대표적인 성리학자들 ………………………………………… 김용곤
2. 훈민정음의 창제 ………………………………………… 이기문
3. 역사학 ………………………………………… 정구복
4. 지리지의 편찬과 지도의 제작
   1) 지리지의 편찬 ………………………………………… 이상태
   2) 국내지도의 제작 ………………………………………… 이상태
   3) 세계지도의 제작 ………………………………………… 이 찬

II. 국가제사와 종교

1. 국가제사 ………………………………………… 김태영
2. 불 교 ………………………………………… 김영태
3. 도 교 ………………………………………… 서영대

한국사 26

조선초기의 문화 1

편찬간행 **국사편찬위원회**

초판1쇄 2003년 11월 30일
2쇄 2013년 6월 4일

번각발행 **탐구당**

등록일 1950년 11월 1일
등록번호 서울 제 03-00993 호

주소 서울특별시 용산구 한강대로 62 나길 6
전화 (02) 3785-2211(대표)
팩스 (02) 3785-2272
홈페이지 www.tamgudang.co.kr
전자우편 tamgudang@paran.com

ISBN 978-89-8236-592-8
978-89-8236-566-9(세트)

값 12,500 원

* 파본이나 잘못된 책이 있으면 교환해 드립니다.